für Studium, Praxis und Fortbildung

Prof. Dr. Kathi Gassner

Ordnungswidrigkeiten-
recht

Onlineversion
Nomos eLibrary

Die Deutsche Nationalbibliothek verzeichnet diese Publikation in der Deutschen Nationalbibliografie; detaillierte bibliografische Daten sind im Internet über http://dnb.d-nb.de abrufbar.

ISBN 978-3-8487-6392-4 (Print)
ISBN 978-3-7489-0483-0 (ePDF)

1. Auflage 2021
© Nomos Verlagsgesellschaft, Baden-Baden 2021. Gesamtverantwortung für Druck und Herstellung bei der Nomos Verlagsgesellschaft mbH & Co. KG. Alle Rechte, auch die des Nachdrucks von Auszügen, der fotomechanischen Wiedergabe und der Übersetzung, vorbehalten. Gedruckt auf alterungsbeständigem Papier.

Vorwort

Das vorliegende Lehrbuch habe ich für Studierende an den Hochschulen für öffentliche Verwaltung und für neue Mitarbeiterinnen und Mitarbeiter in den Bußgeldbehörden konzipiert.

Dargestellt wird das Recht der Ordnungswidrigkeiten aus der Perspektive der Verwaltungsbehörde. Das staatsanwaltschaftliche und das gerichtliche Verfahren werden nur am Rande behandelt.

Der erste Teil gibt einen ersten Überblick über das gesamte Ordnungswidrigkeitenrecht. Im zweiten Teil wird der Aufbau der einzelnen Deliktsarten näher vorgestellt. Dabei liegt der Schwerpunkt anders als im Strafrecht nicht beim vorsätzlichen Erfolgsdelikt, sondern beim vorsätzlichen und beim fahrlässigen schlichten Tätigkeitsdelikt. Insoweit beschreitet dieses Lehrbuch auch Neuland. Denn herkömmlich wird das allgemeine materielle Ordnungswidrigkeitenrecht aus der Perspektive des Strafrechts entwickelt. Eine Lehre von den Ordnungswidrigkeiten, die den Versuch einer eigenständigen dogmatischen Standortbestimmung unternehmen will, kann diese Perspektive aber nicht ungeprüft übernehmen, zumal die wenigsten Bußgeldtatbestände vorsätzliche Erfolgsdelikte sind. Das Bußgeldverfahren ist Gegenstand des dritten Teils. Hier werden die einzelnen Stufen des Erkenntnis- und des Vollstreckungsverfahrens mit Mustern für eine Verwarnung mit Verwarnungsgeld, für einen Bußgeldbescheid und für eine Anhörung nach § 55 OWiG erarbeitet. Im vierten Teil wird, was so bisher ebenfalls in keinem anderen Lehrbuch zum Ordnungswidrigkeitenrecht zu finden ist, auch erstmalig das besondere materielle Ordnungswidrigkeitenrecht anhand dreier ausgewählter Referenzgebiete (Steuerrecht; Gewerbe- und Berufsrecht sowie Straßen(verkehrs)recht) behandelt. Der fünfte Teil schließt mit den wichtigsten Prüfungsschemata. Gesetzestexte, Literatur und Rechtsprechung sind auf dem Stand 30.06.2021.

Mit dem Lehrbuch verfolge ich das Ziel, das Ordnungswidrigkeitenrecht auch für alle die greifbar zu machen, die keine strafrechtliche Vorbildung haben. Außerdem möchte ich einen kleinen Beitrag zur Fortentwicklung des Ordnungswidrigkeitenrechts aus der Perspektive des Verwaltungsrechts leisten.

Mein besonderer Dank gilt meinem Lektor Dr. Peter Schmidt für die sehr gute Unterstützung und der Studierenden Maja Yan für die kritische Durchsicht und die hervorragenden Verbesserungsvorschläge, die ich sehr gern umgesetzt habe.

Ich freue mich über Anregungen und Kritik an: kathi.gassner@hsbund-fbbwv.de.

Mannheim, Juli 2021 *Kathi Gassner*

Inhaltsverzeichnis

1. Teil: Erste wichtige Grundlagen   13
    A. Ausgangsfall: Ein teures Bier   13
    B. Das Recht der Ordnungswidrigkeiten: Einordnung, Aufgabe, Mittel   14
    C. Ordnungswidrigkeit, Bußgeldtatbestand und Aufbau einer Ordnungswidrigkeit   16
    D. Geldbuße, Nebenfolgen und sonstige Rechtsfolgen von Ordnungswidrigkeiten   20
    E. Formelles Ordnungswidrigkeitenrecht   25
    F. Wichtige Prinzipien für die Rechtsanwendung   27

2. Teil: Das allgemeine materielle Ordnungswidrigkeitenrecht   29
    A. Verschiedene Typen von Tatbeständen   29
    B. Das vorsätzliche Begehungsdelikt   33
    C. Das fahrlässige Begehungsdelikt   51
    D. Vorsätzliche und fahrlässige Unterlassungsdelikte   57
    E. Der Versuch   72
    F. Mehrere Personen   76
    G. Zusammentreffen von mehreren Delikten   89

3. Teil: Das formelle Ordnungswidrigkeitenrecht (Bußgeldverfahren)   99
    A. Kurzüberblick   99
    B. Die Zuständigkeiten   99
    C. Verfahrensvoraussetzungen und Verfahrenshindernisse   108
    D. Das behördliche Bußgeldverfahren (Vorverfahren)   125
    E. Rechtsbehelfe gegen behördliche Maßnahmen im Bußgeldverfahren; Wiedereinsetzen und Wiederaufgreifen   140
    F. Das behördliche Vollstreckungsverfahren   145
    G. Muster   148

4. Teil: Einführung in das besondere materielle Ordnungswidrigkeitenrecht   158
    A. Straßen- und straßenverkehrsrechtliche Ordnungswidrigkeiten   158
    B. Steuerordnungswidrigkeiten   197
    C. Gewerberecht und Recht der freien Berufe   219

5. Teil: Wichtige Prüfungsschemata   252
    A. Der 3-stufige Deliktaufbau   252
    B. Deliktsarten   252
    C. Rechtfertigungsgründe   255
    D. Beteiligung (§ 14 OWiG)   258
    E. Konkurrenzen   258

Verzeichnis der abgekürzten Literatur   259

Stichwortverzeichnis   261

Abkürzungsverzeichnis

a.A.	anderer Ansicht
a.F.	alte Fassung
Abl.	Amtsblatt
Abs.	Absatz
Alt.	Alternative
allgA	allgemeine Auffassung
AEUV	Konsolidierte Fassung des Vertrags über die Arbeitsweise der Europäischen Union
AO	Abgabenordnung
AG	Aktiengesellschaft/ Amtsgericht
Art.	Artikel
AT	Allgemeiner Teil
Aufl.	Auflage
AWG	Außenwirtschaftsgesetz
BAG	Bundesarbeitsgericht
BAK	Blutalkoholkonzentration
BauGB	Baugesetzbuch
BayOBlG	Bayerisches Oberlandesgericht
BDSG	Bundesdatenschutzgesetz
BFStrMG	Bundesfernstraßenmautgesetz
BFG	Bundesfinanzhof
BGB	Bürgerliches Gesetzbuch
BGBl.	Bundesgesetzblatt
BGH	Bundesgerichtshof
BGHSt	Entscheidungen des Bundesgerichtshofs in Strafsachen
BKat	Bußgeldkatalog
BkatV	Bußgeldkatalog-Verordnung
BMG	Bundesmeldegesetz
BT	Besonderer Teil
BT-Drs.	Drucksache des Bundestages
BVerfG	Bundesverfassungsgericht

BVerfGE	Entscheidungen des Bundesverfassungsgerichts
BVerwG	Bundesverwaltungsgericht
BVerwGE	Entscheidungen des Bundesverwaltungsgerichts
bzw.	beziehungsweise
ca.	circa
d.h.	das heißt
DS-GVO	Datenschutzgrundverordnung
Einl.	Einleitung
EL	Ergänzungslieferung
etc.	et cetera
EU	Europäische Union
EUV	Konsolidierte Fassung des Vertrages über die Europäische Union
EStG	Einkommensteuergesetz
FahrpersonalG	Fahrpersonalgesetz
FeV	Fahrerlaubnisverordnung
FG	Finanzgericht
Fn.	Fußnote
FStrG	Bundesfernstraßengesetz
FZV	Fahrzeugzulassungsverordnung
GastG	Gaststättengesetz
GbR	Gesellschaft bürgerlichen Rechts
GewO	Gewerbeordnung
GewArch	Gewerbearchiv
GG	Grundgesetz
ggf.	gegebenenfalls
GmbH	Gesellschaft mit beschränkter Haftung
GüKG	Güterkraftverkehrsgesetz
GVG	Gerichtsverfassungsgesetz
GRCh	Grundrechtecharta
f.	folgende Seite/Randnummer
ff.	folgende Seiten/Randnummern
h.L.	herrschende Lehre

h.M.	herrschende Meinung
Hrsg.	Herausgeber/in
Hs.	Halbsatz
HwO	Handwerksordnung
i.d.R.	in der Regel
insbes.	insbesondere
IRG	Internationales Rechtshilfegesetz
i.S.d.	im Sinne des
i.S.v.	im Sinne von
i.V.m.	in Verbindung mit
JGG	Jugendgerichtsgesetz
JR	Juristische Rundschau
JS	Juristische Schulung
KAG	Kommunales Abgabengesetz
KG	Kammergericht/Kommanditgesellschaft
krit.	kritisch
KrWG	Kreislaufwirtschaftsgesetz
LBO	Landesbauordnung
LDSG	Landesdatenschutzgesetz
LFGB	Lebensmittel-, Bedarfsgegenstände- und Futtermittelgesetzbuch
LG	Landgericht
m.w.N.	mit weiteren Nachweisen
NJW	Neue Juristische Wochenschrift
NStZ	Neue Zeitschrift für Strafrecht
NStZ-RR	NStZ-Rechtsprechungs-Report
NVwZ	Neue Zeitschrift für Verwaltungsrecht
NZV	Neue Zeitschrift für Verkehrsrecht
OHG	Offene Handelsgesellschaft
OLG	Oberlandesgericht
OWiG	Ordnungswidrigkeitengesetz
PassG	Paßgesetz
PolG	Polizeigesetz

RDG	Rechtsdienstleistungsgesetz
RechtsVO	Rechtsverordnung
Rn.	Randziffer
S.	Satz
SchwarzArbG	Gesetz zur Bekämpfung der Schwarzarbeit und illegalen Beschäftigung
StBrG	Steuerberatungsgesetz
StGB	Strafgesetzbuch
StPO	Strafprozessordnung
str.	streitig
StrG	Straßengesetz
StVG	Straßenverkehrsgesetz
StVO	Straßenverkehrsordnung
StVZO	Straßenverkehrszulassungsordnung
TierschutzG	Tierschutzgesetz
u.a.	und andere/ unter anderem
UWG	Gesetz gegen den unlauteren Wettbewerb
Var.	Variante
VG	Verwaltungsgericht
VGH	Verwaltungsgerichtshof
VwGO	Verwaltungsgerichtsordnung
VwVfG	Verwaltungsverfahrensgesetz
VwZG	Verwaltungszustellungsgesetz
WiStG	Wirtschaftsstrafgesetz
z.B.	zum Beispiel
ZPO	Zivilprozessordnung

1. Teil: Erste wichtige Grundlagen

A. Ausgangsfall: Ein teures Bier

Sachverhalt:

T ist 20 Jahre alt und Inhaber einer Fahrerlaubnis der Klasse B. Seine Probezeit hat er bereits beendet. Am 01.06. fährt T mit seinem Auto im Stadtgebiet von Mannheim vom Flughafen aus in Richtung Innenstadt nach Hause. Da T sehr durstig ist und auf der Seckenheimer Landstraße an der Kreuzung Dürerstraße wegen einer roten Ampel ohnehin halten muss, nimmt er die neben ihm auf dem Beifahrersitz liegende 0,33 l-Bierflasche (5 % Alkohol), öffnet sie und trinkt sie zur Hälfte aus. Das beobachtet der an der Ampel stehende Polizist P, der T sofort anhält und ihm die Weiterfahrt verbietet.

Fragen zum materiellen Recht:

1. Hat T eine Ordnungswidrigkeit begangen? Lösung siehe Rn. 26

2. Könnte die Ordnungswidrigkeit von der zuständigen Stelle mit einer Geldbuße in Höhe von 500 € geahndet werden? T hat gerade sein Abitur gemacht, wird im Oktober studieren, bekommt ein monatliches Taschengeld von 100 € und hat keinerlei Vermögen. Lösung siehe Rn. 42

3. Könnte die zuständige Stelle neben oder anstelle eines angemessenen Bußgeldes weitere Rechtsfolgen wie z.B. ein Fahrverbot anordnen? Lösung siehe Rn. 43

Fragen zum formellen Recht:

4. Dürfte Polizist P die Tat an Ort und Stelle durch Verwarnung mit Verwarnungsgeld ahnden? Lösung siehe Rn. 49

5. Dürfte die zuständige Stelle die Tat auch noch 10 Jahre später ahnden, wenn der Vorgang bei ihr durch ein Büroversehen liegen geblieben ist? Lösung siehe Rn. 50

Gesetzestext:

Straßenverkehrsgesetz (StVG)
§ 24c Alkoholverbot für Fahranfänger und Fahranfängerinnen

(1) Ordnungswidrig handelt[1], wer in der Probezeit nach § 2a oder vor Vollendung des 21. Lebensjahres als Führer eines Kraftfahrzeugs im Straßenverkehr alkoholische Getränke zu sich nimmt oder die Fahrt antritt, obwohl er unter der Wirkung eines solchen Getränks steht.

(2) Ordnungswidrig handelt auch, wer die Tat fahrlässig begeht.

(3) Die Ordnungswidrigkeit kann mit einer Geldbuße geahndet werden.

---

1 Die meisten Bußgeldtatbestände beginnen mit diesen Worten oder beschreiben zunächst den Verstoß und enden dann mit den Worten „handelt ordnungswidrig".

B. Das Recht der Ordnungswidrigkeiten: Einordnung, Aufgabe, Mittel

I. Das Ordnungswidrigkeitenrecht als Teil des öffentlichen Rechts

5 Das Ordnungswidrigkeitenrecht ist Teil des **öffentlichen Rechts**. Da von Verfassung wegen viele Grundsätze des Kriminalstrafrechts gelten (vgl. Art. 103 Abs. 2 GG), werden beide Rechtsgebiete auch als Strafrecht im weiteren Sinne zusammengefasst. Allerdings werden Straftaten von Gerichten durch Urteil (oder Strafbefehl) und Ordnungswidrigkeiten in erster Instanz regelmäßig von Verwaltungsbehörden durch Bußgeldbescheid (oder Verwarnung) geahndet. Daher bildet das Ordnungswidrigkeitenrecht ein eigenständiges Rechtsgebiet mit Schnittstellen sowohl zum Kriminalstrafrecht als auch zum Verwaltungsrecht.

II. Die Untergliederung des Rechts der Ordnungswidrigkeiten

6 Zum **materiellen Ordnungswidrigkeitenrecht** gehören die Normen, die regeln, welche Verhaltensweisen als Ordnungswidrigkeit gelten und welche Rechtsfolgen (Geldbuße und/oder Nebenfolgen) dann festgesetzt werden können. Es gibt einen allgemeinen und einen besonderen Teil. Zum **allgemeinen Teil** gehören die Normen und Rechtsgrundsätze, die die Struktur einer Ordnungswidrigkeit regeln und grundsätzlich für jede Ordnungswidrigkeit gelten (§§ 1 bis 30 OWiG). Den **besonderen Teil** bilden sämtliche Bußgeldtatbestände (z.B. §§ 111 bis 130 OWiG, §§ 377 ff. AO, §§ 24, 24a-24c StVG) und außerdem die Normen, die §§ 1 bis 30 OWiG für bestimmte Bußgeldtatbestände ergänzen (wie z.B. das Fahrverbot nach § 25 StVG).

Zum **formellen Ordnungswidrigkeitenrecht** zählen alle Vorschriften, die das Bußgeldverfahren betreffen. Dazu zählen §§ 35–110c OWiG und nach h.M. auch die Vorschriften zur Verjährung (§§ 31–34 OWiG)[2] sowie spezialgesetzlich geregelte Verfahrensvorschriften (z.B. §§ 409–412 AO).

Beispiele: Im **ersten Teil des Ausgangsfalls** geht es um **materiellrechtliche Fragen**. Ob T eine Ordnungswidrigkeit begangen hat, ist anhand eines Bußgeldtatbestands zu prüfen. § 24c Abs. 1 StVG (vorsätzlicher Verstoß gegen das Alkoholverbot für Fahranfänger*innen) und § 24 Abs. 2 StVG (fahrlässiger Verstoß gegen das Alkoholverbot für Fahranfänger*innen) sind Bußgeldtatbestände. Sie gehören zum **besonderen materiellen Recht**. Ob T vorsätzlich oder fahrlässig gehandelt hat, ist eine Frage des **allgemeinen materiellen Rechts** (vgl. §§ 10, 11 Abs. 1 S. 1 OWiG). In welcher Höhe gegen T eine Geldbuße verhängt werden darf, ist **teilweise durch das besondere materielle Recht** geregelt (hier durch die Bußgeldkatalogverordnung, die aufgrund von § 26a Abs. 1 StVG erlassen wurde). Im Übrigen ist auf das **allgemeine Ordnungswidrigkeitenrecht** (§ 17 OWiG) zurückzugreifen. In den Fragen 4 und 5 geht es um das **formelle Recht**, nämlich in Frage 4 um die zulässige Handlungsform für die Ahndung (Verwarnung nach § 56 OWiG oder Bußgeldbescheid nach § 65 OWiG) einschließlich der Frage nach der Zuständigkeit des Polizisten vor Ort sowie in Frage 5 um das Vorliegen eines Verfahrenshindernisses (Eintritt der Verfolgungsverjährung nach § 31 OWiG).

III. Aufgabe und Mittel

7 **Aufgabe** des Ordnungswidrigkeitenrechts ist die Durchsetzung rechtlicher Ge- und Verbote und damit zugleich der Schutz der Rechtsgüter bzw. Interessen, die durch die Ge- bzw. Verbotsnorm, gegen die verstoßen wurde, geschützt werden sollen. Insoweit besteht kein Unterschied zum Strafrecht. Allerdings gewähren Bußgeldnor-

---

2 HK-OWiG/*Louis* § 31 Rn. 3.

men dem einzelnen Opfer einer Ordnungswidrigkeit kein subjektiv-öffentliches Recht gegen den Staat auf Ahndung der Ordnungswidrigkeit mit Geldbuße, auch dann nicht, wenn sie der Durchsetzung drittschützender Ge- bzw. Verbotsnormen dienen.[3] So gibt es anders als im Strafrecht kein Klageerzwingungsverfahren (vgl. § 46 Abs. 3 S. 3 OWiG, § 172 StPO), die Vorschriften über die Beteiligung des Verletzten am Verfahren gelten grds. nicht (§ 46 Abs. 3 S. 4 Hs. 1 OWiG).

Mittel ist wie im Strafrecht die Ahndung begangenen Unrechts („Bestrafung im weiteren Sinne"). Normativ ist die Kriminalstrafe die schärfste staatliche Missbilligung eines Verhaltens (ultima ratio), die Geldbuße ist eine mildere Form der Bestrafung.[4] Nach h.M. ist die Ahndung durch Geldbuße nur ein Pflichtenappell und anders als die Verhängung einer Kriminalstrafe kein sozialethisches Werturteil.[5]

8

Hier besteht ein entscheidender Unterschied zum Verwaltungsrecht: Maßnahmen nach Maßgabe des Verwaltungsrechts sind normativ keine Bestrafung vergangener Rechtsverstöße, sondern nur Maßnahmen zur Verhinderung künftiger Rechtsverstöße, auch wenn sie rechtstatsächlich wie eine Bestrafung wirken mögen.[6]

9

Beispiel: Die Entziehung der Fahrerlaubnis nach § 3 StVG ist normativ keine Bestrafung, ein Bußgeld in Höhe von 100 € wegen zu schnellen Fahrens dahingegen schon.

IV. Bußgeldrecht der Europäischen Union

Das im OWiG und in den speziellen Bußgeldnormen des Bundes und der Länder normierte nationale Recht der Ordnungswidrigkeiten ist abzugrenzen vom Bußgeldrecht der Europäischen Union.[7]

10

Zum einen werden bestimmte Organe der Europäischen Union durch Unionsrecht ermächtigt, Geldbußen festzusetzen, gegen die der Rechtsweg zu den Europäischen Gerichten eröffnet ist. Dieses supranationale Recht der Geldbußen ist nicht Gegenstand des vorliegenden Lehrbuchs.

11

Beispiele: Supranationale Kartellgeldbußen nach Art. 103 Abs. 2 lit. a AEUV, die von der Kommission verhängt werden.

Zum anderen hat der europäische Gesetzgeber mit Art. 83 DS-GVO erstmals einen unionsrechtlich normierten Bußgeldtatbestand geschaffen, der in allen Mitgliedstaaten direkt anwendbar ist und nach dem die zuständigen Behörden der Mitgliedstaaten Verstöße gegen die Datenschutz-Grundverordnung ahnden. Hier regelt § 41 BDSG das Verfahren und verweist dabei weitgehend mit einigen wenigen Ausnahmen auf das OWiG.

12

---

3 Vertiefungshinweis: Genauer zur Durchsetzung verwaltungsrechtlicher Ge- und Verbote durch Private siehe am Beispiel des Gewerberechts in Teil 4 unter Rn. 198 ff.
4 Vertiefungshinweis: Darauf, ob die Kriminalstrafe (z.B. 1.000 € Geldstrafe) faktisch (also tatsächlich) für den Betroffenen milder ist als die Geldbuße (z.B. Geldbuße in Höhe von 20.000 €), kommt es also nicht an.
5 *Klesczewski*, Rn. 47 u. 51; *Mitsch* § 3 Rn. 10.
6 Vertiefungshinweis: Zum Nebeneinander von verwaltungsrechtlichen Säumnis- und Verspätungszuschlägen neben Geldbußen siehe insbesondere bei den steuerrechtlichen Ordnungswidrigkeiten in Teil 4 unter Rn. 123.
7 Zum Bußgeldrecht der Europäischen Union ausführlich siehe HK-OWiG/*Gassner* Einleitung Rn. 64 ff.

C. Ordnungswidrigkeit, Bußgeldtatbestand und Aufbau einer Ordnungswidrigkeit

I. Begriff der Ordnungswidrigkeit

13 Unter einer **Ordnungswidrigkeit** versteht man nach der gesetzlichen Definition (Legaldefinition) in § 1 Abs. 1 OWiG einen rechtswidrigen und vorwerfbaren (schuldhaften) Verstoß eines Menschen gegen ein rechtliches Verbot oder Gebot, der gesetzlich mit Geldbuße (Bußgeld) bewehrt ist und vom Staat als Hoheitsträger geahndet werden kann (formaler Begriff[8] der Ordnungswidrigkeit).[9]

Beispiel: § 24c Abs. 1 u. 2 StVG beschreiben, dass ein rechtswidriger und vorwerfbarer vorsätzlicher oder fahrlässiger Verstoß eines Fahranfängers gegen das absolute Alkoholverbot eine Ordnungswidrigkeit darstellt, und ermächtigen die zuständige staatliche Stelle zur Ahndung mit Geldbuße.

Nur Menschen können eine Ordnungswidrigkeit begehen.[10]

Beispiel: Nach § 28 Abs. 1 Nr. 2 GastG stellt der Verstoß gegen eine mit der Gaststättenerlaubnis erteilte Auflage eine Ordnungswidrigkeit dar. Wenn Betreiber der Gaststätte eine natürliche Person ist (Gastwirt) und dieser Gastwirt die ihm erteilte Auflage, ab 22.00 Uhr die Fenster zu schließen, vorsätzlich oder fahrlässig nicht beachtet, begeht er eine Ordnungswidrigkeit. Wird die Gastwirtschaft durch eine GmbH betrieben, kommt diese GmbH hingegen als Täterin nicht in Betracht. Dann sind gemäß § 28 Abs. 1 Nr. 2 GastG, § 9 Abs. 1 Nr. 1 OWiG entweder der Geschäftsführer der GmbH oder, falls dieser die Aufgabe, ab 22.00 Uhr die Fenster zu schließen, auf einen Mitarbeiter delegiert hat, der beauftragte Mitarbeiter nach Maßgabe von § 28 Abs. 1 Nr. 2 GastG, § 9 Abs. 2 Nr. 2 OWiG und der Geschäftsführer ggf. wegen Verletzung der Aufsichtspflicht gemäß § 130 OWiG heranzuziehen.

14 Abzugrenzen von der Ordnungswidrigkeit sind:
- Verstöße gegen privatrechtliche Ge- oder Verbote
Beispiel: Unzulässige Untervermietung (Verstoß gegen die entsprechende Regelung im privatrechtlichen Mietvertrag)
- Verstöße gegen öffentlich-rechtliche Ge- und Verbote, die mit anderen Sanktionen als mit Geldbuße belegt sind.
Beispiele: Straftaten (z.B. der nach § 211 StGB mit Freiheitsstrafe bewehrte Mord); **Dienstvergehen** (z.B. das Dienstvergehen eines Bundesbeamten nach § 77 Abs. 1 S. 1 BBG oder eines Soldaten nach § 23 SG, für das Disziplinarmaßnahmen bis zur Entfernung aus dem Dienstverhältnis verhängt werden können), **mit Ordnungsgeld bewehrte Verstöße im behördlichen oder gerichtlichen Verfahren** (z.B. §§ 33, 95 Abs. 1 S. 3 VwGO, § 16 Abs. 3 S. 1 GemO Bad.Württ.)
- Verstöße gegen öffentlich-rechtliche Ge- und Verbote, für die das Gesetz keine Sanktionierung vorsieht
Beispiel: Jemand, der nach §§ 3, 1 Abs. 1 PolG Bad.Württ. unter Anordnung der sofortigen Vollziehung verpflichtet worden ist, sich bei der nächsten Polizeibehörde zu melden, begeht keine Ordnungswidrigkeit, wenn er nicht erscheint. Zwar verstößt er gegen ein rechtliches Gebot (hier gegen das mit Verwaltungsakt aufgrund von §§ 3, 1 Abs. 1 PolG Bad.Württ. angeordnete Meldegebot). Dieser Verstoß ist aber nicht mit Geldbuße bewehrt. Nach § 133

---

8 Vertiefungshinweis: Für die rechtswissenschaftliche Grundlagenforschung interessant ist der materielle Begriff der Ordnungswidrigkeit, also die Frage, nach welchen Kriterien der Gesetzgeber zu entscheiden hat, ob ein Rechtsverstoß überhaupt als Ordnungswidrigkeit mit Geldbuße geahndet werden darf. Das ist eine Frage, der dieses Lehrbuch nicht nachgeht, da hier in erster Linie die Perspektive der Verwaltungsbehörde und weniger die Perspektive des Gesetzgebers dargestellt werden soll. Zum Forschungsstand zur materiellen Abgrenzung von Ordnungswidrigkeit und Straftat *Mitsch*, § 3. Zur bislang kaum erforschten Frage, unter welchen Voraussetzungen Rechtsverstöße überhaupt mit Strafe im Sinne des Art. 103 GG sanktioniert werden dürfen HK-OWiG/*Gassner*, Einleitung Rn. 142.
9 HK-OWiG/*Gassner*, Einleitung Rn. 2; *Mitsch*, § 1 Rn. 1, 2 u. 4.
10 Vertiefungshinweis: Nach dem deutschen traditionellen Rechtsverständnis können nur Menschen schuldhaft handeln und somit auch nur Menschen Ordnungswidrigkeiten begehen. Zum Einfluss des Unionsrechts siehe HK-OWiG/Gassner Einleitung Rn. 64 ff.

Abs. 1 PolG Bad.Württ. sind nämlich nur Zuwiderhandlungen gegen solche Ge- bzw. Verbote bußgeldbewehrt, die aufgrund von § 30 PolG Bad.Württ. erlassen worden sind.

II. Bußgeldtatbestand

1. Bußgeldnorm, Bußgeldtatbestand und Rechtsfolge

„**Bußgeldnormen**" bestehen aus mindestens einem „**Bußgeldtatbestand**" und der „**Rechtsfolgenseite**". Mit dem Begriff „**Bußgeldtatbestand**" bezeichnet man den Teil der Bußgeldnorm, der regelt, welches Verhalten den Tatbestand einer Ordnungswidrigkeit darstellt.[11] Auf der Rechtsfolgenseite der Bußgeldnorm wird die zuständige Stelle zur Ahndung der Ordnungswidrigkeit mit Geldbuße ermächtigt.
Beispiel: § 24c StVG ist eine Bußgeldnorm. Sie enthält in Abs. 1 und 2 insgesamt zwei Bußgeldtatbestände (vorsätzlicher bzw. fahrlässiger Verstoß gegen das Alkoholverbot für Fahranfänger*innen) mit jeweils zwei Tatbestandsalternativen (alkoholische Getränke im Straßenverkehr zu sich nehmen bzw. unter Einfluss alkoholischer Getränke am Straßenverkehr teilnehmen). Die Rechtsfolgenseite ist in Abs. 3 geregelt. Danach kann die Ordnungswidrigkeit mit Geldbuße geahndet werden.

Bußgeldtatbestände werden je nach Gesetzgebungskompetenz entweder vom Bundesgesetzgeber oder von einem Landesgesetzgeber erlassen.[12]

2. Volltatbestände und Blankettgesetze

Bußgeldtatbestände, die wie § 24c Abs. 1 u. 2 StVG den Tatbestand vollständig beschreiben, nennt man „**Volltatbestände**". Die meisten Bußgeldtatbestände beschreiben das ordnungswidrige Verhalten allerdings nicht vollständig selbst, sondern verweisen auf eine andere Rechtsnorm (**Verweistechnik**). Solche verweisenden Bußgeldtatbestände heißen **Blankettgesetze** bzw. **Blankettvorschriften**[13].
Beispiele: § 24 StVG ist ein Blankettgesetz, denn die Norm überlässt es dem zuständigen Verordnungsgeber, den Verstoß gegen Verkehrsvorschriften unter Bußgeldbewehrung zu stellen. Hiervon hat der Verordnungsgeber beispielsweise durch den Erlass von § 49 Straßenverkehrsordnung (StVO) Gebrauch gemacht.

3. Der Umgang mit der Vielzahl von Bußgeldtatbeständen

Damit man mit der Vielzahl unterschiedlichster Bußgeldtatbestände zu Recht kommt, bietet es sich an, diese für ein besseres Verständnis zu gliedern. In diesem Lehrbuch werden zwei Gliederungstechniken angewendet.

Bisher gibt es anders als in der Strafrechtslehre keinen festgesetzten Kanon an Bußgeldtatbeständen, anhand derer das Ordnungswidrigkeitenrecht gelehrt und geprüft

---

11 *Mitsch*, § 3 Rn. 1 u. 5.
12 Ausführlich zur Gesetzgebungskompetenz HK-OWiG/*Gassner* Einleitung Rn. 24 ff.
13 Vertiefungshinweis: Bereits der Begriff „Blankettgesetz" ist umstritten. Teilweise werden als „echte Blankettnormen" nur solche verstanden, bei denen das verweisende Gesetz und die ausfüllende Vorschrift von zwei verschiedenen Stellen (Gesetzgeber und Verwaltung als Verordnungsgeber) erlassen werden. Andere Verweisungsnormen werden als „unechte Blankettnormen" bezeichnet (siehe *Bülte* § 1 Rn. 10; *Klesczweski* Rn. 75). Danach wäre § 24 StVG ein echtes Blankettgesetz, denn nicht der das StVG erlassende Bundestag, sondern das zum Erlass der StVO ermächtigte Ministerium füllt den Tatbestand aus. § 49 StVO wäre eine unechte Blankettnorm, denn die Norm verweist lediglich auf den Verstoß gegen Verkehrsvorschriften, die innerhalb der StVO von der gleichen Stelle (dem ermächtigten Ministerium) geregelt werden. In diesem Lehrbuch wird der Begriff einheitlich verwendet, da sowohl echte als auch unechte Blankettnormen Fragen der gesetzlichen Bestimmtheit aufwerfen, wenn auch in unterschiedlichem Maße.

wird. In diesem Lehrbuch werden im 4. Teil ausgehend von ihrer praktischen Bedeutung drei große Referenzgebiete des besonderen Verwaltungsrechts ausgewählt, nämlich das Straßen- und Straßenverkehrsrecht, das Gewerberecht bzw. das Recht der freien Berufe sowie das Steuerrecht.

20 Insbesondere anhand des Straßen- und Straßenverkehrsrechts soll dann aufgezeigt werden, dass sich ausgehend von den verwaltungsrechtlichen Pflichten des Einzelnen folgende Arten von Bußgeldtatbeständen unterscheiden lassen:
- Verletzung von gesetzlichen Melde-, Anzeige- bzw. Erklärungs- oder Auskunftspflichten
- Verletzung von gesetzlichen Aufzeichnungs- und Bestellungspflichten
- Ausübung von erlaubnispflichtigen Tätigkeiten ohne Erlaubnis
- Verletzung sonstiger spezialgesetzlich geregelter Ge- oder Verbote
- Verstoß gegen durch vollziehbaren Verwaltungsakt auferlegte Ge- oder Verbote
- Verletzung der Aufsichtspflicht im Unternehmen bzw. Betrieb (§ 130 OWiG)

III. Aufbau einer Ordnungswidrigkeit

1. Der dreistufige Aufbau

21 Ob jemand eine bestimmte Ordnungswidrigkeit begangen hat, prüft die herrschende Lehre (Lehre vom dreigliedrigen Straftataufbau) in folgenden drei Schritten[14]:
- **Tatbestand:** Hat der Betroffene den in der Bußgeldnorm beschriebenen Tatbestand verwirklicht?
- **Rechtswidrigkeit:** Liegt ein besonderer Rechtfertigungsgrund vor, der dem Betroffenen ein solches Verhalten gestattet, so dass er nicht rechtswidrig gehandelt hat?
- **Vorwerfbarkeit:** Ist der Betroffene auch persönlich für den von ihm begangenen Verstoß gegen die Rechtsordnung verantwortlich?

2. Vorsatz- und Fahrlässigkeitsdelikte

22 Soweit im Bußgeldtatbestand die fahrlässige Begehung nicht ausdrücklich geregelt wird, begeht nach § 10 OWiG eine Ordnungswidrigkeit nur, wer den Tatbestand vorsätzlich (h.M.: wissentlich und willentlich) verwirklicht. Die meisten Bußgeldtatbestände stellen allerdings auch das fahrlässige Handeln unter Bußgeldbewehrung.

23 An welcher Stelle im Prüfungsaufbau der **Vorsatz** zu prüfen ist, ist umstritten. Traditionell („klassischer bzw. kausaler Verbrechensaufbau") wurde der Vorsatz als reines Schuldelement angesehen.[15] Vorzuziehen ist die moderne Lehre, die den Vorsatz bereits als subjektives Tatbestandsmerkmal prüft, denn der Grad des Unrechts einer vorsätzlichen Verwirklichung ist höher als die fahrlässige Verwirklichung.[16]

---

[14] Vertiefungshinweis: Nach einer anderen Lehre, nämlich der Lehre von den negativen Tatbestandsmerkmalen, werden nur zwei Stufen geprüft: Der Tatbestand („positive Tatbestandsmerkmale") und die Rechtswidrigkeit („negative Tatbestandsmerkmale") bilden einen Gesamtunrechtstatbestand (1. Stufe). Auf der 2. Stufe wird dann die Vorwerfbarkeit geprüft.
[15] So beispielsweise noch *Rosenkötter/Louis*.
[16] So ist beispielsweise die vorsätzliche Steuerhinterziehung eine Straftat (§ 370 AO), die leichtfertige (besondere Form der Fahrlässigkeit) Steuerhinterziehung einer Ordnungswidrigkeit (§ 378 AO).

1. Teil: Erste wichtige Grundlagen

Bei **Fahrlässigkeitsdelikten** trennt die h.L. nicht zwischen objektivem und subjektivem Tatbestand.[17] Die Fahrlässigkeitsprüfung erfolgt vielmehr zweispurig im Tatbestand und auf der Ebene der Vorwerfbarkeit. Im Tatbestand wird nur geprüft, ob der Täter objektiv fahrlässig gehandelt hat. Ob der Täter auch subjektiv fahrlässig, d.h. nach seinen Möglichkeiten und Kenntnissen vorwerfbar gehandelt hat, wird erst im Rahmen der Fahrlässigkeitsschuld auf der Ebene der Vorwerfbarkeit geprüft.[18]

24

IV. „Eine-Person-Fall" und „Mehr-Personen-Fälle"

Zu unterscheiden ist zwischen Fällen, in denen nur ein Mensch eine Ordnungswidrigkeit begangen hat („**Eine-Person-Fall**"), und solchen, in denen mehrere Menschen bei derselben Ordnungswidrigkeit mitmachen („**Mehr-Personen-Fälle**").

25

Beispiele: Im Ausgangsfall ist T der einzige Mensch, der als möglicher Täter einer Ordnungswidrigkeit nach § 24c Abs. 1 StVG in Betracht kommt („**Eine-Person-Fall**"). Hätte Freund F den T als Beifahrer begleitet und T das Bier gereicht, wäre nicht nur zu prüfen, ob T eine Ordnungswidrigkeit nach § 24c Abs. 1 StVG begangen hat. Vielmehr wäre auch zu untersuchen, ob F durch sein Mitwirken ebenfalls eine Ordnungswidrigkeit begangen hat („**Mehr-Personen-Fälle**").

V. Lösungsvorschlag (Frage 1 zum Ausgangsfall)

Indem T beim Halt an der roten Ampel die halbe Flasche Bier trank, könnte er eine Ordnungswidrigkeit nach § 24c Abs. 1 Alt. 1 StVG (vorsätzlicher Verstoß gegen das Alkoholverbot für Fahranfänger*innen) begangen haben.

26

Dann müsste T zunächst den **objektiven Tatbestand** von § 24c Abs. 1 Alt. 1 StVG verwirklicht haben.

Täter kann nur sein, wer erstens der Führer eines Kraftfahrzeugs ist und zweitens sich noch in der Probezeit nach § 2a StVG befindet oder das 21. Lebensjahr noch nicht vollendet hat.

T ist erst 20 Jahre alt und fährt das Auto. Er ist damit tauglicher Täter.

Tathandlung i.S.d. § 24c Abs. 1 Alt. 1 StVG ist die Einnahme alkoholischer Getränke im Straßenverkehr. Dazu gehört nicht nur das Trinken während der laufenden Fahrt, sondern auch das Trinken bei einem verkehrsbedingten kurzen Halt.[19] Hier hat T beim verkehrsbedingten Halt an der roten Ampel das alkoholhaltige Bier getrunken und damit den objektiven Tatbestand von § 24c Abs. 1 StVG verwirklicht.

Weiter müsste T **vorsätzlich** gehandelt haben. T kannte sein Alter, wusste, dass er als Fahrer beim Halt an der Ampel Alkohol zu sich nahm, und wollte dies auch. Damit handelte er vorsätzlich.

Sein Verhalten war **rechtswidrig** und **vorwerfbar** (schuldhaft).

Damit hat T eine Ordnungswidrigkeit i.S.d. § 24c Abs. 1 Alt. 1 StVG begangen.

---

17 A.A. *Klesczewski* § 3 Rn. 206, der die subjektive Fahrlässigkeit wie den Vorsatz bei der Vorsatztat auf Tatbestandsebene prüft.
18 Vgl. *Eisele/Heinrich*, Strafrecht AT Rn. 639 bis 641.
19 *Krumm,* NJW 2015, 1863 (1864).

D. Geldbuße, Nebenfolgen und sonstige Rechtsfolgen von Ordnungswidrigkeiten

I. Ahndung durch Geldbuße

1. Ermessen

27 Bußgeldnormen ermächtigen die zuständige Stelle, die Ordnungswidrigkeit **durch Verhängung einer Geldbuße zu ahnden** (und damit in die Freiheitsrechte des Einzelnen einzugreifen[20]). Nach geltendem Recht stellen alle existierenden Bußgeldtatbestände die Entscheidung, **ob** eine Geldbuße verhängt werden soll, in das Ermessen der zuständigen Stelle.[21]

Beispiel: Nach § 24c Abs. 3 StVG „kann" die Ordnungswidrigkeit mit Geldbuße geahndet werden.

2. Bußgeldzumessung

a) Bestimmen des Bußgeldrahmens

28 Entscheidet sich die Verwaltung für die Verhängung einer Geldbuße, so muss sie den vom Gesetzgeber vorgegebenen Bußgeldrahmen einhalten. Soweit spezialgesetzlich nicht abweichend geregelt, beträgt die Mindestgrenze 5 € (§ 17 Abs. 1 OWiG), die Höchstgrenze für fahrlässiges Begehen 500 € (§ 17 Abs. 2 OWiG) und die Höchstgrenze für vorsätzliches Begehen 1.000 € (§ 17 Abs. 1 OWiG).

Beispiel: § 24c Abs. 3 StVG regelt den Bußgeldrahmen nicht abweichend. Damit beträgt die Geldbuße für den vorsätzlichen Verstoß gegen das Alkoholverbot für Fahranfänger mindestens 5 € und maximal 1.000 € (§ 17 Abs. 1 OWiG), für den fahrlässigen Verstoß mindestens 5 € und maximal 500 € (§ 17 Abs. 1 u. 2 OWiG). Verkehrsordnungswidrigkeiten nach § 24 StVG hingegen können bei Vorsatz mit einer Geldbuße von mindestens 5 € (§ 17 Abs. 1 OWiG) bis maximal 2.000 € (§ 24 Abs. 2 StVG), bei Fahrlässigkeit bis maximal 1.000 € (§ 24 Abs. 2 StVG, § 17 Abs. 2 OWiG) geahndet werden.

b) Zumessung innerhalb des Bußgeldrahmens

aa) Ohne Bußgeldkatalog

29 Existiert kein Bußgeldkatalog, so ist die genaue Bußgeldhöhe zunächst nach § 17 Abs. 3 OWiG zu bestimmen. Bemessungskriterien sind in erster Linie die Bedeutung der Ordnungswidrigkeit und der Tatvorwurf. Die wirtschaftlichen Verhältnisse sind als nachrangiges Kriterium zu berücksichtigen, bei geringfügigen Ordnungswidrigkeiten (Geldbußen bis 55 €) bleiben sie im Regelfall unberücksichtigt. Hat der Täter aus der begangenen Ordnungswidrigkeit einen wirtschaftlichen Vorteil gezogen, soll dieser abgeschöpft werden (§ 17 Abs. 4 OWiG).

bb) Mit Bußgeldkatalog

30 Oftmals ist der Verwaltung die genaue Bestimmung der Geldbuße durch einen sogenannten Bußgeldkatalog vorgegeben. Bußgeldkataloge sehen für häufig vorkom-

---

20 Vertiefungshinweis: Bislang nicht abschließend geklärt ist die Frage, ob die Ahndung einer Ordnungswidrigkeit mit Geldbuße wie die Ahndung einer Straftat mit einer Geld- oder Freiheitsstrafe auch einen Eingriff in das allgemeine Persönlichkeitsrecht (Art. 2 Abs. 1 i.V.m. Art. 1 Abs. 1 GG) des Betroffenen darstellt.

21 Vertiefungshinweis: Ggf. kann im Einzelfall aufgrund einer Ermessensreduzierung auf Null allerdings das Bußgeldverfahren zwingend einzustellen sein, siehe dazu in Teil 4 Rn. 169.

mende Ordnungswidrigkeiten exakte Bußgeldhöhen für den „Regelfall" (gewöhnliche Tatumstände und normale wirtschaftliche Verhältnisse) vor, um die Rechtsanwendung zu vereinheitlichen.

Bußgeldkataloge in Form einer Rechtsverordnung darf die Verwaltung allerdings nur erlassen, wenn sie hierzu gesetzlich ermächtigt wurde (vgl. Art. 80 Abs. 1 S. 1 GG). Besteht eine solche Ermächtigung nicht, können Bußgeldkataloge nur in Form von Verwaltungsvorschriften und damit nur mit verwaltungsinterner Bindung, nicht aber mit unmittelbarer Außenwirkung gegenüber dem Betroffenen oder dem Gericht erlassen werden. Aus der Perspektive der Verwaltung ist die Rechtsnatur des Bußgeldkatalogs zunächst allerdings irrelevant: Soweit der Bußgeldkatalog rechtmäßig ist, ist die Verwaltung verwaltungsintern an den vorgegebenen Regelsatz gebunden, wenn ein Regelfall vorliegt. Nur wenn der zu entscheidende Fall keinen Regelfall darstellt, ist das Bußgeld nicht anhand des Regelkatalogs, sondern nach § 17 Abs. 3 OWiG zu bestimmen. Soweit durch die Tat ein wirtschaftlicher Vorteil gezogen wurde, der im Regelsatz regelmäßig nicht berücksichtigt wird, ist dieser zusätzlich zum Regelsatz abzuschöpfen (§ 17 Abs. 4 OWiG).

II. Anordnung von Nebenfolgen einer Ordnungswidrigkeit

Neben (oder anstelle der Geldbuße) können unter bestimmten Voraussetzungen sogenannte Nebenfolgen festgesetzt werden. Diese sind in §§ 22 bis 30 OWiG (Einziehung von Gegenständen; Einziehung des Wertes von Taterträgen; Geldbuße gegen juristische Personen und Personenvereinigungen) sowie durch Spezialgesetz (z.B. Fahrverbot nach § 25 StVG, dazu siehe später in Teil 4 unter Rn. 21 u. 64 bei den Verkehrsordnungswidrigkeiten) geregelt.

1. Einziehung von Gegenständen bzw. Wertersatz (§§ 22 bis 29 OWiG)

Die Einziehung von Gegenständen,
- auf die sich die Ordnungswidrigkeit bezieht (Beziehungsgegenstand, Tatobjekt),
- die zur Begehung oder Vorbereitung der Ordnungswidrigkeit gebraucht worden oder bestimmt gewesen sind (Werkzeuge, Tatmittel)
- oder die durch die Ordnungswidrigkeit unmittelbar hervorgebracht worden sind (Erzeugnisse, Tatprodukt),

zu Ahndungs- oder Sicherungszwecken darf nach § 22 Abs. 1 OWiG nur angeordnet werden, wenn ein Bundes- oder Landesgesetz die Einziehung ausdrücklich zulässt.[22]

Kreislaufwirtschaftsgesetz (KrWG)
§ 70 Einziehung

[1]Ist eine Ordnungswidrigkeit nach § 69 Absatz 1 Nummer 2 bis 7 oder Nummer 8 begangen worden, so können Gegenstände eingezogen werden,
1. auf die sich die Ordnungswidrigkeit bezieht oder
2. die zu ihrer Begehung oder Vorbereitung gebraucht worden oder bestimmt gewesen sind.

> **Beispiele:** Einziehung von illegal entsorgten Abfällen oder von Grundstücken, die der illegalen Lagerung von Abfällen dienen, nach § 70 S. 1 Nr. 1 KrWG (Beziehungsgegenstand,

---

22 Ausführlich dazu HK-OWiG/*Louis* § 22 Rn. 4 u. 14.

Tatobjekt); Einziehung von Transportfahrzeugen für die illegale Einsammlung von Abfällen (Werkzeug, Tatmittel) nach § 70 S. 1 Nr. 2 KrwG.

34 **Lebensmittel-, Bedarfsgegenstände- und Futtermittelgesetzbuch (LFGB)**

§ 61 Einziehung

¹Gegenstände, auf die sich [...] eine Ordnungswidrigkeit nach § 60 bezieht, können eingezogen werden.

Beispiele: Einziehung von gesundheitsschädlichen, wertgeminderten oder mit nicht zugelassenen Zusatzstoffen versetzte Lebensmittel; Einziehung von gesundheitlich bedenklichen Verpackungen

35 Lässt ein Bundes- oder Landesgesetz die Einziehung zu, sind §§ 22 Abs. 2, 23 ff. OWiG zu beachten. An die Stelle der Einziehung des Gegenstandes tritt nach Maßgabe von § 25 OWiG die Einziehung des Geldbetrages, der dem Wert des Gegenstandes entspricht, wenn die Einziehung des Gegenstandes ins Leere laufen würde.

2. Einziehung des Wertes von Taterträgen (§ 29a OWiG)

36 Erhebliche praktische Bedeutung hat die Anordnung der Einziehung des Wertes von Taterträgen nach § 29a OWiG, also die Abschöpfung des Vermögensvorteils, den der Täter oder ein Dritter durch oder für die rechtswidrige Verwirklichung eines Bußgeldtatbestands erlangt hat.

Beispiel: Bei Überladungsfahrten (§ 24 StVG i.Vm. §§ 69a, 32, 34 StVZO) kommt die Anordnung der Einziehung des erzielten Vermögensvorteils in Betracht.

37 „Durch die Tat erlangt" sind alle Vermögensvorteile, die dem Betroffenen oder einem Dritten aus der Verwirklichung des Bußgeldtatbestands zugeflossen sind und diesem nach dem Schutzweck der verletzten Bußgeldnorm aber nicht hätten zufließen dürfen.[23]

Vertiefungshinweis: Ob bzw. in welchem Umfang ein bestimmter Bußgeldtatbestand dazu dient, eine Vermögensverschiebung zu verbieten, und damit die Einziehung nach § 29a OWiG zulässig ist, ist oft sehr umstritten. Beispiele dazu bei den gewerberechtlichen und berufsrechtlichen Ordnungswidrigkeiten in Teil 4 unter Rn. 119, 217, 227, 235, 257 u. 266.

38 „Für die Tat erlangt" sind solche Vermögenswerte, die der Täter als Gegenleistung (Provision, Belohnung, Gehalt etc.) für die rechtswidrige Tatbestandsverwirklichung erhält.

3. Geldbußen gegen juristische Personen und Personenvereinigungen (§ 30 OWiG)

39 Wird ein Unternehmen in Form einer juristischen Person (z.B. GmbH, eingetragener Verein) oder rechtsfähigen Personenvereinigung (z.B. OHG, GbR, KG) geführt und erfolgt aus dem Unternehmen heraus ein Verstoß gegen die dem Unternehmen auferlegten verwaltungsrechtlichen Pflichten, kann das Unternehmen selbst als Täter einer Ordnungswidrigkeit nach deutschem Recht wie bereits oben besprochen (Rn. 13) nicht herangezogen werden, sondern nach Maßgabe von § 9 OWiG nur ihr gesetzlicher Vertreter bzw. der von diesem mit der Aufgabenwahrnehmung betraute Mitarbeiter. Denn Täter können nach § 1 OWiG nur Menschen sein. Allerdings kann der juristischen Person bzw. der rechtsfähigen Personenvereinigung nach Maßgabe von § 30 OWiG als Nebenfolge eine Geldbuße auferlegt werden.

---

23 Vgl. HK-OWiG/*Louis* Rn. 17 u. 19.

1. Teil: Erste wichtige Grundlagen 23

Beispiel: Die A-GmbH betreibt eine Gastwirtschaft. Geschäftsführer ist derzeit G. Nach § 5 Abs. 1 Nr. 3 GastG wurde der A-GmbH zusammen mit der Gaststättenerlaubnis aus Lärmschutzgründen die Auflage erteilt, ab 22.00 Uhr die Fenster zu schließen. Die Polizei stellt fest, dass das Fenster um 23.00 Uhr noch geöffnet ist. G kümmert das nicht, er hält alles für eine unnötige Schikane. Jetzt kann die zuständige Stelle gegen G eine Geldbuße nach § 28 Abs. 1 Nr. 2 GastG, § 9 Abs. 1 Nr. 1 OWiG verhängen, weil dieser das Fenster nicht geschlossen hat. Sie hat aber auch die Möglichkeit, zusätzlich oder ausschließlich gegen die A-GmbH vorzugehen. Ein Bedürfnis dafür besteht beispielsweise dann, wenn es häufiger zu entsprechenden Verstößen kommt oder wenn die A-GmbH von der Tat des G profitiert. Hier greift dann § 30 Abs. 1 Nr. 1 OWiG. Die zuständige Behörde kann dann entweder in einem Bußgeldbescheid gegen den G als Hauptfolge der Ordnungswidrigkeit eine Geldbuße nach § 28 Abs. 1 Nr. 2 GastG, § 9 Abs. 1 Nr. 1 OWiG verhängen und gegen die A-GmbH wegen dieser Ordnungswidrigkeit des G als Nebenfolge eine Geldbuße nach § 30 Abs. 1 Nr. 1 OWiG anordnen oder sie kann das Verfahren gegen G einstellen und ausschließlich gegen die A-GmbH durch selbstständigen Bescheid in einem selbstständigen Verfahren als Nebenfolge die Geldbuße nach § 30 Abs. 1 Nr. 1 OWiG anordnen (vgl. § 88 OWiG).

III. Sonstige Folgen von Ordnungswidrigkeiten

1. Speicherung und Mitteilung an Zentralregister

Bei vielen Ordnungswidrigkeiten ist vorgeschrieben, dass die den Bußgeldbescheid erlassende Verwaltungsbehörde nach Rechtskraft des Bußgeldbescheids Meldung an ein bestimmtes Zentralregister machen muss, in dem die Bußgeldentscheidung dann für einen festgesetzten Zeitraum gespeichert wird. **40**

Beispiel: Wurde in dem Beispiel oben (Rn. 39) gegen die A-GmbH wegen des Verstoßes des Geschäftsführers gegen die gaststättenrechtliche Auflage gemäß § 30 OWiG eine Geldbuße von mehr als 200 € verhängt, wird diese in das Gewerbezentralregister eingetragen (§ 149 Abs. 2 Nr. 3 GewO).

2. Verwaltungsrechtliche Folgen begangener Ordnungswidrigkeiten

Hat jemand eine oder mehrere Ordnungswidrigkeiten begangen, kann das ein Anzeichen dafür sein, dass er die für eine bestimmte Tätigkeit erforderliche Zuverlässigkeit nicht mehr hat oder dass zumindest Zweifel daran bestehen. Die Verwaltung ist dann regelmäßig berechtigt oder sogar verpflichtet, verwaltungsrechtliche Maßnahmen zur Gefahrenabwehr zu ergreifen. **41**

Beispiel: Wurden im Gewerbezentralregister sehr viele Verstöße der A-GmbH (siehe oben Rn. 39) eingetragen, muss die zuständige Behörde prüfen, ob die A-GmbH noch zuverlässig ist oder ob die ihr erteilte Gaststättenerlaubnis nach § 15 Abs. 2 GastG widerrufen werden muss.

IV. Lösungsvorschlag (Fragen 2 und 3 zum Ausgangsfall)

Ahndung der Tat mit einer Geldbuße in Höhe von 500 € (Frage 2) **42**

Die zuständige Stelle kann materiell rechtmäßig eine Geldbuße in Höhe von 500 € festsetzen, wenn T eine Ordnungswidrigkeit begangen hat und die Behörde mit der Geldbuße in Höhe von 500 € eine rechtmäßige Rechtsfolge setzt.

a) Ordnungswidrigkeit des T

Wie bereits oben geprüft wurde, hat T eine Ordnungswidrigkeit nach § 24c Abs. 1 StVG (vorsätzlicher Verstoß gegen das Alkoholverbot für Fahranfänger*innen) begangen.

b) Rechtmäßige Rechtsfolge

Diese Ordnungswidrigkeit kann (Ermessen) nach § 24c Abs. 3 StVG mit Geldbuße geahndet werden. Gemäß § 17 Abs. 1 OWiG muss die Geldbuße mindestens 5 € und darf höchstens 1.000 € betragen. Durch § 26a Abs. 1 Nr. 2 StVG hat der Gesetzgeber das Bundesministerium für Verkehr und digitale Infrastruktur ermächtigt, durch Rechtsverordnung (vgl. Art. 80 Abs. 1 S. 1 GG) Regelsätze für Geldbußen nach § 24c StVG festzusetzen. Von dieser Ermächtigung hat das Bundesministerium für Verkehr und digitale Infrastruktur durch den Erlass der „Verordnung über die Erteilung einer Verwarnung, Regelsätze für Geldbußen und Anordnung eines Fahrverbotes wegen Ordnungswidrigkeiten im Straßenverkehr" (BKatV) Gebrauch gemacht. Nach § 1 Abs. 1 S. 1 u. Abs. 2 BKatV i.V.m. Ziffer 243 der Anlage zu § 1 Abs. 1 BKatV beträgt der Regelsatz für einen fahrlässigen Verstoß 250 €. Dieser Regelsatz ist bei einem wie hier vorsätzlich begangenen Verstoß gemäß § 3 Abs. 4a S. 1 BKatV zu verdoppeln und beträgt dann 500 €.

Anzeichen dafür, dass die Tat des T wegen ungewöhnlicher Tatumstände keinen Regelfall i.S.d. §§ 1, 3 BKatV darstellen könnte, bestehen nicht. Insbesondere liegen nicht deswegen ungewöhnliche Tatumstände vor, weil T nur eine halbe Flasche Bier getrunken hat, denn nach § 24c StVG gilt für Fahranfänger*innen ausdrücklich ein absolutes Alkoholverbot.[24] Wäre T zuvor schon bußgeldrechtlich in Erscheinung getreten ist, so wäre das bußgelderhöhend zu berücksichtigen (vgl. § 3 Abs. 1 BKatV).

Zu berücksichtigen sind nach § 17 Abs. 3 S. 2 Hs. 1 OWiG als nachrangiges Kriterium allerdings auch die wirtschaftlichen Verhältnisse. T bekommt lediglich ein monatliches Taschengeld in Höhe von 100 € und verfügt über keinerlei Vermögen. Das ist bußgeldmildernd zu berücksichtigen. Eine Festsetzung einer Geldbuße in Höhe von 500 € wäre unverhältnismäßig und damit materiell rechtswidrig.[25]

43 Anordnung von Nebenfolgen (Frage 3)

Als Nebenfolge käme hier allenfalls die Anordnung eines Fahrverbots nach § 25 StVG in Betracht. Allerdings darf ein Fahrverbot nach § 25 Abs. 1 StVG nur bei Ordnungswidrigkeiten nach §§ 24, 24a StVG angeordnet werden. Fahrverbote bei Ordnungswidrigkeiten nach § 25c StVG sind nicht vorgesehen und können damit mangels erforderlicher gesetzlicher Ermächtigung auch nicht angeordnet werden.

44 Vertiefungshinweis:

Sobald gegen T rechtskräftig ein Bußgeld festgesetzt worden ist, wird die Tat nach § 28 Abs. 3 Nr. 3 a) bb) StVG i.V.m. Nr. 3.1.1 der Anlage 13 zur Fahrerlaubnisverordnung mit einem Punkt im Fahrerlaubnisregister eingetragen. Wäre T noch in der Probezeit, müsste die Fahrerlaubnisbehörde ihn verpflichten, an einem Aufbauseminar für alkoholauffällige Fahrerlaubnisinhaber teilzunehmen (vgl. § 2a Abs. 2 S. 1 Nr. 1 StVG, § 34 FeV, Ziffer 2.3 der Anlage 12 zur FeV i.V.m. § 36 FeV). Außerdem würde sich die Probezeit um 2 Jahre verlängern (§ 2a Abs. 2a StVG).

---

24 Weil schon der erste Schluck ausreicht, wird teilweise die Verfassungsmäßigkeit von § 24c StVG bezweifelt.
25 Ebenso ist zu bedenken, ob nicht bereits die abstrakt-generelle Regelung (Ziffer 243 der Anlage zur BKatV) mit Hinblick auf den Verhältnismäßigkeitsgrundsatz verfassungswidrig ist. Denn die Tat wird regelmäßig von jungen Menschen ohne Einkommen (Schüler/in) bzw. mit nur einem geringfügigen Einkommen (Auszubildende) begangen.

E. Formelles Ordnungswidrigkeitenrecht

I. Erkenntnis- und Vollstreckungsverfahren

Während das materielle Ordnungswidrigkeitenrecht regelt, welches Verhalten des Betroffenen eine Ordnungswidrigkeit darstellt und welche Sanktionen bzw. sonstigen Rechtsfolgen angeordnet werden dürfen, regelt das formelle Ordnungswidrigkeitenrecht, 45
- wie ermittelt wird, ob eine Ordnungswidrigkeit vorliegt, und in welcher Art und Weise über die Ahndung entschieden wird (**Erkenntnisverfahren nach §§ 31–33 u. §§ 35 ff. OWiG**);
- was bei der zwangsweisen Durchsetzung von rechtskräftigen Bußgeldentscheidungen zu beachten ist (**Vollstreckungsverfahren nach § 34 u. §§ 89 ff. OWiG**).

II. Die vier Stufen des Erkenntnisverfahrens

Das Erkenntnisverfahren beginnt mit dem **Vorverfahren**. Zuständig sind im Regelfall **Verwaltungsbehörden** (§ 35 OWiG). Das ist anders als im Strafverfahren, in dem die Straftat von der Staatsanwaltschaft ermittelt und angeklagt wird und das zuständige Gericht über die etwaige Ahndung entscheidet. 46

Es gibt **zwei Verfahrensarten**, nach denen Ordnungswidrigkeiten von der Verwaltungsbehörde in dieser ersten Stufe verfolgt und geahndet werden können: das **normale, förmliche Bußgeldverfahren** und das **Verwarnungsverfahren** bei geringfügigen Ordnungswidrigkeiten, wenn die Sach- und Rechtslage unkompliziert ist. Verwarnungen dürfen auch von entsprechend befugten Amtsträgern der Polizeibehörden erteilt werden (§ 53 Abs. 1, §§ 57 Abs. 2, 58 OWiG), Bußgeldbescheide nur von den Verwaltungsbehörden.

Weitere Stufen des Erkenntnisverfahrens schließen sich nur an, wenn der Betroffene gegen den behördlichen Bußgeldbescheid Einspruch erhebt. Tut er das nicht oder wird sein Einspruch als unzulässig verworfen bzw. nimmt er den Einspruch zurück, wird der Bußgeldbescheid rechtskräftig und es schließt sich das behördliche Vollstreckungsverfahren an, wenn der Betroffene den Anordnungen des Bußgeldbescheids nicht nachkommt.

47

Schaubild „Die vier Stufen des Erkenntnisverfahrens"	
Vorverfahren (§§ 53 ff. OWiG) (behördliches Bußgeldverfahren)	
Die zuständige Verwaltungsbehörde erfährt vom Verdacht einer Ordnungswidrigkeit. Sie ermittelt den Sachverhalt und entscheidet über die Ahndung. Das behördliche Vorverfahren endet durch Einstellung des Verfahrens, wirksame Verwarnung oder Erlass eines Bußgeldbescheids.	
Zwischenverfahren (§§ 69, 70 OWiG)	
Verwaltungsbehörde	Das Zwischenverfahren beginnt, wenn der Betroffene gegen den Bußgeldbescheid Einspruch erhebt. Der Einspruch wird dann zunächst von der **Verwaltungsbehörde** geprüft.
	Ist der Einspruch unzulässig, verwirft die Verwaltungsbehörde den Einspruch durch Verwerfungsbescheid. Gegen diesen kann der Betroffene einen Antrag auf gerichtliche Entscheidung stellen (§ 69 Abs. 1 OWiG).
	Ist der Einspruch zulässig, entscheidet die Verwaltungsbehörde, ob sie den Bußgeldbescheid aufhebt (und ggf. einen neuen erlässt) oder ob sie den Einspruch zur weiteren Entscheidung an die Staatsanwaltschaft abgibt (§ 69 Abs. 2 u. Abs. 3 OWiG). Mit der Abgabe der Akten an die Staatsanwaltschaft endet die Zuständigkeit der Verwaltungsbehörde als Verfolgungs- und Ahndungsbehörde. Am weiteren Verfahren ist sie nur nach Maßgabe von § 76 OWiG beteiligt.
Staatsanwaltschaft	Mit Eingang der Akten bei der **Staatsanwaltschaft** entscheidet diese, ob das Verfahren eingestellt (und der Bußgeldbescheid damit automatisch unwirksam wird), an das Gericht abgegeben oder noch weiter ermittelt wird (§ 69 Abs. 4 OWiG).
Gericht der ersten Instanz (i.d.R. Amtsgericht)	Gibt die Staatsanwaltschaft den Einspruch an das zuständige Gericht ab, prüft das **Gericht** vor Beginn des Hauptverfahrens, ob der Einspruch zulässig ist (bei Unzulässigkeit: Beschluss nach § 70 OWiG) und ob der Einspruch an die Verwaltungsbehörde zur weiteren Aufklärung des Sachverhalts zurückgewiesen wird (§ 69 Abs. 5 OWiG).
Hauptverfahren bei Gericht der ersten Instanz, i.d.R. Amtsgericht	
Ist der Einspruch zulässig und gibt das Gericht den Fall nicht an die Verwaltungsbehörde zur weiteren Aufklärung zurück, schließt sich das Hauptverfahren an. Der Bußgeldbescheid ist dann nicht Gegenstand des Gerichtsverfahrens, sondern hat nur die Funktion wie eine Anklageschrift im Strafverfahren. Das Hauptverfahren endet entweder durch eine **Verfahrensentscheidung** (Einstellung wegen eines Verfahrenshindernisses nach § 46 Abs. 1 OWiG, §§ 206a Abs. 1, 260 Abs. 3 StPO oder wegen nicht gebotener Ahndung nach § 47 Abs. 2 S. 1 OWiG) oder durch eine **Sachentscheidung** (Freispruch oder Festsetzung einer Geldbuße bzw. Nebenfolge). Das Gericht entscheidet durch Urteil oder Beschluss (§ 72 OWiG). Die Vollstreckung gerichtlicher Bußgeldentscheidungen obliegt dem Rechtspfleger bei der zuständigen Staatsanwaltschaft bzw. beim zuständigen Jugendrichter (§ 91 OWiG).	
Rechtsmittelverfahren (Rechtsbeschwerde nach §§ 79 ff. OWiG), i.d.R. OLG	
Gegen die erstinstanzliche gerichtliche Entscheidung (Urteil oder Beschluss) ist nach Maßgabe von §§ 79 ff. OWiG die Rechtsbeschwerde gegeben, die der strafprozessualen Revision nachgebildet ist.	

48 In jeder Stufe des Erkenntnisverfahrens muss die mit dem Verfahren befasste Stelle von Amts wegen prüfen, ob die Verfolgung und Ahndung der Tat auch zulässig ist. Insbesondere muss die handelnde Stelle zunächst zuständig sein. Außerdem darf die Tat noch nicht nach §§ 31 ff. OWiG verjährt sein. Zu den weiteren Zulässigkeitsvoraussetzungen siehe später genauer im 3. Teil unter Rn. 44 ff.

III. Lösungsvorschlag (Fragen 4 und 5 zum Ausgangsfall)

Zu Frage 4 (Zuständigkeit des Polizisten und Zulässigkeit der Verwarnung)

Gemäß § 57 Abs. 2 OWiG sind zwar neben der für das Bußgeldverfahren zuständigen Verwaltungsbehörde auch die gemäß § 58 OWiG ermächtigten Beamten des allgemeinen Polizeidienstes befugt, im Namen ihrer Polizeidienststelle Verwarnungen zu erteilen.

Allerdings dürfen nach § 56 Abs. 1 S. 1 OWiG nur geringfügige Ordnungswidrigkeiten in Form einer Verwarnung mit maximal 55 € geahndet werden. Nicht geringfügige Ordnungswidrigkeiten dürfen nur durch Bußgeldbescheid (§ 65 OWiG) geahndet werden. Da wie oben ausgeführt (siehe Rn. 42) der in Form einer Rechtsverordnung erlassene Bußgeldkatalog aber bereits die fahrlässig begangene Ordnungswidrigkeit nach § 24c Abs. 2 StVG für den Regelfall als eine Ordnungswidrigkeit einstuft, die mit 250 € zu ahnden ist, kann die von T begangene Ordnungswidrigkeit (vorsätzliches Trinken einer halben Flasche Bier als Fahranfänger) nicht als geringfügige Ordnungswidrigkeit betrachtet werden. Eine Ahndung im Wege der Verwarnung ist unzulässig. Der Polizist muss die Akte zur weiteren Entscheidung gemäß § 53 Abs. 1 S. 3 OWiG an die zuständige Verwaltungsbehörde abgeben. Anders wäre zu entscheiden, wenn T beispielsweise nur einen einzigen kleinen Schluck getrunken hätte. Hier käme wegen Geringfügigkeit eine Verwarnung in Betracht.

Zu Frage 5 (Zulässigkeit)

Ohne genauere Prüfung ergibt sich bereits aus der einfachen Lektüre von §§ 31, 33 Abs. 3 OWiG, dass die Tat jedenfalls 10 Jahre nach ihrer Begehung verjährt ist und damit gemäß § 31 Abs. 1 S. 1 OWiG nicht mehr verfolgt und geahndet werden darf. Zur genaueren Prüfung der Verjährung siehe später im 3. Teil unter Rn. 55 ff.

F. Wichtige Prinzipien für die Rechtsanwendung

I. Keine Ahndung ohne Gesetz (Art. 103 Abs. 2 GG, § 3 OWiG)

Nach Art. 103 Abs. 2 GG bzw. § 3 OWiG gilt im Ordnungswidrigkeitenrecht das Gesetzlichkeitsprinzip (nullum crimen, nulla poena sine lege).

Mit Geldbuße geahndet werden darf der Verstoß gegen ein bestimmtes Verbot oder Gebot also nur, wenn

– ein formelles Gesetz den Verstoß unter Bußgeldbewehrung stellt; es muss also einen gesetzlich normierten Bußgeldtatbestand geben (Vorbehalt des Gesetzes),
– sich die Ahndbarkeit komplett aus dem geschriebenen Recht herleiten lässt (Verbot der Anwendung von Gewohnheitsrecht zulasten des Täters),
– das formelle Gesetz, das die Ahndbarkeit begründet, inhaltlich ausreichend bestimmt ist (Bestimmtheit des Gesetzes),
– das formelle Gesetz, das die Ahndbarkeit begründet, schon galt, bevor die bußgeldbewehrte Handlung begangen wurde (Verbot der Rückwirkung zulasten des Täters, siehe hierzu auch §§ 4, 6 OWiG),
– das formelle Gesetz, das die Ahndbarkeit begründet, genau solche Sachverhalte regelt, die geahndet werden sollen (Verbot der analogen Anwendung zulasten des Täters).

II. Geltungsbereich von Bußgeldnormen

1. Räumlicher Geltungsbereich

52 Grundsätzlich können nach § 5 OWiG nur solche Ordnungswidrigkeiten geahndet werden, die im Inland oder auf deutschen Schiffen oder Flugzeugen begangen werden. Wie zu bestimmen ist, wo die Handlung begangen wurde, regelt § 7 OWiG. Nur wenn ein Spezialgesetz es ausdrücklich vorsieht, kann auch eine Ordnungswidrigkeit geahndet werden, die im Ausland begangen wurde (z.B. § 25 Abs. 6 PassG).

53 Ist Landesrecht anwendbar, muss die Tat grundsätzlich in dem betroffenen Bundesland, dessen Bußgeldtatbestand zur Anwendung kommen soll, begangen worden sein.

2. Zeitlicher Geltungsbereich

54 Die Geldbuße und die Nebenfolgen bemessen sich grundsätzlich nach dem Gesetz, das zur Zeit der Handlung galt (§ 4 Abs. 1 u. 5 OWiG). Was passiert, wenn sich das Gesetz während der Begehung oder nach Beendigung der Handlung ändert oder ein Gesetz, das nur für eine bestimmte Zeit gelten soll, nach Begehung der Handlung außer Kraft tritt, regeln § 4 Abs. 2 bis 4 OWiG.

III. Opportunitätsprinzip; Unschuldsvermutung; Verhältnismäßigkeit und Willkürverbot

55 Im Ordnungswidrigkeitenrecht gilt das Opportunitätsprinzip: Ordnungswidrigkeiten können, müssen aber nicht mit Geldbuße geahndet werden. Das ergibt sich zum einen aus den Bußgeldtatbeständen selbst und zum anderen aus §§ 47, 53 OWiG.

Alle Maßnahmen, die von der Verwaltungsbehörde im Bußgeldverfahren ergriffen werden, müssen verhältnismäßig sein (Art. 20 Abs. 3 GG) und dürfen nicht gegen das Willkürverbot verstoßen (Art. 3 Abs. 1 GG).

Außerdem muss die Schuld bzw. Vorwerfbarkeit zweifelsfrei bewiesen sein (Unschuldsvermutung bzw. „in dubio pro reo" Grundsatz).

IV. Ausreichende Beachtung des Unionsrechts

56 Soweit Unionsrecht zur Anwendung kommt, muss der Rechtsanwender den Anwendungsvorrang des Unionsrechts beachten und darf nationale Normen, die im Widerspruch zum Unionsrecht stehen, nicht anwenden.

57 Außerdem muss der Rechtsanwender bei der Anwendung von nationalen Normen, die der Umsetzung von Unionsrecht dienen, die nationale Norm unionsrechtskonform auslegen. Viele nationale Bußgeldtatbestände knüpfen an das Unionsrecht an, indem sie Verstöße gegen durch EU-Verordnung geregelte Verbote oder Gebote unter Bußgeldbewehrung stellen. Andere nationale Bußgeldtatbestände stellen Verstöße gegen Verbote oder Gebote, die durch eine nationale Verwaltungsrechtsnorm geregelt werden und der Umsetzung einer EU-Richtlinie gilt, unter Bußgeldbewehrung.

2. Teil: Das allgemeine materielle Ordnungswidrigkeitenrecht

A. Verschiedene Typen von Tatbeständen

I. Allgemeines; Vorsatz- und Fahrlässigkeitsdelikte

Innerhalb der einzelnen Bußgeldtatbestände unterscheidet man zwischen verschiedenen Typen von Bußgeldtatbeständen. Im Folgenden werden wichtige Deliktsarten vorgestellt und diesen die hier abgedruckten Bußgeldtatbestände zugeordnet.

Straßenverkehrsgesetz (StVG)

§ 24c Alkoholverbot für Fahranfänger und Fahranfängerinnen

(1) Ordnungswidrig handelt, wer in der Probezeit nach § 2a oder vor Vollendung des 21. Lebensjahres als Führer eines Kraftfahrzeugs im Straßenverkehr alkoholische Getränke zu sich nimmt oder die Fahrt antritt, obwohl er unter der Wirkung eines solchen Getränks steht.

(2) Ordnungswidrig handelt auch, wer die Tat fahrlässig begeht.

(3) Die Ordnungswidrigkeit kann mit einer Geldbuße geahndet werden.

Landes-Immissionsschutzgesetz Rheinland-Pfalz (ImSchG RP)

§ 13 Ordnungswidrigkeiten

(1) Ordnungswidrig handelt, wer vorsätzlich oder fahrlässig

[...]

Nr. 3 entgegen § 6 Abs. 1 Tongeräte in einer solchen Lautstärke benutzt, dass unbeteiligte Personen erheblich belästigt werden oder die natürliche Umwelt beeinträchtigt wird,

(2) Die Ordnungswidrigkeit kann mit einer Geldbuße bis zu fünftausend Euro geahndet werden.

Ordnungswidrigkeitengesetz

§ 117 Unzulässiger Lärm

(1) Ordnungswidrig handelt, wer ohne berechtigten Anlaß oder in einem unzulässigen oder nach den Umständen vermeidbaren Ausmaß Lärm erregt, der geeignet ist, die Allgemeinheit oder die Nachbarschaft erheblich zu belästigen oder die Gesundheit eines anderen zu schädigen.

(2) Die Ordnungswidrigkeit kann mit einer Geldbuße bis zu fünftausend Euro geahndet werden, wenn die Handlung nicht nach anderen Vorschriften geahndet werden kann.

Gaststättengesetz

§ 28 Ordnungswidrigkeiten

(1) Ordnungswidrig handelt, wer vorsätzlich oder fahrlässig

[...]

2. einer Auflage oder Anordnung nach § 5 [...] nicht, nicht vollständig oder nicht rechtzeitig nachkommt,

[...]

(3) Die Ordnungswidrigkeit kann mit einer Geldbuße bis zu fünftausend Euro geahndet werden.

3   Die erste große Unterscheidung haben Sie bereits kennengelernt, nämlich die Unterscheidung von **Vorsatz- und Fahrlässigkeitsdelikten**.

Beispiele: § 117 OWiG kann nur vorsätzlich begangen werden, weil die fahrlässige Begehungsweise nicht ausdrücklich unter Bußgeldbewehrung gestellt wird. Alle anderen abgedruckten Bußgeldtatbestände sind sowohl Vorsatz- als auch Fahrlässigkeitsdelikte.

II. Allgemeindelikt und Sonderdelikt

4   **Täter** einer Ordnungswidrigkeit können nach deutschem Recht wie bereits erörtert nur Menschen sein.[1] Kommt als Täter jeder Mensch in Betracht, spricht man vom „**Allgemeindelikt**" (Synonym: Jedermanndelikt).[2] Bußgeldtatbestände, die täterschaftlich nur von Personen mit besonderen Eigenschaften begangen werden können, heißen „**Sonderdelikte**".[3] Im Gegensatz zum Strafrecht überwiegt im Ordnungswidrigkeitenrecht die Anzahl der Sonderdelikte. Das beruht darauf, dass in der Regel Verstöße gegen an einen bestimmten Adressatenkreis gerichtete verwaltungsrechtliche Ge- oder Verbote unter Bußgeldbewehrung stehen.

5   Die Unterscheidung ist deswegen wichtig, weil Täter eines Sonderdelikts nur derjenige sein kann, der den Sonderstatus hat oder dem der Sonderstatus nach § 9 OWiG zugerechnet werden kann (dazu genauer siehe Rn. 8).

Beispiele: § 13 Abs. 1 Nr. 3 ImSchG RP und § 117 Abs. 1 OWiG sind **Allgemeindelikte**. Täter kann jedermann sein. § 28 Abs. 1 Nr. 2 GastG ist ein **Sonderdelikt**, denn Täter kann nur der Adressat der Auflage, also der Betreiber der Gaststätte sein. Auch § 24c StVG ist ein **Sonderdelikt**, da Täter nur ein Fahranfänger/ eine Fahranfängerin sein kann.

III. Eigenhändige und fremdhändige Delikte

6   Bei „**eigenhändigen Delikten**" knüpft der Bußgeldtatbestand an eine unvertretbare Rechtspflicht des Täters an, so dass Täter nur sein kann, wer die tatbestandsmäßige Handlung höchstpersönlich „mit eigenen Händen" ausführt. Gegenstück zu den eigenhändigen Delikten sind die Delikte, die nicht zwingend eine höchstpersönliche Ausführung verlangen („**fremdhändige Delikte**"). Hier kann der Verpflichtete also

---

1   HK-OWiG/*Gassner*, Einleitung Rn. 74.
2   *Mitsch*, § 7 Rn. 17 f.
3   *Mitsch*, § 7 Rn. 20.

andere damit beauftragen, die ihm auferlegte bußgeldbewehrte Rechtspflicht zu erfüllen.

„Eigenhändige Delikte" sind zugleich also immer auch Sonderdelikte, weil Täter nur derjenige sein kann, der mit eigenen Händen handelt. Zu unterscheiden sind damit „eigenhändige Sonderdelikte" und „fremdhändige Sonderdelikte" sowie „fremdhändige Allgemeindelikte". 7

Wichtig ist die Unterscheidung später bei den „Mehr-Personen-Fällen" (siehe Rn. 145 ff.). Denn wer bei einem eigenhändigen Delikt nicht mit eigenen Händen handelt, kann nicht Täter sein, also weder Alleintäter, mittelbarer Täter noch Mittäter einer Vorsatztat oder Täter einer Fahrlässigkeitstat. Außerdem kann derjenige, der nicht verhindert, dass ein Dritter ein eigenhändiges Delikt begeht, nicht nach § 8 OWiG als Unterlassenstäter herangezogen werden. Schließlich kommt bei eigenhändigen Delikten die bußgeldrechtliche Organ- oder Vertreterhaftung nach § 9 OWiG nicht zur Anwendung. In diesen Fällen kann der Betroffene, der nicht mit eigenen Händen handelt, nur nach § 14 Abs. 1 S. 1 OWiG als Beteiligter an der Tat des Dritten zur Verantwortung gezogen werden. Voraussetzung dafür ist allerdings, dass es einen Dritten gibt, der das eigenhändige Delikt vorsätzlich und rechtswidrig verwirklicht, zu dem der Betroffene den Haupttäter entweder wissentlich und willentlich angestiftet hat oder zu der er dem Haupttäter durch aktives Tun oder Unterlassen wissentlich und willentlich Unterstützung leistet. 8

Beispiele: § 28 Abs. 1 Nr. 2 GastG ist ein **Sonderdelikt und zwar in Form eines fremdhändigen Delikts**. Der Bußgeldtatbestand setzt nicht zwingend voraus, dass der Inhaber der Gaststätte höchstpersönlich der Auflage nicht nachkommt. § 9 OWiG ist also anwendbar. Wird die Gaststätte von einer GmbH betrieben, deren Gesellschafter A und B und deren Geschäftsführer der C ist, so wird der Sonderstatuts „Betreiber der Gaststätte" gemäß § 9 Abs. 1 Nr. 1 OWiG dem Geschäftsführer C zugerechnet. Dann begeht C, wenn er der Auflage im Namen der GmbH nicht nachkommt, gemäß § 28 Abs. 1 Nr. 2 GastG, § 9 Abs. 1 Nr. 1 OWiG eine Ordnungswidrigkeit.

§ 24c Abs. 1 Alt. 1 StVG ist ein **Sonderdelikt in Form eines eigenhändigen Delikts**. Der Beifahrer oder sonstige Dritte können nicht Täter sein. Sie können sich lediglich als Gehilfe oder Anstifter an der vorsätzlichen und rechtswidrigen Tat des Fahranfängers beteiligen, § 14 Abs. 1 S. 1 OWiG. Näher hierzu Rn. 142, 149 ff., 179 ff.

IV. Schlichte Tätigkeitsdelikte und Erfolgsdelikte

Die meisten Bußgeldtatbestände sind **schlichte Tätigkeitsdelikte**. Das sind Delikte, die keinen Erfolgseintritt voraussetzen, d.h. als objektive Tatbestandsmerkmale nur die Tathandlung und ggf. besondere Tätereigenschaften beschreiben. 9

Meistens sind die schlichten Tätigkeitsdelikte zugleich **abstrakte Gefährdungsdelikte**, eine konkrete Gefahr oder gar Schädigung des geschützten Rechtsguts ist nicht erforderlich. Ob aus der Tathandlung eine Gefahr resultiert oder nicht, ist also nicht zu prüfen.[4] Die Tathandlung erschöpft sich in der Beschreibung eines bestimmten aktiven Tuns, das der Gesetzgeber schon abstrakt ohne Betrachtung des konkreten Einzelfalls für gefährlich hält.

Beispiele: § 24c Abs. 1 Alt. 1 StVG ist ein schlichtes Tätigkeitsdelikt in Form eines abstrakten Gefährdungsdelikts. Für die Verwirklichung des objektiven Tatbestands reicht es, dass der Fahranfänger Alkohol im Straßenverkehr getrunken hat. Eine konkrete Gefahr oder gar eine Schädigung für die Sicherheit und Leichtigkeit des Straßenverkehrs bzw. für die Individualrechtsgüter Leben, Gesundheit und Eigentum anderer Verkehrsteilnehmer ist nicht erforderlich.

---

4 Vgl. *Eisele*, Strafrecht AT, Rn. 109.

Ein weiteres schlichtes Tätigkeitsdelikt in Form eines abstrakten Gefährdungsdelikts ist auch § 28 Abs. 1 Nr. 2 GastG. Der Täter muss lediglich gegen die Auflage verstoßen haben. Ob es aufgrund des Auflagenverstoßes dann tatsächlich zu einer konkreten Gefahr oder Schädigung für das durch die Auflage geschützte Rechtsguts gekommen ist, ist irrelevant.

Bei manchen schlichten Tätigkeitsdelikten muss die konkrete Tathandlung aber grundsätzlich geeignet sein, um zu Gefahren oder Verletzungen für das geschützte Rechtsgut zu führen (potenzielle Gefährdungsdelikte, Synonyme: abstrakt-konkretes Gefährdungsdelikt, Eignungsdelikt). Das zu prüfen, ist dann Aufgabe des Rechtsanwenders.

Beispiel: § 117 OWiG ist ein schlichtes Tätigkeitsdelikt und zugleich ein potenzielles Gefährdungsdelikts (bzw. Eignungsdelikt): Eine konkrete Belästigung oder Gesundheitsschädigung anderer muss nicht eingetreten sein, es ist also kein Erfolg erforderlich (schlichtes Tätigkeitsdelikt). Allerdings muss die Tathandlung (also die Art der Lärmerregung) grundsätzlich geeignet sein, die Allgemeinheit oder die Nachbarschaft erheblich zu belästigen oder die Gesundheit eines anderen zu schädigen (Eignungsdelikt bzw. potenzielles Gefährdungsdelikt). So ist das Sprechen in Zimmerlautstärke schon nicht geeignet, die Nachbarschaft zu belästigen, das lautere Sprechen aber schon (auch wenn tatsächlich gar kein Nachbar in der Nähe war).

10 **Erfolgsdelikte** sind Delikte, bei denen sich der Bußgeldtatbestand nicht in der Beschreibung der Tathandlung und ggf. besonderer Tätereigenschaften erschöpft. Vielmehr muss durch die Tathandlung das geschützte Rechtsgut auch tatsächlich verletzt („**Verletzungsdelikt**") oder in eine konkrete Gefahr („**konkretes Gefährdungsdelikt**") gebracht worden sein.

Beispiel: § 13 Abs. 1 Nr. 3 ImSchG RP ist ein Erfolgsdelikt. Es reicht nicht, dass Lärm verursacht wurde. Vielmehr muss es zu einer erheblichen Belästigung mindestens einer unbeteiligten Person oder der Beeinträchtigung der natürlichen Umwelt gekommen sein.

Weitere Beispiele: § 18 Abs. 1 Nr. 1 Tierschutzgesetz: Das Tier hat erhebliches Leid, erhebliche Schmerzen oder einen erheblichen Schaden erlitten (siehe Rn. 132 ff.); fahrlässige Sachbeschädigung durch eine Zuwiderhandlung gegen Verkehrsvorschriften nach § 24 StVG, § 49 Abs. 1 Nr. 1 StVO, § 1 Abs. 2 StVO (siehe Teil 4 Rn. 25), leichtfertige Steuerverkürzung nach § 378 AO (siehe Teil 4 Rn. 120).

11 Die Unterscheidung ist wichtig, weil Erfolgsdelikte nur vollendet sind, wenn der Erfolg eingetreten ist, das aktive Tun bzw. das Unterlassen des Betroffenen ursächlich für den Erfolgseintritt war (Kausalität) und der Erfolg dem Betroffenen auch normativ zugerechnet werden kann (Zurechnung). Hat der Täter nach seinem Tatplan unmittelbar zur Tatausführung eines Erfolgsdelikts angesetzt und ist der Erfolg aber noch nicht eingetreten, so liegt lediglich ein Versuch vor. Dieser ist nur ahndbar, wenn die Versuchsahndbarkeit in der Bußgeldnorm ausdrücklich vorgesehen ist (vgl. § 13 OWiG), was sehr selten der Fall ist (Fallbeispiele siehe Rn. 133 ff.), oder wenn es ausnahmsweise einen Auffangtatbestand gibt, der in Form eines Tätigkeitsdelikts bereits die Ausführung der Tathandlung genügen lässt.

V. Begehungs- und Unterlassungsdelikte

12 Die Tathandlung kann darin bestehen, dass der Täter aktiv etwas tut, was ihm verboten ist (Verstoß gegen ein bußgeldbewehrtes Verbot). Im Tatbestand wird als Tathandlung also eine aktive verbotene Tätigkeit beschrieben. Solche Delikte bezeichnet man als **Begehungsdelikte**.

Von den Begehungsdelikten zu unterscheiden sind die **Unterlassungsdelikte**. Hier tut der Täter etwas nicht (= unterlässt etwas), was ihm rechtlich aber geboten ist (Nichterfüllung eines Gebots). 13

Wenn im Bußgeldtatbestand das bußgeldbewehrte Unterlassen bzw. bußgeldbewehrte Gebot beschrieben ist, bezeichnet man dies als **echtes Unterlassungsdelikt**. Echte Unterlassungsdelikte sind im Ordnungswidrigkeitenrecht sehr häufig. Oft sind Begehen und echtes Unterlassen in einer Bußgeldnorm als Varianten möglicher Tathandlungen aufgezählt oder manchmal sogar beide als mögliche Formen der beschriebenen Tathandlung erfasst. 14

Unechte Unterlassungsdelikte spielen im Ordnungswidrigkeitenrecht nur eine untergeordnete Rolle. Bei den unechten Unterlassungsdelikten ist das Unterlassen nicht als mögliche Tathandlung im Bußgeldtatbestand geregelt. Erst aus der Kombination eines als Begehungsdelikt formulierten Bußgeldtatbestands und § 8 OWiG ergibt sich der vollständige Bußgeldtatbestand. Tathandlung ist dann die Nichtabwendung des „tatbestandlichen Erfolgs des Begehungsdelikts[5]" durch einen Täter, der eine besondere Rechtspflicht (sogenannte Garantenpflicht) zum Handeln besitzt. 15

Beispiele: 16
§ 117 Abs. 1 OWiG und § 13 Abs. 1 Nr. 3 ImSchG RP sind **Begehungsdelikte**. Die Tathandlung besteht bei § 117 Abs. 1 OWiG in der Erregung von unzulässigem bzw. vermeidbarem Lärm, bei § 13 Abs. 1 Nr. 3 ImSchG RP in der Benutzung von Tongeräten in einer zu großen Lautstärke, also einem verbotenen aktiven Tun.
Beide Begehungsdelikte können nach Maßgabe von § 8 OWiG bei entsprechender Garantenpflicht des Täters auch durch Unterlassen begangen werden. So begeht der Hundehalter, der absichtlich nicht gegen das übermäßige Bellen seines Hundes vorgeht, eine Ordnungswidrigkeit durch Unterlassen nach § 117 Abs. 1 OWiG, § 8 OWiG (**unechtes Unterlassungsdelikt**). Die Tathandlung „unzulässigen Lärm erregen (durch aktives Tun)" des Begehungsdelikts § 117 OWiG wird über § 8 OWiG also quasi ersetzt durch „unzulässigen Lärm nicht verhindern, obwohl man dazu verpflichtet ist".
Auch § 24c Abs. 1 Var. 1 StVG ist ein **Begehungsdelikt**. Denn die Tathandlung besteht darin, dass der Täter aktiv etwas Verbotenes tut, hier „beim Autofahren Alkohol trinkt".
Bei § 28 Abs. 1 Nr. 2 GastG besteht die bußgeldbewehrte Handlung entweder in dem Verstoß gegen eine verbietende Auflage durch ein aktives Tun (**Begehungsdelikt**) oder in dem Verstoß gegen eine gebietende Auflage (**echtes Unterlassungsdelikt**). Beide Möglichkeiten sind erfasst.

B. Das vorsätzliche Begehungsdelikt

I. Abwandlung des Ausgangsfall („Ein teures Schlückchen Bier")

Sachverhalt: 17

T ist 20 Jahre alt und Inhaber einer Fahrerlaubnis der Klasse B. Seine Probezeit hat er bereits beendet. Am 01.06. fährt T mit seinem Auto im Stadtgebiet von Mannheim nach Hause. Die Straßen sind leer. Während der Fahrt isst er einen Keks. Plötzlich verschluckt er sich und bekommt kaum noch Luft. Er greift kurzerhand zu der neben

---

5 Nach h.M. ist § 8 OWiG nicht nur bei Erfolgsdelikten (Verletzungs- und konkrete Gefährdungsdelikte), sondern auch bei schlichten Tätigkeitsdelikten anwendbar. „Erfolg" i.S.d. § 8 OWiG ist als nicht gleichzusetzen mit dem „Erfolg" als Tatbestandsmerkmal. Unter „Erfolg" i.S.d. § 8 OWiG ist also die vom tatbestandlichen Ereignis ausgehende Wirkung zu verstehen, zu deren Vermeidung die Bußgeldnorm erlassen wurde und damit auch die abstrakte Gefahr (HK-OWiG/*Kleemann* § 8 Rn. 5). Siehe ausführlich auch Rn. 110.

ihm auf dem Beifahrersitz liegenden Bierdose (5 % Alkohol), öffnet sie und trinkt einen Schluck, so dass er wieder Luft bekommt. Für andere Verkehrsteilnehmer bestand zu keinem Zeitpunkt eine Gefahr. Dabei geht T davon aus, dass das Alkoholverbot für Fahranfänger*innen nur während der Probezeit gilt. Dass er auch als 20-Jähriger trotz des Ablaufs der Probezeit keinen Alkohol trinken darf, weiß er nicht. Das wurde ihm auch in der Fahrschule nicht beigebracht.

Aufgabe: Prüfen Sie, ob T eine Ordnungswidrigkeit nach § 24c Abs. 1 Alt. 1 StVG begangen hat. Lösung s. Rn. 71

Abwandlung: Nachdem er wieder Luft bekommt, genehmigt er sich während der Fahrt noch einige weitere Schlucke Bier. Hat T in diesem Fall eine Ordnungswidrigkeit nach § 24c Abs. 1 Alt. 1 StVG begangen? Lösung s. Rn. 71

II. Prüfungsschema

18

Prüfungsschema: Das vorsätzliche Begehungsdelikt[6]
Ggf. Vorprüfung: Keine Straftat[7]
Einleitungssatz: Indem … (Verhalten des Täters benennen), könnte … (Täter benennen) eine (vorsätzliche) Ordnungswidrigkeit nach … (Bußgeldnorm nennen) begangen haben.

I. Tatbestand
1. Objektiver Tatbestand
   a) Täter (jedermann oder Sonderdelikt)
   b) Tathandlung (ggf. weitere Anforderungen an die Tathandlung wie Tatobjekt, Tatmittel, Tatmodalitäten oder bei Eignungsdelikten die generelle Eignung, eine Gefahr zu verursachen)
   c) bei Erfolgsdelikten zusätzlich: Eintritt des Taterfolgs (Verletzung bzw. konkrete Gefährdung des geschützten Rechtsguts); Ursächlichkeit der Tathandlung für den Taterfolg; Zurechnung des Taterfolgs
2. Subjektiver Tatbestand
   a) Vorsatz
   b) ggf. weitere subjektive Tatbestandsmerkmale
3. ggf. objektive Bedingung der Ahndbarkeit

II. Rechtswidrigkeit kein Rechtfertigungsgrund
III. Vorwerfbarkeit 1. Verantwortlichkeit (§ 12 OWiG) 2. Kein Ausschluss der Vorwerfbarkeit wegen eines Erlaubnistatbestandsirrtums (Einordnung bei der Vorwerfbarkeit ist umstritten, siehe Rn. 61 u. 64) 3. Unrechtsbewusstsein (Kenntnis des Verbots); bei fehlendem Unrechtsbewusstsein: Kein unvermeidbarer Verbotsirrtum (§ 11 Abs. 2 OWiG) 4. Kein Entschuldigungsgrund
Ergebnis festhalten: Täter hat eine/ hat keine Ordnungswidrigkeit nach…

---

6 Zu den Unterlassungsdelikten siehe Rn. 103 u. 109. Zu den Fahrlässigkeitsdelikten siehe Rn. 75.
7 Siehe dazu ausführlich Rn. 185.

III. Der Einleitungssatz

Zu Beginn der Prüfung ist im Einleitungssatz genau zu bestimmen, an **welche Handlung** die ordnungswidrigkeitenrechtliche Prüfung angeknüpft wird und **welche Ordnungswidrigkeit** der Betroffene möglicherweise begangen hat.   19

Beispiel: Im Ausgangsfall wird im Einleitungssatz (siehe Rn. 71) daran angeknüpft, dass T an der roten Ampel eine halbe Flasche Bier trank. Als möglicherweise verwirklichte Bußgeldnorm wird § 24c Abs. 1 Alt. 1 StVG benannt.

Die Handlung, an die angeknüpft wird, setzt lediglich voraus, dass es sich um ein konkretes Verhalten (Tun oder Unterlassen) eines Menschen mit Außenbezug handelt, das willensgesteuert ist.

Beispiel: Keine tauglichen Tathandlungen sind Reflexbewegungen, Bewegungen im Schlaf oder im Zustand der Bewusstlosigkeit, böse Wünsche oder menschliches Verhalten aufgrund äußerer Krafteinwirkung.

IV. Die einzelnen Prüfungsschritte

1. Der objektive Tatbestand

Zum objektiven Tatbestand zählen alle äußeren Merkmale, die nach dem Bußgeldtatbestand vorliegen müssen, damit das Verhalten des Betroffenen eine ordnungswidrige Handlung darstellt. Sie können unabhängig von den Vorstellungen des Betroffenen, also „objektiv" festgestellt werden.[8]   20

a) Täter

Wie bereits erörtert (siehe Teil 1 Rn. 13), können Täter einer Ordnungswidrigkeit nur Menschen sein, bei **Allgemeindelikten** jeder Mensch, bei **Sonderdelikten** nur der Mensch, der die im Bußgeldtatbestand beschriebene besondere Eigenschaft hat.   21

Zum Ausgangsfall: § 24c Abs. 1 Var. 1 StVG ist ein Sonderdelikt. Täter kann nur sein, wer das Auto fährt und Fahranfänger i.S.d. § 24c StVG ist.

b) Tathandlung; ggf. weitere objektive Tatbestandsmerkmale

Wie bereits erörtert sind **Begehungsdelikte** solche Delikte, bei denen die im Bußgeldtatbestand beschriebene Tathandlung in einem aktiven Tun besteht (siehe Rn. 12). Der Täter muss also durch ein bestimmtes aktives Tun gegen das bußgeldbewehrte Verbot verstoßen haben.   22

Im Ordnungswidrigkeitenrecht überwiegen die **verhaltensgebundenen Delikte.** Das sind solche Delikte, bei denen der Gesetzgeber die inhaltlichen Voraussetzungen der Tathandlung näher beschreibt. Daneben gibt es wenige **verhaltensneutrale Delikte**, bei denen grundsätzlich jedes aktive Tun Tathandlung sein kann, Voraussetzung ist dann später nur, dass dieses Verhalten ursächlich für den Taterfolg war und der Taterfolg dem Täter auch als sein Werk zugerechnet werden kann (siehe Rn. 32 ff. u. 124).   23

---

8 **Vertiefungshinweise:** Manchmal ist die Einordnung von Merkmalen umstritten. So enthalten einige Bußgeldtatbestände Merkmale, bei denen umstritten ist, ob sie zum objektiven oder subjektiven Tatbestand gehören. Bei anderen Merkmalen ist problematisch, ob sie bereits zum Tatbestand gehören oder einen Rechtfertigungsgrund darstellen. Außerdem gibt es Bußgeldtatbestände, die (zugunsten des Betroffenen) um ungeschriebene Tatbestandsmerkmale zu ergänzen sind.

Beispiele: § 24 Abs. 1 Var. 1 StVG ist ein Begehungsdelikt. Das bußgeldbewehrte Verbot lautet: „Trinke als Fahranfänger im Straßenverkehr keinen Alkohol." Die Tathandlung besteht in einem aktiven Tun, das genauer beschrieben wird (verhaltensgebundenes Delikt), nämlich in dem Trinken von Alkohol.
Auch § 18 Abs. 1 Nr. 1 TierSchG ist ein Begehungsdelikt. Hier kann Tathandlung aber jedes aktive Tun sein, das dazu führt, dass das Tier Leid, Schmerzen oder Schaden erleidet (verhaltensneutrales Delikt). Damit der Bußgeldtatbestand nicht uferlos wird, erfolgt über die Kausalität und objektive Zurechnung eine Eingrenzung des Bußgeldtatbestands.

aa) Ein aktives Tun

24 Was genau unter „einem" bestimmten aktiven Tun zu verstehen ist, wird im Folgenden näher erörtert.

(1) Natürliche Handlung

25 Die im Tatbestand beschriebene Tathandlung kann in der einmaligen Ausführung einer Körperbewegung bestehen (**„natürliche Handlung"** oder **„Einzeltätigkeit"**). Dann handelt tatbestandsmäßig, wer diese beschriebene Körperbewegung einmalig ausführt.

Beispiel: Nach h.M. wird der Tatbestand von § 24c Abs. 1 Var. 1 StVG bereits mit dem ersten Schluck Alkohol vollendet. Jeder Schluck Alkohol stellt damit für die h.M. eine natürliche Handlung dar.

(2) Juristische bzw. tatbestandliche Handlungseinheit

26 In manchen Bußgeldtatbeständen wird die Tathandlung so beschrieben, dass mehrere natürliche Handlungen vorliegen müssen, damit der Täter überhaupt tatbestandsmäßig handelt **(juristische oder tatbestandliche Handlungseinheit)**. Das ist insbesondere bei Dauerdelikten der Fall.[9]

Dauerdelikte sind Delikte, bei denen die Tathandlung schon von Gesetzes wegen eine bestimmte Zeit andauern, d.h. der rechtswidrige Zustand eine bestimmte Zeit lang aufrechterhalten werden muss.[10] Delikte, bei denen sich die Tathandlung bereits in der einmaligen Herbeiführung des rechtswidrigen Zustands erschöpft, werden als **Zustandsdelikte** bezeichnet.

Beispiele: „Falsches Parken" (§ 24 StVG, § 49 Abs. 1 Nr. 12 StVO, § 12 Abs. 3 StVO) ist ein **Dauerdelikt**. Die Tathandlung erschöpft sich nicht darin, dass der Fahrer das Auto im Parkverbot zum Stehen bringt. Vielmehr muss er den rechtswidrigen Zustand auch aufrechterhalten, indem er das Auto entweder verlässt oder länger als drei Minuten hält (§ 12 Abs. 2 StVO). Solange der Fahrer das Auto noch nicht verlassen hat und auch noch nicht länger als drei Minuten hält, ist die Tat noch nicht vollendet.
„Bei Rot über die Ampel fahren" (§ 24 StVG, § 49 Abs. 3 Nr. 2 StVO) ist ein **Zustandsdelikt**. Die Tathandlung erschöpft sich in dem einmaligen Verstoß gegen das Verbot, bei Rot die Haltelinie zu überfahren. Auch § 24c Abs. 1 Var. 1 StVG ist ein Zustandsdelikt, schon der erste Schluck Alkohol begründet die Ahndbarkeit.

---

9 Eine juristische Handlungseinheit besteht außerdem auch bei **mehraktigen Delikten**. Diese spielen im Ordnungswidrigkeitenrecht allerdings keine Rolle. Ein Beispiel aus dem Strafrecht für ein mehraktiges Delikt ist der Raub nach § 249 StGB, der aus zwei Akten besteht, nämlich der Gewaltanwendung oder Drohung und der späteren Wegnahme.
10 Teilweise wird der Begriff des Dauerdelikts auch in einem anderen Sinne verstanden, nämlich zur Beschreibung aller Delikte, bei denen die Tat im Regelfall eine gewisse Zeit lang dauert; so beispielsweise bei § 24a StVG (0,5-Promille-Fahrt), obwohl die Tat bereits vollendet ist, wenn der Täter mit 0,5 Promille die Fahrt beginnt.

(3) Natürliche Handlungseinheit

Schließlich ist in allen Fällen (also sowohl bei Zustands- als auch bei Dauerdelikten), in denen der Täter die Tat schon vollendet hat, aber weitermacht, zu überlegen, ob das Weitermachen als neue Tat bewertet werden muss oder ob es mit der ersten Handlung, durch die der Tatbestand schon vollendet wurde, zusammenzufassen ist, weil ein räumlicher und zeitlicher Zusammenhang besteht (**natürliche Handlungseinheit**). Voraussetzung für die Zusammenfassung zu einer natürlichen Handlungseinheit ist aber, dass alle Handlungen, die zusammengefasst werden sollen, auf einem einheitlichen Vorsatz beruhen. Fasst der Täter einen neuen Tatentschluss, ist die alte Handlung beendet und es beginnt eine neue Tat. **27**

Zum Ausgangsfall: Bereits mit dem ersten Schluck aus der Bierflasche hat T den Tatbestand verwirklicht. Die Tat ist also schon vollendet. Wenn T aber unmittelbar nach dem ersten Schluck weiter aus der Bierflasche trinkt und dies auf einem einzigen Tatentschluss beruht, so dauert die Tat an und die Tathandlung ist noch nicht beendet.[11]

Hätte T aber ein Viertel der Flasche morgens auf dem Hinweg zur Arbeit und das andere Viertel auf dem Rückweg getrunken, lägen jedenfalls zwei Tathandlungen und damit auch zwei Ordnungswidrigkeiten vor. Auch wenn T nach dem Stopp durch den Polizisten die Fahrt fortgesetzt und weiter Bier getrunken hätte, lägen aufgrund der Zäsur zwei Tathandlungen vor.

bb) Eigenhändiges und fremdhändiges Tun

Wie bereits zuvor erörtert, ist zwischen „**eigenhändigen Delikten**" und „**fremdhändigen Delikten**" zu unterscheiden. Eigenhändige Begehungsdelikte sind solche Delikte, bei denen nur Täter sein kann, wer das bußgeldbewehrte aktive Tun selbst ausführt. Wenn ein eigenhändiges Delikt vorliegt, bietet es sich an, diesen Punkt bereits bei „Täter" anzusprechen. **28**

Bei fremdhändigen Delikten hingegen ist es nicht erforderlich, dass der Täter die Tathandlung persönlich ausführt. Hier handelt auch tatbestandsmäßig, wer die Tat durch ein menschliches Werkzeug ausführen lässt (mittelbare Täterschaft[12]) oder wer gemeinsam mit einem anderen aufgrund eines gemeinsamen Tatplans arbeitsteilig die Tat begeht (Mittäter)[13].

Beispiel: § 117 Abs. 1 OWiG ist ein fremdhändiges Delikt. Der Grundschullehrer, der die Kinder seiner 1. Klasse dazu ermutigt, beim Zeltlager abends ordentlich Krach zu machen, um die anderen Gäste auf dem Zeltplatz zu ärgern, handelt analog § 25 Abs. 1 Var. 2 StGB tatbestandsmäßig (mittelbare Täterschaft: die Kinder, die nach § 12 OWiG bußgeldrechtlich nicht verantwortlich sind, werden hier als Werkzeug benutzt).

cc) Das tatbestandsausschließende Einverständnis

Der Täter verstößt durch sein aktives Tun dann nicht gegen eine Verbotsnorm, wenn die Tathandlung zwingend einen entgegenstehenden oder fehlenden Willen des Rechtsgutsinhabers voraussetzt, der Rechtsgutinhaber aber sein Einverständnis **29**

---

[11] Vertiefungshinweis: Kompliziert wird es, wenn T zunächst nur einen Schluck Bier trinken will und dann beim Trinken entscheidet, weiter zu trinken. Hier ist umstritten, ob das noch auf einem einheitlichen Tatentschluss beruht.
[12] Vgl. den auch im Bußgeldrecht anwendbaren § 25 Abs. 1 Var. 2 StGB: „*Als Täter wird bestraft, wer [...] die Tat durch einen anderen begeht.*" Genauer zur mittelbaren Täterschaft siehe unter Rn. 147 u. 157.
[13] Genauer zur Mittäterschaft (bzw. genauer „Beteiligung") siehe unter Rn. 146 u. 162.

erklärt hat. Das tatbestandsausschließende Einverständnis spielt nur bei sehr wenigen Bußgeldtatbeständen eine Rolle.

Beispiel: Wer Daten aufgrund einer wirksamen datenschutzrechtlichen Einwilligung des Betroffenen erhebt, handelt schon nicht tatbestandsmäßig i.S.d. Art. 83 DS-GVO.

dd) Die tatbestandsausschließende behördliche Genehmigung (behördliche Erlaubnis)

30 Eine große Bedeutung hat hingegen die tatbestandsausschließende behördliche Genehmigung (behördliche Erlaubnis). Das sind behördliche Genehmigungen, die von einem **präventiven gesetzlichen Verbot mit Erlaubnisvorbehalt** befreien. Hier hat der Gesetzgeber nicht die Tätigkeit selbst grundsätzlich verboten, sondern aus Gründen der präventiven Gefahrenabwehr eine Kontrolle eingeführt, damit die Behörde prüfen kann, dass die Tätigkeit nicht gegen geltendes Recht verstößt. Das bußgeldbewehrte tatbestandsmäßige Verhalten besteht dann in dem Verstoß gegen die formelle Erlaubnispflicht.

Beispiele: Bestimmte Bauvorhaben darf man erst verwirklichen, wenn man eine Baugenehmigung eingeholt hat (vgl. § 58 Abs. 1 S. 1 LBO BW). Für die Ausübung des Seebewachungsgewerbes benötigt man eine Erlaubnis (§ 31 Abs. 1 GewO).

Wurde vor der Tat eine wirksame Erlaubnis erteilt und war diese zum Tatzeitpunkt immer noch wirksam (vgl. § 43 VwVfG), handelt der Täter nicht tatbestandsmäßig. Bislang nicht abschließend geklärt ist, ob das auch dann gilt, wenn der Täter zwar eine Erlaubnis hat, aber ein Dritter gegen diese Widerspruch oder Klage erhoben hat und entweder der Widerspruch oder die Klage aufschiebende Wirkung haben (§ 80 Abs. 1 VwGO) oder die Behörde auf Antrag des Dritten die sofortige Vollziehung ausgesetzt bzw. das Gericht entsprechende Maßnahmen getroffen hat (§ 80a VwGO). Nach der hier vertretenen Rechtsauffassung handelt auch der Betroffene, der sich darüber hinwegsetzt, ohne die erforderliche Erlaubnis und damit tatbestandsmäßig.

31 Abzugrenzen sind Bußgeldtatbestände, die ein Verhalten unter Bußgeldbewehrung stellen, das durch Gesetz grundsätzlich verboten ist, das die Behörde aber ausnahmsweise erlauben darf (repressive Verbote mit Befreiungsvorbehalt). Hier ist das Fehlen der behördlichen Genehmigung nicht Tatbestandsmerkmal. Bußgeldbewehrt ist also nicht der Verstoß gegen die Erlaubnispflicht, sondern die Tätigkeit selbst. Das Vorliegen einer behördlichen Genehmigung („Dispens" oder „Befreiung") ist dann erst auf Rechtfertigungsebene zu prüfen (siehe Rn. 49).

c) Taterfolg, Kausalität und objektive Zurechnung

32 Wie bereits zuvor erörtert, ist § 24c StVG ein schlichtes Tätigkeitsdelikt, d.h. der Bußgeldtatbestand ist mit den Merkmalen „Täter" und „Tathandlung" bereits vollständig beschrieben.

33 Bei den Erfolgsdelikten ist zusätzlich zu den Merkmalen „Täter" und „Tathandlung" zu prüfen, ob der Taterfolg eingetreten ist (Taterfolg), die Tathandlung für den Erfolgseintritt ursächlich ist (Kausalität) und der Taterfolg dem Täter auch als sein Werk zugerechnet werden kann (objektive Zurechnung).[14]

---

14 Vertiefungshinweis: Da Erfolgsdelikte sehr selten sind, werden sie in diesem Lehrbuch nicht wie allgemein üblich vor die Klammer gezogen und im Grundlagenteil, sondern ausführlich bei den speziellen

2. Teil: Das allgemeine materielle Ordnungswidrigkeitenrecht

Kausal bzw. ursächlich für den Erfolg ist eine Handlung dann, wenn sie nicht hinweggedacht werden kann, ohne dass der Taterfolg in seiner konkreten Gestalt entfiele („conditio sine qua non"-Formel). **34**

Objektiv zurechenbar ist der Erfolg, wenn die Handlung ein rechtlich missbilligtes Risiko geschaffen (oder erhöht) hat und sich genau dieses Risiko im konkreten Erfolg verwirklicht hat. Die Prüfung der objektiven Zurechnung ist insbesondere bei verhaltensneutralen Erfolgsdelikten von großer Bedeutung, damit der Tatbestand nicht uferlos jedes denkbare ursächliche Verhalten erfasst (siehe dazu später einen Fall zu § 18 Abs. 1 Nr. 1 TierSchG unter Rn. 105 u. 132). **35**

2. Der subjektive Tatbestand

Zum subjektiven Tatbestand gehören die Tatbestandsmerkmale, die von den Vorstellungen des Täters abhängen, also innere, psychische Tatsachen.[15] In der Regel ist hier nur zu prüfen, ob der Täter Vorsatz in Bezug auf alle objektiven Tatbestandsmerkmale hatte. Eine bestimmte Vorsatzform ist regelmäßig nicht verlangt. Einige wenige Bußgeldtatbestände schreiben eine besondere Vorsatzform und/oder zusätzliche besondere subjektive Tatbestandsmerkmale vor. **36**

a) Vorsatz

aa) Begriff

Was genau unter dem Begriff „Vorsatz" zu verstehen ist, ist in der Rechtswissenschaft umstritten.[16] Nach der von Rechtsprechung und h.L. vertretenen „Billigkeitstheorie" handelt vorsätzlich, wer die Tatbestandsverwirklichung jedenfalls für möglich hält und zumindest billigend in Kauf nimmt.[17] Diese Mindestanforderung wird auch „bedingter Vorsatz" genannt. **37**

Wird im Bußgeldtatbestand nicht „Vorsatz", sondern „Absicht" verlangt, so muss es dem Täter auf die Tatbestandsverwirklichung ankommen. Wird „Wissen" verlangt, so muss der Täter positiv davon Kenntnis haben, dass er den Tatbestand verwirklicht. Im Ordnungswidrigkeitenrecht wird in der Regel aber keine bestimmte Vorsatzform verlangt. Es reicht also der bedingte Vorsatz. **38**

Beispiele: Bei § 24c Abs. 1 StVG muss der Täter lediglich vorsätzlich den Tatbestand verwirklichen. Es reicht also bedingter Vorsatz. Anders ist es bei § 213 Abs. 1 Nr. 1 BauGB. Hier muss der Täter „wissentlich" unrichtige Angaben machen bzw. unrichtige Pläne oder Unterlagen vorlegen. Bedingter Vorsatz reicht also nicht.

Bußgeldtatbeständen § 378 AO (leichtfertige Steuerverkürzung, siehe Teil 4 Rn. 126 ff.) und § 24 StVG, § 49 Abs. 1 Nr. 1 StVO, § 1 Abs. 2 StVO (Teil 4 Rn. 52 ff.) besprochen.

15 *Mitsch*, § 8 Rn. 1.
16 Vertiefungshinweis: Nach den **Willenstheorien** ist neben dem Wissenselement zwingend ein Willenselement erforderlich. Zu den Willenstheorien gehören neben der hier dargestellten Billigkeitstheorie (Rechtsprechung und h.L.) auch die Gleichgültigkeitstheorie und die Ernstnahmetheorie. Nach den **Wissenstheorien** handelt vorsätzlich, wer die Tatbestandsverwirklichung für wahrscheinlich (Wahrscheinlichkeitstheorie) bzw. möglich (Möglichkeitstheorie) hält und trotzdem handelt. Die Wissenstheorien verlangen für den Vorsatz also lediglich ein Wissenselement. Nach den **Risikotheorien** handelt vorsätzlich, wer wissentlich das Risiko der Tatbestandsverwirklichung in Gang setzt bzw. ein unerlaubtes Risiko schafft. Genauer siehe *Eisele/Heinrich*, Strafrecht AT Rn. 174 ff. Der Streit ist nur dann wichtig, wenn es um die Abgrenzung von grober Fahrlässigkeit und bedingtem Vorsatz geht.
17 BGHSt 36, 1 (9); BGHSt 44, 99 (102).

bb) Prüfung

(1) Wissen

(a) Für Möglichhalten bzw. Kenntnis der Tatbestandsverwirklichung

39 Zunächst ist zu prüfen, ob der Täter die tatsächlichen Umstände kannte, die zum objektiven Tatbestand gehören, vgl. § 11 Abs. 1 S. 1 OWiG.

Bei allen Delikten muss der Täter die tatsächlichen Umstände kennen bzw. für möglich halten, die die Tathandlung ausmachen.

Bei Sonderdelikten muss der Täter außerdem die tatsächlichen Umstände kennen bzw. für möglich halten, die seine Täterstellung begründen.

Bei Erfolgsdelikten (Verletzungs- und konkrete Gefährdungsdelikte) muss er die Möglichkeit des Erfolgseintritts (Verletzung bzw. konkrete Gefährdung des Rechtsguts) erkennen.

(b) Tatbestandsirrtum und Verbotsirrtum

40

Gesetz über Ordnungswidrigkeiten (OWiG)
§ 11 Irrtum

(1) Wer bei Begehung einer Handlung einen Umstand nicht kennt, der zum gesetzlichen Tatbestand gehört, handelt nicht vorsätzlich. Die Möglichkeit der Ahndung wegen fahrlässigen Handelns bleibt unberührt.

(2) Fehlt dem Täter bei Begehung der Handlung die Einsicht, etwas Unerlaubtes zu tun, namentlich weil er das Bestehen oder die Anwendbarkeit einer Rechtsvorschrift nicht kennt, so handelt er nicht vorwerfbar, wenn er diesen Irrtum nicht vermeiden konnte.

41 Kennt der Täter die tatsächlichen Umstände nicht bzw. irrt er über diese (**„Tatbestandsirrtum"**), handelt er nicht vorsätzlich (§ 11 Abs. 1 S. 1 OWiG). Dann ist, wenn die Ordnungswidrigkeit auch fahrlässig begangen werden kann (vgl. § 10 OWiG), die Fahrlässigkeitstat zu prüfen, § 11 Abs. 1 S. 2 OWiG (vgl. Rn. 72 ff.), andernfalls hat der Täter keine Ordnungswidrigkeit begangen.

42 Umstritten ist, ob der Täter auch dann vorsätzlich handelt, wenn er nicht weiß, dass er durch sein Verhalten eine Ordnungswidrigkeit begeht, also wenn er nicht weiß, dass er gegen das Recht verstößt.[18]

Nach der **Vorsatztheorie**[19] handelt nur vorsätzlich, wer aktuelles Unrechtsbewusstsein hat. Das soll sich aus § 11 Abs. 1 OWiG ergeben. Ein vermeidbarer Ge- oder Verbotsirrtum kann nach dieser Auffassung dann gemäß § 11 Abs. 2 OWiG nur als Fahrlässigkeitstat geahndet werden.

Rechtsprechung und h.L. lehnen die Vorsatztheorie unter Berufung auf den Wortlaut und die Systematik von § 11 OWiG zu Recht ab. Die Kenntnis von dem bußgeldbewehrten Verbot[20] gehört nicht zum Vorsatz, so dass der Täter trotz eines Verbotsirr-

---

18 Ausführlich zu beiden Theorien: *Klesczewski*, Rn. 179 ff.
19 Ein Vertreter der Vorsatztheorie ist z.B. *Weber*, ZStW 96 (1984), 376 (393).
20 Beim Unterlassen: Gebot.

tums[21] vorsätzlich handelt. Welche Folgen der Verbotsirrtum hat, ist erst im Rahmen der Vorwerfbarkeit zu prüfen (**Schuldtheorie**).[22]

Aber auch wenn man wie hier vertreten der Schuldtheorie folgt, so ist es in bestimmten Fallkonstellationen gar nicht so einfach zu beurteilen und teilweise auch innerhalb der Schuldtheorie umstritten, wann ein Irrtum über tatsächliche Umstände (Tatbestandsirrtum) und wann ein Irrtum über die Rechtslage (Rechtsirrtum) vorliegt. 43

Beispiel: A hat eine Baugenehmigung beantragt, die nach drei Monaten immer noch nicht erteilt wurde. Eine Genehmigungsfiktion gibt es in dem betroffenen Bundesland nicht. Wenn A nun baut, weil er denkt, er habe bereits eine wirksame Genehmigung, ist fraglich, ob er über tatsächliche Umstände irrt (Vorliegen einer Genehmigung) oder (so die hier vertretene Rechtsauffassung) über die Rechtslage (gesetzlich verankerte Genehmigungsfiktion).

(2) Billigung der Tatbestandsverwirklichung (Wollen)

Im nächsten Schritt ist zu prüfen, ob der Täter die Tatbestandsverwirklichung zumindest billigend in Kauf genommen hat. Davon ist bei Tätigkeitsdelikten regelmäßig allein aufgrund der Kenntnis der Tatumstände auszugehen. Nur bei Erfolgsdelikten ist eine genauere Unterscheidung von bewusster Fahrlässigkeit und bedingtem Vorsatz angezeigt. 44

Beispiel: Wer innerorts 60 km/h fährt und dies weiß oder es zumindest für möglich hält, gerade schneller als 50 km/h zu fahren, handelt auch willentlich in Bezug auf den Geschwindigkeitsverstoß und begeht eine vorsätzliche Ordnungswidrigkeit nach § 24 StVG, § 49 Abs. 1 Nr. 3 StVO (schlichtes Tätigkeitsdelikt). Passiert infolge des Geschwindigkeitsverstoßes ein Unfall, der nicht passiert wäre, wenn die 50 km/h eingehalten worden wären, und bei dem es lediglich zu einem kleineren Sachschaden kommt, stellt sich die Frage, ob der Betroffene auch eine vorsätzliche Verkehrsordnungswidrigkeit nach § 24 StVG, § 49 Abs. 1 Nr. 1 StVO begangen hat. Das setzt voraus, dass der Betroffene auch wissentlich und willentlich in Bezug auf den Erfolgseintritt gehandelt hat. Hat der Täter es zwar für möglich gehalten, dass jemand zu Schaden kommt, aber darauf vertraut, dass bei dieser noch geringfügigen Geschwindigkeitsüberschreitung alles gut gehen werde, ist ihm nur bewusste Fahrlässigkeit vorzuwerfen.

b) Besondere subjektive Tatbestandsmerkmale

Manche Bußgeldtatbestände verlangen das Vorliegen weiterer subjektiver Tatbestandsmerkmale. Der Täter muss dann den Tatbestand nicht nur vorsätzlich verwirklichen, sondern in Bezug auf ein künftiges Verhalten oder einen künftigen Erfolg eine „überschießende" Absicht haben. 45

Beispiel: Nach § 213 Abs. 1 Nr. 1 BauGB muss der Täter handeln, **um** einen begünstigenden Verwaltungsakt nach dem BauGB zu erhalten oder den Erlass eines belastenden Verwaltungsakts zu verhindern.

3. Objektive Bedingungen der Ahndbarkeit

Objektive Ahndbarkeitsbedingungen sind Umstände, die objektiv vorliegen müssen, bezüglich derer der Täter aber nicht vorsätzlich gehandelt haben muss. Sie werden bei Vorsatztaten deshalb nicht bereits im objektiven Tatbestand, sondern separat nach dem subjektiven Tatbestand geprüft. 46

Beispiele: § 24c StVG ist eine Bußgeldnorm, die keine objektiven Bedingungen der Ahndbarkeit enthält. Beispiele für Bußgeldtatbestände mit einer objektiven Bedingung der Ahndbarkeit sind § 122 Vollrausch (dort: die vom Täter im Rausch begangene Ordnungswidrigkeit) und § 130 OWiG (dort: die von einem Mitarbeiter begangene betriebsbezogene straf- oder bußgeldbewehrte Zuwiderhandlung, genauer siehe Rn. 175).

---

21 Beim Unterlassen: Gebotsirrtum.
22 *Mitsch,* § 10 Rn. 16.

4. Rechtswidrigkeit

a) Allgemeines

47 Wer den Tatbestand einer Ordnungswidrigkeit verwirklicht, verstößt nicht nur gegen die unter Bußgeldbewehrung gestellte Verhaltenspflicht, sondern handelt in der Regel auch „insgesamt" rechtswidrig. Das Verhalten ist nur dann nicht rechtswidrig, wenn es einen Erlaubnistatbestand gibt, der das tatbestandliche Verhalten des Täters ausnahmsweise rechtfertigt (Rechtfertigungsgrund).

48 Rechtfertigungsgründe sind nicht nur im OWiG geregelt (dort: §§ 15 Abs. 1, 16 OWiG), sondern können sich aus der gesamten Rechtsordnung (z.B. §§ 228, 904 BGB oder § 35 StVO) oder aus dem Gewohnheitsrecht (z.B. Pflichtenkollision, Einwilligung) ergeben. Denn mit Hinblick auf die Einheit der Rechtsordnung gilt: Was zivil- oder öffentlich-rechtlich erlaubt ist, kann bußgeldrechtlich nicht verboten sein.

49 Hat ein „**normaler Bürger**" einen Bußgeldtatbestand verwirklicht, sind die in der Praxis wichtigsten Rechtfertigungsgründe:
- eine von der Behörde erteilte Ausnahme bzw. Befreiung, die die gesetzlich grundsätzlich verbotene bußgeldbewehrte Tätigkeit erlaubt
  Beispiel: Stellt jemand einen Container zum Sammeln von Altkleidern auf einem Gehweg auf und kann dadurch der Verkehr beeinträchtigt werden, so verstößt er gegen § 32 StVO und verwirklicht damit den Bußgeldtatbestand nach § 24 StVG i.V.m. § 49 Abs. 1 Nr. 27 StVO. Die Tat ist gerechtfertigt, wenn für das Aufstellen zuvor eine wirksame behördliche Ausnahme nach § 46 Abs. 1 Nr. 8 StVO erteilt worden ist.
- der rechtfertigende Notstand nach § 16 OWiG (bzw. der Notstand nach §§ 228, 904 BGB bei Beschädigung fremder Sachen bzw. Verletzung fremder Tiere)
  Beispiel: Der Betroffene fährt bei Rot über die Ampel, um zu vermeiden, dass der Hintermann auffährt. Dadurch verstößt er gegen § 37 StVO, was nach § 24 StVG i.V.m. §§ 49 Abs. 3 Nr. 2 StVO bußgeldbewehrt ist. Die Tat ist nach § 16 OWiG gerechtfertigt, wenn tatsächlich die konkrete Gefahr eines Auffahrunfalls bestand und eine ernsthafte körperliche Verletzung des Betroffenen bzw. des Hintermanns drohte (Notstandslage) und keine anderen Verkehrsteilnehmer durch das Überfahren der roten Ampel gefährdet wurden. Denn dann überwiegt das Interesse des Betroffenen (bzw. des Hintermanns) die durch die Bußgeldnorm geschützte allgemeine Verkehrssicherheit, was die wesentliche Voraussetzung für eine Rechtfertigung nach § 16 OWiG ist.
- Exkurs: die rechtfertigende Pflichtenkollision bei Unterlassungsdelikten (Gewohnheitsrecht)
  Beispiel: Der Betroffene hat einen Unfall verursacht und unterlässt es, die Unfallstelle abzusichern. Damit verstößt er gegen das Gebot (die Handlungspflicht) aus § 34 Abs. 1 Nr. 2 StVO, was den Tatbestand einer Verkehrsordnungswidrigkeit in Form eines echten Unterlassungsdelikts nach § 24 StVG i.V.m. § 49 Abs. 1 Nr. 29 StVO darstellt. Unterlässt der Betroffene die Absicherung der Unfallstelle, um zunächst einem schwer Verletzten erste Hilfe zu leisten, so handelt er gerechtfertigt. Die Pflicht zur Hilfeleistung (also das kollidierende Gebot) ist hier zumindest gleichrangig, wenn nicht sogar höherrangig.

50 Hat ein **Amtsträger (Beamter, Soldat, Angestellter eines Hoheitsträgers, Beliehener) bei der Amtsausübung** einen Bußgeldtatbestand verwirklicht, so sind vorrangig folgende Rechtfertigungsgründe zu prüfen:
- Spezialgesetzlich geregelte Eingriffsbefugnisse bzw. Sonderrechte
  Beispiel: Ein Polizist fährt allein im Einsatzfahrzeug und ist zur Nutzung des BOS-Funks berechtigt. Er nimmt das Handteil des Funkgeräts in die Hand, um die Einsatzzentrale zu melden, dass er gerade ein verdächtiges Fahrzeug beobachtet habe. Damit verstößt er gegen § 23 Abs. 1a StVO, was den Tatbestand einer Ordnungswidrigkeit nach § 24 StVG i.V.m. § 49 Abs. 1 Nr. 22 StVO darstellt. Sein Handeln ist aber nach § 35 Abs. 9 StVO gerechtfertigt (a.A: sein Handeln ist nach § 35 Abs. 9 StVO schon nicht tatbestandlich).
- Verbindliche rechtswidrige Anordnung (nur bei Soldaten und Vollzugsbeamten; die übrigen Amtsträger handeln nicht rechtswidrig, wenn sie rechtswidrige Anordnungen befolgen)
  Beispiel: Soldat S fährt mit einem Einsatzfahrzeug der Bundeswehr auf der Bundesstraße. Erlaubt ist Tempo 80. Von seinem Vorgesetzten, der neben ihm sitzt, erhält er den rechtswidrigen Befehl, Tempo 100 zu fahren, da man sonst zu spät zum Truppenübungsplatz komme. S

> *remonstriert und weist den Vorgesetzten darauf hin, dass das nicht erlaubt sei. Der Vorgesetzte wiederholt seinen Befehl. Daraufhin beschleunigt S das Fahrzeug auf Tempo 100. Indem S mit einer Geschwindigkeit von 100km/h fährt, verwirklicht er den Tatbestand von § 24 StVG i.V.m. § 49 Abs. 3 Nr. 4 StVO. Allerdings ist seine Tat nach § 11 Abs. 1 S. 2 Soldatengesetz gerechtfertigt.*

Anders als im Strafrecht haben im Ordnungswidrigkeitenrecht folgende Rechtfertigungsgründe keine bzw. kaum praktische Bedeutung: 51
- Notwehr (Verteidigung eigener Rechtsgüter gegen den Angreifer) bzw. Nothilfe (Verteidigung von Rechtsgütern Dritter gegen den Angreifer) nach § 15 Abs. 1 u. 2 OWiG[23]
- rechtfertigende Einwilligung Dritter
- Festnahmerecht nach § 127 Abs. 1 StPO

b) Gemeinsame Strukturen der Rechtfertigungsgründe

aa) Vorliegen der objektiven Rechtfertigungsmerkmale

Damit eine Tat gerechtfertigt ist, müssen zunächst die **objektiven Merkmale** eines Rechtfertigungsgrundes vorliegen. Lagen diese nicht vor, ist die Tat rechtswidrig. Zu der Frage, wie vorzugehen ist, wenn der Täter irrig davon ausging, dass sein Handeln gerechtfertigt war, siehe unter Rn. 56 ff. u. 66. 52

bb) Subjektive Rechtfertigung

Außerdem müssen Vorsatztaten nach h.M. auch subjektiv gerechtfertigt sein.[24] Dafür spricht bei den meisten Rechtfertigungsgründen bereits ihr Wortlaut (vgl. z.B. „um zu" in § 15 Abs. 2 OWiG). Außerdem kann sich auf einen Erlaubnistatbestand nur berufen, wer motiviert durch diesen handelte, denn ansonsten würde der Erlaubnistatbestand „missbraucht", um etwas anderes zu rechtfertigen. 53

Um subjektiv gerechtfertigt gehandelt zu haben, muss der Täter zunächst die objektiven Rechtfertigungsmerkmale gekannt bzw. für möglich gehalten haben („Wissenselement"). Außerdem ist nach h.M. auch ein entsprechender Rechtfertigungswille („Willenselement") erforderlich. 54

Innerhalb der h.M. ist umstritten, welche Folgen es hat, wenn der Täter nur objektiv, nicht aber subjektiv gerechtfertigt handelt. Nach der h.L. scheidet eine Vollendung aus, weil objektiv kein Unrecht vorliegt. Der Täter kann lediglich wegen Versuchs einer Ordnungswidrigkeit belangt werden. Allerdings sehen die meisten Bußgeldtatbestände keine Versuchsahndbarkeit vor, so dass der Täter im Ergebnis keine Ordnungswidrigkeit begangen hat. Dahingegen geht die Rechtsprechung von einer vollendeten Ordnungswidrigkeit aus.[25] 55

---

23 § 227 BGB wird durch § 15 OWiG verdrängt und findet im Bußgeldrecht schon theoretisch keine Anwendung.
24 *Mitsch* § 9 Rn. 7; *Klesczewski*, Rn. 251 ff. Bei Fahrlässigkeitstaten ist umstritten, ob diese bereits dann vollständig gerechtfertigt sind, wenn die objektiven Rechtfertigungsmerkmale vorliegen oder ob auch hier die Tat subjektiv gerechtfertigt sein muss. Genauer siehe Rn. 88.
25 Ausführlich zum Meinungsstand: *Klesczewski*, Rn. 251 ff.

cc) Exkurs: Irrige Annahme der Rechtfertigung

56 Irrte der Täter über die Rechtswidrigkeit seines Handelns, ist umstritten, welche rechtlichen Folgen dieser Irrtum hat und ob diese Folgen bereits auf Tatbestandsebene, Rechtswidrigkeitsebene oder (wie in diesem Lehrbuch, der rechtfolgenverweisenden eingeschränkten Schuldtheorie folgend, vertreten) erst auf der Ebene der Vorwerfbarkeit anzusprechen und zu prüfen sind.[26]

(1) Vorsatztheorien (siehe bereits Rn. 42)

57 Nach den Vorsatztheorien gehört das Unrechtsbewusstsein immer zum Vorsatz. Bei fehlendem Unrechtsbewusstsein handelt der Täter also bereits schon nicht vorsätzlich. Es kommt nur eine Fahrlässigkeitstat in Betracht. Aufgrund des eindeutigen Wortlauts in § 11 Abs. 2 OWiG ist das nicht überzeugend. Nur wenn das Unrechtsbewusstsein im Bußgeldtatbestand spezialgesetzlich als Tatbestandsmerkmal normiert ist, entfällt bei fehlendem Unrechtsbewusstsein der Vorsatz. Im Übrigen ist den Schuldtheorien zu folgen.

(2) Schuldtheorien (h.M.)

58 Nach allen Schuldtheorien ist das Unrechtsbewusstsein nicht Bestandteil des Vorsatzes, sondern grundsätzlich Bestandteil der Schuld und nach § 11 Abs. 2 OWiG zu behandeln.

(a) Strenge Schuldtheorie

59 Nach der strengen Schuldtheorie gibt es davon keine Ausnahme. Jeder Irrtum über die Rechtswidrigkeit des eigenen Handelns wird als Verbotsirrtum nach § 11 Abs. 2 OWiG behandelt und lässt die Vorsatztat nur dann entfallen, wenn der Verbotsirrtum unvermeidbar war (siehe Rn. 67).

(b) Eingeschränkte Schuldtheorien (Rechtsprechung und h.L.)

60 Die eingeschränkten Schuldtheorien unterscheiden zwischen zwei Irrtümern über die Rechtswidrigkeit des eigenen Handelns.

Ein **Erlaubnisirrtum** liegt vor, wenn der Betroffene von einem Rechtfertigungsgrund ausging, den die Rechtsordnung gar nicht kennt. Diesen behandelt auch die eingeschränkte Schuldtheorie wie die strenge Schuldtheorie als Verbotsirrtum nach § 11 Abs. 2 OWiG, nur hat er den speziellen Namen „Erlaubnisirrtum".

61 Ging der Betroffene dahingegen irrig von Sachverhaltsumständen aus, die, wenn sie vorlägen, seine Tat rechtfertigen würden, liegt ein sogenannter **Erlaubnistatbestandsirrtum** vor. Hier machen die eingeschränkten Schuldtheorien eine Ausnahme und erklären § 11 Abs. 2 OWiG für unanwendbar (daher der Name „eingeschränkte Schuldtheorie"). Im Ergebnis behandeln sie den Irrtum wie einen Irrtum nach § 11 Abs. 1 S. 1 OWiG: Die Tat kann nicht als Vorsatztat geahndet werden. Innerhalb der eingeschränkten Schuldtheorien ist dann wiederum umstritten, ob der Irrtum die Rechtswidrigkeit der Tat entfallen lässt (so die Lehre von den negativen Tatbestandsmerkmalen) oder ob die Tat dennoch rechtswidrig, aber nicht vorwerfbar ist (so die von der Rechtsprechung und h.L. vertretene rechtsfolgenverweisende eingeschränkte Schuldtheorie).

---

26 Vgl. hierzu und den folgenden Darstellungen HK-OWiG/*Voelker/Ziegler*, § 11 Rn. 19 f.

2. Teil: Das allgemeine materielle Ordnungswidrigkeitenrecht

Vertiefungshinweis: Dieser Streit hat nur dann eine praktische Bedeutung, wenn beim Haupttäter eines Sonderdelikts ein Erlaubnistatbestandsirrtum vorliegt und zu beurteilen ist, ob sich ein Dritter an diesem Sonderdelikt beteiligt hat. Das setzt nach § 14 Abs. 1 S. 1 OWiG ja voraus, dass eine vorsätzliche und rechtswidrige Haupttat vorliegt. Lässt der Erlaubnistatbestandsirrtum wie teilweise vertreten den Vorsatz oder aber die Rechtswidrigkeit entfallen, wäre keine Beteiligung möglich. Anders die h.M., die den Erlaubnistatbestandsirrtum erst auf Schuldebene prüft, so dass eine Beteiligung möglich ist, auch wenn der Haupttäter wegen des Erlaubnistatbestandsirrtums keine vorwerfbare Ordnungswidrigkeit begangen hat.

c) Rechtfertigender Notstand (§ 16 OWiG)

Exemplarisch für alle Rechtfertigungsgründe soll an dieser Stelle das Prüfungsschema für den der rechtfertigenden Notstand (§ 16 OWiG) besprochen werden, der in außergewöhnlichen Extremsituationen greift.

§ 16 OWiG
Rechtfertigender Notstand

¹Wer in einer gegenwärtigen, nicht anders abwendbaren Gefahr für Leben, Leib, Freiheit, Ehre, Eigentum oder ein anderes Rechtsgut eine Handlung begeht, um die Gefahr von sich oder einem anderen abzuwenden, handelt nicht rechtswidrig, wenn bei Abwägung der widerstreitenden Interessen, namentlich der betroffenen Rechtsgüter und des Grades der ihnen drohenden Gefahren, das geschützte Interesse das beeinträchtigte wesentlich überwiegt. ²Dies gilt jedoch nur, soweit die Handlung ein angemessenes Mittel ist, die Gefahr abzuwenden.

Prüfungsschema für § 16 OWiG (rechtfertigender Notstand
1. Notstandslage
Vorliegen einer gegenwärtigen Gefahr für Rechtsgüter des Täters (Betroffenen) oder eines Dritten
Beachte:
Nach h.M. sind auch Rechtsgüter der Allgemeinheit notstandsfähig. Das ist ein wesentlicher Unterschied zu § 15 OWiG (Rechtsgüter der Allgemeinheit sind nicht nach § 15 OWiG nothilfefähig)
2. Notstandshandlung
a) Erforderlichkeit der Notstandshandlung (Gefahr ist nicht anders abwendbar)
aa) Die Notstandshandlung muss in tatsächlicher Hinsicht geeignet sein, die Gefahr sofort und nachhaltig abzuwehren.
bb) Die Notstandshandlung muss das mildestes Mittel, sein, wenn es mehrere gleichermaßen geeignete Mittel gibt. Ausweichmöglichkeiten müssen genutzt werden (anders als bei der Notwehr/ Nothilfe nach § 15 OWiG. Dort gilt: „Das Recht muss dem Unrecht nicht weichen.").
b) Wesentliches Überwiegen des durch die Notstandshandlung geschützten Interesses
Die betroffenen Rechtsgüter und der Grad der ihnen im konkreten Fall drohenden Gefahren sind abzuwägen. Bei Notstandshandlungen gegen den Gefahrurheber ist analog § 228 BGB vorzugehen.
Wenn das durch die Notstandshandlung geschützte Interesse das geopferte Interesse nicht wesentlich überwiegt, dann ist auf Ebene der Vorwerfbarkeit der entschuldigende Notstand analog § 35 StGB zu prüfen.
c) Angemessenheit der Notstandshandlung nach § 16 S. 2 OWiG

3. Subjektive Rechtfertigung
*Ob die Tat auch subjektiv gerechtfertigt sein muss, ist umstritten. Nach der h.M. folgt aus: „... eine Handlung begeht, **um**...", dass eine subjektive Rechtfertigung erforderlich ist. Innerhalb der h.M. wiederum ist umstritten, ob die Kenntnis der Notstandslage reicht oder ob auch ein Notstandswille erforderlich ist (Rechtsprechung: Absicht „um...")*

4. Irrtümer
a) Vornahme der ordnungsgemäßen Notstandshandlung bei Nichtkenntnis der Notstandslage
Beispiel: Täter fährt objektiv gerechtfertigt bei Rot über die Ampel. Er weiß aber nicht, dass der Hintermann mit schweren Folgen aufgefahren wäre, wenn er nicht bei Rot gefahren wäre.
Rechtsprechung: fehlende subjektive Rechtfertigung, Ahndbarkeit aus vollendetem Delikt
h.L: fehlende subjektive Rechtfertigung, vergleichbar mit dem Versuch, Ahndbarkeit nur, wenn auch der Versuch als Ordnungswidrigkeit ahndbar ist (was fast nie der Fall, so auch in diesem Beispiel)
b) Erlaubnistatbestandsirrtum (nach h.M. nicht als Vorsatztat ahndbar, a.A. strenge Schuldtheorie)
Beispiel: Der Betroffene geht irrig davon aus, dass hinter ihm ein Auto heranrase, das gleich auffahren werde, und beschleunigt daher auf Tempo 70, obwohl nur Tempo 60 erlaubt ist. Wie sich herausstellte, hatte er die Geschwindigkeit des Autos hinter ihm falsch eingeschätzt. Zu keinem Zeitpunkt bestand die Gefahr eines Auffahrunfalls.
Nach h.M. wie ein Tatbestandsirrtum nach § 11 Abs. 1 S. 1 OWiG zu behandeln und damit nicht als Vorsatztat ahndbar; Fahrlässigkeitstat prüfen (a.A. strenge Schuldtheorie: Verbotsirrtum, nur bei Unvermeidbarkeit keine Ahndbarkeit)
c) Erlaubnisirrtum (§ 11 Abs. 2 OWiG)
Beispiel: Täter geht irrig davon aus, dass sein Interesse, schnell nach Hause zu kommen, um dort zur Toilette zu gehen, größer sei als die Verkehrssicherheit, und fährt daher mit Tempo 60 statt mit Tempo 50 durch die Stadt. Durch das zu schnelle Fahren gewinnt er 2 Minuten Zeit.
Nach h.M. ein vermeidbarer Verbotsirrtum und nach § 11 Abs. 2 OWiG als Vorsatztat ahndbar.

5. Vorwerfbarkeit

64 Ob der Täter vorwerfbar gehandelt hat, wird bei vorsätzlichen Begehungsdelikten in den Schritten „Verantwortlichkeit", „Unrechtsbewusstsein; kein unvermeidbarer Verbotsirrtum" und „Fehlen von Entschuldigungsgründen" geprüft.

Irrte der Täter über einen Rechtfertigungsgrund und stellt dieser Irrtum einen sogenannten Erlaubnistatbestandsirrtum dar (siehe oben Rn. 61), kommt dies nach der hier vertretenen Rechtsauffassung als weiterer Prüfungspunkt nach dem Punkt „Verantwortlichkeit" hinzu. Der Erlaubnisirrtum hingegen wird im Rahmen des Prüfungspunkts „Unrechtsbewusstsein; kein unvermeidbarer Verbotsirrtum" besprochen.

a) Verantwortlichkeit

65 Ein zur Tatzeit noch nicht 14-jähriges Kind handelt nach § 12 Abs. 1 S. 1 OWiG nicht vorwerfbar.[27] Bei einem Jugendlichen (14- bis 17-Jährige, siehe § 1 Abs. 2 JGG) muss gemäß § 12 Abs. 1 S. 2 OWiG ermittelt werden, ob er zur Zeit der Tat nach seiner sittlichen und geistigen Entwicklung reif genug war, das Unrecht der Tat einzuse-

---

[27] Vertiefungshinweis: Zu Frage, wann Eltern als Unterlassenstäter zur Verantwortung gezogen werden, siehe Rn. 119 ff.

hen und nach dieser Einsicht zu handeln. Menschen ab 18 Jahren haben die erforderliche Einsichts- und Steuerungsfähigkeit, es sei denn, es liegt ein Fall des § 12 Abs. 2 OWiG vor (beispielweise Volltrunkenheit)[28].

b) Kein Erlaubnistatbestandsirrtum

Bei einem Erlaubnistatbestandsirrtum (siehe Rn. 61), also der irrigen Annahme von Tatsachen, die, wenn sie vorgelegen hätten, eine objektive Rechtfertigungslage begründet hätten, liegt nur nach der strengen Schuldtheorie ein nach § 11 Abs. 2 OWiG zu prüfender Verbotsirrtum vor. Nach allen andere Theorien ist die Tat nicht ahndbar, wobei innerhalb dieser Theorien umstritten ist, ob bereits der Tatbestand oder die Rechtswidrigkeit entfällt oder, wie hier vertreten (rechtsfolgenverweisenden eingeschränkten Schuldtheorie), die Vorsatztat dem Täter wegen des Erlaubnisirrtums nicht vorwerfbar ist. **66**

c) Unrechtsbewusstsein; kein unvermeidbarer Verbotsirrtum (§ 11 Abs. 2 OWiG)

Unrechtsbewusstsein hat der Täter, wenn er bei Begehung der Tathandlung weiß bzw. es für möglich hält, etwas Unerlaubtes zu tun. **67**

Ist sich der Täter des Unrechts seines Handels nicht bewusst (fehlt ihm also das Unrechtsbewusstsein), liegt ein Verbotsirrtum vor.

Beispiele: Ein Verbotsirrtum liegt vor, wenn der Täter die Verbots- oder Gebotsnorm gar nicht kennt bzw. für unanwendbar hält und sich nicht bewusst ist, etwas Unerlaubtes zu tun, oder die Norm falsch auslegt (Subsumtionsirrtum). Auch die irrige Annahme eines Rechtfertigungsgrundes, den es gar nicht gibt, oder die rechtliche Fehlinterpretation eines Rechtfertigungsgrunds (Erlaubnisirrtum) ist ein Verbotsirrtum i.S.d. § 11 Abs. 2 OWiG. Kein Verbotsirrtum i.S.d. § 11 Abs. 2 OWiG ist nach h.M. dahingegen der Erlaubnistatbestandsirrtum (siehe Rn. 61).

Hat der Täter den Verbotsirrtum nicht vermeiden können, handelt der Täter nicht vorwerfbar, § 11 Abs. 2 OWiG. Hätte der Täter den Verbotsirrtum vermeiden können, ist die Tat vorwerfbar. Vermeidbar ist der Irrtum, wenn von dem Täter nach den Umständen des Falls, seinem Lebens- und Berufskreis und seinen persönlichen Kenntnissen und Fähigkeiten verlangt werden konnte, sich Einsicht in das Unerlaubte seines Tuns bzw. Unterlassens zu verschaffen, notfalls durch das Einholen eines fachkundigen Rats.[29] Insgesamt ist hier entgegen der weit verbreiteten Praxis wegen des geringeren Unrechts zugunsten des Betroffenen großzügiger zu verfahren als bei der Beurteilung der Vermeidbarkeit des Irrtums im Strafrecht.[30]

Beispiel: Wer ein Haus baut, darf nicht einfach davon ausgehen, dass er dafür keine behördliche Genehmigung benötigt. Wer ein Gewerbe ausübt, muss sich über die damit verbundenen Rechte und Pflichten informieren. In diesen Fällen ist der Irrtum in der Regel vermeidbar. Unvermeidbar kann ein Irrtum sein, wenn ein Betroffener wegen der Vielfalt unterschiedlicher Regelungen auf Bundes-, Landes- oder kommunaler Ebene ein Gebot bzw. Verbot nicht kennt. Ein Hundehalter der im Urlaub macht und mit seinem Hund durch mehrere Gemeinden wandert, aber nicht weiß, dass in einer von diesen Gemeinden auch außerhalb der Ortschaft ein strikter örtlicher Leinenzwang für seinen Hund gilt, befindet sich in einem unvermeidbaren Verbotsirrtum. Es kann von einem Hundehalter nicht verlangt werden, sich vor einer Wandertour ausführlich über das Ortsrecht jeder der besuchten Gemeinden zu erkundigen. Das wäre lebensfremd.

---

28 Vertiefungshinweis: Umstritten innerhalb der Fälle der Volltrunkenheit ist die Figur der sogenannten actio libera in causa. Vgl. hierzu HK-OWiG/*Blum/Kleemann* § 12 Rn. 12 u. HK-OWiG/*Blum/Kerkmann* § 120 Rn. 1 ff.
29 *Mitsch* § 10 Rn. 19.
30 *Mitsch* § 10 Rn. 16; *Klescewksi* Rn. 234.

d) Fehlen von Entschuldigungsgründen (Zumutbarkeit normgemäßen Verhaltens)

68 Nicht vorwerfbar handelt der Täter, wenn ein Entschuldigungsgrund greift. Entschuldigungsgründe sind die entschuldigende Notwehrüberschreitung (§ 15 Abs. 3 OWiG) sowie der entschuldigende Notstand (§ 35 StGB analog). Sie beschreiben, unter welchen Umständen dem Täter das normgemäße Verhalten nicht zumutbar ist.

aa) Entschuldigende Notwehrüberschreitung

Gesetz über Ordnungswidrigkeiten (OWiG)

§ 15 Notwehr

[...]

(3) Überschreitet der Täter die Grenzen der Notwehr aus Verwirrung, Furcht oder Schrecken, so wird die Handlung nicht geahndet.

69 Wie schon § 15 Abs. 1 OWiG spielt auch § 15 Abs. 3 OWiG kaum eine praktische Rolle. Nach h.M. handelt nach § 15 Abs. 3 OWiG nur entschuldigt, wer die Grenze der Erforderlichkeit der Notwehrhandlung aus Verwirrung, Furcht oder Schrecken überschreitet („intensiver Notwehrexzess"), nach a.A. auch derjenige, der handelt, obwohl der Angriff nicht gegenwärtig ist („intensiver und extensiver Notwehrexzess)[31].

bb) Entschuldigender Notstand

Strafgesetzbuch (StGB)

§ 35 Entschuldigender Notstand

(1) Wer in einer gegenwärtigen, nicht anders abwendbaren Gefahr für Leben, Leib oder Freiheit eine rechtswidrige Tat begeht, um die Gefahr von sich, einem Angehörigen oder einer anderen ihm nahestehenden Person abzuwenden, handelt ohne Schuld. Dies gilt nicht, soweit dem Täter nach den Umständen, namentlich weil er die Gefahr selbst verursacht hat oder weil er in einem besonderen Rechtsverhältnis stand, zugemutet werden konnte, die Gefahr hinzunehmen; jedoch kann die Strafe nach § 49 Abs. 1 gemildert werden, wenn der Täter nicht mit Rücksicht auf ein besonderes Rechtsverhältnis die Gefahr hinzunehmen hatte.

(2) Nimmt der Täter bei Begehung der Tat irrig Umstände an, welche ihn nach Absatz 1 entschuldigen würden, so wird er nur dann bestraft, wenn er den Irrtum vermeiden konnte. Die Strafe ist nach § 49 Abs. 1 zu mildern.

70 Der entschuldigende Notstand nach § 35 Abs. 1 StGB analog greift dann, wenn eine Notstandslage für den Täter (Betroffenen), einen Angehörigen oder eine ihm nahestehende Person besteht, aber das durch die Notstandshandlung geschützte Interesse das beeinträchtigte Interesse nicht wesentlich überwiegt. Dann ist der Betroffene entschuldigt, außer wenn ihm zugemutet werden kann, die Gefahr hinzunehmen. § 35 Abs. 2 StGB analog regelt den Irrtum.

---

31 Nach a.A. soll § 15 Abs. 3 OWiG auch dann greifen, wenn der Angriff nicht gegenwärtig war.

2. Teil: Das allgemeine materielle Ordnungswidrigkeitenrecht

V. Lösungsvorschlag

Indem T während der Autofahrt einen Schluck Bier trank, könnte er eine Ordnungswidrigkeit nach § 24c Abs. 1 Alt. 1 StVG begangen haben.

1. Tatbestand

a) Objektiver Tatbestand

Dann müsste T zunächst den **objektiven Tatbestand** von § 24c Abs. 1 Alt. 1 StVG verwirklicht haben.

aa) Täter

T ist als 20-jähriger Fahrer tauglicher Täter dieses Sonderdelikts.

bb) Tathandlung

Tathandlung i.S.d. § 24c Abs. 1 Alt. 1 StVG ist die Einnahme alkoholischer Getränke im Straßenverkehr. T trinkt alkoholhaltiges Bier. Problematisch ist, dass er nur einen einzigen Schluck trinkt. Der Wortlaut der Norm erfasst bereits den ersten Schluck Alkohol. Das wirft die Frage auf, ob § 24 Abs. 1 Alt. 1 StVG mit Hinblick auf den Verhältnismäßigkeitsgrundsatz zwingend so auszulegen ist, dass eine bestimmte Mindestmenge Alkohol konsumiert werden soll. Dem steht aber entgegen, dass der Gesetzgeber aus Gründen der Gefahrenabwehr für Fahranfänger*innen ein absolutes Alkoholverbot einführen wollte, damit diese von Anfang an nicht in die Versuchung geraten, doch etwas mehr zu trinken. Berücksichtigt man weiter, dass Extremfälle, in denen tatsächlich nur ein Schluck getrunken wird, über § 47 Abs. 1 S. 2 OWiG durch eine zwingende Einstellung des Bußgeldverfahrens aufgefangen werden können, ist es nicht unverhältnismäßig, wenn man davon ausgeht, dass von § 24c Abs. 1 Alt. 1 StVG auch bereits der erste Schluck Alkohol erfasst wird. Also hat T den objektiven Tatbestand von § 24c Abs. 1 StVG verwirklicht.

b) Subjektiver Tatbestand

Weiter müsste T vorsätzlich gehandelt haben. Vorsätzlich handelt, wer wissentlich und willentlich den objektiven Tatbestand verwirklicht. T kannte sein Alter und wusste, dass er als Fahrer beim Halten an der Ampel Alkohol zu sich nahm. Dies nahm er auch zumindest billigend in Kauf. Allerdings wusste er nicht, dass das absolute Alkoholverbot auch noch nach Abschluss der Probezeit gilt, wenn das 21. Lebensjahr noch nicht vollendet ist. Damit unterlag T einem Irrtum. Umstritten ist, wie ein solcher Irrtum zu behandeln ist. Nach der Vorsatztheorie umfasst der Vorsatz auch das Unrechtsbewusstsein. Danach hätte T gemäß § 11 Abs. 1 S. 1 OWiG nicht vorsätzlich gehandelt. Nach der von der h.M. vertretenen Schuldtheorie ist das Unrechtsbewusstsein kein Element des Vorsatzes, sondern grundsätzlich ein Element der Schuld. Danach hätte T vorsätzlich gehandelt, da er wie oben geprüft alle Tatbestandsmerkmale kannte und die Tatbestandsverwirklichung zumindest billigend in Kauf nahm. Für die h.M. sprechen Systematik und Wortlaut von § 11 Abs. 2 OWiG. Sollte der Gesetzgeber tatsächlich – wie von den Vertretern der Vorsatztheorie geltend gemacht – gewollt haben, dass § 11 Abs. 2 OWiG nur bei Fahrlässigkeit zu prüfen ist, d.h. sich nur auf § 11 Abs. 1 S. 2 OWiG beziehe, so hätte er dies deutlich machen müssen.

T handelte also vorsätzlich.

2. Rechtswidrigkeit

T müsste auch rechtswidrig gehandelt haben. Sein Verhalten könnte nach § 16 OWiG gerechtfertigt sein. Das setzt voraus, dass eine Notstandslage bestanden hat,

71

T's Verhalten eine zulässige Notstandshandlung war und T subjektiv gerechtfertigt gehandelt hat.

a) Notstandslage

Dadurch, dass T wegen der Brotkrümel im Hals keine Luft mehr bekam und somit zu ersticken drohte, bestand eine gegenwärtige, nicht anders abwendbare Gefahr für sein Leben bzw. seine Gesundheit.

b) Notstandshandlung

Das Trinken von Bier stellt eine zulässige Notstandshandlung dar, wenn es erforderlich ist, um die Notstandslage abzuwenden, wenn das durch die Notstandshandlung geschützte Interesse das beeinträchtigte Interesse wesentlich überwiegt und die Notstandshandlung nicht aus sonstigen Gründen unangemessen ist.

Eine Notstandshandlung ist erforderlich, wenn sie geeignet ist, die Gefahr abzuwenden, und wenn es kein milderes, gleich geeignetes Mittel gibt. Da kein alkoholfreies Getränk greifbar war, konnte T nur das Bier trinken, um die Notstandslage möglichst schnell abwenden.

Ob das durch die Notstandshandlung geschützte Interesse das beeinträchtigte Interesse überwiegt, ist anhand einer umfassenden Güterabwägung festzustellen. Abzuwägen sind hier die Gesundheit bzw. das Leben von T auf der einen Seite und das durch § 24c StVG geschützte öffentliche Interesse an der Verkehrssicherheit auf der anderen Seite.

In der konkreten Situation besteht eine große Gefahr für die Gesundheit von T, während für die Verkehrssicherheit durch das Trinken eines einzigen Schluckes Biers allenfalls nur eine abstrakte Gefahr besteht. Damit überwiegt das Interesse des T. Dem steht auch nicht entgegen, dass T die Notstandlage selbst verursacht hat, indem er während der Autofahrt den Keks aß. Das Essen während der Autofahrt ist weder gesetzlich verboten noch sozialinadäquat.

Schließlich muss das Trinken eines Schlucks Biers ein angemessenes Mittel i.S.d. § 16 S. 2 OWiG sein. Durch § 16 S. 2 OWiG soll im Bagatellbereich eine Überdehnung des Notstands vermieden werden. Insbesondere wenn die Gefahr für das geschützte Rechtsgut eine einkalkulierte Folge der bußgeldbewehrten Verbots- bzw. Gebotsnorm ist, ist die Notstandshandlung unangemessen. Das ist hier nicht ersichtlich.

Damit handelte T objektiv gerechtfertigt.

Weiter handelte T auch in Kenntnis der Notstandslage sowie mit dem Ziel der Gefahrenbeseitigung und somit auch subjektiv gerechtfertigt, so dass der Streit, ob eine subjektive Rechtfertigung überhaupt erforderlich ist und wenn ja, ob dann die bloße Kenntnis der Notstandslage reicht oder auch ein Notstandswille gegeben sein muss, dahinstehen kann. Sein Handeln war gerechtfertigt und damit nicht rechtswidrig.

3. Ergebnis

Somit hat T durch das Trinken von einem Schluck Bier keine Ordnungswidrigkeit nach § 24c Abs. 1 StVG begangen.

Fallabwandlung:

Hätte T nach dem rettenden Schluck noch weiter getrunken, wäre seine Tat nicht gerechtfertigt, da das weitere Trinken von Alkohol nicht mehr erforderlich war.

Er hätte dann rechtswidrig gehandelt.

2. Teil: Das allgemeine materielle Ordnungswidrigkeitenrecht

Im Rahmen der Vorwerfbarkeit hätte dann geprüft werden müssen, ob T sich in einem unvermeidbaren Verbotsirrtum befand (§ 11 Abs. 2 OWiG).

T fehlte zwar das Unrechtsbewusstsein, weil er nicht wusste, dass das Alkoholverbot auch noch nach Ablauf der Probezeit galt. Allerdings war dieser Irrtum vermeidbar. Von einem Verkehrsteilnehmer kann verlangt werden, dass er sich ausreichend über die für ihn geltenden Gebote und Verbote im Straßenverkehr erkundigt, auch über das in der Fahrschule vermittelte Wissen hinaus. Dazu wäre T nach seinen persönlichen Fähigkeiten und Kenntnissen auch in der Lage gewesen. Nach der Fallabwandlung hätte T also eine Ordnungswidrigkeit i.S.d. § 24c Abs. 1 Alt. 1 StVG begangen.

C. Das fahrlässige Begehungsdelikt

I. Ausgangsfall

Sachverhalt: T ist 20 Jahre alt und Inhaber einer Fahrerlaubnis der Klasse B. Seine Probezeit hat er bereits beendet. Es ist ein heißer Sommerabend. Bevor T nach Hause fährt, geht er noch schnell in den Supermarkt, um für den nächsten Tag einzukaufen. Außerdem will er sich ein alkoholfreies Bier für die Fahrt mitnehmen. Er greift in dem Kühlregal, in dem normalerweise das alkoholfreie Bier steht, nach einer Flasche, die dort falsch zurückgestellt wurde und tatsächlich Alkohol enthält. T fährt mit dem Auto nach Hause. Weil er sehr durstig ist, öffnet er an einer roten Ampel, an der er ohnehin halten muss, die Bierflasche und trinkt einige wenige Schlucke, ohne den Alkoholgehalt zu bemerken. 72

Frage: Hat T eine Ordnungswidrigkeit begangen? Lösung s. Rn. 96

Fallabwandlung: T kauft vor der Fahrt eine Flasche Bier, die das Etikett „alkoholfrei" trägt. Was er nicht weiß ist, dass das Etikett falsch aufgeklebt wurde und das Bier tatsächlich Alkohol enthält. Hat T eine Ordnungswidrigkeit begangen? Lösung s. Rn. 96

II. Allgemeines zum Prüfungsaufbau und Prüfungsschema

Fahrlässigkeitsdelikte („wer fahrlässig…" oder „wer leichtfertig…") haben nach der h.L. einen anderen Prüfungsaufbau als Vorsatzdelikte (siehe bereits Teil 1 Rn. 23f.). Anders als beim Vorsatzdelikt gibt es keinen subjektiven Tatbestand. Auf Tatbestandsebene wird nur geprüft, ob das Verhalten des Betroffenen objektiv fahrlässig war. Ob der Betroffene auch subjektiv fahrlässig handelte, wird erst auf der Ebene der Vorwerfbarkeit untersucht. 73

Fahrlässigkeitsdelikte prüft man, nachdem man zuvor festgestellt hat, dass der Täter durch sein Verhalten keine Vorsatztat begangen hat. Diese Vorprüfung empfiehlt sich im Ordnungswidrigkeitenrecht grundsätzlich immer, auch in vermeintlich einfachen Fällen. Denn da die meisten Bußgeldtatbestände in der Regel schlichte Tätigkeitsdelikte sind und der Vorsatz nach h.M. das Unrechtsbewusstsein nicht umfasst, liegt jedenfalls nach h.M. oft auch in Fällen Vorsatz vor, in denen man „mit normalem Menschenverstand" bzw. „nach dem Baugefühl" Fahrlässigkeit vermutet. 74

75	**Prüfungsschema: Das fahrlässige Begehungsdelikt**[32]
	Ggf. Vorprüfung: Keine Straftat[33]
	Vorprüfung:
	– Keine vorsätzliche Begehung der Ordnungswidrigkeit – Feststellung, dass die Ordnungswidrigkeit nach dem einschlägigen Bußgeldtatbestand ausdrücklich auch fahrlässig begangen werden kann (vgl. § 10 OWiG)
	Einleitungssatz: Indem ... (Verhalten des Täters benennen), könnte ... (Täter benennen) eine (fahrlässige) Ordnungswidrigkeit nach ... (Bußgeldnorm nennen) begangen haben.
	I. Tatbestand
	Unterschied zur Vorsatztat: Nach h.L. gibt es auf Tatbestandsebene nur objektive Merkmale. Die subjektive Fahrlässigkeit wird erst bei der Vorwerfbarkeit geprüft.
	1. Täter (jedermann oder Sonderdelikt) 2. Tathandlung (ggf. weitere Anforderungen an die Tathandlung wie Tatobjekt, Tatmittel, Tatmodalitäten oder bei Eignungsdelikten die generelle Eignung, eine Gefahr zu verursachen) 3. Objektive Fahrlässigkeit: Außerachtlassen der im Verkehr erforderlichen Sorgfalt bei objektiver Erkennbarkeit der Tatbestandsverwirklichung 4. bei Erfolgsdelikten zusätzlich bzw. anders: Eintritt des Taterfolgs (Verletzung bzw. konkrete Gefährdung des geschützten Rechtsguts); Ursächlichkeit der Tathandlung für den Taterfolg; Objektive Vorhersehbarkeit des Taterfolgs (statt objektiver Erkennbarkeit der Tatbestandsverwirklichung); Pflichtwidrigkeitszusammenhang zwischen der objektiven Sorgfaltspflichtverletzung und dem Eintritt des Taterfolgs 5. ggf. objektive Bedingung der Ahndbarkeit
	II. Rechtswidrigkeit
	kein Rechtfertigungsgrund
	III. Vorwerfbarkeit
	1. Verantwortlichkeit (§ 12 OWiG) 2. Fahrlässigkeitsschuld (Vorliegen einer subjektiven Sorgfaltspflichtverletzung: Außerachtlassen der im Verkehr erforderlichen Sorgfalt, zu der der Täter nach seinen persönlichen Kenntnissen und Fähigkeiten in der Lage gewesen wäre bei subjektiver Erkennbarkeit der Tatbestandsverwirklichung (schlichtes Tätigkeitsdelikt) bzw. bei subjektiver Vorhersehbarkeit des Eintritts des Taterfolgs (Erfolgsdelikt) 3. Potenzielles Unrechtsbewusstsein (nur bei bewusster Fahrlässigkeit zu prüfen) 4. Fehlen von Entschuldigungsgründen; Zumutbarkeit
	Ergebnis festhalten: Täter hat eine/ hat keine Ordnungswidrigkeit nach...

III. Die einzelnen Prüfungsschritte

1. Tatbestand

a) Täter

76 Wie schon beim Vorsatzdelikt ist auch beim Fahrlässigkeitsdelikt zu prüfen, ob der Bußgeldtatbestand von jedermann (Allgemeindelikt) oder nur von bestimmten Personen (Sonderdelikt) begangen werden kann.

Beispiel: Täter des fahrlässigen Verstoßes gegen das Alkoholverbot (§ 24c Abs. 2 StVG) kann nur der Fahrer sein und nur, wer in der Probezeit und/oder noch nicht 21 Jahre alt ist (eigenhändiges Sonderdelikt).

---

32 Zum fahrlässigen Unterlassungsdelikt siehe Rn. 103 u. 131.
33 Siehe dazu ausführlich Rn. 185.

2. Teil: Das allgemeine materielle Ordnungswidrigkeitenrecht

b) Tathandlung; ggf. weitere objektive Tatbestandsmerkmale

Auch beim fahrlässigen Begehungsdelikt ist genau herauszuarbeiten, welches Verhalten (aktives Tun) tatbestandsmäßig ist (zum fahrlässigen Unterlassen siehe Rn. 129 ff.). 77

Beispiel: Tathandlung i.S.d. § 24c Abs. 2 i.V.m. Abs. 1 Alt. 1 StVG ist das Trinken von Alkohol im Straßenverkehr.

c) Objektive Fahrlässigkeit bzw. Leichtfertigkeit (Sorgfaltspflichtverletzung)

Objektiv fahrlässig handelt, wer die im Verkehr erforderliche Sorgfalt außer Acht lässt (vgl. § 276 Abs. 2 BGB). Verlangt der Bußgeldtatbestand ausnahmsweise nicht nur Fahrlässigkeit, sondern „Leichtfertigkeit" (z.B. § 378 AO), so muss die im Verkehr erforderliche Sorgfalt in ungewöhnlich hohem Maße außer Acht gelassen werden (vgl. § 277 BGB).[34] 78

Herauszuarbeiten ist also zunächst, ob ein durchschnittlicher Normadressat (bei Allgemeindelikten: jedermann; bei Sonderdelikten: Dritte mit den beschriebenen Tätermerkmalen) in der konkreten Situation des Täters die Gefahr der Verwirklichung des objektiven Tatbestands erkannt hätte und was er getan bzw. nicht getan hätte, um die Verwirklichung des objektiven Tatbestands zu verhindern. In anderen Worten: Im ersten Schritt ist herauszuarbeiten ist, welche Sorgfaltspflicht (welches Verhalten) die Rechtsordnung von jemandem in der Tatsituation des Betroffenen fordert, um die im Bußgeldtatbestand umschriebene Tatbestandsverwirklichung zu verhindern. 79

Im zweiten Schritt ist dann zu prüfen, ob der Betroffene diese Sorgfaltspflicht verletzt hat. Dabei spielt es keine Rolle, ob die Tathandlung des Betroffenen gerechtfertigt war. Die etwaige Rechtfertigung der Tathandlung lässt die Sorgfaltspflichtverletzung unberührt und ist erst auf der Ebene der Rechtswidrigkeit zu prüfen. 80

Die objektive Sorgfaltspflichtverletzung ist streng zu trennen von der im Tatbestand beschriebenen Tathandlung. Geprüft werden also mindestens zwei „Verhaltensweisen" des Täters: die Tathandlung (siehe oben Rn. 77) und die Verletzung der in Bezug auf diese Tathandlung gebotenen objektiven Sorgfaltspflicht. 81

Beispiel: Der 20-Jährige T fährt Auto und hat neben sich zwei Flaschen stehen: eine alkoholhaltige Bierflasche und eine alkoholfreie Fassbrause. Er hat Durst, greift versehentlich zur Bierflasche statt zur Fassbrause und trinkt einen Schluck Bier. Erst da bemerkt er seinen Irrtum. Tathandlung i.S.d. § 24c Abs. 2 i.V.m. Abs. 1 Alt. 1 StVG ist das Alkoholtrinken im Straßenverkehr (aktives Tun). Nun ist im nächsten Schritt festzustellen, welches Verhalten die Rechtsordnung von einem Autofahrer in der konkreten Tatsituation erwartet. Ein sorgfältiger Fahrer hätte die Verwechslungsgefahr erkannt und entweder schon nicht beide Flaschen neben sich gestellt oder vor dem Trinken das Etikett geprüft. Diese Sorgfaltspflicht hat T hier verletzt, indem er aus der Flasche trank, ohne zuvor das Etikett zu prüfen. Eine Sorgfaltspflichtverletzung läge nach h.M. auch dann vor, wenn T sich verschluckt hätte, keine Luft mehr bekommen und daher keine Zeit mehr zur Kontrolle des Etiketts gehabt hätte. Wie bei der Vorsatztat wäre dann auf der Ebene der Rechtswidrigkeit zu prüfen, ob die Tathandlung (das Alkoholtrinken) nach § 16 S. 1 OWiG (Notstand) gerechtfertigt war.

Problematisch sind die Fälle, in denen einem durchschnittlichen Normadressaten nicht der Vorwurf gemacht werden kann, sorgfaltswidrig gehandelt zu haben, der Täter aber Sonderwissen oder Sonderfähigkeiten hat. In solchen Fällen „ändert" bzw. „ergänzt" die h.M. die oben genannte Definition der objektiven Fahrlässigkeit. Objektiv fahrlässig soll auch derjenige Betroffene handeln, den eine gesteigerte objektive Sorgfaltspflicht trifft, weil er Sonderwissen oder Sonderfähigkeiten hat, wenn 82

---

34 Zur Leichtfertigkeit siehe die leichtfertige Steuerverkürzung im 4. Teil ab Rn. 126.

er gegen diese gesteigerte Sorgfaltspflicht verstößt.[35] Das überzeugt nicht, weil dann subjektive Merkmale in den objektiven Tatbestand einbezogen würden.[36] Im Strafrecht mag eine solche Ausdehnung des Begriffs der objektiven Fahrlässigkeit mit Hinblick auf die zu schützenden Rechtsgüter gerechtfertigt sein. Im Ordnungswidrigkeitenrecht ist eine solche Auslegung des Begriffs der objektiven Fahrlässigkeit jedenfalls unverhältnismäßig. Wenn man die Verhängung einer Geldbuße normativ als Pflichtenappell und nicht wie die Kriminalstrafe als sozialethisches Werturteil über das Verhalten des Täters konstruiert, so gibt es keinen sachlichen Grund, gegen denjenigen, der die Sorgfaltspflichten einhält, die für den durchschnittlichen Normadressaten gelten, eine Geldbuße zu verhängen, nur weil er persönlich mehr hätte leisten können. Denn dann wäre die Geldbuße eben doch ein sozialethisches Werturteil, was sie nach ihrer normativen Konstruktion gerade nicht sein soll.

d) Abwandlung des Prüfungsschemas bei Erfolgsdelikten

83 Wenn die fahrlässige Begehung eines Erfolgsdelikts zu prüfen ist, muss das Prüfungsschema etwas abgewandelt werden. Beispiele hierfür sind die leichtfertige Steuerverkürzung nach § 378 AO (Fälle dazu siehe im 4. Teil Rn. 126 ff.) oder die fahrlässige Straßenverkehrsordnungswidrigkeit nach § 24 StVG, § 49 Abs. 1 Nr. 1 StVO i.V.m. § 1 Abs. 2 StVO (Fälle dazu siehe im 4. Teil Rn. 52 ff.).

84 Bei Erfolgsdelikten bleiben die Prüfungspunkte Täter und Tathandlung gleich. Zusätzlich ist zu prüfen, ob der erforderliche Erfolg eingetreten ist. Dann ist zu prüfen, ob die Tathandlung ursächlich für den Eintritt des Taterfolgs war.

85 Erst dann wird die objektive Fahrlässigkeit geprüft. Während bei schichten Tätigkeitsdelikten geprüft wird, ob ein durchschnittlicher Normadressat in der konkreten Situation die Gefahr der Tatbestandsverwirklichung erkannt hätte, was der durchschnittliche Normadressat zur Abwehr dieser erkannten Gefahr getan hätte und ob der Täter gegen diese objektive Sorgfaltspflicht verstoßen hat, ist die Prüfung bei Erfolgsdelikten etwas anders. Hier ist zu prüfen, ob der Eintritt des Taterfolgs objektiv vorhersehbar war, was der durchschnittliche Normadressat getan hätte, um den Eintritt des Taterfolgs abzuwehren, und ob der Täter gegen diese objektive Sorgfaltspflicht verstoßen hat.

86 Schließlich ist zu prüfen, ob ein Pflichtwidrigkeitszusammenhang zwischen dem Eintritt des Taterfolgs und dem Sorgfaltsverstoß des Täters besteht (vergleichbar mit der objektive Zurechnung bei Vorsatztaten).

Ein solcher Pflichtwidrigkeitszusammenhang besteht nicht,
– wenn der Taterfolg auch eingetreten wäre, wenn der Täter die geforderte Sorgfalt eingehalten hätte (rechtmäßiges Alternativverhalten),
– wenn der Täter zwar eine Sorgfaltsnorm verletzt, diese jedoch nicht dazu dient, den eingetretenen Taterfolg zu verhindern (fehlende Verletzung des Schutzzwecks der Sorgfaltsnorm)
– oder wenn der Taterfolg dem eigenverantwortlichen Dazwischentreten eines Dritten zuzurechnen ist.[37]

---

35 KK-OWiG/*Rengier* § 10 Rn. 18.
36 Wie hier auch *Mitsch* § 8 Rn. 27.
37 Vgl. *Eisele/Heinrich*, Strafrecht Allgemeiner Teil, Rn. 664.

2. Rechtswidrigkeit

Auch die fahrlässige Verwirklichung eines Tatbestands kann gerechtfertigt sein. In Betracht kommen dieselben Rechtfertigungsgründe, die bereits bei der Vorsatztat besprochen wurden (Rn. 49 f.). 87

Problematisch sind die Fälle, in denen der Betroffene die Rechtfertigungslage nicht kennt. 88

Beispiel: T (20 Jahre alt) greift zur falschen Getränkeflasche und trinkt so versehentlich einen Schluck Bier während der Fahrt. Was er nicht weiß, ist, dass er dadurch zufällig einen Fremdkörper heruntergespült hat, der sich in seinem Hals befand und der in nächster Zeit zum Erstickungstod geführt hätte. T hat objektiv sorgfaltswidrig den Tatbestand von § 24c Abs. 2 i.V.m. Abs. 1 Alt. 1 StVG verwirklicht. Objektiv ist seine Tat nach § 16 S. 1 OWiG gerechtfertigt. Allerdings hat T seine Notstandslage gar nicht erkannt. Nach h.L. kommt wegen der objektiven Rechtfertigung keine Ahndung einer vollendeten Tat in Betracht. Da aber der Versuch einer Fahrlässigkeitstat nicht ahndbar ist, hat T keine Ordnungswidrigkeit begangen. Nach der Rechtsprechung hat T eine vollendete Fahrlässigkeitstat nach § 24c Abs. 2 StVG begangen.

3. Vorwerfbarkeit

a) Verantwortlichkeit

Wie bei Vorsatztaten entfällt auch bei Fahrlässigkeitstaten die Vorwerfbarkeit der Tat, wenn der Täter für die Tat nach § 12 OWiG nicht verantwortlich ist. 89

b) Subjektive Fahrlässigkeit

Weiter ist die Tat nur vorwerfbar, wenn der Täter auch subjektiv fahrlässig gehandelt hat. Das ist der Fall, wenn der Täter nach seinen persönlichen Kenntnissen und Fähigkeiten in der Lage gewesen wäre, die gebotene Sorgfaltspflicht einzuhalten und bei schlichten Tätigkeitsdelikten die Tatbestandsverwirklichung, bei Erfolgsdelikten den Erfolg vorauszusehen. 90

Innerhalb der subjektiven Fahrlässigkeit kann zwischen der unbewussten Fahrlässigkeit und der bewussten Fahrlässigkeit unterschieden werden. Bei der unbewussten Fahrlässigkeit hat sich der Täter über die mögliche Tatbestandsverwirklichung gar keine Gedanken gemacht, bei der bewussten Fahrlässigkeit hat er die Tatbestandsverwirklichung zwar für möglich gehalten, aber nicht gewollt und auf das Ausbleiben vertraut.

c) Potentielles Unrechtsbewusstsein (Möglichkeit der Unrechtseinsicht)

Nach § 11 Abs. 2 OWiG handelt der Täter nicht vorwerfbar, wenn er einem unvermeidbaren Verbotsirrtum unterliegt. Das gilt grundsätzlich auch bei fahrlässiger Begehungsweise. Hier spricht man statt des Verbots- bzw. Gebotsirrtums jedoch besser vom „potentiellen Unrechtsbewusstsein".[38] 91

Bei der unbewussten Fahrlässigkeit unterliegt der Betroffene immer auch einem Verbotsirrtum.[39] Hier ist bereits im Rahmen der subjektiven Fahrlässigkeit zu prüfen, ob der Täter nach seinen Kenntnissen und Fähigkeiten das Unrecht der Tat hätte erkennen können. 92

---

38 Vgl. *Eisele/Heinrich*, Strafrecht Allgemeiner Teil, Rn. 655.
39 HK-OWiG/*Voelker/Ziegler*, § 11 Rn. 17.

93 Selbstständige Bedeutung hat der Prüfungspunkt also nur bei der bewussten Fahrlässigkeit, wenn der Betroffene das Bestehen oder die Anwendbarkeit der Bußgeldnorm nicht kennt oder irrig von einem Rechtfertigungsgrund ausgeht, den es nicht gibt.[40]

d) Fehlen von Entschuldigungsgründen (Zumutbarkeit)

94 Wie bei den Vorsatztaten ist dem Täter auch bei Fahrlässigkeitstaten ein normgemäßes Verhalten nicht zumutbar, wenn ein Entschuldigungsgrund greift (§ 15 Abs. 3 OWiG oder § 35 StGB analog).

95 Anders als beim vorlässigen Begehungsdelikt sind neben den benannten Entschuldigungsgründen noch andere Gründe denkbar, aus denen dem Täter ein normgemäßes Verhalten nicht zugemutet werden kann.

IV. Lösungsvorschlag

96 ### I. Vorsätzlicher Verstoß gegen das Alkoholverbot (§ 24c Abs. 1 StVG)

Indem T beim Halt an der Ampelkreuzung einige Schlucke alkoholhaltiges Bier trank, könnte er eine Ordnungswidrigkeit nach § 24c Abs. 1 StVG begangen haben.

Dann müsste T zunächst den **objektiven Tatbestand** verwirklicht haben. Als 20-jähriger Fahrer kommt T als Täter dieses Sonderdelikts in Betracht. Tathandlung i.S.d. § 24c Abs. 1 Alt. 1 StVG ist die Einnahme alkoholischer Getränke im Straßenverkehr. Alkoholische Getränke im Straßenverkehr nimmt nicht nur ein, wer während der Fahrt trinkt. Auch das Trinken bei einem kurzen Stopp an der Ampel gehört dazu. T handelte tatbestandsmäßig, indem er beim Halt an der Ampel einige Schlucke alkoholhaltiges Bier trank. Damit hat T den objektiven Tatbestand von § 24c Abs. 1 StVG verwirklicht.

Weiter müsste T **vorsätzlich** gehandelt haben. Vorsätzlich handelt, wer wissentlich und willentlich den objektiven Tatbestand verwirklicht. T wusste nicht, dass er während der Fahrt Alkohol zu sich nahm. Vielmehr ging er davon aus, dass es sich bei dem Bier um alkoholfreies Bier handelte. Damit unterlag er einem Tatbestandsirrtum und handelte nicht vorsätzlich (§ 11 Abs. 1 S. 1 OWiG).

Er hat keine vorsätzliche Ordnungswidrigkeit nach § 24c Abs. 1 StVG begangen.

II. Fahrlässiger Verstoß gegen das Alkoholverbot (§ 24c Abs. 2 StVG)

Indem T beim Halt an der Kreuzung einige Schlucke aus der Bierflasche nahm, ohne zuvor das Etikett der Bierflasche zu prüfen[41], könnte er aber eine fahrlässige Ordnungswidrigkeit nach § 24c Abs. 2 StVG begangen haben.

1. Tatbestand

Wie bereits oben geprüft ist der 20-Jährige T Fahranfänger i.S.d. § 24c StVG und hat im Straßenverkehr Alkohol zu sich genommen, indem er während des Stopps an der Ampel einige Schlucke alkoholhaltiges Bier trank.

---

40 HK-OWiG/ *Voelker/Ziegler*, § 11 Rn. 17.
41 Als „Verhalten" sollte bei einem fahrlässigen Begehungsdelikt also einerseits das aktive Tun benannt werden, das möglicherweise die Tathandlung darstellt (hier „alkoholhaltiges Bier an der Kreuzung trinken"), und andererseits das Verhalten beschrieben werden, das möglicherweise den Sorgfaltsverstoß begründet.

Weiter müsste er objektiv fahrlässig gehandelt haben. Objektiv fahrlässig handelt, wer die im Verkehr erforderliche Sorgfalt bei objektiver Erkennbarkeit der Tatbestandsverwirklichung außer Acht lässt. Das ist der Fall, wenn der Täter nicht das tut, was ein durchschnittlicher Normadressat in seiner konkreten Situation hätte tun müssen und getan hätte, um die erkennbare Gefahr der Tatbestandsverwirklichung abzuwehren. Es entspricht dem allgemeinen Erfahrungssatz, dass gerade alkoholfreies Bier schon wegen des ähnlichen äußeren Erscheinungsbildes schnell mit alkoholhaltigem Bier verwechselt werden kann. Von einem sorgfältigen Fahranfänger kann daher erwartet werden, dass er spätestens vor dem Trinken während der Fahrt kurz das Etikett prüft, um sich zu vergewissern, dass das Bier tatsächlich alkoholfrei ist. Da T dies nicht tat, handelte er objektiv fahrlässig.

2. Rechtswidrigkeit

Sein Verhalten war auch rechtswidrig.

3. Vorwerfbarkeit

T müsste auch subjektiv fahrlässig gehandelt, d.h. die ihm individuell mögliche Sorgfalt außer Acht gelassen haben. Das ist u.a. dann der Fall, wenn der Betroffene gar nicht erkannt hat, dass sein Verhalten objektiv tatbestandsmäßig war, dies aber bei Einsatz seiner persönlichen Kenntnisse und Fähigkeiten hätte erkennen können (unbewusste Fahrlässigkeit). T wusste nicht, dass er gerade Alkohol trank und rechnete auch nicht mit dieser Möglichkeit. Aufgrund seiner persönlichen Kenntnisse und Fähigkeiten konnte von ihm aber erwartet werden, die Verwechslungsgefahr zu erkennen und das Etikett der Bierflasche vor Fahrtantritt oder zumindest vor dem Trinken zu prüfen. T handelte damit auch subjektiv fahrlässig.

4. Ergebnis

Damit hat T eine fahrlässige Ordnungswidrigkeit nach § 24 Abs. 2 StVG begangen.

Fallabwandlung: Hier handelte T schon objektiv nicht fahrlässig. Denn Verbraucher dürfen sich darauf verlassen, dass Produkte, die sie kaufen, auch den Inhalt enthalten, der auf dem Etikett steht.

D. Vorsätzliche und fahrlässige Unterlassungsdelikte

I. Einführung

Wie bereits erörtert (Rn. 12 ff.) sind

- **Begehungsdelikte** Delikte, bei denen der Bußgeldtatbestand die erforderliche Tathandlung als ein aktives Tun beschreibt,
  § 13 Abs. 1 Nr. 3 LImSchG RP: Ordnungswidrig handelt, wer vorsätzlich oder fahrlässig […] entgegen § 6 Abs. 1 Tongeräte in einer solchen Lautstärke benutzt, dass unbeteiligte Personen erheblich belästigt werden oder die natürliche Umwelt beeinträchtigt wird
- **echte Unterlassungsdelikte** Delikte, bei denen bereits der Bußgeldtatbestand eine bestimmte Untätigkeit unter Bußgeldbewehrung stellt, d.h. die Tathandlung als ein Unterlassen beschreibt,
  § 54 Abs. 2 Nr. 1 BMG: Ordnungswidrig handelt, wer vorsätzlich oder fahrlässig entgegen § 17 Abs. 1 BMG sich nicht […]anmeldet.
- **unechte Unterlassungsdelikte** Delikte, bei denen nach Maßgabe von § 8 OWiG ein Begehungsdelikt nicht durch ein aktives Tun, sondern durch ein Unterlassen begangen wird.

§ 13 Abs. 1 Nr. 3 LImSchG RP, § 8 OWiG: Ordnungswidrig handelt, wer es vorsätzlich oder fahrlässig unterlässt zu verhindern, dass [...] entgegen § 6 Abs. 1 Tongeräte in einer solchen Lautstärke benutzt werden, dass unbeteiligte Personen erheblich belästigt werden oder die natürliche Umwelt beeinträchtigt wird, obwohl ihm dies möglich war und obwohl er rechtlich dafür einzustehen hatte, dass es zu keiner erheblichen Belästigung unbeteiligter Personen oder einer Beeinträchtigung der Umwelt kommt.

II. Echte Unterlassungsdelikte

1. Ausgangsfall

98 N zieht am 4.5. aus beruflichen Gründen von München in seine neue Wohnung nach Mannheim um. Seine bisherige Wohnung in München gibt er auf. Weil er die ersten Wochen durchgehend arbeiten muss und so nicht bei der Meldebehörde zu deren Öffnungszeiten vorsprechen kann, meldet er sich erst am 7.6. ordnungsgemäß in Mannheim an. Er geht davon aus, dass die Behörde dafür schon Verständnis haben werde.

Frage: Hat N eine Ordnungswidrigkeit begangen? Lösung s. Rn. 104

Abwandlung: Wie wäre der Fall zu beurteilen, wenn N aufgrund der Arbeitsbelastung die Anmeldung vergessen hätte, sich erst am 7.6. daran erinnert und sich dann auch umgehend anmeldet? Lösung s. Rn. 104

2. Prüfungsschema

99 Bei den echten Unterlassungsdelikten muss das Prüfungsschema des vorsätzlichen bzw. fahrlässigen Begehungsdelikts nur leicht abgewandelt werden. Die meisten echten Unterlassungsdelikte sind schlichte Tätigkeitsdelikte, es gibt aber auch unechte Unterlassungsdelikte in Form eines Erfolgsdelikts (vgl. §§ 378, 370 Abs. 1 Nr. 2 AO).

100 Auf Tatbestandsebene ist unter dem Stichwort „Tathandlung" zu prüfen, ob der Täter wie im Bußgeldtatbestand beschrieben untätig geblieben ist (Unterlassung der gebotenen Handlung, die bis zu einem bestimmten Zeitpunkt vorzunehmen war) und ob diese gebotene Handlung dem Täter zum Tatzeitpunkt möglich war („keine Unmöglichkeit" ist ein ungeschriebenes Tatbestandsmerkmal, siehe dazu ausführlich Rn. 111ff.).

101 Auf der Rechtswidrigkeitsebene kommt als zusätzlicher Rechtfertigungsgrund bei allen Unterlassungsdelikten die kollidierende Pflichtenkollision hinzu (siehe ausführlich dazu Rn. 126f.).

102 Schließlich ist auf Ebene der Vorwerfbarkeit zusätzlich die Zumutbarkeit der Vornahme der gebotenen Handlung zu prüfen (a.A. bereits auf Tatbestandsebene).

2. Teil: Das allgemeine materielle Ordnungswidrigkeitenrecht 59

103

Vorsätzliches echtes Unterlassungsdelikt	Fahrlässiges echtes Unterlassungsdelikt
Ggf. Vorprüfung: Keine Straftat	
Einleitungssatz: Indem ... (Untätigkeit des Täters benennen), könnte (Täter benennen) eine vorsätzliche/fahrlässige Ordnungswidrigkeit nach ... begangen haben.	
I. Tatbestand	**I. Tatbestand**
1. objektiver Tatbestand	a) Täter: wie links
a) Täter (ggf. Sonderstatus)	b) Tathandlung: wie links
b) Tathandlung: Untätigkeit (Unterlassen der im Tatbestand beschriebenen bußgeldbewehrten gebotenen Handlung), obwohl die Vornahme dem Täter möglich war	c) objektive Fahrlässigkeit (objektiver Sorgfaltspflichtverstoß bei objektiver Erkennbarkeit der Tatbestandsverwirklichung)
c) bei Erfolgsdelikten zusätzlich prüfen: Eintritt des Tatererfolgs; Ursächlichkeit des Unterlassens für den Erfolgseintritt; Zurechnungszusammenhang zwischen dem Unterlassen und dem Erfolg	d) bei Erfolgsdelikten zusätzlich bzw. anders prüfen: Eintritt des Tatererfolgs; Ursächlichkeit des Unterlassens für den Erfolgseintritt; objektiver Sorgfaltspflichtverstoß bei objektiver Vorhersehbarkeit des Eintritts des Tatererfolgs; Pflichtwidrigkeitszusammenhang zwischen Sorgfaltsverstoß und Tatererfolg
2. subjektiver Tatbestand (Vorsatz; ggf. besondere subjektive Merkmale)	e) ggf. objektive Bedingungen der Ahndbarkeit
3. ggf. objektive Bedingungen der Ahndbarkeit	
II. Rechtswidrigkeit	
Besonderer Rechtfertigungsgrund, den es nur bei Unterlassungsdelikten gibt: die rechtfertigende Pflichtenkollision bei Unterlassungsdelikten (Gewohnheitsrecht)	
III. Vorwerfbarkeit	**III. Vorwerfbarkeit**
1. Verantwortlichkeit	1. Verantwortlichkeit
2. Kein Erlaubnistatbestandsirrtum	2. Fahrlässigkeitsschuld (individuelle Fahrlässigkeit)
3. Unrechtsbewusstsein; kein unvermeidbarer Gebotsirrtum	3. potenzielles Unrechtsbewusstsein
4. Keine Entschuldigungsgründe	4. Keine Entschuldigungsgründe
5. Zumutbarkeit der Vornahme der gebotenen Handlung (a.A. bereits auf Tatbestandsebene prüfen)	5. Zumutbarkeit der Vornahme der gebotenen Handlung (a.A. bereits auf Tatbestandsebene prüfen)
Ergebnis festhalten	

3. Lösungsvorschlag zum Ausgangsfall

Indem N den Umzug in die neue Wohnung erst am 7.6. bei der Stadt Mannheim anmeldete, könnte er eine vorsätzliche Ordnungswidrigkeit nach § 54 Abs. 2 Nr. 1 BMG begangen haben. **104**

Objektiv tatbestandsmäßig handelt u.a., wer entgegen § 17 Abs. 1 BMG sich nicht rechtzeitig anmeldet, obwohl ihm die rechtzeitige Anmeldung rechtlich und tatsächlich möglich gewesen wäre.

Nach § 17 Abs. 1 BMG hat sich, wer eine Wohnung bezieht, innerhalb von zwei Wochen nach dem Einzug bei der Meldebehörde anzumelden. Hier bezog N in Mannheim am 4.5. eine neue Wohnung und hätte sich somit bis einschließlich zum 18.5. (sofern dies kein Samstag, Sonntag oder Feiertag ist) anmelden müssen. N meldete sich erst am 7.6. und somit nicht rechtzeitig an.

Die rechtzeitige Anmeldung wäre N auch tatsächlich möglich gewesen. Fraglich ist, ob sie auch rechtlich möglich war. Dem könnte entgegenstehen, dass N aufgrund des Arbeitsvertrags verpflichtet war, die ersten Wochen zu arbeiten. Dies stellt jedoch keine rechtliche Unmöglichkeit dar. Vielmehr ist der Arbeitgeber verpflichtet, N zu ermöglichen, seiner Meldepflicht nachzukommen (Gewährung von Gleitzeit, Urlaub etc.). Außerdem hätte N auch jemanden mit der Anmeldung beauftragen können.

Damit handelte N objektiv tatbestandsmäßig.

N handelte vorsätzlich, weil er wusste, dass er die Anmeldung unterließ und dies in der Absicht tat, zunächst seine Arbeit zu machen.

Die Tat müsste auch rechtswidrig sein. Als Rechtfertigungsgrund ist bei Unterlassungsdelikten insbesondere an die rechtfertigende Pflichtenkollision zu denken. Hier kollidiert die Meldepflicht zwar scheinbar mit der Arbeitspflicht des N. Da der Arbeitgeber aber verpflichtet war, N die Anmeldung zu ermöglichen, kommt hier keine rechtfertigende Pflichtenkollision in Betracht. Die Tat war rechtswidrig.

Schließlich muss N auch vorwerfbar gehandelt haben.

Die Vorwerfbarkeit bei Unterlassungsdelikten entfällt, wenn ein unvermeidbarer Gebotsirrtum vorliegt (§ 11 Abs. 2 OWiG). Sollte N davon ausgegangen sein, dass er sich später anmelden dürfe, weil er durchgängig arbeiten musste, so würde dies einen vermeidbaren Gebotsirrtum darstellen, denn es wäre ihm zumutbar gewesen, sich einen entsprechenden Rechtsrat einzuholen.

Weiter entfällt die Vorwerfbarkeit, wenn die gebotene Handlung dem Betroffenen nicht zumutbar war. Eine Unzumutbarkeit ist hier nicht ersichtlich. Zwar ist die Verspätung menschlich verständlich, so dass hier eine Einstellung des Bußgeldverfahrens nach § 47 Abs. 1 S. 2 OWiG naheliegt. Daran, dass N vorwerfbar gehandelt hat, ändert dies aber nichts.

N hat eine vorsätzliche Ordnungswidrigkeit nach §§ 54 Abs. 2 Nr. 1, 17 Abs. 1 BMG begangen.

Abwandlung: Wenn N die Anmeldung vergessen hätte und es ihm erst am 7.6. wieder eingefallen wäre, dass er sich noch nicht bei der Meldebehörde angemeldet hat, hätte ihm zum Tatzeitpunkt am 18.5. der Vorsatz gefehlt, weil er die rechtzeitige Anmeldung dann nicht wissentlich unterlassen hätte.

N könnte dann eine fahrlässige Ordnungswidrigkeit nach §§ 54 Abs. 2 Nr. 1, 17 Abs. 1 BMG begangen haben.

Wie bereits geprüft, hat N die gebotene und mögliche rechtzeitige Anmeldung unterlassen. Weiter müsste er objektiv fahrlässig gehandelt haben, d.h. die im objektiven Verkehr erforderliche Sorgfalt bei objektiver Erkennbarkeit der Tatbestandsverwirklichung außer Acht gelassen haben. Von jedem Meldepflichtigen in der Situation des N kann erwartet werden, dass er bei einem Umzug trotz der vielen zu erledigenden Dinge und des neuen Arbeitsplatzes seinen Meldepflichten nachkommt und notfalls geeignete Maßnahmen ergreift, um dies nicht zu vergessen (z.B. Merkzettel). Gegen diese Sorgfaltspflicht hat N verstoßen.

Die Tat war wie geprüft auch rechtswidrig.

Da N auch aufgrund seiner individuellen Fähigkeiten und Kenntnisse in der Lage gewesen wäre, seiner Sorgfaltspflicht nachzukommen, ist die Tat auch vorwerfbar.

N hat eine fahrlässige Ordnungswidrigkeit nach §§ 54 Abs. 2 Nr. 1, 17 Abs. 1 BMG begangen.

III. Unechtes Unterlassungsdelikt
1. Ausgangsfall; Gesetzestexte

P ist Hundehalter. Seine Nichte N kommt eines Tages zu Besuch vorbei und will mit seinem Hund eine Wanderung machen. Zum Ausgangspunkt der Wanderung will sie zusammen mit dem Hund im Auto fahren. P willigt ein. N geht mit dem Hund zu ihrem Fahrzeug, das sie vor dem Haus des P in der prallen Sonne geparkt hat, und lässt den Hund einsteigen.

Dann steigt N noch einmal aus dem Fahrzeug aus, schließt die Tür und lässt den Hund im Auto zurück. Sie hat im Haus des P noch etwas vergessen. Der bittet sie zur Tür herein. Allerdings ruft plötzlich die Frau des P an, die in Paris auf Reisen ist, und P und N telefonieren mit ihr über eine Stunde. Dabei vergessen sie den Hund im Auto. Nach dem Telefonat müssen sie feststellen, dass der Hund wegen der Hitze im Fahrzeug gestorben ist.

Frage: Haben N und P eine Ordnungswidrigkeit begangen? Lösung s. Rn. 132

Tierschutzgesetz
§ 18

(1) Ordnungswidrig handelt, wer vorsätzlich oder fahrlässig
1. einem Wirbeltier, das er hält, betreut oder zu betreuen hat, ohne vernünftigen Grund erhebliche Schmerzen, Leiden oder Schäden zufügt,

Ordnungswidrigkeitengesetz
§ 8 Begehen durch Unterlassen

Wer es unterläßt, einen Erfolg abzuwenden, der zum Tatbestand einer Bußgeldvorschrift gehört, handelt nach dieser Vorschrift nur dann ordnungswidrig, wenn er rechtlich dafür einzustehen hat, daß der Erfolg nicht eintritt, und wenn das Unterlassen der Verwirklichung des gesetzlichen Tatbestandes durch ein Tun entspricht.

2. Abgrenzung zu Begehungs- und echten Unterlassungsdelikten

Unechte Unterlassungsdelikte sind nur dann zu prüfen, wenn der Täter durch sein Verhalten nicht bereits ein Begehungsdelikt verwirklicht hat.

Hat der Täter überhaupt keine Energie eingesetzt, ist er Unterlassungstäter.[42]

Wenn der Täter durch den Einsatz von Energie einen bestimmten Kausalverlauf in Gang gesetzt hat und dieser nicht hinweggedacht werden kann, ohne dass die Verwirklichung des Bußgeldtatbestands entfiele, ist der Täter grundsätzlich Begehungs-

---

[42] *Mitsch*, § 11 Rn. 2.

täter. Etwas anderes gilt nach h.M. dann, wenn der Schwerpunkt der Handlung ausnahmsweise beim Unterlassen liegt.[43]

Beispiele: F lässt seinen Hund trotz praller Sonne im Auto zurück. Eine Stunde später kommt er zurück, der Hund ist tot. F ist Begehungstäter (bei Vorsatz: Straftat nach § 17 Abs. 1 Nr. 1 Tierschutzgesetz; bei Fahrlässigkeit, von der hier auszugehen ist: Ordnungswidrigkeit nach § 18 Abs. 1 Nr. 1 TierSchG).

Hier ist das Verhalten des F zwar mehrdeutig:

Die erste Handlung „Einsperren des Hundes im Auto bei praller Sonne" (Energieentfaltung, aktives Tun) beinhaltet gleichzeitig das Unterlassen „Hund bei praller Sonne im Auto zurücklassen". Dann kommt ein zweites Verhalten hinzu, nämlich „nicht rechtzeitig zum Auto zurückkehren".

Entscheidet man nach dem Energiekriterium, liegt eindeutig ein aktives Tun vor. Auch kann das Einsperren des Hundes im Auto nicht hinweggedacht werden, ohne dass der Erfolg (hier Tod des Hundes) entfiele. Schließlich liegt der Schwerpunkt der Vorwerfbarkeit nicht ausnahmsweise beim Unterlassen. Denn bereits mit dem Einsperren schafft der Täter eine Gefahrensituation für das Tier.[44]

108 § 8 OWiG (unechtes Unterlassen) ist nur auf solche Bußgeldtatbestände anwendbar, die ausschließlich durch ein aktives Tun („reines Begehungsdelikt") begangen werden können. Bußgeldtatbestände, bei denen die Tathandlung sowohl ein aktives Tun als auch ein Unterlassen umfasst, fallen nicht in den Anwendungsbereich von § 8 OWiG. Das gilt vor allem für Tatbestände, bei denen die Tathandlung in einem „Zuwiderhandeln" besteht.[45]

Beispiele: § 117 Abs. 1 OWiG ist ein reines Begehungsdelikt. Denn Tathandlung ist das Erregen von Lärm. Hier ist § 8 OWiG anwendbar. So begeht der Hundehalter, der nicht dafür Sorge trägt, dass sein Hund aufhört, ununterbrochen zu bellen, eine Ordnungswidrigkeit durch Unterlassen nach § 117 Abs. 1 OWiG, § 8 OWiG. Ordnungswidrig nach § 75 Abs. 3 Nr. 1 LBO BW handelt, wer vorsätzlich oder fahrlässig als Bauherr oder Unternehmer eine vollziehbaren Verfügung der Baurechtsbehörde zuwiderhandelt. Je nachdem, ob die vollziehbare Verfügung dem Bauherrn bzw. Unternehmer etwas verbietet oder gebietet, kann § 75 Abs. 3 Nr. 1 LBO BW durch aktives Tun (Verstoß gegen ein Verbot) oder echtes Unterlassen (Nichtvornahme der gebotenen Handlung) verwirklicht werden. Hier ist für das echte Unterlassen § 8 OWiG nicht heranzuziehen.

---

43 Vgl. *Eisele/Heinrich*, Strafrecht Allgemeiner Teil, Rn. 562 ff.
44 Wer dieser Auffassung nicht folgt, das Einsperren des Hundes für keine taugliche Tathandlung i.S.d. § 18 Abs. 1 Nr. 1 TierSchG hält und erst das „Nicht-rechtzeitige Zurückkehren vom Auto" als bußgeldrechtlich relevante Tathandlung betrachtet, müsste sich im Rahmen der Prüfung von § 18 Abs. 1 Nr. 1 TierSchG, § 8 OWiG mit der Frage auseinandersetzen, ob das Einsperren des Hundes bei praller Sonne ein pflichtwidriges Vorverhalten (Ingerenz) darstellt, käme letztendlich aber zumindest wegen der Beschützergarantenstellung des F als Hundehalter ebenfalls zur Ahndbarkeit des F.
45 *Klesczewski*, § 3 Rn. 225.

2. Teil: Das allgemeine materielle Ordnungswidrigkeitenrecht

3. Das vorsätzliche unechte Unterlassungsdelikt

a) Prüfungsschema

Vorsätzliches unechtes Unterlassungsdelikt (Vorsätzliches Begehungsdelikt i.V.m. § 8 OWiG)
Ggf. Vorprüfung: Keine Straftat
Einleitungssatz: Indem ... (Untätigkeit des Täters benennen), könnte (Täter benennen) eine vorsätzliche Ordnungswidrigkeit nach ... durch Unterlassen begangen haben.
I. Tatbestand
1. objektiver Tatbestand
a) Eintritt des Erfolgs i.S.d. § 8 OWiG
(bei Erfolgsdelikten ist das der Taterfolg; bei schlichten Tätigkeitsdelikten die von der Tathandlung ausgehende Wirkung, die durch den Bußgeldtatbestand verhindert werden soll)
b) Tathandlung
aa) Unterlassen der möglichen Erfolgsabwendung
bb) Entsprechungsgrundsatz
cc) Quasi-Kausalität des Unterlassens für den Eintritt des Erfolgs i.S.d. § 8 OWiG
c) Täter
aa) ggf. Sonderstatus (wenn bereits das Begehungsdelikt ein Sonderdelikt ist)
bb) Garantenstellung (rechtliche Verpflichtung zu verhindern, dass der Bußgeldtatbestand verwirklicht wird)
d) bei Erfolgsdelikten zusätzlich prüfen: objektive Zurechnung
2. subjektiver Tatbestand (Vorsatz; ggf. besondere subjektive Merkmale)
3. ggf. objektive Bedingungen der Ahndbarkeit
II. Rechtswidrigkeit
Besonderer Rechtfertigungsgrund, den es nur bei Unterlassungsdelikten gibt:
die rechtfertigende Pflichtenkollision bei Unterlassungsdelikten (Gewohnheitsrecht)
III. Vorwerfbarkeit
1. Verantwortlichkeit (§ 12 OWiG)
2. Kein Erlaubnistatbestandsirrtum
3. Unrechtsbewusstsein; kein unvermeidbarer Verbotsirrtum (§ 11 Abs. 2 OWiG)
4. Kein Vorliegen von Entschuldigungsgründen
5. Zumutbarkeit der Vornahme der zur Erfolgsabwendung gebotenen Handlung (a.A.: bereits bei Garantenpflicht prüfen)
Ergebnis festhalten

b) Objektiver Tatbestand

aa) Eintritt des Erfolgs i.S.d. § 8 OWiG

Zunächst muss der Erfolg, der zum Tatbestand der Bußgeldvorschrift gehört, eingetreten sein. Der Begriff „Erfolg i.S.d. § 8 OWiG" umfasst zunächst unproblematisch den Eintritt des Taterfolgs bei Erfolgsdelikten (also die Verletzung bzw. konkrete Gefährdung eines Rechtsguts). Nach h.M. ist § 8 OWiG aber auch bei schlichten Tätigkeitsdelikten anwendbar. Hier meint „Erfolg i.S.d. § 8 OWiG" dann die von der Tathandlung ausgehende Wirkung, die durch den Bußgeldtatbestand verhindert werden soll.[46]

bb) Unterlassen der möglichen Erfolgsabwendung

111 Der Täter muss die zur Erfolgsabwendung gebotene Handlung unterlassen haben. Geboten ist die Handlung, die aus der ex ante Perspektive am besten geeignet und erforderlich erscheint, um den Eintritt des Erfolgs i.S.d. § 8 OWiG zu verhindern.[47]

112 Außerdem muss dem Täter die Vornahme der zur Erfolgsabwendung gebotenen Handlung möglich gewesen sein, da das Gesetz von dem Einzelnen nichts Unmögliches verlangen darf.[48] Das gilt sowohl bei unechten als auch bei echten Unterlassungsdelikten.

So handelt der Betroffene nicht tatbestandsmäßig, wenn der Vornahme der gebotenen Handlung unüberwindbare tatsächliche Hindernisse entgegenstehen wie z.B. Unerreichbarkeit des Hilfsmittels, mangelnde physische Fähigkeit des Betroffenen (**tatsächliche Unmöglichkeit**).[49] Hat der Täter die Handlungsunfähigkeit selbst herbeigeführt, so ist dies nach h.M. allerdings unbeachtlich (omissio libera in causa); dann stellt die Herbeiführung der Handlungsunfähigkeit das tatbestandliche Unterlassen dar.[50]

113 Auch bei **rechtlicher Unmöglichkeit** wird der Tatbestand nicht verwirklicht, wobei aber umstritten ist, wann ein solcher auf Tatbestandsebene zu lösender Fall der rechtlichen Unmöglichkeit gegeben ist, wann eine auf Rechtfertigungsebene zu prüfende Kollision von Handlungspflichten und wann eine (wie hier vertreten auf der Ebene der Vorwerfbarkeit zu prüfende) Unzumutbarkeit vorliegt.[51]

cc) Entsprechungsgrundsatz

114 Außerdem muss das Unterlassen der gebotenen Handlung der Verwirklichung des gesetzlichen Tatbestandes durch ein Tun entsprechen (Entsprechungsgrundsatz). An einer solchen Entsprechung fehlt es jedenfalls bei eigenhändigen Delikten. Hier ist eine Täterschaft durch unechtes Unterlassen ausgeschlossen. Bei eigenhändigen Delikten ist aber zu prüfen, ob sich der Betroffene an dem vorsätzlich und rechtswidrig begangenen eigenhändigen Delikt eines Dritten vorsätzlich durch Unterlassen als Gehilfe beteiligt hat (§ 14 Abs. 1 S. 1 OWiG).

Beispiel: T (20 Jahre alt) trinkt während der Fahrt Bier. Auf dem Beifahrersitz sitzt der Halter H des Fahrzeugs, der alles sieht, aber nichts unternimmt. Eine Ahndbarkeit des H, der nach h.M. dafür zu sorgen hat, dass mit seinem Fahrzeug keine Zuwiderhandlungen gegen Verkehrsvorschriften begangen werden, nach § 24c Abs. 1 StVG, § 8 OWiG als Unterlassenstäter ist ausgeschlossen, weil § 24c Abs. 1 StVG ein eigenhändiges Delikt ist und nur von dem begangen werden kann, der als Fahranfänger fährt und trinkt. Hier ist dann zu prüfen, ob H sich gemäß § 24c Abs. 1 StVG, § 14 Abs. 1 S. 1 OWiG, § 8 OWiG an der vorsätzlichen und rechtswidrigen Tat des T beteiligt hat, indem er dem T durch das Unterlassen bei der Tatausführung Hilfe leistete.

---

46 BGH NJW 2011, 624 (672); HK-OWiG/*Kleemann*, § 8 Rn. 5.
47 HK-OWiG/*Kleemann*, § 8 Rn. 8.
48 HK-OWiG/*Kleemann*, § 8 Rn. 9.
49 Ob der Täter die möglichen Rettungsmaßnahmen auch erkannt hat, ist keine Frage des objektiven Tatbestands, sondern erst im Rahmen des Vorsatzes zu prüfen.
50 HK-OWiG/*Kleemann*, § 8 Rn. 9.
51 Zur Vertiefung vgl. HK-OWiG/*Kleemann*, § 8 Rn. 10.

dd) Quasi-Kausalität

Das Unterlassen muss ursächlich für den Eintritt des Erfolgs i.S.d. § 8 OWiG gewesen sein.

115

Bei Erfolgsdelikten ist erforderlich, dass die Verletzung bzw. konkrete Gefährdung des Rechtsguts mit an Sicherheit grenzender Wahrscheinlichkeit nicht eingetreten wäre, wenn der Betroffene die gebotene und mögliche Handlung vorgenommen hätte.

Bei schlichten Tätigkeitsdelikten ist erforderlich, dass die durch die Tathandlung ausgehende Wirkung, die durch den Bußgeldtatbestand verhindert werden soll, mit an Sicherheit grenzender Wahrscheinlichkeit nicht eingetreten wäre, wenn der Betroffene die gebotene und mögliche Handlung vorgenommen hätte.

In den Fällen, in denen der Betroffene gegen das widerrechtliche Handeln eines Dritten nicht einschreitet, muss mit an Sicherheit grenzender Wahrscheinlichkeit festgestellt werden, dass die Tat des Dritten verhindert worden wäre, wenn der Betroffene eingeschritten wäre.[52]

ee) Garantenstellung

Der Täter muss gemäß § 8 OWiG rechtlich dafür einzustehen haben, dass der Erfolg (Erfolg i.S.d. § 8 OWiG) nicht eintritt.[53] Das bedeutet, dass der Täter eine durch **einen Rechtssatz begründete** Garantenstellung hat und aufgrund dieser dazu verpflichtet ist zu verhindern, dass (wegen des eigenen Vorverhaltens, des Tuns eines Dritten, des Verhaltens eines Tieres, des Zustands einer Sache etc.) der Erfolg i.S.d. § 8 OWiG eintritt, der durch das bußgeldbewehrte Verbot abgewehrt werden soll.

116

Beschützergarant (Obhutsgarant) ist, wer die rechtliche Pflicht hat, ein bestimmtes Rechtsgut zu schützen.[54]

117

Beispiel: Eltern müssen nach § 1626 Abs. 1 BGB ihre Kinder bzw. deren Rechtsgüter vor Gefahren beschützen (Leben, Gesundheit, Eigentum der Kinder, Freiheit der Kinder, Ehre der Kinder etc.). Der Eigentümer eines Tieres ist verpflichtet, für den Schutz seines Tieres zu sorgen.

Überwachungsgarant ist, wer die rechtliche Pflicht hat, eine Gefahrenquelle zu überwachen. Gefahrenquelle können andere Personen, Tiere, Pflanzen, leblose Gegenstände (Auto, Haus, Wohnung, betriebliche Anlage) und eigenes pflichtwidriges schadensnahes Vorverhalten des Betroffenen (sogenannte „Ingerenz") sein.[55]

Beispiel: Der Eigentümer eines Tieres oder einer Sache ist Überwachungsgarant über das Tier oder die Sache. Er muss verhindern, dass von dem Tier oder der Sache für andere Gefahren ausgehen. So ist der Kfz-Halter verpflichtet dafür zu sorgen, dass sein Auto nicht verkehrswidrig geparkt wird. Der Hundehalter muss gegen das ständige Bellen seines Hundes einschreiten. Eltern sind nach § 1626 Abs. 1 BGB Überwachungsgaranten über ihre Kinder. Sie müssen verhindern, dass von ihren Kindern Gefahren für andere ausgehen. Lehrer*innen sind im Rahmen ihrer Aufsichtspflicht verpflichtet dafür zu sorgen, dass die von ihnen beaufsichtigten Minderjährigen keine Ordnungswidrigkeiten begehen.

---

52 HK-OWiG/*Kleemann* § 8 Rn. 11.
53 Vertiefungshinweis: Jedes unechte Unterlassungsdelikt ist zugleich ein Sonderdelikt: Wer nicht Garant ist, kann nicht Täter einer Ordnungswidrigkeit durch Unterlassen sein. Durch aktives Tun kann sich der Nichtgarant aber an der durch einen Garanten begangen Ordnungswidrigkeit beteiligen (§ 14 OWiG, siehe Rn. 149 ff.).
54 HK-OWiG/*Kleemann* § 8 Rn. 13.
55 HK-OWiG/*Kleemann* § 8 Rn. 13, dort auch unter Rn. 17 zur umstrittenen Ingerenz.

118 Problematisch ist, dass die h.L. im Ordnungswidrigkeitenrecht bei der Bestimmung der Garantenstellung bislang ungeprüft die im Strafrecht entwickelten Grundsätze übernimmt. Im Ergebnis führt dies dazu, dass das Ordnungswidrigkeitenrecht die Handlungsmöglichkeiten der Verwaltungsbehörde im Widerspruch zu verwaltungsrechtlichen Grundsätzen erweitert, wenn es um die Heranziehung des Betroffenen geht, um Ordnungswidrigkeiten Dritter zu verhindern, wie die folgenden Ausführungen belegen sollen.

(1) Pflicht der Eltern, bußgeldbewehrte Verstöße ihrer Kinder zu verhindern

119 Nach dem BGB haben die Eltern bis zur Volljährigkeit die Aufsichtspflicht über ihre Kinder (§ 1626 Abs. 1 BGB). Zivilrechtlich müssen sie für einen Schaden, den ihre Kinder verursachen, haften, wenn sie ihre Aufsichtspflicht verletzt haben (§ 839 BGB).

120 Im Strafrecht sind Eltern als Überwachungsgaranten verpflichtet, alle erforderlichen Aufsichtsmaßnahmen zu treffen um zu verhindern, dass ihre noch nicht volljährigen Kinder eine Straftat begehen. Begeht ein 16-Jähriger eine vorsätzliche Sachbeschädigung, die die Mutter wissentlich geduldet hat, wird der 16-Jähriger als Haupttäter, die Mutter als Unterlassungstäterin zur Verantwortung gezogen.

121 Etwas komplizierter ist die Rechtslage im Verwaltungsrecht. Soweit das Verwaltungsrecht abschließend regelt, welche verwaltungsrechtliche Verantwortung gesetzliche Vertreter und Aufsichtspersonen von Minderjährigen haben, ist der Rückgriff auf § 1626 Abs. 1 BGB ausgeschlossen. Hier haftet der gesetzliche Vertreter für das Verhalten Minderjähriger nach den einschlägigen polizei- bzw. ordnungsrechtlichen Normen nur bis zum Eintritt eines bestimmten Mindestalters. Auf Bundesebene und in den meisten Bundesländern erlischt die ordnungsrechtliche Zusatzverantwortlichkeit des gesetzlichen Vertreters mit dem 14. Lebensjahr des Kindes (vgl. § 17 Abs. 2 S. 1 BPolG), in Baden-Württemberg mit dem 16. Lebensjahr des Kindes (vgl. § 6 Abs. 2 BWPolG). So können die Eltern eines 17-Jährigen Fußballhooligans beispielsweise nicht verpflichtet werden, dafür Sorge zu tragen, dass dieser nicht zu einem bestimmten Risikospiel fährt. Verwaltungsrechtliche Maßnahmen können nur gegen den 17-Jährigen selbst getroffen werden.

122 Wenn die gesetzlichen Vertreter eines Jugendlichen im Alter von 14–17 Jahren aber verwaltungsrechtlich nicht für dessen Verhalten herangezogen werden können, so stellt sich die Frage, warum sie dann dennoch bußgeldrechtlich als Unterlassenstäter nach § 8 OWiG belangt werden sollten, wenn sie die Begehung einer Ordnungswidrigkeit ihres Kindes im Alter von 14–17 Jahren nicht verhindern. Das ist eine bislang ungelöste Rechtsfrage.

(2) Pflicht der Mitarbeitenden in der Verwaltung, Ordnungswidrigkeiten Dritter zu verhindern

123 Umstritten ist, ob Amtsträger, denen die Zuständigkeit für die Abwehr von Gefahren für bestimmte kollektive Rechtgüter übertragen ist, als Beschützergarant dafür verantwortlich sind zu verhindern, dass Dritte gegen bußgeldbewehrte Verbotsnormen verstoßen, ob also der Amtsträger ein unechtes Unterlassungsdelikt begeht, indem er Rechtsverstöße Dritter nicht verhindert. Teile in Literatur und Rechtsprechung bejahen das.[56] Sie leiten eine solche Rechtspflicht des Amtsträgers aus dem öffentlich-

---

56 KK-OWiG/*Rengier* § 8 Rn. 51 ff.; *Mitsch* § 11 Rn. 14.

rechtlichen Dienstverhältnis (bei Beamten und Soldaten), dem Arbeitsvertrag (bei Angestellten) bzw. der Beleihung (z.B. bei der zivilen Wachperson nach § 1 Abs. 3 UZwGBw) und der Zuweisung des konkreten Amts bzw. Arbeitsplatzes ab. Ob der Amtsträger aufgrund seiner Garantenstellung im konkreten Fall verpflichtet ist, die Ordnungswidrigkeit des Dritten abzuwehren, soll sich dann nach dem Verwaltungsrecht richten. Handlungspflichtig wäre der Amtsträger, wenn er kraft einer gebundenen Entscheidung oder einer Ermessensreduzierung auf Null zu dem Zeitpunkt, zu dem er die Ordnungswidrigkeit des Dritten noch hätte verhindern können, zu einem Einschreiten verpflichtet wäre.

Dieser Auffassung ist jedenfalls bei der fahrlässigen Begehungsweise entschieden entgegenzutreten, denn sie ließe sich weder mit den Anforderungen des Art. 103 Abs. 2 GG noch mit dem Verhältnismäßigkeitsgrundsatz vereinbaren.

Hier möge man sich vor Augen halten, dass das Institut des unechten Unterlassens aus dem Strafrecht kommt und im Strafrecht das vorsätzliche Erfolgsdelikt der Normalfall ist. Schlichte Tätigkeitsdelikte sind im Strafrecht die Ausnahme, fahrlässige schlichte Tätigkeitsdelikte die absolute Ausnahme. Wenn nun aber über die Anwendung von § 8 OWiG im Ordnungswidrigkeitenrecht ein Amtsträger sogar fahrlässige schlichte Tätigkeitsdelikte als Täter (oder nach einer Mindermeinung sogar als Beteiligter) durch Unterlassen begehen kann, indem er die Ordnungswidrigkeit eines Dritten fahrlässig nicht verhindert, führt das zu einer uferlosen Ausweitung der Bußgeldtatbestände, die mit dem Rechtsstaatsprinzip nicht mehr vereinbar ist.

ff) Objektive Zurechnung (bei Erfolgsdelikten)

Bei Erfolgsdelikten ist schließlich noch zu prüfen, ob zwischen dem Tatererfolg (Verletzung bzw. konkrete Gefährdung) und dem pflichtwidrigen Unterlassen auch ein normativer (rechtlicher) Zusammenhang besteht. Zu prüfen ist also insbesondere der Schutzzweckzusammenhang, d.h. die Frage, ob sich durch den eingetretenen Tatererfolg (die Verletzung bzw. konkrete Gefährdung des geschützten Rechtsguts) genau das Risiko verwirklicht hat, dass durch die Garantenpflicht verhindert werden sollte. **124**

c) Subjektiver Tatbestand

Vorsätzlich begeht ein unechtes Unterlassungsdelikt, wer es zumindest für möglich hält, dass der Erfolg i.S.d. § 8 OWiG eintritt, die gebotene und ihm mögliche Rettungshandlung erkennt sowie die tatsächlichen Umstände kennt, die die Garantenstellung begründen, und den Eintritt des Erfolgs i.S.d. § 8 OWiG billigend in Kauf nimmt. **125**

Wer zwar die tatsächlichen Umstände kennt, die die Garantenstellung begründen, aber nicht weiß, dass er als Garant tätig werden muss, unterliegt keinem Tatbestandsirrtum, sondern einem Verbotsirrtum.[57]

d) Rechtswidrigkeit

Ein besonderer Rechtfertigungsgrund, den es nur bei Unterlassungsdelikten (echten und unechten) gibt, ist die auf dem Gewohnheitsrecht beruhende rechtfertigende Pflichtenkollision. Das Unterlassen des Täters ist dann gerechtfertigt, wenn er **126**

---

57 HK-OWiG/*Kleemann* § 8 Rn. 21.

durch das Unterlassen eine andere rechtliche Handlungspflicht erfüllt, die zumindest gleichrangig oder höherrangiger ist.

Beispiel: Der Betroffene hat einen Unfall verursacht und unterlässt es, die Unfallstelle abzusichern. Damit verstößt er gegen das Gebot (die Handlungspflicht) aus § 34 Abs. 1 Nr. 2 StVO, was den Tatbestand einer Verkehrsordnungswidrigkeit in Form eines echten Unterlassungsdelikts nach § 24 StVG i.V.m. § 49 Abs. 1 Nr. 29 StVO darstellt. Unterlässt der Betroffene die Absicherung der Unfallstelle, um zunächst einem schwer Verletzten erste Hilfe zu leisten, so handelt er gerechtfertigt. Die Pflicht zur Hilfeleistung (also das kollidierende Gebot) ist zumindest gleichrangig, wenn nicht sogar höherrangiger.

127

Prüfungsschema: rechtfertigende Pflichtenkollision[58]
1. Die Handlungspflicht, die der Betroffene (Täter) unterlassen hat (also die Gebotsnorm, gegen die der Betroffene durch sein Unterlassen verstoßen hat und dadurch den Tatbestand der Bußgeldnorm erfüllt hat), kollidiert mit einer (oder mehreren) anderen Handlungspflichten (also einer anderen Gebotsnorm).
2. Der Betroffene erfüllt die andere Handlungspflicht (bzw. Gebotsnorm).
3. Der Betroffene konnte nur eine der kollidierenden Handlungspflichten erfüllen.
4. Die Handlungspflicht, die der Betroffene unterlässt, ist entweder von geringerem Wert als die Handlungspflicht, die er erfüllt, oder maximal gleichwertig (abzuwägen sind die betroffenen Rechtsgüter und der Grad der Gefährdung)
5. Subjektive Rechtfertigung

e) Vorwerfbarkeit

128 Die Vorwerfbarkeit wird grundsätzlich wie bei Begehungsdelikten geprüft. Bei Unterlassungsdelikten (echten und unechten) entfällt die Vorwerfbarkeit aber genauso wie bei den Fahrlässigkeitsdelikten auch dann, wenn dem Betroffenen wegen der besonderen Konstellation des Einzelfalls ein normgemäßes Verhalten nicht zumutbar war, es also unangemessen und damit unverhältnismäßig wäre, von dem Betroffenen in seiner Tatsituation die Vornahme der unterlassenen Handlung zu verlangen.[59]

4. Das fahrlässige unechte Unterlassungsdelikt

129 Soweit das Begehungsdelikt fahrlässig begangen werden kann, ist auch ein fahrlässiges unechtes Unterlassungsdelikt nach § 8 OWiG möglich.[60]

130 Die Abgrenzung von fahrlässigen Begehungsdelikten und fahrlässigen unechten Unterlassungsdelikten ist allerdings teilweise besonders anspruchsvoll, weil auch fahrlässige Begehungsdelikte ein Unterlassungsmoment haben. Bevor ein fahrlässiges Unterlassungsdelikt geprüft wird, ist sorgfältig zu untersuchen, ob der Täter nicht doch durch ein aktives Tun die Tathandlung begangen bzw. bei Erfolgsdelikten den Tatterfolg verursacht hat und das Unterlassungsmoment sich nur auf die objektive Sorgfaltswidrigkeit bezieht (siehe bereits Rn. 107 f.).

---

58 Umstritten ist, ob und inwieweit die hier dargestellte Pflichtenkollision auf der Ebene der Rechtswidrigkeit oder auf anderer Ebene im Deliktsaufbau zu prüfen ist. Außerdem ist umstritten, ob die rechtfertigende Pflichtenkollision auch dann greift, wenn nicht ausschließlich Handlungspflichten (Gebote), sondern Unterlassungspflichten (Verbote) bzw. Handlungspflichten und Unterlassungspflichten kollidieren. Vgl. *Eisele/Heinrich*, Strafrecht AT, Rn. 347 ff.; *Klesczewski*, Ordnungswidrigkeitenrecht, Rn. 301 ff.
59 Eine andere Auffassung prüft die Unzumutbarkeit bereits auf Tatbestandsebene.
60 HK-OWiG/*Kleemann* § 8 Rn. 21.

2. Teil: Das allgemeine materielle Ordnungswidrigkeitenrecht

Beispiel: Im Ausgangsfall ist die Nichte N aktiv tätig geworden, denn sie hat den Hund im Auto eingesperrt und dadurch getötet. Sie ist Täterin eines Begehungsdelikts. P hingegen ist Unterlassenstäter. Keine seiner aktiven Handlungen (Hund der N überlassen, mit N ein Gespräch führen) hat bei normativer Betrachtungsweise den Tod des Hundes herbeigeführt. Vielmehr liegt der Schwerpunkt der Vorwerfbarkeit darin, dass er, nachdem die N zu ihm zum Quatschen zurückkehrte, nichts unternommen hat, um den Tod des Hundes abzuwenden.

Fahrlässiges unechtes Unterlassungsdelikt (Fahrlässiges Begehungsdelikt i.V.m. § 8 OWiG) 131
Ggf. Vorprüfung: Keine Straftat
Einleitungssatz: Indem ... (Untätigkeit des Täters benennen), könnte (Täter benennen) eine fahrlässige Ordnungswidrigkeit nach ... durch Unterlassen begangen haben.
I. Tatbestand a) Eintritt des Erfolgs i.S.d. § 8 OWiG (bei Erfolgsdelikten ist das der Tatererfolg; bei schlichten Tätigkeitsdelikten die von der Tathandlung ausgehende Wirkung, die durch den Bußgeldtatbestand verhindert werden) b) Tathandlung aa) Unterlassen der möglichen Erfolgsabwendung bb) Entsprechungsgrundsatz cc) Quasi-Kausalität des Unterlassens für den Eintritt des Erfolgs i.S.d. § 8 OWiG c) Täter aa) ggf. Sonderstatus bei fremdhändigen Sonderdelikten) bb) Garantenstellung (Rechtliche Verpflichtung zu verhindern, dass der Bußgeldtatbestand verwirklicht wird) d) objektive Fahrlässigkeit (objektive Sorgfaltswidrigkeit bei objektiver Erkennbarkeit der Tatbestandsverwirklichung bzw. Vorhersehbarkeit des Erfolgseintritts) e) bei Erfolgsdelikten zusätzlich prüfen: Pflichtwidrigkeitszusammenhang f) ggf. objektive Bedingungen der Ahndbarkeit
II. Rechtswidrigkeit Besonderer Rechtfertigungsgrund, den es nur bei Unterlassungsdelikten gibt: die rechtfertigende Pflichtenkollision bei Unterlassungsdelikten (Gewohnheitsrecht)
III. Vorwerfbarkeit 1. Verantwortlichkeit (§ 12 OWiG) 2. Fahrlässigkeitsschuld (subjektive Fahrlässigkeit) 3. potenzielles Unrechtsbewusstsein 4. Kein Vorliegen von Entschuldigungsgründen 5. Zumutbarkeit der Vornahme der zur Erfolgsabwendung gebotenen Handlung (a.A.: bereits bei Garantenpflicht prüfen)

5. Lösungsvorschlag

Vorprüfung: Keine Strafbarkeit wegen vorsätzlicher Begehungsweise nach § 17 TierSchG 132

Weder N noch P haben eine vorrangig zu prüfende strafbare Tötung eines Wirbeltieres nach § 17 Nr. 1 TierSchG (i.V.m. § 13 StGB) begangen, weil beide schon nicht damit rechneten, dass der Hund zu Tode kommen könne, und damit nicht vorsätzlich handelten.

Ahndbarkeit der N nach § 18 Abs. 1 Nr. 1 TierSchG

N könnte eine fahrlässige Ordnungswidrigkeit nach § 18 Abs. 1 Nr. 1 TierSchG begangen haben, indem sie den Hund im Auto in der prallen Sonne zurückließ.

1. Tatbestand

a) Taterfolg

§ 18 Abs. 1 Nr. 1 TierSchG ist ein Erfolgsdelikt. Somit müsste zunächst der Taterfolg eingetreten sein. Das ist u.a. dann der Fall, wenn ein Wirbeltier einen erheblichen Schaden erleidet. Hier ist der Hund sogar verstorben, damit ist der Taterfolg eingetreten.

b) Täter

N ist vom Halter P gestattet worden, den Hund für einen Spaziergang mitzunehmen. Damit hat sie für diese Zeit die Betreuung des Hundes übernommen und ist somit taugliche Täterin dieses Sonderdelikts.

c) Tathandlung

Weiter müsste N einem Wirbeltier durch ein aktives Tun erhebliche Schmerzen, Leiden oder Schäden zugefügt haben. § 18 Abs. 1 Nr. 1 TierschutzG ist ein verhaltensneutrales Delikt, so dass grundsätzlich jede Handlung taugliche Tathandlung sein kann. Hier sperrte N den Hund bei praller Sonne im Wagen ein. Das stellt ein aktives Tun dar.

d) Kausalität

Das Einsperren des Hundes im Fahrzeug war auch ursächlich (conditio sine qua non) für dessen Tod, denn wäre der Hund nicht im Auto eingesperrt worden, wäre er nicht verstorben.

e) Objektive Fahrlässigkeit (Objektive Sorgfaltspflichtverletzung bei objektiver Vorhersehbarkeit des Erfolgseintritts)

N müsste objektiv fahrlässig gehandelt haben. Sie müsste bei objektiver Vorhersehbarkeit des Erfolgseintritts die objektiv erforderliche Sorgfalt außer Acht gelassen haben. Von jemandem, der die Betreuung eines Tieres übernommen hat, kann erwartet werden, dass er das Tier nicht längere Zeit unbeaufsichtigt in einem geschlossenen Wagen in der prallen Sonne zurücklässt, da damit zu rechnen ist, dass das Tier wegen Überhitzung in kurzer Zeit sterben kann. Dagegen verstieß N. Damit handelte sie objektiv sorgfaltspflichtig.

f) Pflichtwidrigkeitszusammenhang

Zwischen dem Verstoß gegen die Sorgfaltspflicht und dem Taterfolg besteht auch ein Pflichtwidrigkeitszusammenhang. Denn wenn N den Hund entweder gar nicht allein im Auto zurückgelassen oder jedenfalls zeitnah zum Auto zurückgekehrt wäre, wäre der Hund nicht verstorben.

N handelte damit tatbestandsmäßig

2. Rechtswidrigkeit und Vorwerfbarkeit

Das Verhalten der N war rechtswidrig. Sie müsste auch vorwerfbar gehandelt haben, insbesondere subjektiv fahrlässig. Nach ihren individuellen Fähigkeiten und Kenntnissen wäre N in der Lage gewesen, die Gefahr der Überhitzung des Fahrzeugs zu erkennen und der gebotenen Sorgfaltspflicht nachzukommen. Damit war die Tat vorwerfbar.

3. Ergebnis

N hat eine fahrlässige Ordnungswidrigkeit durch aktives Tun nach § 18 Abs. 1 Nr. 1 TierSchG begangen.

Ahndbarkeit des P

Fahrlässiges Begehungsdelikt nach § 18 Abs. 1 Nr. 1 TierSchG

P könnte ebenfalls eine fahrlässige Ordnungswidrigkeit nach § 18 Abs. 1 Nr. 1 TierSchG begangen haben.

Wie bereits geprüft, ist der Tatbestand durch den Tod des Hundes eingetreten. P ist als Halter außerdem tauglicher Täter dieses Sonderdelikts.

Weiter müsste P den Hund durch ein aktives Tun getötet haben. Hier bestand das einzige aktive Tun des P darin, dass er den Hund seiner Nichte übergab und sich mit dieser anschließend unterhielt, nachdem diese vom Auto zu ihm zurückkehrte. Das allein hätte aber nicht zum Tod des Hundes geführt (fehlende objektive Zurechnung wegen des Dazwischentretens der Nichte). Der Schwerpunkt des ihm vorzuwerfenden Verhaltens in Bezug auf den Tod des Hundes lag darin, dass er nichts unternahm, um die fahrlässige Tötung des Hundes durch N zu unterbinden. Das stellt ein Unterlassen dar.

Damit hat P keine Ordnungswidrigkeit durch aktives Tun nach § 18 Abs. 1 Nr. 1 TierSchG begangen.

Fahrlässige Ordnungswidrigkeit durch Unterlassen nach § 18 Abs. 1 Nr. 1 TierSchG, § 8 OWiG

Allerdings könnte P eine fahrlässige Ordnungswidrigkeit durch Unterlassen nach § 18 Abs. 1 Nr. 1 TierSchG, § 8 OWiG begangen haben.

1. Tatbestand

a) Eintritt des Erfolgs i.S.d. § 8 OWiG

§ 18 Abs. 1 Nr. 1 TierSchG ist ein Erfolgsdelikt. Damit ist „der Erfolg i.S.d. § 8 OWiG" gleichzusetzen mit dem Tatbestand. Letzterer ist wie bereits erörtert mit dem Tod des Hundes eingetreten.

b) Unterlassung der möglichen Erfolgsabwendung

Indem P die N nicht aufforderte, den Hund während des Gesprächs noch einmal aus dem Auto zu lassen, obwohl ihm das möglich gewesen wäre, unterließ er die zur Abwendung des Todes gebotene und mögliche Erfolgsabwendung.

c) Entsprechungsgrundsatz

Weiter entspricht das Unterlassen („Schaden für das Tier nicht verhindern") der Verwirklichung des gesetzlichen Tatbestands durch ein Tun („dem Tier einen Schaden zufügen").

d) Quasi-Kausalität

Das Unterlassen des P müsste den Tod des Hundes verursacht haben. Hätte P die N aufgefordert, zum Auto zurückzukehren und den Hund für das Gespräch noch einmal aus dem Auto zu lassen, wäre N dem mit an Sicherheit grenzender Wahrscheinlichkeit nachgekommen und der Hund hätte dann mit an Sicherheit grenzender Wahrscheinlichkeit nicht sterben müssen. Damit ist das Unterlassen des P ursächlich für den Erfolgseintritt.

e) Garantenstellung

Gemäß § 8 OWiG kann ein Begehungsdelikt durch Unterlassen nur von jemandem begangen werden, der rechtlich dafür einzustehen hat, dass der Erfolg nicht eintritt (Garantenstellung). Unterlassungsdelikte sind also immer Sonderdelikte, da sie die Garantenstellung voraussetzen. Hier ist H als Hundehalter nach dem Tierschutzgesetz für das Wohlergehen seines Hundes verantwortlich und damit Beschützergarant (wie hier im Übrigen auch bereits für das Begehungsdelikt erforderlich).

f) Objektive Fahrlässigkeit

P müsste objektiv fahrlässig gehandelt haben. Bei Erfolgsdelikten handelt objektiv fahrlässig, wer bei objektiver Vorhersehbarkeit des Taterfolgs die im Verkehr erforderliche Sorgfalt außer Acht lässt. Ein normgetreuer Hundehalter in der konkreten Tatsituation des P hätte erkannt, dass aufgrund der hohen Temperatur die Gefahr bestand, dass sich das Auto in kurzer Zeit überhitzen könnte und damit eine tödliche Gefahr für den im Auto zurückgelassenen Hund gegeben war. Er hätte umgehend das Gespräch mit N abgebrochen und nach dem Hund gefragt. Indem P das nicht tat, handelte er objektiv fahrlässig.

g) Pflichtwidrigkeitszusammenhang

Schließlich müsste auch ein normativer Zusammenhang zwischen dem sorgfaltswidrigen Unterlassen und dem Eintritt des Taterfolgs bestanden haben. Der Tod des Hundes ist zwar auch dem Verhalten der N zuzurechnen. Damit kann P sich aber nicht entlasten, denn als Beschützergarant war er zumindest zu dem Zeitpunkt, zu dem N zu ihm zum Gespräch zurückkehrte, neben N dafür zuständig, für das Wohl seines Hundes zu sorgen.

P handelte tatbestandsmäßig.

2. Rechtswidrigkeit und Vorwerfbarkeit

Die Tat war rechtswidrig. P hat auch vorwerfbar gehandelt, insbesondere wäre er nach seinen individuellen Fähigkeiten und Kenntnissen in der Lage gewesen, seiner objektiven Sorgfaltspflicht nachzukommen.

3. Ergebnis

P hat eine fahrlässige Ordnungswidrigkeit durch Unterlassen nach § 18 Abs. 1 Nr. 1 TierSchG, § 8 OWiG begangen.

E. Der Versuch

I. Ausgangsfälle

133 Fall 1: Die falsche Prostituierte[61]:

A fährt mit seinem Auto im Sperrbezirk der Stadt M (Baden-Württemberg) herum, sieht am Straßenrand die B stehen (Polizistin im Dienst und als „Prostituierte verkleidet"), kurbelt das Fenster herunter und fragt, wieviel Geld sie nehme.

Aufgabe: Hat A eine Ordnungswidrigkeit begangen? Gehen Sie von der Rechtmäßigkeit der Polizeiverordnung der Stadt M aus. Lösung s. Rn. 140

---

[61] Fall nach OLG Hamm, Beschl. v. 7.2.2012 – 1 RBs 200/11 –, juris.

2. Teil: Das allgemeine materielle Ordnungswidrigkeitenrecht 73

Auszug aus der Polizeiverordnung der Stadt M

§ 6a Verhalten im Sperrbezirk

Im Sperrbezirk ist es untersagt, zu Prostituierten Kontakt aufzunehmen, um sexuelle Handlungen gegen Entgelt zu vereinbaren (Anbahnungshandlungen).

§ 22 Ordnungswidrigkeiten

(1) Ordnungswidrig handelt gemäß § 26 Polizeigesetz Baden-Württemberg, wer vorsätzlich oder fahrlässig entgegen § 6 a innerhalb des Sperrbezirks Kontakt zu Prostituierten aufnimmt, um sexuelle Handlungen gegen Entgelt zu vereinbaren.

Fall 2: Zwei Pässe sind besser als ein Pass

A ist deutscher Staatsangehöriger und leidenschaftlicher Anhänger von diversen Verschwörungstheorien. Er ist der festen Auffassung, dass es ihm irgendwann einmal nützlich sein wird, zwei Pässe auf seinen Namen zu haben. Daher möchte er die Gunst der Stunde nutzen (er ist gerade erst neu in die Stadt M umgezogen) und vereinbart beim Bürgerservice der Stadt M elektronisch einen Termin für die Beantragung eines Reisepasses. In dem elektronischen Formular der Stadt M für die Terminvergabe gibt er wahrheitswidrig an, seinen alten Pass verloren zu haben, wahrscheinlich beim Umzug in der letzten Woche.

Frage: Hat A eine versuchte Passordnungswidrigkeit nach § 25 Abs. 2 Nr. 2, Abs. 5 PassG begangen? Prüfen Sie gutachtlich. Lösung s. Rn. 141

Zusatzfrage: Wie lange ist der Rücktritt vom Versuch einer Passordnungswidrigkeit nach § 25 Abs. 2 Nr. 2, Abs. 5 PassG möglich? Lösung s. Rn. 141

II. Prüfungsschema

134

Prüfungsschema „Versuch"
Ggf. Vorprüfung: Keine Straftat
Einleitungssatz: Indem … (Verhalten des Täters benennen), könnte sich (Täter benennen) wegen einer versuchten Ordnungswidrigkeit nach …ahndbar gemacht haben.
I. Vorprüfung
1. Keine Ahndbarkeit wegen einer vollendeten Ordnungswidrigkeit
2. Ahndbarkeit des Versuchs, § 13 Abs. 2 OWiG
II. Tatbestand
1. Tatentschluss
a) Vorsatz bezüglich aller objektiven Tatbestandsmerkmale
b) Unbedingter Handlungswille
2. Unmittelbares Ansetzen zur Tatbestandsverwirklichung
III. Rechtswidrigkeit
IV. Vorwerfbarkeit
V. Kein Rücktritt vom Versuch (§ 13 Abs. 3 oder Abs. 4 OWiG)
Ergebnis festhalten

III. Die einzelnen Prüfungsschritte

1. Keine Vollendung und Ahndbarkeit des Versuchs

135 Eine vollendete Ordnungswidrigkeit liegt nur dann vor, wenn sämtliche objektive Tatbestandsmerkmale erfüllt wurden. Ist das nicht der Fall, kommt nur eine versuchte Ordnungswidrigkeit in Betracht.[62]

136 Der Versuch ist sowohl bei Erfolgsdelikten als auch bei schlichten Tätigkeitsdelikten denkbar. Allerdings kann der Versuch nur geahndet werden, wenn dies gesetzlich ausdrücklich bestimmt ist (§ 13 Abs. 2 OWiG), und solche Bestimmungen gibt es nur selten. Nur wenige Bußgeldtatbestände (z.B. § 115 Abs. 3 OWiG, § 18 Abs. 3 AbfVerbrG, § 98 Abs. 4 AufenthG, § 25 Abs. 5 PassG, § 36 Abs. 5 MOG) sehen eine Versuchsahndbarkeit vor. Im Ordnungswidrigkeitenrecht ist es also weniger wichtig zu wissen, wie die Ahndbarkeit des Versuchs geprüft wird. Vielmehr liegt der Schwerpunkt bei der Frage, wann ein bestimmtes Verhalten noch keine vollendete Tathandlung darstellt.[63] Gerade weil der Versuch einer Ordnungswidrigkeit nach gegenwärtigem Recht i.d.R. nicht ahndbar ist und mit Hinblick auf den Bestimmtheits- und den Verhältnismäßigkeitsgrundsatz bei den meisten Bußgeldtatbeständen auch nicht durch künftiges Recht als ahndbar erklärt werden darf[64], besteht die Gefahr, dass dies in der Rechtsanwendung leicht übersehen werden kann.[65]

2. Tatbestand

a) Subjektiver Tatbestand

137 Zunächst muss der Täter Tatentschluss, d.h. Vorsatz hinsichtlich aller objektiven Tatbestandsmerkmale gehabt haben. Einen „fahrlässigen Versuch" gibt es nicht.

Außerdem muss der Täter bereits unbedingt zur Tat entschlossen sein (unbedingter Handlungswille).

b) Objektiver Tatbestand

138 Schließlich muss der Täter nach seiner Vorstellung von der Tathandlung unmittelbar zur Verwirklichung des Bußgeldtatbestands angesetzt haben (§ 13 Abs. 1 OWiG). Das ist nicht der Fall, wenn der Täter sich noch in der Vorbereitungsphase befindet.

Bei schlichten Tätigkeitsdelikten (bzw. abstrakten Gefährdungsdelikten) liegt ein unmittelbares Ansetzen nach richtiger Rechtsauffassung erst mit derjenigen Handlung vor, der ohne Zwischenakt und ohne räumliche oder zeitliche Überbrückung nach der Vorstellung des Täters im nächsten Schritt die eigentliche Ausführungshandlung

---

62 Vertiefungshinweis: Nach herrschender Auffassung im Schrifttum liegt eine vollendete Ordnungswidrigkeit außerdem dann nicht vor, wenn die Tat objektiv gerechtfertigt ist, der Täter die Rechtfertigungslage aber nicht kennt. Nach Auffassung der Rechtsprechung liegt in solchen Fällen eine vollendete Ordnungswidrigkeit vor. Zu einer solchen Fallkonstellation siehe Rn 55.
63 Vertiefungshinweis: Diese Frage lässt sich ohne das besondere materielle Ordnungswidrigkeitenrecht nicht beantworten.
64 Vgl. *Klesczweski* Rn. 396 ff; *Mitsch*, § 12 Rn. 3 ff.
65 So führte im Ausgangsfall „Die falsche Prostituierte" erst die Anrufung des OLG Hamm zum Freispruch. Die vorherigen Instanzen (die Verwaltungsbehörde und das Amtsgericht) waren noch von einer Ahndbarkeit aus Vollendung ausgegangen. Mittlerweile haben allerdings viele Gemeinden ihre entsprechenden Polizeiverordnungen geändert und das Wort „Prostituierte" durch „Person" ersetzt, so z.B. die Stadt Mannheim bereits am 27.7.2010, also noch vor der Entscheidung des OLG Hamm wegen einer ähnlichen Entscheidung des AG Mannheim. In diesen Gemeinden wäre der Fall also ahndbar. Ein ähnlicher Fall: OLG Naumburg, Beschl. v. 13.9.2012 – 2 Ss (Bz) 83/12, BeckRS 2012, 21446.

2. Teil: Das allgemeine materielle Ordnungswidrigkeitenrecht

folgen würde; bei Erfolgsdelikten (Verletzungsdelikte und konkrete Gefährdungsdelikte) setzt der Täter unmittelbar an, wenn er nach seiner Vorstellung von der Tat das durch den Bußgeldtatbestand geschützte Rechtsgut bereits gefährdet.[66]

3. Rechtswidrigkeit und Vorwerfbarkeit; Rücktritt

Hinsichtlich der Rechtswidrigkeits- und Vorwerfbarkeitsprüfung ergeben sich keine Besonderheiten. Nicht geahndet werden darf der Versuch, wenn der Einzeltäter bzw. der Beteiligte zurückgetreten ist (§ 13 Abs. 4 u. 5 OWiG). 139

IV. Lösungsvorschläge

Zu Fall 1 „Die falsche Prostituierte" 140

A könnte eine Ordnungswidrigkeit nach § 26 Abs. 1 Polizeigesetz Baden-Württemberg i.V.m. § 22 Abs. 1 der Verordnung der Stadt M begangen haben. Dann müsste er zunächst den objektiven Tatbestand verwirklicht haben. Tatbestandsmäßig handelt, wer innerhalb eines Sperrbezirks Kontakt zu Prostituierten aufnimmt, um sexuelle Handlungen gegen Entgelt zu vereinbaren. Zwar befindet sich A innerhalb des Sperrbezirks X. Kontakt nimmt er jedoch nur zu einer vermeintlichen Prostituierten auf, die in Wahrheit eine Polizistin ist. Damit liegen objektiv nicht alle erforderlichen Tatbestandsmerkmale auf. Die Tat ist nicht vollendet.

A könnte die Ordnungswidrigkeit nach § 22 Abs. 1 der Verordnung versucht haben, indem er sich vorstellte, B sei eine Prostituierte, und diese im Sperrbezirk ansprach. Dann müsste der Versuch ahndbar sein. Das ist nach § 13 Abs. 2 OWiG nur der Fall, wenn eine Bußgeldnorm die Ahndbarkeit des Versuchs ausdrücklich bestimmt. Eine solche Bestimmung liegt hier nicht vor. Damit hat A keine Ordnungswidrigkeit begangen.[67]

Zu Fall 2 „Zwei Pässe sind besser als ein Pass" 141

A könnte eine versuchte Passordnungswidrigkeit nach § 25 Abs. 2 Nr. 2, Abs. 5 PassG begangen haben.

I. Keine Vollendung und Ahndbarkeit des Versuchs

Das setzt zunächst voraus, dass die Passordnungswidrigkeit nach § 25 Abs. 2 Nr. 2 PassG noch nicht vollendet ist und dass der Versuch ahndbar ist (§ 13 Abs. 2 OWiG).

Die Passordnungswidrigkeit nach § 25 Abs. 2 Nr. 2 PassG ist erst beendet, wenn die Ausstellung eines weiteren Passes bewirkt wurde, d.h. wenn der weitere Pass tatsächlich ausgehändigt wurde. Das ist hier noch nicht geschehen. Damit liegt noch keine vollendete Passordnungswidrigkeit vor.

Der Versuch der Passordnungswidrigkeit ist nach § 25 Abs. 5 PassG ahndbar.

---

66 So zu Recht *Klesczweski* Rn. 407. Dort auch zur Gegenauffassung.
67 Vertiefungshinweis: Hier liegt nach der reinen Begrifflichkeit (§ 13 Abs. 1 OWiG) ein sogenannter „**untauglicher Versuch**" vor. Ein untauglicher Versuch liegt vor, wenn jemand irrig Umstände angenommen werden, die zu einem gesetzlichen Bußgeldtatbestand gehören, tatsächlich aber nicht vorlagen. Im Strafrecht führt der untaugliche Versuch regelmäßig zur Bestrafung, weil bei sehr vielen Straftaten der Versuch ahndbar ist. Das ist im Ordnungswidrigkeitenrecht, wie hier aufgezeigt, nicht der Fall.

II. Tatbestand

1. Tatentschluss

A müsste Vorsatz bezüglich aller objektiven Tatbestandsmerkmale und unbedingten Handlungswillen gehabt haben.

A wusste, dass er den Pass tatsächlich nicht verloren hatte und dass seine Angaben somit falsch waren. Er rechnete damit, dass die Stadt M ihm wegen der falschen Angabe einen neuen Pass ausstellen werde. Damit handelte er vorsätzlich und mit unbedingtem Handlungswillen.

2. Unmittelbares Ansetzen

Weiter müsste A gemäß § 13 Abs. 1 OWiG nach seiner Vorstellung von der Handlung zur Verwirklichung des Tatbestandes unmittelbar angesetzt haben, d.h. die Vorbereitungsphase bereits verlassen haben. Nach der Vorstellung von A musste er zunächst bei der Passbehörde einen Termin für die Antragstellung vereinbaren, dann zu dem Termin erscheinen, dort nach Aufruf am entsprechenden Schalter dem/der Sachbearbeiter/in mündlich vortragen, wegen des Verlusts des alten Passes einen neuen Pass beantragen zu wollen, die Verlustanzeige ausfüllen, ein Passfoto abgeben, einen Fingerabdruck geben, auf dem vorbereiteten Antragsformular unterschreiben, den Pass bezahlen, die Quittung am Schalter wieder abgeben und drei Wochen später den Pass abholen. Die Schwelle von der Vorbereitung zum Versuch überschreitet er erst zu dem Zeitpunkt, in dem er am Schalter vorträgt, seinen alten Pass verloren zu haben. Indem er elektronisch einen Termin unter der Angabe „Pass nicht mehr auffindbar" vereinbart, hat er die Schwelle zum Versuch noch nicht überschritten.

Damit hat A keine Passordnungswidrigkeit nach § 25 Abs. 2 Nr. 2, Abs. 5 PassG versucht.

Zusatzfrage: Ein Rücktritt wäre in dem Zeitraum nach Versuchsbeginn (Mitteilung des Passverlustes am Schalter) bis zu dem Zeitpunkt der Aushändigung des weiteren Passes möglich.[68] Sobald der Pass ihm (oder einem von ihm Bevollmächtigten) ausgehändigt worden ist, ist ein Rücktritt nicht mehr möglich.

F. Mehrere Personen

I. Ausgangsfälle

142 Sachverhalt: T ist 20 Jahre alt und Inhaber einer Fahrerlaubnis der Klasse B. Seine Probezeit hat er bereits beendet. An einem heißen Sommerabend fährt er mit seinem Auto und Freund F auf dem Beifahrersitz nach Hause. Freund F trinkt Bier. Es sind nur noch 500 Meter zu fahren. Da T aber sehr durstig ist und wegen einer roten Ampel ohnehin halten muss, bietet F ihm seine alkoholhaltige Bierflasche an, aus der T dankbar einige wenige Schlucke trinkt.

Frage: Hat F eine Ordnungswidrigkeit begangen? Lösung s. Rn. 179

Abwandlung 1: F kennt T nur flüchtig. Er geht davon aus, dass T mindestens 22 Jahre alt ist. Lösung s. 180

Abwandlung 2: Freund F und T waren zuvor beim Sport. F trinkt während der Fahrt aus seiner mitgebrachten Sportgetränkeflasche. Beim Stopp an der Ampel lässt er den durstigen T aus seiner Flasche trinken. T geht davon aus, dass in der

---

68 Hornung/Möller/*Hornung*, § 25 PassG Rn. 30.

Getränkeflasche Wasser oder ein Iso-Sport-Getränk enthalten sei. Dass sein Freund darin alkoholhaltiges Bier abgefüllt hat, weiß er nicht. Als er einen großen Schluck trinkt, bemerkt er das und hört sofort auf zu trinken. Freund F lacht ihn aus. Lösung s. 181

Weitere Fälle zu Mehrpersonen-Verhältnissen (insb. zu § 130 OWiG) siehe auch im 4. Teil. 143

II. Beteiligung, mittelbarer Täter, Nebentäter, Aufsichtspflichtverletzung

1. Eine Person

Die bisher vorgestellten Prüfungsschemata kommen zur Anwendung, wenn allein unter Berücksichtigung des aktiven Tuns oder Unterlassens des Betroffenen festgestellt werden kann, dass dieser vorsätzlich oder fahrlässig durch sein aktives Tun oder Unterlassen einen Bußgeldtatbestand verwirklicht hat, ohne dass zur Bejahung seiner Ahndbarkeit das Verhalten anderer berücksichtigt werden müsste.[69] 144

Das ist unproblematisch dann der Fall, wenn an einer Tat ohnehin nur eine Person als mitgewirkt hat.

2. Mehrheit von Personen

Wenn hingegen mehrere Personen an einer Ordnungswidrigkeit mitwirken, ist genauer zu untersuchen, in welcher Form dies geschieht und/oder ob eine Anpassung bzw. Ergänzung der bereits vorgestellten Prüfungsschemata erforderlich ist. 145

Die folgenden Ausführungen stellen die Problematik etwas genauer dar. Bei der Lektüre ist zu beachten, dass umstritten ist, ob § 14 Abs. 1 S. 1 OWiG auch die mittelbare Täterschaft und/oder fahrlässige Beteiligungsformen umfasst. In diesem Lehrbuch wird das (der h.M. folgend) mit Hinblick auf die Entstehungsgeschichte von § 14 OWiG abgelehnt.[70] Daraus ergeben sich folgende Konsequenzen:

Handelt eine Person vorsätzlich, kommen unmittelbare Alleintäterschaft, mittelbare Alleintäterschaft oder Beteiligung (§ 14 OWiG) in Betracht. Handelt die Person fahrlässig, kann sie nur unmittelbarer Alleintäter einer Fahrlässigkeitstat sein.

Unmittelbarer Alleintäter einer Ordnungswidrigkeit ist, wer diese **selbst begeht** (vgl. § 25 Abs. 1 Alt. 1 StGB). Es muss also allein unter Berücksichtigung des aktiven Tuns oder Unterlassens des Betroffenen festgestellt werden können, dass dieser vorsätzlich oder fahrlässig durch sein aktives Tun oder Unterlassen einen Bußgeldtatbestand verwirklicht hat, ohne dass zur Bejahung seiner Ahndbarkeit das Verhalten anderer berücksichtigt werden müsste. Ein Sonderfall der unmittelbaren Alleintäterschaft ist die Verletzung der Aufsichtspflicht (§ 130 OWiG), bei der die Tat eines anderen objektive Bedingung der Ahndbarkeit ist (siehe Rn. 165 ff.).

---

69 Vgl. *Mitsch*, § 13 Rn. 2.
70 *Klesczewski*, Rn. 420 ff. (dort auch sehr ausführlich zum Meinungsstand); *Kraatz*, § 7 Rn. 3; vgl. BT-DRs. V, 1269, S. 48; a.A. *Mitsch* § 13 Rn. 52 ff., der § 14 Abs. 1 S. 1 OWiG auch bei Fahrlässigkeitstaten für anwendbar hält.

146 **Mittelbarer Alleintäter** ist, wer vorsätzlich durch einen anderen Menschen als sein Werkzeug eine Ordnungswidrigkeit begeht (vgl. § 25 Abs. 1 Alt. 2 StGB).[71] Eine mittelbare Täterschaft ist nur bei fremdhändigen Delikten möglich. Wenn es sich um ein fremdhändiges Sonderdelikt handelt, muss der mittelbare Alleintäter außerdem die Sonderdelikteigenschaft haben.

147 Wer die Ordnungswidrigkeit vorsätzlich gemeinschaftlich in Arbeitsteilung mit anderen begeht („Mittäter" vgl. § 25 Abs. 2 StGB), wer vorsätzlich einen anderen zu dessen vorsätzlich begangener rechtswidriger Verwirklichung eines Bußgeldtatbestands bestimmt hat („Anstifter" vgl. § 26 StGB) oder wer vorsätzlich einem anderen zu dessen vorsätzlich begangener rechtswidriger Tat Hilfe geleistet hat („Gehilfe" vgl. § 27 StGB), ist nach § 14 Abs. 1 S. 1 OWiG **Beteiligter**. Eine Beteiligung durch Anstiftung oder Beihilfe ist insbesondere auch bei eigenhändigen Sonderdelikten möglich. Erforderlich ist dann aber, dass der Beteiligte, der die Tat mit eigenen Händen ausführt, die Sonderdelikteigenschaft hat.

Beteiligte sind auch die Mittäter, die jeder für sich bereits wie ein Alleintäter vorsätzlich den Bußgeldtatbestand verwirklichen, aber gemeinschaftlich handeln. Hier braucht man die Zurechnungsnorm § 14 Abs. 1 S. 1 OWiG eigentlich nicht, da die Ahndbarkeit jedes Einzelnen auch ohne § 14 Abs. 1 S. 1 OWiG festgestellt werden kann.

148 Wer die Ordnungswidrigkeit fahrlässig durch einen anderen Menschen als sein Werkzeug begeht, wer es trotz Garantenpflicht fahrlässig unterlässt, die Ordnungswidrigkeit eines anderen Menschen zu verhindern oder wer sich fahrlässig durch eine Mitwirkungshandlung an der Ordnungswidrigkeit eines anderen beteiligt, kann nur unmittelbarer Alleintäter einer fahrlässigen Ordnungswidrigkeit sein. Voraussetzung ist dann, dass die fahrlässige Begehungsweise ahndbar ist, der Betroffene bei einem Sonderdelikt die erforderliche Sonderdelikteigenschaft hat und, wenn es sich um ein eigenhändiges Delikt handelt, mit eigenen Händen handelt. Daher ist die fahrlässige Begehung durch ein menschliches Werkzeug oder das fahrlässige Unterlassen der Verhinderung der Ordnungswidrigkeit eines anderen bei eigenhändigen Sonderdelikten nicht ahndbar.

a) Die bewusste und gewollte Zusammenarbeit (Beteiligung nach § 14 Abs. 1 S. 1 OWiG)

149

Gesetz über Ordnungswidrigkeiten (OWiG)
§ 14 Beteiligung

(1) Beteiligen sich mehrere an einer Ordnungswidrigkeit, so handelt jeder von ihnen ordnungswidrig. Dies gilt auch dann, wenn besondere persönliche Merkmale (§ 9 Abs. 1), welche die Möglichkeit der Ahndung begründen, nur bei einem Beteiligten vorliegen.

(2) Die Beteiligung kann nur dann geahndet werden, wenn der Tatbestand eines Gesetzes, das die Ahndung mit einer Geldbuße zulässt, rechtswidrig verwirklicht wird oder in Fällen, in denen auch der Versuch geahndet werden kann, dies wenigstens versucht wird.

---

71 Vertiefungshinweis: Wer die Ordnungswidrigkeit fahrlässig durch einen anderen Menschen begehen lässt, ist Täter eines Fahrlässigkeitsdelikts. Ob man den Täter dann als unmittelbaren oder mittelbaren Täter bezeichnet, ist umstritten, praktisch aber irrelevant.

2. Teil: Das allgemeine materielle Ordnungswidrigkeitenrecht

(3) Handelt einer der Beteiligten nicht vorwerfbar, so wird dadurch die Möglichkeit der Ahndung bei den anderen nicht ausgeschlossen. Bestimmt das Gesetz, daß besondere persönliche Merkmale die Möglichkeit der Ahndung ausschließen, so gilt dies nur für den Beteiligten, bei dem sie vorliegen.

(4) Bestimmt das Gesetz, daß eine Handlung, die sonst eine Ordnungswidrigkeit wäre, bei besonderen persönlichen Merkmalen des Täters eine Straftat ist, so gilt dies nur für den Beteiligten, bei dem sie vorliegen.

Arbeiten mehrere wissentlich und willentlich zusammen, ist jeder von ihnen ungeachtet der Bedeutung seines Beitrags Täter (Einheitstäterbegriff nach § 14 Abs. 1 S. 1 OWiG). 150

Die gemeinsame Zusammenarbeit kann darin bestehen, 151
- dass mehrere Beteiligte vorsätzlich und rechtswidrig gemeinschaftlich (arbeitsteilig oder zusammenwirkend) den objektiven Tatbestand einer Bußgeldnorm (Begehungs- oder Unterlassungsdelikt) verwirklichen (vgl. Mittäterschaft, § 25 Abs. 2 StGB);
- dass nur einer der Beteiligten vorsätzlich und rechtswidrig den objektiven Tatbestand einer Bußgeldnorm (Begehungs- oder Unterlassungsdelikt) verwirklicht (Haupttäter),
  - zu der ein anderer Beteiligter ihn vorsätzlich angestiftet hat (vgl. § 26 StGB Anstiftung),[72]
  - oder zu der ihm ein anderer Beteiligter vorsätzlich durch aktives Tun oder pflichtwidriges Unterlassen (§ 8 OWiG) Hilfe leistet (vgl. § 27 StGB Beihilfe).

Während im Strafrecht schon auf der Ebene der Ahndbarkeit eine genaue Abgrenzung von Täterschaft und Teilnahme erforderlich ist,[73] ist die Bewertung des Unrechtsgehalts der einzelnen Beteiligungshandlung im Bußgeldrecht erst auf der Rechtsfolgenseite bei der Bestimmung der genauen Höhe der Geldbuße erforderlich. 152

Eine Beteiligung ist nach h.M. bis zur Beendigung der Ordnungswidrigkeit (siehe 3. Teil Rn. 59) möglich, also insbesondere auch noch dann, wenn der eine bereits eine Ordnungswidrigkeit vollendet hat, die Tathandlung aber andauert und dann der Betroffene nach Vollendung der Haupttat, aber vor deren Beendigung dazu stößt und dem Haupttäter hilft.[74] 153

Bei Sonderdelikten (siehe Rn. 4) ist erforderlich, dass zumindest bei einem der Beteiligten die persönlichen Merkmale vorliegen (§ 14 Abs. 1 S. 2 OWiG). Bei eigenhändigen Sonderdelikten muss der eigenhändig Handelnde die Sonderdelikteigenschaft aufweisen. 154

Beispiel: Bei § 24c StVG (eigenhändiges Sonderdelikt) muss der, der den Alkohol trinkt, der Fahranfänger sein.

---

72 Wenn der Betroffene einen Dritten nur auffordert, eine mit Geldbuße bedrohte Handlung zu begehen, der Dritte den Bußgeldtatbestand aber nicht verwirklicht, liegt nur eine versuchte Anstiftung vor. Diese ist nicht nach § 14 Abs. 1 S. 1 OWiG ahndbar. Wenn der Betroffene aber öffentlich zur Begehung der Ordnungswidrigkeit aufgefordert hat, hat er eine Ordnungswidrigkeit nach § 116 OWiG begangen.
73 Nach der von der Rechtsprechung vertretenen subjektiven Theorie ist entscheidend, ob der Betroffene mit Täterwillen oder mit Teilnehmerwillen gehandelt hat, nach der von der h.L. vertretenen Tatherrschaftslehre ist entscheidend, ob der Beteiligte das Ob und Wie der Tat mitsteuert, also den tatbestandsmäßigen Geschehensablauf mit in seinen Händen hält. Siehe dazu *Eisele/Heinrich*, Strafrecht Allgemeiner Teil, Rn. 775 ff.
74 KK-OWiG/ *Rengier* § 14 Rn. 25; *Mitsch* § 13 Rn. 36.

155 Die bisher besprochenen Prüfungsschemata zum Vorsatzdelikt sind etwas anzupassen. Zunächst ist danach zu unterscheiden, ob eine Person (der Tatnächste) wie ein Alleintäter den objektiven Tatbestand bereits allein durch sein Tun verwirklicht hat und andere sich an dieser vorsätzlichen und rechtswidrigen Tat des Tatnächsten beteiligen (siehe Prüfungsschema „Beteiligung an einer vorsätzlichen und rechtswidrigen Tat") oder ob ausnahmsweise mehrere Personen arbeitsteilig wie eine Person gehandelt haben und erst ihr Zusammenwirken zur Verwirklichung des objektiven Tatbestands führt (siehe Prüfungsschema „arbeitsteilige Begehung einer Ordnungswidrigkeit als Mittäter").

156

Prüfungsschema: Beteiligung an der vorsätzlichen und rechtswidrigen Haupttat eines anderen (§ 14 OWiG)
Ggf. Vorprüfung: Keine Straftat
Einleitungssatz: Indem … (Verhalten des Täters benennen), könnte (Täter benennen) eine vorsätzliche Ordnungswidrigkeit nach …, § 14 Abs. 1 S. 1 OWiG (Beteiligung) begangen haben.
I. Tatbestand
1. Objektiver Tatbestand
a) Täter (bei Sonderdelikten: zumindest einer der Beteiligten hat die Sonderdeliktseigenschaft)
b) Tathandlung
aa) Der Haupttäter hat den Bußgeldtatbestand vorsätzlich und rechtswidrig verwirklicht
bb) Der Betroffene hat den Haupttäter zu dieser Tat bestimmt oder ihn unterstützt
c) bei Erfolgsdelikten: Taterfolg, Kausalität, objektive Zurechnung
2. Subjektiver Tatbestand
a) Vorsatz
aa) Vorsatz in Bezug auf die vorsätzliche und rechtswidrige Haupttat
bb) Vorsatz in Bezug auf die eigene Beteiligungshandlung
cc) bei Sonderdelikten: Vorsatz in Bezug auf die eigene bzw. fremde Sonderdeliktseigenschaft
dd) bei Erfolgsdelikten: Vorsatz in Bezug auf Taterfolg
b) ggf. sonstige subjektive Merkmale
3. ggf. objektive Bedingung der Ahndbarkeit
II. Rechtswidrigkeit
III. Vorwerfbarkeit
Die Vorwerfbarkeit wird individuell geprüft.
Ergebnis festhalten

2. Teil: Das allgemeine materielle Ordnungswidrigkeitenrecht

157

Prüfungsschema: Arbeitsteilige Begehung einer Ordnungswidrigkeit als Mittäter (§ 14 OWiG)
Ggf. Vorprüfung: Keine Straftat
Einleitungssatz: Indem … (Verhalten des Täters benennen), könnte (Täter benennen) eine vorsätzliche Ordnungswidrigkeit nach …, § 14 Abs. 1 S. 1 OWiG (Beteiligung) begangen haben.
I. Tatbestand
1. Objektiver Tatbestand
a) Tathandlung/ bei Erfolgsdelikten auch Taterfolg, Kausalität und objektive Zurechnung:
Die Mittäter müssen den objektiven Tatbestand gemeinschaftlich aufgrund eines gemeinsamen Tatplans verwirklichen. Dann wird jedem der Mittäter der Tatbeitrag des anderen zugerechnet, so dass sie in der Addition aller Beiträge gemeinsam den objektiven Tatbestand verwirklicht haben
b) Täter (bei Sonderdelikten: es reicht, wenn einer der Mittäter die Sonderdelikteigenschaft hat, § 14 Abs. 1 S. 1 OWiG)
2. Subjektiver Tatbestand
a) Vorsatz: jeder Mittäter handelt wissentlich und willentlich
aa) in Bezug auf seinen Beitrag
bb) in Bezug auf den Beitrag des anderen
cc) sowie bei Sonderdelikten in Bezug auf die eigene bzw. fremde Sonderdelikteigenschaft
dd) bei Erfolgsdelikten auch in Bezug auf den Erfolg
b) ggf. sonstige subjektive Merkmale
3. ggf. objektive Bedingung der Ahndbarkeit
II. Rechtswidrigkeit
III. Vorwerfbarkeit
Die Vorwerfbarkeit wird individuell geprüft.
Ergebnis festhalten

b) Die vorsätzliche fremdhändige Begehung durch Einsatz eines menschlichen Werkzeugs

158 Eine vorsätzliche Ordnungswidrigkeit begeht wie bereits erörtert (siehe Rn. 146) auch derjenige, der als Hintermann vorsätzlich einen anderen Menschen als sein Werkzeug einsetzt und so mittelbar „mit fremden Händen" den Tatbestand einer Bußgeldnorm verwirklicht („mittelbare Täterschaft", vgl. § 25 Abs. 1 Var. 2 StGB).

159 Allerdings darf es sich bei dem Bußgeldtatbestand nicht um ein eigenhändiges Delikt handeln, denn dann ist eine mittelbare Täterschaft nicht möglich.

Beispiele: Bei § 117 OWiG (unzulässiger Lärm) ist mittelbare Täterschaft möglich, bei § 24a StVG (0,5 Promille-Grenze für den Fahrer) oder § 24c StVG (Alkoholverbot für Fahranfänger*innen) hingegen nicht.

160 Zu beachten ist, dass die mittelbare Täterschaft im Ordnungswidrigkeitenrecht mit Hinblick auf § 14 OWiG nicht dasselbe ist wie die mittelbare Täterschaft im Strafrecht. Weil es nach dem Einheitstäterbegriff i.S.d. § 14 Abs. 1 S. 1 OWiG gerade nicht wichtig ist, in welcher Beteiligungsform die Personen zusammenwirken, und es nur erforderlich ist, dass sie wissentlich und willentlich zusammenarbeiten, ist eine mittelbare Täterschaft nach der hier vertretenen Rechtsauffassung nur dann zu prüfen, wenn der Hintermann und der Vordermann nicht wissentlich und willentlich zusammenarbeiten.

Verabreden beispielsweise der Hintermann mit Sonderdelikteigenschaft und der Vordermann ohne Sonderdelikteigenschaft, dass der Vordermann das Sonderdelikt begehen soll, sind Hintermann und Vordermann Beteiligte an einer Ordnungswidrigkeit nach § 14 Abs. 1 S. 1 OWiG.

161 Eine Änderung der bisher vorgestellten Prüfungsschemata ist bei der mittelbaren Täterschaft nicht erforderlich. Sie wird wie ein „Eine-Person-Fall" behandelt: Soweit verlangt, wird zunächst die Ahndbarkeit des Vordermanns und dann die des Hintermanns geprüft. Beim Hintermann ist bei dem Tatbestandsmerkmal „Tathandlung" der Einsatz des menschlichen Werkzeugs genauer darzulegen.

162

Prüfungsschema: Vorsatzdelikt in mittelbare Täterschaft
Ggf. Vorprüfung: Keine Straftat
Einleitungssatz: Indem … (Verhalten des Täters und Verhalten des Werkzeugs benennen), könnte (Täter benennen) eine vorsätzliche Ordnungswidrigkeit in mittelbarer Täterschaft nach … begangen haben.
I. Tatbestand   **1. Objektiver Tatbestand**   a) Täter (bei Sonderdelikt: Hintermann (mittelbarer Täter) muss die Sonderdelikteigenschaft haben)   b) Tathandlung   aa) kein eigenhändiges Delikt (bei eigenhändigen Delikten scheidet eine mittelbare Täterschaft aus)   bb) Vornahme der Tathandlung durch den Vordermann (Werkzeug)   cc) Eigener Verursachungsbeitrag des Hintermanns (des mittelbaren Täters)   dd) Steuerungsherrschaft des Hintermanns (des mittelbaren Täters): Der Hintermann instrumentalisiert den Vordermann   c) bei Erfolgsdelikten: Taterfolg, Kausalität, objektive Zurechnung   **2. Subjektiver Tatbestand**   a) Vorsatz   b) ggf. weitere subjektive Tatbestandsmerkmale   **3. Ggf. objektive Bedingung der Ahndbarkeit**
II. Rechtswidrigkeit
III. Vorwerfbarkeit
Ergebnis festhalten

c) Die Nebentäterschaft ohne bewusste und gewollte Zusammenarbeit

163 Bei der Nebentäterschaft arbeiten der Nebentäter und der Dritte nicht bewusst und gewollt zusammen. Vielmehr ist jeder von ihnen dogmatisch betrachtet Alleintäter im oben genannten Sinne (Rn. 145). Eine Anpassung der bereits bekannten Prüfungsschemata ist nicht erforderlich, die Nebentäterschaft ist wie ein „Eine-Person-Fall" zu behandeln (siehe Rn. 144).[75]

164 Eine Nebentäterschaft ist in unterschiedlichen Fallkonstellationen denkbar. So liegt eine Nebentäterschaft insbesondere auch dann vor, wenn der Dritte vorsätzlich oder fahrlässig eine Ordnungswidrigkeit begeht und der Nebentäter diese Ordnungswidrigkeit vorsätzlich oder fahrlässig trotz seiner Garantenstellung nicht verhindert (vor-

---

[75] Vgl. zur Nebentäterschaft HK-OWiG/*Blum/Kunz* § 14 Rn. 6.

sätzliches bzw. fahrlässiges unechtes Unterlassungsdelikt des Nebentäters, § 8 OWiG). Soweit verlangt, wird zunächst die Ordnungswidrigkeit des Dritten und dann die des Unterlassungstäter geprüft. Zur Nebentäterschaft durch Unterlassen bereits oben unter Rn. 105.

d) Die vorsätzliche oder fahrlässige Verletzung der Aufsichtspflicht (§ 130 OWiG)

aa) Prüfungsschema

Vorsätzliche Verletzung der Aufsichtspflicht, § 130 OWiG
Ggf. Vorprüfung: Keine Straftat
Einleitungssatz: Indem ... (Verhalten des Täters benennen), könnte (Täter benennen) eine vorsätzliche Aufsichtspflichtverletzung nach § 130 OWiG begangen haben.
I. Tatbestand 1. Objektiver Tatbestand a) Täter (Inhaber eines Betriebs oder Unternehmens bzw. Zurechnung der Inhabereigenschaft nach § 9 OWiG auf den gesetzlichen Vertreter bzw. auf den mit der Aufsicht Beauftragten) b) Tathandlung: Unterlassen der erforderlichen Aufsichtsmaßnahmen 2. Subjektiver Tatbestand: Vorsatz in Bezug auf die Tätereigenschaft und das Unterlassen der erforderlichen Aufsichtsmaßnahme 3. Objektive Bedingung der Ahndbarkeit: Zuwiderhandlung gegen eine unternehmensbezogene Verpflichtung
II. Rechtswidrigkeit (insbesondere: keine rechtfertigende Pflichtenkollision)
III. Vorwerfbarkeit 1. Verantwortlichkeit 2. Kein Erlaubnistatbestandsirrtum (Einordnung bei der Vorwerfbarkeit ist umstritten) 3. Unrechtsbewusstsein; kein unvermeidbarer Gebotsirrtum 4. Keine Entschuldigungsgründe, Zumutbarkeit (a.A. bereits auf Tatbestandsebene zu prüfen)
Ergebnis festhalten

165

166

Fahrlässige Verletzung der Aufsichtspflicht, § 130 OWiG
Ggf. Vorprüfung: Keine Straftat
Einleitungssatz: Indem ... (Verhalten des Täters benennen), könnte (Täter benennen) eine fahrlässige Aufsichtspflichtverletzung nach § 130 OWiG begangen haben.
I. Tatbestand
a) Täter (Inhaber eines Betriebs oder Unternehmens bzw. Zurechnung der Inhabereigenschaft nach § 9 OWiG)
b) Tathandlung: Unterlassen der erforderlichen Aufsichtsmaßnahmen
c) Objektive Fahrlässigkeit (objektive Sorgfaltspflichtverletzung bei objektiver Erkennbarkeit der Tatbestandsverwirklichung)
d) Objektive Bedingung der Ahndbarkeit: Zuwiderhandlung gegen eine unternehmensbezogene Verpflichtung
II. Rechtswidrigkeit
(insbesondere: keine rechtfertigende Pflichtenkollision)
III. Vorwerfbarkeit
1. Verantwortlichkeit
2. Subjektive Fahrlässigkeit (subjektive Verletzung der Sorgfaltspflicht bei subjektiver Erkennbarkeit der Tatbestandsverwirklichung)
3. Potenzielles Unrechtsbewusstsein
4. Keine Entschuldigungsgründe, Zumutbarkeit (a.A. bereits auf Tatbestandsebene zu prüfen)
Ergebnis festhalten

bb) Die einzelnen Prüfungsschritte

(1) Vorprüfung: Keine Ahndung des Inhabers aus einem vorrangigen Delikt

167 Der Gesetzgeber hat dem Inhaber eines Betriebs Unternehmens zahlreiche bußgeld- bzw. strafbewehrte Verbote und Gebote auferlegt. In einer arbeitsteiligen Welt wird der Inhaber die ihm durch den Gesetzgeber auferlegten unternehmensbezogenen Pflichten oft nicht selbst in eigener Person erfüllen, sondern damit Mitarbeiter beauftragen. Wenn der Unternehmer dann aber vorsätzlich oder fahrlässig seine Aufsichtspflicht nicht erfüllt und es daher zu einer straf- oder bußgeldbewehrten Zuwiderhandlung gegen die ihm obliegenden, aber auf einen Mitarbeiter delegierte unternehmensbezogene Pflicht kommt, begeht der Unternehmer eine Ordnungswidrigkeit nach § 130 OWiG.

168 § 130 OWiG ist also ein subsidiärer Auffangtatbestand und kommt nur zur Anwendung, wenn der Inhaber (bzw. der nach § 9 OWiG Verantwortliche) nicht selbst gegen die ihm obliegende bußgeld- bzw. strafbewehrte unternehmensbezogene Verpflichtung verstoßen hat und auch nicht für die vom Mitarbeiter begangene unternehmensbezogene Zuwiderhandlung als Beteiligter (§ 14 OWiG), mittelbarer Täter (vgl. § 25 Abs. 1 Alt. 2 StGB) oder vorsätzlicher oder fahrlässiger Nebentäter durch Unterlassen zur Verantwortung gezogen werden kann. Das soll im Folgenden näher erörtert werden.

169 Setzt der Inhaber den ahnungslosen Mitarbeiter als sein Werkzeug ein, um durch dessen Hände eine unternehmensbezogene Zuwiderhandlung zu begehen, ist er als mittelbarer Täter ahndbar, sofern die Tathandlung nicht zwingend eigenhändig begangen werden muss.

Wenn ein Mitarbeiter eines Betriebs oder Unternehmens vorsätzlich und rechtswidrig eine bußgeldbewehrte unternehmensbezogene Zuwiderhandlung begeht, ist der Inhaber als Beteiligter nach § 14 Abs. 1 S. 1 OWiG ahndbar, wenn er mit dem Mitarbeiter bewusst und gewollt zusammengearbeitet hat und sein Verhalten vorwerfbar war. **170**

Die bewusste und gewollte Zusammenarbeit kann darin bestehen, dass beide aufgrund eines gemeinsamen Tatplans und bei gemeinsamer Tatherrschaft die Tathandlung begehen, der Inhaber den Mitarbeiter zu der Tat angestiftet hat oder der Inhaber den Mitarbeiter durch sein aktives Tun oder pflichtwidriges Unterlassen unterstützt.

Begeht der Mitarbeiter eine Ordnungswidrigkeit, ohne dass er und der Inhaber wissentlich und willentlich zusammenarbeiten, ist zu prüfen, ob der Inhaber dadurch, dass er die unternehmensbezogene Tat des Mitarbeiters nicht verhindert hat, ein vorsätzliches oder fahrlässiges Unterlassungsdelikt begangen hat (echtes Unterlassungsdelikt oder unechtes Unterlassungsdelikt nach § 8 OWiG). **171**

Voraussetzung bei dem vorsätzlichen Unterlassen ist, dass der Inhaber es zumindest für möglich hielt, dass der Mitarbeiter die Tat begehen werde, und er dies billigend in Kauf nahm. Bei fahrlässiger Begehungsweise ist erforderlich, dass ein durchschnittlicher Normadressat in der konkreten Tatsituation des Täters mit der Tat des Mitarbeiters gerechnet hätte. Außerdem ist sowohl bei der vorsätzlichen als auch bei der fahrlässigen Begehungsweise erforderlich, dass das Unterlassen ursächlich war, d.h. dass der Mitarbeiter bei einem Einschreiten des Inhabers die Tat mit an Sicherheit grenzender Wahrscheinlichkeit nicht begangen hätte.

(2) Die vorsätzliche Verletzung der Aufsichtspflicht in Betrieben und Unternehmen

§ 130 OWiG ist ein Sonderdelikt. **Täter** kann grundsätzlich nur der Inhaber eines Betriebs oder Unternehmens sein. Inhaber ist die natürliche oder juristische Person bzw. die rechtsfähige Personenvereinigung, in deren Namen und Verantwortung das Unternehmen geführt wird.[76] **172**

Da juristische Personen bzw. rechtsfähige Personenvereinigungen nach deutschem Recht nicht als Täter einer Ordnungswidrigkeit in Betracht kommen, wird der Sonderstatus „Inhaber" insoweit über § 9 Abs. 1 OWiG dem Menschen zugerechnet, der der gesetzliche Vertreter der juristischen Person bzw. rechtsfähigen Personenvereinigung ist.

Außerdem kann der Inhaber bzw. der gesetzliche Vertreter der juristischen Person oder Personenvereinigung selten die Aufsichtspflicht über alle im Betrieb bzw. Unternehmen beschäftigten Personen wahrnehmen. Soweit der Inhaber bzw. der gesetzliche Vertreter die Wahrnehmung von Aufsichtspflichten also weiter delegiert hat, wird der Sonderstatus „Inhaber" auch dieser Person zugerechnet (§ 9 Abs. 2 OWiG). Der Inhaber bzw. gesetzliche Vertreter nimmt dann die Aufsichtspflicht über die ihm direkt unterstellten Mitarbeiter wahr, diese wiederum über die ihnen direkte unterstellten Mitarbeiter usw.

Weiter ist § 130 OWiG ein echtes Unterlassungsdelikt. Die **Tathandlung** besteht in dem Unterlassen der Aufsichtsmaßnahme, die erforderlich ist, um eine straf- oder **173**

---

[76] Vgl. HK-OWiG/*Ziegler/Voelker* § 130 Rn. 19.

bußgeldbewehrte Zuwiderhandlung gegen eine dem Unternehmer auferlegte gesetzliche Verpflichtung zu verhindern oder wesentlich zu erschweren. Welche Aufsichtsmaßnahmen erforderlich sind, kann sich zunächst aus dem Spezialgesetz ergeben. Im Übrigen ergeben sich diese aus den Umständen des Einzelfalls.[77]

174 In Bezug auf die Tätereigenschaft und das Unterlassen der gebotenen und dem Täter möglichen Aufsichtsmaßnahme muss der Täter vorsätzlich gehandelt haben.

175 Objektive Bedingung der Ahndbarkeit, auf die sich der Vorsatz nicht beziehen muss, ist, dass infolge der Aufsichtspflichtverletzung tatsächlich eine betriebsbezogene straf- oder bußgeldbewehrte rechtswidrige Zuwiderhandlung begangen wurde; dass die Zuwiderhandlung auch vorwerfbar begangen wurde, ist nicht erforderlich.[78] Auch muss nur feststehen, dass die Tat aus dem Betrieb heraus begangen wurde; die Feststellung des konkreten Täters ist nicht erforderlich.[79]

(3) Die fahrlässige Verletzung der Aufsichtspflicht in Betrieben und Unternehmen

176 Auch bei der fahrlässigen Begehungsweise ist zunächst zu prüfen, ob der Täter Inhaber des Betriebs ist bzw. ihm die Inhaberschaft nach § 9 OWiG zuzurechnen ist und ob der Täter die gebotene und ihm mögliche Aufsichtsmaßnahme unterlassen hat.

177 Weiter ist dann zu prüfen, ob der Täter objektiv fahrlässig gehandelt hat. Das ist der Fall, wenn er die im Verkehr erforderliche Sorgfalt bei objektiver Erkennbarkeit der Tatbestandsverwirklichung außer Acht gelassen hat. Es ist also festzustellen, ob ein normgetreuer Vorgesetzter in der konkreten Tatsituation des Täters erkannt hätte, dass die abstrakte Gefahr einer betriebstypischen Zuwiderhandlung bestand, und daher „hier und jetzt" die Aufsichtsmaßnahme ergriffen hätte, die der Täter unterlassen hat.

178 Dem schließt sich dann die Prüfung der Zuwiderhandlung als objektive Bedingung der Ahndbarkeit an (siehe Rn. 175). Weder die objektive noch die subjektive Fahrlässigkeit müssen sich auf diese beziehen.

III. Lösungsvorschläge

179 Zum Ausgangsfall (T und F trinken gemeinsam Bier)

F könnte dadurch, dass er T seine Bierflasche reichte, eine Ordnungswidrigkeit nach § 24c Abs. 1 StVG, § 14 Abs. 1 S. 1 OWiG (Beteiligung an einem vorsätzlichen Verstoß gegen das Alkoholverbot für Fahranfänger*innen) begangen haben.

1. Objektiver Tatbestand

a) Tatbestandsmäßige und rechtswidrige Tat eines anderen

Voraussetzung für die Begehung einer Ordnungswidrigkeit als Beteiligter ist zunächst, dass ein anderer rechtswidrig den Tatbestand einer Bußgeldnorm verwirklicht hat (§ 14 Abs. 2 OWiG). Ein vorwerfbares Handeln des anderen ist nicht erforderlich (§ 14 Abs. 3 S. 1 OWiG).

---

[77] Welche Rolle hierbei ein wirksames Compliance-System spielt, siehe ausführlich bei HK-OWiG/*Ziegler/Voelker* § 130 Rn. 30 ff.
[78] Zur Vertiefung: HK-OWiG/*Ziegler/Voelker* § 130 Rn. 52 ff.
[79] *Bülte*, § 2 Rn. 99.

Indem T wissentlich und willentlich als 20-Jähriger während der Fahrt an der Ampel alkoholhaltiges Bier trank, hat er vorsätzlich und rechtswidrig den Tatbestand von § 24c Abs. 1 StVG verwirklicht.

b) Beteiligung

Weiter müsste sich F an der Tat des T beteiligt haben. Beteiligung i.S.d. § 14 OWiG ist sowohl die gemeinsame Tatbestandsverwirklichung aufgrund eines gemeinsames Tatentschlusses (Mittäter) als auch eine Handlung, die den Tatentschluss des Täters hervorruft (Anstiftung) oder den Täter bei der Tat unterstützt (Beihilfe). Eine gemeinsame Tatbestandsverwirklichung von § 24c StVG kommt zwar nicht in Betracht, da § 24c StVG nur eigenhändig begangen werden kann. Beteiligt hat F sich, indem er T sein Bier anbot und dadurch bei diesem entweder dessen Tatentschluss erst hervorrief oder T jedenfalls bei seiner Tat unterstützte.

2. Subjektiver Tatbestand

F handelte sowohl bezüglich der Haupttat des T als auch bezüglich seiner Beteiligungshandlung mit Wissen und Wollen und damit vorsätzlich.

3. Rechtswidrigkeit und Vorwerfbarkeit

Seine Tat ist auch rechtswidrig und vorwerfbar.

4. Ergebnis

Damit hat F eine Ordnungswidrigkeit nach § 24c Abs. 1 StVG, § 14 Abs. 1 S. 1 OWiG (Beteiligung an einem vorsätzlichen Verstoß gegen das Alkoholverbot für Fahranfänger*innen) begangen.

Zur Abwandlung 1 (F hält T für älter als 20 Jahre)

F als Beteiligter an einer Ordnungswidrigkeit nach § 24c StVG

F könnte dadurch, dass er T seine Bierflasche reichte, eine Ordnungswidrigkeit nach § 24c Abs. 1 StVG, § 14 Abs. 1 S. 1 OWiG begangen haben.

1. Objektiver Tatbestand

Wie bereits oben geprüft, hat F sich an dem vorsätzlichen und rechtswidrigen Verstoß des T gegen das Alkoholverbot für Fahranfänger (§ 24c Abs. 1 StVG) beteiligt, indem er T seine Bierflasche reichte.

2. Subjektiver Tatbestand

Allerdings wusste F nicht, dass T erst 20 Jahre alt ist. Damit handelte er in Bezug auf die Haupttat des T nicht vorsätzlich. Nach h.M. ist eine Beteiligung nach § 14 OWiG jedoch nur möglich, wenn der Betroffene vorsätzlich handelt, also mit Wissen und Wollen sowohl bezüglich der Haupttat als auch bezüglich seiner eigenen Beteiligungshandlung. Hierfür spricht der Bestimmtheitsgrundsatz aus Art. 103 Abs. 2 GG. Hätte der Gesetzgeber wie nach der Minderauffassung vertreten mit der Einführung des Einheitstätersystems die praktische Rechtsanwendung auch insoweit erleichtern wollen, dass eine Unterscheidung zwischen einer vorsätzlichen oder fahrlässige Beteiligung an einer vorsätzlichen Haupttat nicht erforderlich wäre,[80] hätte dies zumindest durch eine Zusatzregelung zu § 10 OWiG klargestellt werden müssen. Das ist jedoch nicht geschehen. Nach geltendem Recht umfasst § 14 OWiG daher keine fahrlässige Beteiligung. *(Im Übrigen wäre eine solche Ausweitung durch den Gesetzgeber mit Hinblick auf den Verhältnismäßigkeitsgrundsatz auch unzulässig.)*

---

80 So z.B. *Mitsch*, § 13 Rn. 57.

3. Ergebnis

Damit hat F keine Ordnungswidrigkeit nach § 24c Abs. 1 StVG, § 14 Abs. 1 S. 1 OWiG begangen.

F als Fahrlässigkeitstäter (§ 24c Abs. 2 StVG)

Indem der F dem T das Bier reichte, ohne ihn nach seinem Alter zu fragen, hat F auch nicht eine fahrlässige Ordnungswidrigkeit nach § 24c Abs. 2 StVG begangen, denn § 24 Abs. 2 StVG ist ein eigenhändiges Sonderdelikt, so dass Fahrlässigkeitstäter nur sein kann, wer unter Verstoß gegen die objektive Sorgfaltspflicht als Fahranfänger*in im Straßenverkehr Bier trinkt.

181 Zur Abwandlung 2 (F reicht T ohne dessen Wissen Alkohol)

F als mittelbarer Täter einer Ordnungswidrigkeit nach § 24c Abs. 1 StVG

F könnte dadurch, dass er T seine Getränkeflasche reichte, von der nur er wusste, dass diese Alkohol enthielt, und T während der Fahrt daraus trank, eine Ordnungswidrigkeit nach § 24c Abs. 1 StVG in mittelbarer Täterschaft (vgl. § 25 Abs. 1 Alt. 2 StGB) begangen haben.

§ 24c StVG ist ein eigenhändiges Delikt. Die Tathandlung, also das Trinken des Alkohols während der Teilnahme am Straßenverkehr, kann nur von dem Fahrer höchstpersönlich begangen werden. Jemand, der nicht Fahrer ist, kommt als mittelbarer Täter nicht in Betracht.

F hat keine Ordnungswidrigkeit nach § 24c Abs. 1 StVG in mittelbarer Täterschaft begangen.

F als Beteiligter an einer Ordnungswidrigkeit nach § 24c Abs. 1 StVG, § 14 OWiG

F könnte dadurch, dass er T seine Getränkeflasche reichte, von der nur er wusste, dass diese Alkohol enthielt, und T daraus während der Fahrt trank, eine Ordnungswidrigkeit nach § 24c Abs. 1 StVG, § 14 Abs. 1 S. 1 OWiG begangen haben.

1. Anwendbarkeit von § 14 OWiG bei eigenhändigen Delikten

Zwar ist § 24c Abs. 1 StVG wie bereits oben geprüft ein eigenhändiges Delikt, so dass eine Beteiligung in Form der Mittäterschaft von vornherein ausscheidet. Möglich wäre aber eine Beteiligung vergleichbar einem Anstifter oder einem Gehilfen.

2. Objektiver Tatbestand

Zunächst müsste eine tatbestandsmäßige und rechtswidrige Tat eines anderen vorliegen (vgl. § 14 Abs. 2 u. 3 OWiG). T hat dadurch, dass er als 20 Jähriger während der Fahrt aus der Bierflasche trank, zwar den objektiven Tatbestand von § 24c Abs. 1 StVG verwirklicht. Er wusste aber nicht, dass er Alkohol trank und handelte somit nicht vorsätzlich. Damit hat T keine vorsätzliche Ordnungswidrigkeit nach § 24c Abs. 1 StVG, sondern allenfalls eine fahrlässige Ordnungswidrigkeit nach § 24c Abs. 2 StVG begangen. Folglich kann sich F auch nicht an einer vorsätzlichen Ordnungswidrigkeit nach § 24c Abs. 1 StVG beteiligt haben.

3. Ergebnis

F hat keine Ordnungswidrigkeit nach § 24c Abs. 1 StVG, § 14 OWiG begangen.

F als Beteiligter an einer fahrlässigen Ordnungswidrigkeit nach § 24c Abs. 2 StVG, § 14 OWiG

Zunächst müsste eine tatbestandsmäßige und rechtswidrige Vortat vorliegen. Wie bereits oben geprüft, könnte T, indem er ohne Nachfrage aus der vom Freund gereichten Plastikgetränkeflasche trank, eine fahrlässige Ordnungswidrigkeit nach

§ 24c Abs. 2 StVG begangen haben. Umstritten ist, ob eine Beteiligung auch bei fahrlässigen Delikten möglich ist. Die h.M. lehnt das unter Berufung auf die Entstehungsgeschichte ab, während eine Mindermeinung eine Beteiligung für möglich hält.

Der Streit müsste entschieden werden, wenn T tatsächlich eine fahrlässige Ordnungswidrigkeit begangen hätte. T hat hier aber schon nicht gegen die im Verkehr erforderliche objektive Sorgfaltspflicht verstoßen, denn auch von einem durchschnittlichen Fahranfänger, dem nach dem gemeinsamen Sport von einem Freund dessen Getränkeflasche gereicht wird, kann nicht erwartet werden, dass er damit rechnet, dass in der Getränkeflasche Alkohol sein könnte. Damit fehlt es hier auch nach der Mindermeinung an einer tatbestandsmäßigen Vortat, so dass der Streit offen gelassen werden kann.

Gesamtergebnis

F hat keine Ordnungswidrigkeit begangen.

G. Zusammentreffen von mehreren Delikten

I. Ausgangsfälle

Fall 1: T ist 20 Jahre alt und Inhaber einer Fahrerlaubnis der Klasse B. Seine Probezeit hat er bereits beendet. An einem heißen Sommerabend fährt er mit seinem Auto nach Hause. Während der ganzen Fahrt trinkt er Bier. Da er, was er bisher allerdings nicht wusste, Alkohol nicht so gut verträgt, fährt er unbewusst Schlangenlinien und fällt so dem Polizisten P auf. Es wird festgestellt, dass T insgesamt 0,5 Promille Alkohol im Blut hat.

182

Frage: Kann gegen T von der zuständigen Stelle ein Bußgeld verhängt werden? Lösung s. Rn. 208

Fall 2: T ist 20 Jahre alt und Inhaber einer Fahrerlaubnis der Klasse B. Heute geht alles schief. Auf der Musterstraße 1 ist Tempo 30 angeordnet und er fährt aus Versehen 40 km/h (fahrlässige Ordnungswidrigkeit nach § 24 StVG, § 49 Abs. 3 Nr. 4 StVO). Dabei wird er, was er nicht bemerkt, geblitzt. Einige Minuten später trinkt er beim Halt an der Ampel eine halbe Flasche alkoholhaltiges Bier (vorsätzliche Ordnungswidrigkeit nach § 24c Abs. 1 StVG) und telefoniert mit dem Handy in der anderen Hand gleichzeitig mit seiner Freundin (vorsätzliche Ordnungswidrigkeit nach § 24 StVG, § 49 Abs. 1 Nr. 22 StVO, § 23 Abs. 1a S. 1 StVO). Der Polizist P beobachtet das und winkt ihn zur Seite. Bei der Aufnahme der Personalien stellt P dann noch fest, dass T seinen Führerschein nicht dabei hat, sondern diesen zu Hause vergessen hat (fahrlässige Ordnungswidrigkeit nach § 24 StVG, § 75 Nr. 4 FeV, § 4 Abs. 2 S. 2 FeV).

183

Frage: Hat T eine oder mehrere Ordnungswidrigkeiten begangen? Lösung s. Rn. 209

II. Prüfungsschemata

184

Ausgangsfrage: Hat der Betroffene eine Ordnungswidrigkeit, mehrere Ordnungswidrigkeiten in Tateinheit oder mehrere Ordnungswidrigkeiten in Tatmehrheit begangen?		
1. Hat der Beteiligte überhaupt mehrere Delikte oder ein Delikt mehrfach begangen oder hat er tatsächlich nur den Tatbestand eines einzigen Delikts verwirklicht?	→ Abgrenzung von Konkurrenz und tatbestandlicher Bewertungseinheit: siehe Rn. 187	
2. Wenn der Beteiligte mehrere Delikte begangen hat: Tritt ein Delikt vollständig hinter das andere zurück?	→ Gesetzeskonkurrenz siehe Rn. 188 ff. Bedeutung für den Bußgeldbescheid: Im Schuldspruch (§ 66 Abs. 1 Nr. 3 OWiG) darf nur der „dominante" Bußgeldtatbestand genannt werden, die verdrängte(n) Bußgeldvorschrift(en) werden nicht erwähnt. Auf die Gesetzeskonkurrenz kann (muss aber nicht) allenfalls in der Begründung eingegangen werden (vgl. § 66 Abs. 3 OWiG).	
3. Wenn der Beteiligte mehrere Delikte begangen hat und diese nicht in Gesetzeskonkurrenz zueinander stehen, ist zu entscheiden, ob diese in Tateinheit (eine Handlung) oder in Tatmehrheit (mehrere Handlungen) stehen.	→ Tateinheit siehe Rn. 193 ff. Bedeutung für den Bußgeldbescheid: Liegt Tateinheit vor, werden im Schuldspruch (§ 66 Abs. 1 Nr. 3 OWiG) alle Ordnungswidrigkeiten aufgezählt und es wird unter Angabe von § 19 OWiG ausgeführt, dass sie in Tateinheit stehen. Verhängt wird dann nur eine Geldbuße.	→ Tatmehrheit siehe Rn. 198 Bedeutung für den Bußgeldbescheid: Liegt Tatmehrheit vor, werden im Schuldspruch (§ 66 Abs. 1 Nr. 3 OWiG) alle Ordnungswidrigkeiten aufgezählt und es wird unter Angabe von § 20 OWiG ausgeführt, dass sie in Tatmehrheit stehen. Verhängt wird für jede Ordnungswidrigkeit eine separate Geldbuße.

185

Ausgangsfrage: Wie ist bei einem Zusammentreffen von Straftat und Ordnungswidrigkeit vorzugehen?	
1. Wurde durch dieselbe Tathandlung möglicherweise eine Straftat begangen oder wurde durch dieselbe Tathandlung sowohl eine Straftat als auch eine Ordnungswidrigkeit begangen, so dass die Verwaltungsbehörde den Fall an die Staatsanwalt abgeben muss (§ 41 OWiG)?	→ siehe Rn. 204
2. Hat der Täter durch eine Tathandlung eine Straftat und durch eine andere Tathandlung eine Ordnungswidrigkeit begangen und stehen die beiden in Tatmehrheit (Realkonkurrenz)?	→ siehe Rn. 205

III. Begriff der echten Konkurrenz

186 Von „**(echten) Konkurrenzen**" (vgl. §§ 19 bis 21 OWiG) spricht man im Ordnungswidrigkeitenrecht, wenn ein Beteiligter verschiedene Bußgeldtatbestände oder einen Bußgeldtatbestand mehrfach durch eine Tathandlung (Tateinheit bzw. Idealkonkurrenz nach § 19 OWiG) oder durch mehrere Tathandlungen (Tatmehrheit bzw. Realkonkurrenz nach § 20 OWiG) begangen hat oder wenn der Betroffene durch eine Tathandlung sowohl eine Ordnungswidrigkeit als auch eine Straftat begangen hat (Sonderfall der Tateinheit bzw. Idealkonkurrenz nach § 21 OWiG).[81]

IV. Abgrenzung der tatbestandlichen Bewertungseinheit

Keine Konkurrenz mehrerer Delikte, sondern **nur eine** Ordnungswidrigkeit (bzw. nur eine Straftat) liegt vor, wenn der Betroffene zwar mehrere natürliche Handlungen (Einzeltätigkeiten) ausführt, dadurch den Tatbestand einer Bußgeldnorm (bzw. Strafnorm) aber nur einmal verwirklicht, weil die verschiedenen Einzeltätigkeiten bei natürlicher oder normativer Betrachtungsweise zu einer Tathandlung („tatbestandliche Bewertungseinheit") verschmolzen sind (siehe dazu bereits unter Rn. 24 ff.). 187

Beispiel: Wer sein Fahrzeug für 5 Stunden im Parkverbot abstellt, bevor er zurückkehrt, hat bereits mit dem Verlassen des Fahrzeugs eine Ordnungswidrigkeit nach § 24 StVG, § 49 Abs. 3 Nr. 4 StVO vollendet. Die Tat dauert aber 5 Stunden an. Es liegt nur eine Tathandlung und damit auch nur eine Ordnungswidrigkeit vor. Konkurrenzfragen stellen sich nicht.

Klausurtipp/Umsetzung im Gutachten: Welche Einzeltätigkeiten zu einer einzigen Tathandlung zusammengefasst werden, ist im Gutachten bereits auf Tatbestandsebene zu klären (siehe Rn. 24 ff.).

V. Abgrenzung von echter Konkurrenz und Gesetzeskonkurrenz

Von „Gesetzeskonkurrenz" spricht man, wenn sich das Verhalten des Täters unter verschiedene Delikttatbestände subsumieren lässt, von denen ein Delikttatbestand den oder die anderen verdrängt. Das ist vergleichbar mit dem Institut des „Anwendungsvorrangs einer Norm" im Verwaltungsrecht. Gründe für den Anwendungsvorrang des einen Bußgeldtatbestands können Spezialität, Subsumtion oder Konsumtion der typischen Begleittat bzw. Zurücktreten der mitbestraften typischen Vor- oder Nachtat sein. 188

Klausurtipp/Umsetzung im Gutachten: Wenn ein Fall der Gesetzeskonkurrenz vorliegt, prüft man im Gutachten zunächst das vorrangige Delikt. Ist das vorrangige Delikt verwirklicht, kann man das nachrangige Delikt im Urteilsstil abhandeln und anschließend ausführen, dass es im Wege der Gesetzeskonkurrenz zurücktritt. 189

Praxistipp/Umsetzung im Bußgeldbescheid: Im Bußgeldbescheid wird die Gesetzeskonkurrenz weder im Schuld- noch im Rechtsfolgenausspruch erwähnt. Ausführungen zur Gesetzeskonkurrenz werden allenfalls in der (insoweit dann freiwilligen) Begründung (§ 66 Abs. 3 OWiG) gemacht.

a) Spezialität

Ein Bußgeldtatbestand verdrängt einen anderen Bußgeldtatbestand im Wege der Spezialität, wenn er sämtliche Merkmale des verdrängten Bußgeldtatbestands und mindestens ein weiteres Merkmal enthält.[82] 190

Beispiele für Spezialität: § 8 Abs. 1 Nr. 1 d) Schwarzarbeitsbekämpfungsgesetz hat Anwendungsvorrang vor § 146 Abs. 2 Nr. 2 b) GewO, da zusätzlich zum Tatbestandsmerkmal „Nicht-

---

81 Vgl. HK-OWiG/*Gassner* Einleitung Rn. 82; *Klesczweski*, § 8 Rechtsfolgen Rn. 598 ff; *Mitsch*, § 20 Konkurrenzen.
82 *Mitsch* § 20 Rn. 12.

anzeige eines Gewerbes" noch erforderlich ist, dass Dienst- oder Werkleistungen in erheblichem Umfang erbracht werden.

b) Subsidiarität

191 Ein Bußgeldtatbestand tritt hinter den anderen Bußgeldtatbestand im Wege der Subsidiarität zurück, wenn der verdrängende Bußgeldtatbestand in normativer Hinsicht Vorrang hat, weil die Subsidiarität bzw. der Vorrang entweder ausdrücklich gesetzlich angeordnet ist (formelle Subsidiarität) oder eine schwächere Deliktsform aus systematischen Erwägungen hinter eine stärkere Deliktsform zurücktritt (materielle Subsidiarität).[83]

Beispiele für die formelle Subsidiarität: §§ 111 Abs. 3, 117 Abs. 2 und 118 Abs. 2 OWiG sind kraft ausdrücklicher Regelung subsidiär.

Beispiele für die materielle Subsidiarität: Der Versuch ist subsidiär zur Vollendung; bloße Gefährdungsdelikte sind subsidiär zum schwereren Verletzungsdelikt, so sind beispielsweise §§ 379, 380 AO subsidiär zur leichtfertigen Steuerverkürzung nach § 378 AO; abstrakte Gefährdungsdelikte sind subsidiär zu konkreten Gefährdungsdelikten; Durchgangsdelikte sind subsidiär zu den nachgelagerten Delikten.[84]

c) Zurücktreten der typischen Begleittat bzw. mitbestraften Vor- oder Nachtat

192 Bei der Konsumtion bzw. der mitbestraften Vor- oder Nachtat besteht kein zwingendes normatives Rangverhältnis zwischen den Delikttatbeständen, aber typischerweise stellt einer der beiden Bußgeldtatbestände mit Hinblick auf den Unrechtsgehalt die Haupttat dar und das andere Delikt entweder eine durch dieselbe Tathandlung verwirklichte typische Begleittat bzw. eine durch eine separate Tathandlung typische mitbestrafte Vor- oder Nachtat dar, die wegen ihres geringeren Unrechtsgehalts hinter die Haupttat zurücktritt.[85] Dieses Zurücktreten heißt bei tateinheitlicher Begehung „Konsumtion der Begleittat", bei tatmehrheitlicher Begehung „mitbestrafte Vor- oder Nachtat".[86]

Beispiel: Wer vorsätzlich oder fahrlässig unter Wirkung eines alkoholischen Getränks als Fahranfänger die Fahrt antritt, begeht eine Ordnungswidrigkeit nach § 24c Abs. 1 Alt. 2 (und Abs. 2) StVG. Wird nun festgestellt, dass der Fahranfänger mit 0,5 Promille gefahren ist, tritt § 24c Abs. 1 Alt. 2 StVG als typische Begleittat im Wege der Konsumtion hinter § 24a StVG zurück.[87]

VI. Tateinheit (Idealkonkurrenz)

193 Tateinheit bzw. Idealkonkurrenz (§ 19 Abs. 1 OWiG) liegt vor, wenn der Beteiligte durch „**dieselbe Handlung**" mehrere Bußgeldtatbestände oder einen Bußgeldtatbestand mehrmals verwirklicht und diese Bußgeldtatbestände nicht in Gesetzeskonkurrenz zueinander stehen (siehe zuvor Rn. 188 ff.). Gegen den Täter wird dann nach § 19 OWiG nur eine Geldbuße festgesetzt. Die Höhe der Geldbuße ist nach der Bußgeldnorm zu bestimmen, die die höchste Geldbuße androht. Bei der Bestimmung

---

83 Vgl. *Mitsch* § 20 Rn. 12.
84 Vorsatz- und Fahrlässigkeitsdelikte hingegen stehen nicht in Gesetzeskonkurrenz zueinander, denn sie werden niemals gleichzeitig verwirklicht. Entweder handelt der Täter vorsätzlich oder fahrlässig. Allerdings haben Vorsatzdelikte insofern Anwendungsvorrang, als man sie zuerst prüft. Wurde ein Vorsatzdelikt verwirklicht, ist das Fahrlässigkeitsdelikt nicht mehr zu prüfen.
85 *Mitsch* § 20 Rn. 12.
86 AA HK-OWiG/*Habetha*/*Ulrich* Vor §§ 19 ff. Rn. 30, die unter dem Begriff der Konsumtion auch die mitbestrafte Nachtat behandeln.
87 OLG Bamberg, Beschluss vom 6.5.2013 – 3 Ss OWi 406/13 –, juris.

2. Teil: Das allgemeine materielle Ordnungswidrigkeitenrecht

der Bußgeldhöhe nach § 17 Abs. 3 S. 1 OWiG ist zu prüfen, ob der Unrechtsgehalt durch die tateinheitlich begangenen weiteren Ordnungswidrigkeiten gesteigert ist.

Klausurtipp/Umsetzung im Gutachten: 194

Zu dem Prüfungspunkt „Tateinheit" kommen Sie nur, wenn Sie zuvor im Gutachten festgestellt haben, dass der Täter mehrere Bußgeldtatbestände bzw. einen Bußgeldtatbestand mehrfach begangen hat und diese Bußgeldtatbestände nicht in Gesetzeskonkurrenz zueinander stehen. Dann prüfen Sie, ob die Verletzung dieser Bußgeldtatbestände auf nur einer Handlung beruht.

Praxistipp/Umsetzung im Bußgeldbescheid: Im Schuldspruch (vgl. § 66 Abs. 1 Nr. 3 OWiG) werden alle Bußgeldtatbestände aufgezählt bzw. aufgezeigt, das ein Bußgeldtatbestand mehrfach verwirklicht wurde. Außerdem wird erläutert, dass diese in Tateinheit zueinander stehen. Denn dadurch wird das Unrecht der Tat gekennzeichnet. Im Rechtsfolgenausspruch (§ 66 Abs. 1 Nr. 5 OWiG) wird aber nur eine Geldbuße verhängt (§ 19 OWiG).

„**Dieselbe Handlung**" i.S.d. § 19 OWiG liegt bei Begehungsdelikten vor, 195

– wenn der Täter mehrfach einen Bußgeldtatbestand oder mehrere Bußgeldtatbestände verwirklicht hat, diese Verstöße aber auf nur einer einzigen willentlichen Körperbewegung des Täters beruhen (natürliche Handlung)
Beispiel: H, Halter von 4 Katzen (Hanna, Hanne, Hanni, Hanno), legt auf seinem Hof Rattengift aus (eine natürliche Handlung), das, was H weder wollte noch für möglich hielt, von seinen 4 Katzen gefressen wird. Hanna wird blind, Hanne und Hanni sterben, Hanno erleidet einen schweren Nierenschaden. Im Gutachten prüfen Sie dann zunächst die fahrlässige Schädigung der Katze Hanna (§ 18 Abs. 1 Nr. 1 TierSchG), dann die fahrlässige Schädigung der Katze Hanne, anschließend der der Katze Hanni und schließlich die fahrlässige Schädigung der Katze Hanno. Zum Schluss halten Sie unter der Überschrift „Konkurrenzen" fest, dass H tateinheitlich eine vierfache fahrlässige Schädigung von Wirbeltieren nach § 18 Abs. 1 Nr. 1 TierSchG, § 19 OWiG begangen hat.

– wenn der Täter durch mehrere natürliche Handlungen mehrere Bußgeldtatbestände verwirklicht hat, die auf einem einheitlichen Tatentschluss (bei Fahrlässigkeit: auf einem einheitlichen Verstoß gegen die Sorgfaltspflicht) beruhen und in einem solchen unmittelbaren Zusammenhang (i.d.R. zeitlich und räumlich) stehen, dass sich das gesamte Tätigwerden bei natürlicher Betrachtungsweise für einen Dritten als ein einheitliches zusammengefasstes Tun darstellt (natürliche Handlungseinheit).
Beispiel: A hat es eilig. Deshalb fährt er wissentlich in der gesamten Ortschaft 60 km/h, bis er zu Hause angekommen ist: Zunächst ab Ortseingang in der gesamten Ortsdurchfahrt, in der er 50 km/h fahren dürfte, dann aber auch nach dem Abbiegen in seine Wohnstraße, in der Tempo 30 angeordnet ist.
Indem A in der Ortsdurchfahrt zu schnell fuhr, hat er eine Ordnungswidrigkeit nach § 24 StVG, § 49 Abs. 1 Nr. 3 StVO begangen. Indem er das Tempo 30 Schild missachtete und innerorts außerdem immer noch schneller als 50 km/h fuhr, hat er eine Ordnungswidrigkeit nach § 24 StVG, § 49 Abs. 3 Nr. 4 StVO (Verstoß gegen Verkehrszeichen) und zugleich auch eine Ordnungswidrigkeit nach § 24 StVG, § 49 Abs. 1 Nr. 3 StVO (Verstoß gegen innerorts 50 km/h) begangen. Aufgrund des einheitlichen Tatentschlusses (eilig nach Hause kommen) besteht eine natürliche Handlungseinheit zwischen allen drei Delikten.[88]
Hätte A die Taten nur fahrlässig begangen, ständen der Verstoß in der Ortsdurchfahrt und der Verstoß in der Wohnstraße in Tatmehrheit zueinander, weil T dann mehrere Sorgfaltsverstöße begangen hätte. Bei dem Verstoß in der Wohnstraße stehen die beiden Ordnungswidrigkeiten (§ 24 StVG, § 49 Abs. 3 Nr. 4 StVO und § 24 StVG, § 49 Abs. 1 Nr. 3 StVO) in Tateinheit.

– wenn der Täter mehrere Bußgeldtatbestände verwirklicht hat, diese zumindest in einem Teil der erforderlichen Tathandlung übereinstimmen und dieser Teil der erforderlichen Tathandlung zeitgleich vom Täter ausgeführt wird, so dass die Taten miteinander verklammert sind.
Beispiel: Der Täter fährt fahrlässig mit 0,5 Promille Alkohol Auto (Ordnungswidrigkeit nach § 24a StVG). Während der Fahrt begeht er mehrere weitere bußgeldbewehrte Verstöße gegen Fahrerpflichten. Da sowohl § 24a StVG als auch die anderen Verkehrsordnungswidrig-

---
[88] Vgl. KG Berlin, Beschluss vom 27. April 2020 – 3 Ws (B) 49/20 –, juris.

keiten auf der objektiven Tatbestandsseite bei der Beschreibung der Tathandlung gemeinsam das Merkmal „Führen eines Fahrzeugs" haben und die Ordnungswidrigkeit nach § 24a StVG erst mit dem Ende bzw. einer sonstigen Unterbrechung der Promillefahrt beendet wird, hat § 24a StVG eine Klammerwirkung, so dass die Promillefahrt und alle während der Fahrt begangenen Verkehrsordnungswidrigkeiten in Tateinheit stehen.

196 Bei mehreren **Unterlassungsdelikten** liegt „dieselbe Handlung" vor, wenn die Handlungspflicht(en) durch eine einzige Handlung zu erfüllen wäre(n).[89]

197 Die Darstellungen oben sind sehr vereinfacht. Tatsächlich ist hier vieles problematisch bzw. umstritten.

Beispiel: T will die Gebühren für die Gaststättenerlaubnis sparen. Deshalb zeigt er, um nicht erwischt zu werden, weder bei der Gemeinde den Beginn des Gaststättengewerbes an (§ 14 GewO), noch beantragt er die erforderliche Gaststättenerlaubnis (vgl. § 2 Abs. 1 GastG). Damit hat er ein echtes Unterlassungsdelikt (§ 146 Abs. 2 Nr. 2b GewO „Nichtanzeige des Gewerbes") und ein Begehungsdelikt („Betreiben einer Gaststätte ohne erforderliche Erlaubnis", § 28 Abs. 1 Nr. 1 GastG) begangen. Gesetzeskonkurrenz zwischen beiden Delikten besteht nicht, insbesondere ist die Nichtanzeige eines Gewerbes nicht eine typische Begleittat oder Vortat des Betreibens einer Gaststätte ohne erforderliche Erlaubnis. Damit ist zu entscheiden, ob die Delikte zueinander in Tateinheit oder Tatmehrheit stehen. Grundsätzlich wird das bei einem Zusammentreffen von Begehungs- und echten Unterlassungsdelikten nicht anerkannt.[90] Für eine Tateinheit spricht hier aber, dass beide Delikte auf einem Plan des Täters beruhen und auch in einem gewissen zeitlichen und räumlichen Zusammenhang stehen. Daher ist es vertretbar, hier von Tateinheit auszugehen. Hätte T hingegen fahrlässig gehandelt oder seine Rechtspflichten nicht gekannt, ständen die beiden Delikte in Tatmehrheit.

VII. Tatmehrheit (Realkonkurrenz)

198 Werden mehrere Bußgeldtatbestände oder ein Bußgeldtatbestand mehrfach durch verschiedene Handlungen verwirklicht und liegt kein Fall der Gesetzeskonkurrenz (mitbestrafte Vor- oder Nachtat, siehe oben Rn. 192) vor, stehen die begangenen Ordnungswidrigkeiten in „**Tatmehrheit**" bzw. „**Realkonkurrenz**" zueinander (§ 20 OWiG). Für jede Ordnungswidrigkeit wird eine Geldbuße festgesetzt („Kumulationsprinzip"). Damit besteht ein wesentlicher Unterschied zum Strafrecht (Asperationsprinzip nach §§ 53, 54 StGB, Bildung einer Gesamtstrafe).

Klausurtipp/Umsetzung im Gutachten:

Zu dem Prüfungspunkt „Tatmehrheit" kommen Sie nur, wenn Sie zuvor im Gutachten festgestellt haben, dass der Täter mehrere Bußgeldtatbestände bzw. einen Bußgeldtatbestand mehrfach begangen hat, diese Bußgeldtatbestände nicht in Gesetzeskonkurrenz zueinander stehen und auch keine Tateinheit besteht, weil die Ordnungswidrigkeiten nicht auf derselben Handlung beruhen.

Praxistipp/Umsetzung im Bußgeldbescheid:

Im Schuldspruch (§ 66 Abs. 1 Nr. 3 OWiG) wird schon durch die Trennung des jeweils vorgeworfenen Sachverhalts deutlich gemacht, dass Tatmehrheit vorliegt, dann werden alle verwirklichten Bußgeldtatbestände aufgezählt und erläutert, dass diese in Tatmehrheit zueinander stehen. Im Rechtsfolgenausspruch (§ 66 Abs. 1 Nr. 5 OWiG) wird für jede Tat separat eine Geldbuße verhängt (§ 20 OWiG).

---

89 BGH, Beschluss vom 17. Dezember 2020 – I ZB 99/19 –, juris; *Mitsch* § 20 Rn. 8 u. 10.
90 Vgl. OLG Saarbrücken, Beschluss vom 08. Oktober 2020 – Ss Bs 57/2020 (20/20 OWi) –, juris Rn. 16.

VIII. Zusammentreffen von Straftaten und Ordnungswidrigkeiten

Strafrechts- und Bußgeldnormen sind aus der Perspektive der für die Ahndung zuständigen Stellen materielle Ermächtigungsgrundlagen: Strafrechtsnormen ermächtigen die Gerichte und Bußgeldnormen in der Regel die Verwaltungsbehörden, für begangenes Unrecht eine Sanktion zu verhängen. Dieselbe Handlung (natürliche Handlung, rechtliche oder natürliche Handlungseinheit, siehe Rn. 24 ff.) darf gegenüber derselben Person entweder nur als Straftat mit Freiheits- oder Geldstrafe oder als Ordnungswidrigkeit mit Geldbuße geahndet werden (vgl. §§ 21, 86 OWiG). **199**

1. Materielle Gesetzeskonkurrenz

Strafrechts- und Bußgeldnorm können in materieller Gesetzeskonkurrenz zueinander stehen und sich so gegenseitig ausschließen. Das ist der Fall, wenn eine der beiden Normen (in der Regel ist das die Strafrechtsnorm) gegenüber der anderen Norm (in der Regel ist das die Bußgeldnorm) bereits dem Inhalte nach Anwendungsvorrang hat. **200**

a) Echte Mischtatbestände

Echte Mischtatbestände sind Bußgeld- bzw. Straftatbestände, bei denen die Abgrenzung von Straftat und Ordnungswidrigkeit nicht nach Tatbestandsmerkmalen, sondern durch die zur Entscheidung berufene zuständige Stelle anhand einer „Mischformel" erfolgt. Diese „Mischformel" ist vergleichbar mit dem verwaltungsrechtlichen Institut des unbestimmten Rechtsbegriffs mit Beurteilungsspielraum. Im nationalen Recht gibt es nur noch zwei echte Mischtatbestände: §§ 1, 2 WiStG und §§ 32 Abs. 1 u. 5 ArbSG.[91] Dann hat der Täter entweder die Straftat oder nur die Ordnungswidrigkeit begangen. **201**

b) Unechte Mischtatbestände

Bei den unechten Mischtatbeständen ist in der Regel der Bußgeldtatbestand das „Grund- bzw. Auffangdelikt" und wird durch ein zusätzliches bzw. schwereres Tatbestandsmerkmals zu einer Straftat hochgestuft.[92] **202**

Beispiele: Wer leichtfertig Steuern hinterzieht, handelt ordnungswidrig (§ 378 Abs. 1 S. 1 AO). Wer dies vorsätzlich tut, begeht eine Straftat (§ 370 Abs. 1 AO). Hier ist der Vorsatz das „hochstufende" Tatbestandsmerkmal.

Wer vorsätzlich ohne die nach der GewO erforderliche Erlaubnis ein Gewerbe betreibt, begeht eine Ordnungswidrigkeit (§ 144 Abs. 1 GewO). Wird die Tat „beharrlich" begangen, stellt sie eine Straftat dar (§ 148 Nr. 1 GewO).

Wer schuldhaft im Straßenverkehr mit 0,5 Promille Alkohol im Blut ein Fahrzeug führt, begeht eine Ordnungswidrigkeit (§ 24a StGB). Wer zusätzlich fahruntüchtig ist, begeht eine Straftat (§ 316 StGB). Hier ist die gesteigerte abstrakte Gefahr das zusätzliche Tatbestandsmerkmal.

In den oben genannten Beispielen kann also schon rein tatsächlich nur eine Straftat oder eine Ordnungswidrigkeit vorliegen, nicht aber beides.

---

91 KK-OWiG/*Rogall* Vor § 1 Rn. 12.
92 KK-OWiG/*Rogall* Vor § 1 Rn. 14. Vertiefungshinweis: Der Gesetzgeber kann auch umgekehrt bestimmten Bußgeldnormen Anwendungsvorrang vor einer Strafrechtsnorm einräumen. Solche Fälle werden aber immer nur die Ausnahme sein.

2. Formelle Subsidiarität (§ 21 OWiG)

203 Wird durch dieselbe Handlung gleichzeitig sowohl eine Straftat als auch eine Ordnungswidrigkeit begangen, ohne dass Bußgeld- und Straftatbestand in dem oben ausgeführten Verhältnis als echter oder unechter Mischtatbestand zueinander stehen, so wir das Konkurrenzverhältnis von Straftat und Ordnungswidrigkeit durch § 21 Abs. 1 S. 1 OWiG geregelt[93]: Nur das Strafgesetz kommt zur Anwendung. Als Ordnungswidrigkeit darf die Tat nur geahndet werden, wenn eine Strafe nicht verhängt wird, § 21 Abs. 2 StGB.

Beispiele: A fährt innerorts auf gerader Strecke ohne es zu bemerken 60 km/h und damit 10 km/h zu schnell, kann daher nicht mehr rechtzeitig bremsen und verursacht einen Auffahrunfall, bei dem der vor ihm fahrende B leichte Prellungen erleidet. Bei Tempo 50 km/h hätte er noch rechtzeitig bremsen können. Durch dieselbe Handlung (natürliche Handlungseinheit: die Fahrt mit 60 km/h bis einschließlich zum Unfall) begeht A eine Straftat (fahrlässige Körperverletzung nach § 229 StGB) und eine Verkehrsordnungswidrigkeit (fahrlässige überhöhte Geschwindigkeit nach § 24 StVG, § 49 Abs. 1 Nr. 3 i.V.m. § 3 Abs. 3 Nr. 1 StVO). Gemäß § 21 Abs. 1 S. 1 OWiG wird nur das Strafgesetz (also § 229 StGB) angewendet. Als Ordnungswidrigkeit darf die Tat von der zuständigen Behörde bzw. dem Gericht nur geahndet werden, wenn eine Strafe nicht verhängt wird (§ 21 Abs. 2 OWiG).

3. Bedeutung für das Bußgeldverfahren

204 Verfahrensrechtlich wird das Zusammentreffen von Straftat und Ordnungswidrigkeit wie folgt umgesetzt: Liegen der Verwaltungsbehörde Anhaltspunkte dafür vor, dass dieselbe Handlung nur (siehe Rn. 201 f.) oder auch (siehe Rn. 203) eine Straftat ist, so hat sie die Sache gemäß § 41 Abs. 1 OWiG an die Staatsanwaltschaft abzugeben.[94]

205 Stehen Straftat und Ordnungswidrigkeit dahingegen in Realkonkurrenz zueinander, ist die Verwaltungsbehörde für die Verfolgung und Ahndung der Ordnungswidrigkeit zuständig, wenn die Staatsanwaltschaft das Bußgeldverfahren nicht übernimmt (§ 42 OWiG).

4. Bedeutung für die gutachtliche Prüfung

206 Wenn die Ausgangsfrage lautet, ob gegen jemanden eine Geldbuße verhängt werden darf, so muss zunächst geprüft werden, ob durch die fragliche Handlung eine Straftat begangen wurde. Denn wenn die Handlung auch oder nur eine Straftat darstellt, darf die zuständige Stelle nur dann eine Geldbuße verhängen, wenn das Strafverfahren eingestellt worden ist.

207 Wenn nur danach gefragt ist, ob der Betroffene eine Ordnungswidrigkeit begangen hat, ist das zunächst auch in den Fällen, in denen gleichzeitig eine Straftat verwirklicht wurde, zu bejahen. Allerdings tritt die Ordnungswidrigkeit dann wegen materieller Gesetzeskonkurrenz oder jedenfalls gemäß § 21 Abs. 1 S. 1 OWiG hinter die Straftat zurück.

---

93 HK-OWiG/*Habetha/Ulrich* § 21 Rn. 6.
94 Vertiefungshinweis: Etwas anders gilt, wenn die Verwaltungsbehörde ausnahmsweise auch für die Verfolgung der Straftat zuständig ist wie beispielsweise die Finanzbehörde bei Steuerstraftaten..

2. Teil: Das allgemeine materielle Ordnungswidrigkeitenrecht

IX. Lösungsvorschlag

Zu Fall 1 208

T hat durch die Autofahrt zum einen eine Straftat nach § 316 Abs. 2 StGB (fahrlässige Trunkenheit im Verkehr) begangen. Nach § 316 Abs. 2 StGB macht sich nämlich strafbar, wer fahrlässig im Verkehr ein Fahrzeug führt, obwohl er infolge des Alkoholgenusses fahruntüchtig ist. Fahruntüchtig ist, wer eine Blutalkoholkonzentration (BAK) von 1,1 ‰ hat oder wer mit einer geringeren BAK (ab 0,3 ‰) fährt und zusätzlich äußere Anzeichen für eine alkoholbedingte Fahruntüchtigkeit (wie z.B. alkoholtypische Ausfallerscheinungen oder Fahrfehler) zeigt. T hat eine BAK von 0,5 Promille und fährt Schlangenlinien. Damit ist er fahruntüchtig. Im Übrigen ist sein Verhalten sorgfaltswidrig, rechtswidrig und schuldhaft.

Durch die Autofahrt hat T ebenfalls eine Ordnungswidrigkeit nach § 24a StVG (Verstoß gegen die 0,5-Promille Grenze) begangen. Allerdings tritt diese nach dem Grundsatz „Spezialgesetz vor allgemeinem Gesetz" (materielle Gesetzeskonkurrenz) hinter § 316 Abs. 2 StGB zurück. Die für die Ahndung der Ordnungswidrigkeit zuständige Behörde darf die Tat also nicht als Ordnungswidrigkeit nach § 24a StVG ahnden.

Außerdem hat T durch dieselbe Handlung (also die Autofahrt) neben der Straftat nach § 316 Abs. 2 StGB auch eine Ordnungswidrigkeit nach § 24c StVG (vorsätzlicher Verstoß gegen das Alkoholverbot für Fahranfänger*innen) begangen. Die beiden Delikte stehen nicht bereits in materieller Gesetzeskonkurrenz zueinander. Hier greift aber § 21 Abs. 1 S. 1 OWiG: Die Tat wird nur als Straftat verfolgt, die Ordnungswidrigkeit ist formell subsidiär.

Die Polizei wird den Fall zur weiteren strafrechtlichen Verfolgung der Staatsanwaltschaft vorlegen.

Zu Fall 2: 209

Zunächst ist festzustellen, dass T ab dem Zeitpunkt, zu dem er zu Hause ohne Führerschein losfuhr, bis zu dem Zeitpunkt, als er von dem Polizisten an der Ampel kontrolliert wurde, insgesamt vier Bußgeldtatbestände verwirklicht hat (fahrlässiges Nichtmitführen des Führerscheins, fahrlässige Geschwindigkeitsüberschreitung, vorsätzliches Telefonieren mit dem Handy, vorsätzlicher Verstoß gegen das Alkoholverbot für Fahranfänger*innen).

Zwischen diesen Bußgeldtatbeständen besteht keine Gesetzeskonkurrenz.

Zu prüfen ist daher, ob T alle vier Delikte oder zumindest zwei oder drei von ihnen durch eine einzige Tathandlung i.S.d. § 19 OWiG begangen hat (Tateinheit bzw. Idealkonkurrenz).

a) Eine oder mehrere natürliche Handlungen

Alle vier Delikte beruhen auf einer jeweils selbstständigen Körperbewegung und stellen damit vier natürliche Handlungen dar.

b) Natürliche Handlungseinheit

Zu prüfen ist, ob diese als eine natürliche Handlungseinheit zusammengefasst werden können. Zu einer solchen natürlichen Handlungseinheit zusammengefasst werden mehrere natürliche Handlungen dann, wenn diese auf einem einheitlichen Tatentschluss beruhen und zwischen diesen bei natürlicher Betrachtungsweise durch einen Dritten ein enger Zusammenhang (i.d.R. zeitlich und räumlich) besteht. Ein solcher einheitlicher Tatentschluss ist hier nicht ersichtlich, auch nicht bei den beiden vorsätzlich begangenen Delikten. Der vorsätzliche Verstoß gegen das Alkoholverbot wurde nur während des Telefonierens auf dem Handy begangen wurde und beide Taten beruhen nicht auf einem einheitlichen Tatentschluss.

c) Klammerwirkung

Damit bleibt abschließend zu prüfen, ob die Ordnungswidrigkeiten miteinander verklammert sind. Eine solche Klammerwirkung könnte hier von dem fahrlässigen Nichtmitführen des Führerscheins (§ 24 StVG, § 75 Nr. 4 FeV, § 4 Abs. 2 S. 2 FeV) ausgehen, da dieses Delikt während der gesamten Fahrt andauerte und erst vollendet war, als der Polizist den T kontrollierte. Dann müssten alle vier Delikte allerdings ein gemeinsames Merkmal auf der Tatbestandsseite haben. Das könnte hier das Fahren sein, denn keine der vier Taten kann begangen werden, ohne dass T das Auto fährt (der Führerschein ist nur beim Fahren mitzuführen, nur beim Fahren kann eine Geschwindigkeitsüberschreitung begangen werden, nur beim Fahren darf nicht mit dem Handy telefoniert oder Alkohol als Fahranfänger getrunken werden). Dagegen spricht allerdings, dass es sich bei dem fahrlässigen Nichtmitführen des Führerscheins um ein echtes Unterlassungsdelikt handelt. Die eigentliche Tathandlung besteht in dem Verstoß gegen das Gebot, die Fahrt nur mit Führerschein anzutreten. Damit entfaltet die Norm keine Klammerwirkung.

Es liegt hier Tatmehrheit vor. T hat also mehrere Ordnungswidrigkeiten begangen.

3. Teil: Das formelle Ordnungswidrigkeitenrecht (Bußgeldverfahren)

A. Kurzüberblick

Welche Voraussetzungen vorliegen müssen, damit ein bestimmtes menschliches Verhalten eine Ordnungswidrigkeit i.S.d. § 1 Abs. 1 OWiG darstellt, ist eine materiellrechtliche Frage und wurde bereits behandelt. Nun geht es um die Frage, welche formellen Voraussetzungen im Erkenntnisverfahren bei der Verfolgung und Ahndung einer Ordnungswidrigkeit und im Vollstreckungsverfahren bei der zwangsweisen Durchsetzung von Bußgeldentscheidungen beachtet werden müssen. Das wird im Folgenden aus der Perspektive der Verwaltungsbehörde bzw. Polizei dargestellt. 1

In Kapitel B geht es darum, genauer zu bestimmen, welchen Organen (bzw. Amtsträgern) welche Aufgaben auf dem Gebiet des Ordnungswidrigkeitenrechts zugewiesen werden und wie im Einzelfall die Zuständigkeit geregelt ist. Das OWiG bedient sich zur Zuweisung und Abgrenzung der verschiedenen Aufgaben und Zuständigkeiten der Begriffe „**Verwaltungsbehörde**", „**Staatsanwaltschaft**", „**Richter bzw. Gericht**" " sowie „**Behörden und Beamte des Polizeidienstes**" (vgl. §§ 35, 53, 56 OWiG). 2

In jeder Stufe des Erkenntnisverfahrens muss die jeweils zuständige Stelle prüfen, ob die Verfolgung und Ahndung der Ordnungswidrigkeit überhaupt zulässig ist. Welche Voraussetzungen im Detail zu beachten sind, wird in Kapitel C dargestellt. 3

Das behördliche Vorverfahren (genauer das Verwarnungsverfahren und das normale förmliche Bußgeldverfahren) werden in Kapitel D ausführlich dargestellt. 4

Wie der Betroffene durch den Einspruch Rechtsschutz gegen den Bußgeldbescheid und durch den Antrag auf gerichtliche Entscheidung Rechtsschutz gegen sonstige Maßnahmen der Verwaltungsbehörde suchen kann, wird in Kapitel E erörtert. 5

Das behördliche Vollstreckungsverfahren in seinen Grundzügen wird in Kapitel F dargestellt. 6

In Kapitel G finden Sie Muster einer schriftlichen Anhörung nach § 55 OWiG, einer Verwarnung mit Verwarnungsgeld und eines Bußgeldbescheids. 7

B. Die Zuständigkeiten

I. Ausgangsfall

T hat als Fahranfänger eine Ordnungswidrigkeit nach § 24c StVG begangen. Die Stadt Mannheim hat deswegen gegen ihn unter Berücksichtigung seiner wirtschaftlichen Verhältnisse (monatliches Taschengeld in Höhe von 100 €, im Übrigen keine Einkünfte und kein Vermögen) eine Geldbuße in Höhe von 50 € (zzgl. einer Gebühr von 25 € und einer Auslagenpauschale für die Zustellung von 3,50 €) festgesetzt. 8

T ist der Auffassung, dass die Stadt Mannheim für den Erlass des Bußgeldbescheids nicht zuständig sei. Vielmehr sei Polizist P zuständig und hätte ihn verwarnen müssen.

Aufgabe 1: Hat T Recht oder ist die Stadt Mannheim zuständig? Lösung s. Rn. 41

Aufgabe 2: Welche Behörden sind in den einzelnen Bundesländern für die Ahndung von Ordnungswidrigkeiten nach § 24c StVG sachlich zuständig? Lösung s. Rn. 42

II. Verwaltungsbehörde, Polizei, Staatsanwaltschaft und Gericht

1. Verwaltungsbehörde i.S.d. § 35 OWiG

9 Während Straftaten im Regelfall von der Staatsanwaltschaft verfolgt (ermittelt) und angeklagt werden (vgl. § 152 Abs. 2 StPO) und von Verfassung wegen nur vom Gericht geahndet werden dürfen (vgl. Art. 92 GG), werden Ordnungswidrigkeiten gemäß § 35 OWiG im Regelfall von **Verwaltungsbehörden** verfolgt und geahndet (**Primär- bzw. Erstzuständigkeit der Verwaltungsbehörde**).

10 Damit ist die Verwaltungsbehörde i.S.d. § 35 OWiG die Herrin des gesamten Bußgeldverfahrens bis einschließlich zur Ahndung der Ordnungswidrigkeit durch Erlass eines Bußgeldbescheids.[1]

In der Regel trifft sie alle zur Verfahrensführung notwendigen Entscheidungen, insbesondere die zur Ermittlung erforderlichen Anordnungen, die sie dann auch selbst oder unter Mitwirkung der Polizei ausführt. So darf sie beim Verdacht von Ordnungswidrigkeiten nach §§ 24a, 24c StVG sogar die Entnahme einer Blutprobe anordnen (§ 46 Abs. 4 S. 2 OWiG). Einige besondere grundrechtsrelevanten Ermittlungsmaßnahmen müssen allerdings von einem Richter angeordnet werden, wenn keine Gefahr im Verzug besteht (siehe Rn. 34).

11 „**Verwaltungsbehörden i.S.d. § 35 OWiG**" sind die Exekutivorgane (Behörden einer juristischen Person des öffentlichen Rechts oder Beliehene bzw. deren Organe), denen durch Gesetz (bzw. aufgrund eines Gesetzes) die **Aufgabe der Verfolgung und Ahndung von Ordnungswidrigkeiten in erster Instanz** übertragen worden ist (vgl. § 36 OWiG).[2]

12 Oft sind das zugleich die Behörden, denen auf dem einschlägigen Rechtsgebiet bereits die Wahrnehmung entsprechender verwaltungsrechtlicher Aufgaben obliegt.

Beispiele: In Baden-Württemberg obliegt in den Stadtkreisen der Gemeinde (z.B. Mannheim) die Anordnung von Verkehrszeichen nach § 45 StVO (Verwaltungsaufgabe) und zugleich die Zuständigkeit für die Verfolgung und Ahndung entsprechender Zuwiderhandlungen (§ 26 Abs. 1 S. 1 StVG i.V.m. § 2 Abs. 1 OWiZuVO BW).

13 Zwingend ist das allerdings nicht. So können die Verwaltungsaufgabe und die Aufgabe der Verfolgung und Ahndung von Ordnungswidrigkeiten auch unterschiedlichen Exekutivorganen übertragen werden.

Beispiele: Sachlich zuständig für die Anordnung von Platzverweisen sind in Baden-Württemberg u.a. auch die Organe des Polizeivollzugsdiensts (§ 105 Abs. 3 PolG BW). Die Aufgabe der Verfolgung und Ahndung einer entsprechenden Zuwiderhandlung gegen einen solchen Platzverweis des Vollzugsdiensts obliegt aber nicht einem Organ des Polizeivollzugsdiensts, sondern den Ortspolizeibehörden (§ 133 Abs. 3 S. 2 PolG BW).

14 Auch Organen des Polizeivollzugsdiensts kann die Aufgabe der Verfolgung und Ahndung von Ordnungswidrigkeiten als Verwaltungsbehörde i.S.d. § 35 OWiG übertragen werden. Insoweit werden die Organe des Polizeivollzugsdiensts dann nicht

---

[1] *Klesczewski*, Rn. 721.
[2] HK-OWiG/*Seith*, § 35 Rn. 4; *Klesczewski*, Rn. 722.

als Polizei i.S.d. §§ 53, 57 OWiG, sondern als Verwaltungsbehörde und damit als Herrin des behördlichen Bußgeldverfahrens tätig.

Beispiele: Zuständigkeit des Bundespolizeipräsidiums nach § 26 Nr. 2 Passgesetz i.V.m. § 58 Abs. 1 BPolG i.V.m. § 1 Abs. 3 Nr. 1a lit. b BPolZV

Bei einigen wenigen Ordnungswidrigkeiten wird die Aufgabe der Verfolgung und Ahndung von Ordnungswidrigkeiten der Staatsanwaltschaft übertragen. Diese ist dann sowohl „Verwaltungsbehörde i.S.d. § 35 OWiG" als auch Staatsanwaltschaft i.S.d. OWiG.

Beispiele: In Baden-Württemberg ist der Staatsanwaltschaft als „Verwaltungsbehörde i.S.d. § 35 OWiG" nach § 8 OWiZuVO Bad.-Württ. die Zuständigkeit für die Verfolgung und Ahndung von Ordnungswidrigkeiten nach dem Rechtsdienstleistungsgesetz und nach § 115 OWiG in Bezug auf Gefangene in Justizvollzugsanstalten übertragen. Damit erlässt die Staatsanwaltschaft entsprechende Bußgeldbescheide. Erhebt der Betroffene Einspruch, bearbeitet die Staatsanwaltschaft diesen zunächst in ihrer Rolle als untere Verwaltungsbehörde. Wenn der Einspruch zulässig, aber unbegründet ist, geht sie weiter nach § 69 Abs. 3 u. 4 OWiG vor.

Genauer zur sachlichen Zuständigkeit siehe Rn. 35 f.

2. Polizei (§§ 53, 57 OWiG)

a) Allgemeines

Soweit die Behörden des Polizeidienstes nicht selbst Verwaltungsbehörden i.S.d. § 35 OWiG sind (vgl. Rn. 14), sind sie Ermittlungsorgane, die die zuständige Verwaltungsbehörde nach Maßgabe von §§ 53, 57 Abs. 2, 58 OWiG unterstützen.

b) Der Begriff „Behörden des Polizeidienstes"

„Behörden des Polizeidienstes i.S.d. §§ 53, 57 Abs. 2 OWiG" sind die Exekutivorgane, denen durch Gesetz oder aufgrund eines Gesetzes die Aufgabe übertragen worden ist, selbstständig und aus eigener Initiative Ordnungswidrigkeiten zu verfolgen und anschließend der für die Ahndung zuständigen Verwaltungsbehörde zu melden (§ 53 Abs. 1 OWiG) bzw. geringfügige Ordnungswidrigkeiten im Wege der Verwarnung selbst zu ahnden (§ 57 Abs. 2 OWiG).[3]

Allgemein obliegen diese beiden Polizeiaufgaben zunächst den Behörden des **allgemeinen Polizeivollzugsdienstes der Länder** (bzw. bestimmten Amtsträgern dieser Behörde[4]).

Beispiel: In Baden-Württemberg sind grds. die Schutzpolizeien bei den regionalen Polizeipräsidien zuständig (vgl. § 1 Abs. 1 PolG BW i.V.m. § 23 Abs. 3 S. 1 DVO PolG BW). Ist die sachlich zuständige Polizeidienststelle nicht erreichbar und besteht Gefahr im Verzug, ist nach § 8 Abs. 2 S. 1 DVO PolG BW jede andere Polizeidienststelle zuständig.

Für bestimmte Ordnungswidrigkeiten können die Aufgaben nach §§ 53, 57 OWiG daneben oder ausschließlich auch anderen Exekutivorganen (bzw. bestimmten Amtsträgern) übertragen werden.

Das können Exekutivorgane sein, denen wie der allgemeinen Polizei überwiegend Vollzugsaufgaben übertragen worden sind (insbesondere **Sonderpolizeivollzugsbehörden** bzw. einige ihrer Amtsträger[5])

---

3 Vgl. HK-OWiG/*Seith*, § 53 Rn. 3.
4 Verwarnung siehe § 57 Abs. 2 OWiG; Anordnung von Untersuchungen etc. siehe § 53 Abs. 2 OWiG.
5 Im Bereich der Bundeswehr kommt aber auch eine Übertragung der Aufgaben nach §§ 53, 57 OWiG auf Berechtigte i.S.d. § 1 UZwG Bw in Betracht.

Beispiel: § 13 Abs. 1 S. 1 BPolG (Bundespolizei); § 20 Abs. 1 GüKG (Bundesamt für Güterverkehr)

21 Schließlich ist auch eine Übertragung der Aufgaben nach §§ 53, 57 OWiG durch Spezialgesetz auf die Verwaltungspolizei (Ordnungs- bzw. Sicherheitsbehörden) bzw. bestimmte Amtsträger dieser Behörden möglich.

Beispiele: In Baden-Württemberg können Gemeinden sogenannte gemeindliche Vollzugsbedienstete bestellen („kommunaler Ordnungsdienst") und diesen die in § 125 PolG i.V.m. § 31 DVO PolG bestimmten Sachaufgaben und damit insoweit auch die Zuständigkeit nach §§ 53, 57 OWiG übertragen. Zuständigkeiten nach §§ 53, 57 OWiG haben in Baden-Württemberg neben der Polizei auch die Forstschutzbeauftragten (§ 79 Abs. 2 LWaldG).

c) Die Aufgaben der Behörden des Polizeidienstes

aa) Ermittlungsmaßnahmen im Wege des ersten Zugriffs und auf Ersuchen

22 Die Behörden des Polizeidienstes dürfen nach § 53 Abs. 1 OWiG **im Wege des ersten Zugriffs** Ordnungswidrigkeiten erforschen und im eigenen Namen erste Ermittlungsmaßnahmen treffen. Dabei haben sie grundsätzlich die gleichen Befugnisse wie im Strafverfahren (z.B. erste Vernehmung des Betroffenen nach § 46 Abs. 1 OWiG, § 163a Abs. 4 StPO oder Maßnahmen zur Identitätsfeststellung).

Außerdem führen die Polizeibehörden **Ermittlungsmaßnahmen auf Ersuchen** der zuständigen Verwaltungsbehörde durch (§ 46 Abs. 1 OWiG, § 161 Abs. 1 S. 2 StPO).

23 § 53 Abs. 2 OWiG regelt, dass Beschlagnahmen, Durchsuchungen, Untersuchungen und andere Eingriffsmaßnahmen nur von Amtsträgern der Polizeibehörden angeordnet werden dürfen, die zu Ermittlungspersonen der Staatsanwaltschaft bestellt worden sind (sogenannte funktionelle Zuständigkeit)[6]. Geht es nicht um die Anordnung, sondern um die Durchführung, können auch andere Amtsträger der Polizeibehörden tätig werden.[7]

bb) Erteilung von Verwarnungen nach § 57 Abs. 2 OWiG

24 Soweit einer Behörde des Polizeidienstes für eine bestimmte Ordnungswidrigkeit die Zuständigkeit für die Aufgabe nach § 53 Abs. 1 OWiG obliegt, ist sie nach § 57 Abs. 2 OWiG auch dafür zuständig, diese mittels Verwarnung (§ 56 OWiG) zu ahnden, wenn die Ordnungswidrigkeit geringfügig ist. Die funktionelle Zuständigkeit für die Anordnung einer Verwarnung liegt bei den gemäß § 57 Abs. 2 OWiG i.V.m. § 58 OWiG dazu befugten Amtsträgern der Polizeibehörden.

3. Staatsanwaltschaft i.S.d. § 35 OWiG

25 Mit der „**Staatsanwaltschaft i.S.d. § 35 OWiG**" ist die Staatsanwaltschaft im organisatorischen Sinne (§§ 141 ff. GVG) gemeint.

---

6 Zur funktionellen Zuständigkeit vgl. *Gassner*, Kompendium Verwaltungsrecht, Rn. 247 ff.
7 HK-OWiG/*Seith*, § 53 Rn. 10.

3. Teil: Das formelle Ordnungswidrigkeitenrecht (Bußgeldverfahren)

a) Primärzuständigkeiten der Staatsanwaltschaft im Bußgeldverfahren

26 Die Primärzuständigkeit für die Verfolgung einer Ordnungswidrigkeit liegt bei der Staatsanwaltschaft als Organ der Rechtspflege[8], wenn diese Tat (Tat im prozessualen Sinne, siehe Rn. 91) nicht nur unter dem Gesichtspunkt einer Ordnungswidrigkeit, sondern auch unter dem Gesichtspunkt einer Straftat zu beurteilen ist, denn dann hat das Strafverfahren Vorrang (§ 40 OWiG). Darum muss die Verwaltungsbehörde, wenn Anhaltspunkte dafür vorhanden sind, dass die Tat eine Straftat ist, die Sache an die Staatsanwaltschaft abgeben (§ 41 Abs. 1 OWiG).

Beispiel: Die Verwaltungsbehörde (Veterinäramt) stellt bei einer Routinekontrolle fest, dass der Hundehalter E ohne vernünftigen Grund seinen Hund erschossen hat. Ob dies nur fahrlässig oder doch vorsätzlich geschah, ist noch ungewiss. E könnte also eine Ordnungswidrigkeit nach § 18 Abs. 1 Nr. 1 Tierschutzgesetz oder eine Straftat nach § 17 Nr. 1 Tierschutzgesetz begangen haben. Daher gibt die Verwaltungsbehörde den Fall an die Staatsanwaltschaft ab.[9]

27 Besteht zwischen einer Straftat, die die Staatsanwaltschaft verfolgt, ein Zusammenhang mit einer Ordnungswidrigkeit, deren Verfolgung und Ahndung eigentlich der Verwaltungsbehörde obliegt, so kann die Staatsanwaltschaft die Verfolgung der Ordnungswidrigkeit bis zum Erlass des Bußgeldbescheides übernehmen, § 42 Abs. 1 S. 1 OWiG. Das dient insbesondere der Verfahrensbeschleunigung.

Beispiel: Die Staatsanwaltschaft verfolgt den Hundehalter, der seinen Hund vorsätzlich erschossen haben soll, nach § 17 Nr. 1 Tierschutzgesetz. Es besteht der Verdacht, dass er im Zusammenhang mit der Hundehaltung auch einige Ordnungswidrigkeiten nach § 18 Tierschutzgesetz begangen hat. Diese können von der Staatsanwaltschaft in dem Strafverfahren mitverfolgt werden.

b) Sonstige Zuständigkeiten der Staatsanwaltschaft im Bußgeldverfahren

28 Im Übrigen wird die Staatsanwaltschaft im Bußgeldverfahren erst tätig, wenn der Betroffene gegen einen Bußgeldbescheid Einspruch erhoben hat und die Verwaltungsbehörde ihr den Einspruch vorlegt (§ 69 Abs. 3 u. 4 OWiG). Die Staatsanwaltschaft entscheidet dann, ob weitere Ermittlungen einzustellen sind, das Verfahren eingestellt werden sollte oder die Akten zur weiteren Entscheidung dem Gericht vorgelegt werden sollen.

29 Weitere Zuständigkeiten hat sie im Wiederaufnahmeverfahren (§ 85 Abs. 4 S. 3 OWiG) sowie im gerichtlichen Nachverfahren (§ 87 Abs. 4 S. 3 OWiG).

4. Richter und Gerichte

a) Zuständigkeit der Gerichte für die Festsetzung von Geldbußen und Nebenfolgen

30 Wenn gegen einen Bußgeldbescheid in zulässiger Weise Einspruch erhoben wurde und weder die Verwaltungsbehörde noch die gemäß § 69 Abs. 4 OWiG eingeschaltete Staatsanwaltschaft dem Einspruch abhilft, entscheiden abschließend die Gerichte über die Ahndung der Ordnungswidrigkeit. Dasselbe gilt beim zulässigen Einspruch gegen einen selbstständigen Einziehungsbescheid bzw. selbstständigen Bußgeldbescheid gegen eine juristische Person oder Personenvereinigung (§§ 87 Abs. 3 S. 2, 88 Abs. 2 S. 1 OWiG).

---

[8] Zur Ausnahme, dass die Staatsanwaltschaft die Funktion einer „Verwaltungsbehörde i.S.d. § 35 OWiG" hat, siehe bereits oben.
[9] Dieses Beispiel wurde bewusst einfach gewählt, denn hier liegt nicht nur eine Tat im prozessualen Sinne vor (wie bei § 40 OWiG ausreichend), sondern auch Idealkonkurrenz (Tateinheit).

aa) Erstinstanzliche Zuständigkeit

31 **Sachlich** zuständig sind in erster Instanz grundsätzlich die Amtsgerichte, genauer der Einzelrichter (§ 68 Abs. 1 OWiG).

Ausnahmen: Im Verfahren gegen Jugendliche und Heranwachsende ist am Amtsgericht der Jugendrichter zuständig, § 68 Abs. 2 OWiG. Bei Ordnungswidrigkeiten nach der DS-GVO mit einer Geldbuße von mehr als 100.000 € entscheiden die Landgerichte (§ 41 Abs. 1 S. 3 BDSG). Über Ordnungswidrigkeiten nach § 81 GWB entscheidet nach §§ 83, 91 GWB der Kartellsenat des OLG. Das OLG ist auch für Ordnungswidrigkeiten nach § 95 EnWG sachlich zuständig (§ 98 Abs. 1 EnWG).

Örtlich zuständig ist grundsätzlich das Amtsgericht, in dessen Bezirk die Verwaltungsbehörde, die den Bußgeldbescheid erlassen hat, ihren Sitz hat (§ 68 Abs. 1 S. 1 OWiG).[10] Durch Rechtsverordnung der Landesregierung bzw. der von dieser bestimmten Stelle kann die örtliche Zuständigkeit abweichend bestimmt werden, wenn in dem Bezirk der Verwaltungsbehörde eines Landes mehrere Amtsgerichtsbezirke oder mehrere Teile solcher Bezirke vorhanden sind (§ 68 Abs. 3 OWiG).

bb) Rechtsbeschwerde

32 Über Rechtsbeschwerden (§ 79 OWiG) gegen Entscheidungen des Amtsgerichts entscheiden die Bußgeldsenate der Oberlandesgerichte (§ 79 Abs. 3 S. 1 OWiG i.V.m. § 121 Abs. 1 Nr. 1a GVG. In Kartellsachen ist der BGH das zuständige Rechtsbeschwerdegericht (§ 84 S. 1 GWB). Eine § 84 S. 1 GWB entsprechende Vorschrift fehlt in § 41 BDSG. Ob gegen Bußgeldentscheidungen der Landgerichte Rechtsbeschwerde zum OLG oder BGH gegeben ist, ist daher umstritten.[11] Nach richtiger Rechtsauffassung ist der BGH zuständig (vgl. § 79 Abs. 3 S. 1 i.V.m. §§ 121 Abs. 1 Nr. 1 c, 135 Abs. 1 GVG).

b) Überprüfung von sonstigen Maßnahmen der Verwaltungsbehörden durch die Gerichte

33 Gegen sonstige Maßnahmen der Verwaltungsbehörde (z.B. Ablehnung eines Antrags auf Akteneinsicht, Anordnung der Blutabnahme, Anordnung von Durchsuchung oder Beschlagnahme bei Gefahr im Verzug, Verwerfung eines Einspruchs als unzulässig, Festsetzung von Gebühren und Auslagen für das Bußgeldverfahren), kann gerichtliche Entscheidung nach § 62 OWiG beantragt werden. Zuständig für die Entscheidung über die Rechtmäßigkeit der Verwaltungsmaßnahme ist nach § 62 Abs. 2 S. 1 OWiG dasselbe Gericht, das auch für die Entscheidung über die Ahndung im Falle des Einspruchs gegen den Bußgeldbescheid zuständig wäre (siehe Rn. 30).

c) Zuständigkeiten des Richters für bestimmte Ermittlungsmaßnahmen

34 In der Regel trifft wie bereits ausgeführt die Verwaltungsbehörde[12] alle zur Ermittlung des Sachverhalts erforderlichen Anordnungen selbst (siehe Rn. 10). Zwangsmaßnah-

---

10 Vertiefungshinweis: Das gilt auch, wenn die Verwaltungsbehörde unzuständig war, HK-OWiG/*Blum/Stahnke*, § 68 Rn. 4. Davon zu trennen ist die Frage, wie das Gericht im Falle der Unzuständigkeit der unteren Verwaltungsbehörde dann vorzugehen hat. Siehe dazu Rn. 47 ff.
11 Vgl. BeckOK DatenschutzR/*Brodowski/Nowak*, BDSG § 41 Rn. 37 f.; Kühling/Buchner/*Bergt*, BDSG § 41 Rn. 3.
12 Bzw. die Staatsanwaltschaft, sobald die Zuständigkeit für die Ermittlung nach Erhebung eines Einspruchs gegen den Bußgeldbescheid auf sie nach § 69 Abs. 3 OWiG übergegangen ist.

3. Teil: Das formelle Ordnungswidrigkeitenrecht (Bußgeldverfahren)

men, die erheblich in die Freiheitsrechte des Betroffenen bzw. Dritter eingreifen, bedürfen allerdings einer richterlichen Anordnung.

Beispiele: Anordnung der Vorführung des Betroffenen und der Zeugen, die einer Ladung nicht nachkommen (Richtervorbehalt nach § 46 Abs. 5 OWiG); Anordnung von Beschlagnahmen, wenn keine Gefahr im Verzug besteht (Richtervorbehalt nach § 46 Abs. 1 OWiG i.V.m. § 98 Abs. 1 S. 1 StPO); Durchsuchungen, wenn keine Gefahr im Verzug besteht (Richtervorbehalt nach § 46 Abs. 1 i.V.m. § 105 Abs. 1 StPO).

III. Die für das Vorverfahren sachlich und örtlich zuständige Verwaltungsbehörde

1. Die sachliche Zuständigkeit

Ausgangsnorm für die Bestimmung der **sachlichen Zuständigkeit** für die Verfolgung und Ahndung von Ordnungswidrigkeiten ist § 36 OWiG: 35

- Zunächst kann die sachliche Zuständigkeit durch das Gesetz, das auch den Bußgeldtatbestand enthält, geregelt sein (§ 36 Abs. 1 Nr. 1 OWiG).
  Beispiel: Ordnungswidrigkeiten nach § 114 OWiG werden gemäß § 131 Abs. 1 S. 1 Nr. 2 OWiG vom Bundesamt für Infrastruktur, Umweltschutz und Dienstleistungen der Bundeswehr (BAIUDBw) verfolgt und geahndet.
- Fehlt eine solche spezialgesetzliche Regelung, ist zu prüfen, ob sich die Zuständigkeit aufgrund einer **Rechtsverordnung** ergibt. Die Ermächtigung für deren Erlass kann ein Spezialgesetz sein. Im Übrigen ermächtigen § 36 Abs. 2 OWiG die Landesregierung bzw. § 36 Abs. 3 OWiG das zuständige Bundesministerium zum entsprechenden Erlass einer Rechtsverordnung.
  Beispiele: § 26 Abs. 1 StVG (Spezialgesetz) verpflichtet die Landesregierungen, die Zuständigkeit für Ordnungswidrigkeiten nach §§ 23 bis 24a, 24 c StVG durch Rechtsverordnung zu regeln. Dem ist die Landesregierung Baden-Württemberg durch den Erlass der OWiZuVO Bad.-Württ. nachgekommen.
  Aufgrund der Ermächtigung in § 36 Abs. 3 OWiG hat das BMVg durch Erlass der BAIUDBwOWiZustV die ihm eigentlich nach § 36 Abs. 1 Nr. 2 a) OWiG obliegende Zuständigkeit für die Verfolgung und Ahndung bestimmter Ordnungswidrigkeiten auf das BAIUDBw übertragen.
- Ist die sachliche Zuständigkeit weder durch Spezialgesetz noch durch Rechtsverordnung geregelt, greift die **Auffangregelung** nach § 36 Abs. 1 Nr. 2 OWiG.

Besteht zwischen Bußgeldnormen, für die verschiedene Behörden sachlich zuständig sind, Gesetzeskonkurrenz (siehe Teil 2 Rn. 188 ff.), ist die Behörde sachlich zuständig, die für die vorrangige Bußgeldnorm sachlich zuständig ist, da die andere Bußgeldnorm verdrängt wird und damit gar nicht zur Anwendung kommt. 36

Werden durch eine Tathandlung mehrere Bußgeldnormen tateinheitlich (§ 19 OWiG, siehe Teil 2 Rn. 198) begangen, greift § 39 OWiG.[13]

2. Die örtliche Zuständigkeit

Die örtliche Zuständigkeit ist die räumliche Zuordnung der Verwaltungsaufgabe „Verfolgung und Ahndung von Ordnungswidrigkeiten" auf eine oder mehrere aller sachlich zuständigen Verwaltungsbehörden. 37

Sie bestimmt sich zunächst nach § 37 OWiG. Danach ist die Verwaltungsbehörde örtlich zuständig, in deren Bezirk 38

---

[13] KK-OWiG/*Lutz*, § 39 Rn. 3. Das gilt ausnahmsweise auch bei tatmehrheitlich begangenen Delikten, wenn diese ausnahmsweise nur eine Tat im prozessualen Sinne bilden. In der Regel liegen bei Tatmehrheit aber auch mehrere prozessuale Taten vor.

- die Ordnungswidrigkeit begangen wurde (§ 37 Abs. 1 Nr. 1 Var. 1 OWiG)[14],
- die Ordnungswidrigkeit entdeckt wurde (§ 37 Abs. 1 Nr. 1 Var. 2 OWiG),
- der Betroffene zur Zeit der Einleitung des Bußgeldverfahrens seinen Wohnsitz[15] hat (§ 37 Abs. 1 Nr. 2 OWiG) und bei Umzug nach Einleitung des Bußgeldverfahrens zusätzlich auch die Verwaltungsbehörde des neuen Wohnsitzes (§ 37 Abs. 2 OWiG).

39 Besteht zwischen der Ordnungswidrigkeit, für deren Ahndung die sachlich zuständige Verwaltungsbehörde nach § 37 OWiG örtlich zuständig ist, ein Zusammenhang[16] mit einer anderen Ordnungswidrigkeit, für deren Verfolgung diese Verwaltungsbehörde zwar ebenfalls sachlich, aber nicht bereits nach § 37 OWiG örtlich zuständig ist, so greift § 38 S. 1 OWiG und erweitert die örtliche Zuständigkeit.[17]

40 Fallen Begehungs-, Entdeckungsort und Wohnsitz in den Bezirk derselben sachlich zuständigen Verwaltungsbehörde, so gibt es nur eine auch örtlich zuständige Behörde. Liegen die Orte in Bezirken verschiedener Verwaltungsbehörden, so sind diese nebeneinander örtlich zuständig. Anders als im Verwaltungsrecht (vgl. § 3 Abs. 1 VwVfG) besteht zwischen den einzelnen Zuständigkeiten in §§ 36 bis 38 OWiG nämlich kein Rangverhältnis.[18] Mehrfachzuständigkeiten sind daher häufig. § 39 OWiG regelt, wie in diesen Fällen vorzugehen ist.

IV. Lösungsvorschlag

41 Zu Aufgabe 1: Die Stadt Mannheim ist für den Erlass des Bußgeldbescheids zur Ahndung einer Ordnungswidrigkeit nach § 24c StVG gemäß § 36 Abs. 2 OWiG, § 26 Abs. 1 S. 1 StVG, § 2 Abs. 1 OWiZuVO BW, § 15 Abs. 1 Nr. 2 LVG BW als untere Verwaltungsbehörde zunächst sachlich zuständig. Örtlich zuständig ist die Stadt Mannheim sowohl nach § 37 Abs. 1 Nr. 1 Alt. 1 OWiG (Tatort) als auch nach § 37 Abs. 1 Nr. 1 Alt. 2 OWiG (Entdeckungsort) und nach § 37 Abs. 1 Nr. 2 OWiG (Wohnort). Neben der Stadt Mannheim wäre der Polizist P nur zuständig gewesen, wenn er die Tat mit Verwarnungsgeld geahndet hätte (vgl. §§ 56, 57 Abs. 2 OWiG).

Weder die Polizei noch die Verwaltungsbehörde sind jedoch zur Ahndung im Wege eines Verwarnungsgeldes verpflichtet, so dass hier auch offenbleiben kann, ob eine Ahndung durch Verwarnung mit Verwarnungsgeld überhaupt zulässig gewesen wäre.

42 Zu Aufgabe 2: Zuständige Verwaltungsbehörden für die Verfolgung und Ahndung von Ordnungswidrigkeiten nach § 24c StVG (sowie §§ 23 bis 24a StVG) sind[19]:

---

14 Zum Sonderfall „Schiffe mit Bundesflagge und Luftfahrzeuge mit deutschem Staatsangehörigkeitszeichen": § 37 Abs. 4 OWiG.
15 Zum Sonderfall „fehlender Wohnsitz im räumlichen Geltungsbereich des OWiG": § 37 Abs. 3 OWiG.
16 Nach § 38 S. 2 OWiG besteht ein Zusammenhang, wenn jemand mehrere Ordnungswidrigkeiten beschuldigt wird oder wenn hinsichtlich derselben Tat mehrere Personen einer Ordnungswidrigkeit beschuldigt werden.
17 HK-OWiG/*Seith*, § 38 Rn. 2.
18 HK-OWiG/*Seith*, § 37 Rn. 2.
19 Siehe beck-online, Stand 6.4.2021, Fn. 2 zu § 26 StVG.

3. Teil: Das formelle Ordnungswidrigkeitenrecht (Bußgeldverfahren)

Baden-Württemberg	die untere Verwaltungsbehörden, auf Bundesautobahnen das Regierungspräsidium Karlsruhe	VO der Landesregierung über Zuständigkeiten nach dem Gesetz über Ordnungswidrigkeiten (OWiZuVO)
Bayern	Polizeiverwaltungsamt, die Dienststellen der Landespolizei und der Bereitschaftspolizei	§ 91 ZuständigkeitsVO (ZustV)
Berlin	der Polizeipräsident in Berlin	VO über sachliche Zuständigkeiten für die Verfolgung und Ahndung von Ordnungswidrigkeiten (ZustVO-OwiG)
Brandenburg	Polizeipräsidium und die Kreisordnungsbehörden	VerkehrsordnungswidrigkeitenzuständigkeitsVO – VOWiZustV
Bremen	Ortspolizeibehörden	VO über die Zuständigkeit für die Verfolgung und Ahndung von Ordnungswidrigkeiten nach den §§ 23, 24 und 24a des StraßenverkehrsG
Hamburg	Behörde für Inneres und Sport	AnO über Zuständigkeiten auf dem Gebiet des Straßenverkehrsrechts
Hessen	in der Stadt Frankfurt der Oberbürgermeister als örtliche Ordnungsbehörde, im Übrigen das Regierungspräsidium Kassel als Bezirksordnungsbehörde	VO zur Bestimmung verkehrsrechtlicher Zuständigkeiten
Mecklenburg-Vorpommern	Landräte und die Oberbürgermeister der kreisfreien Städte	Straßenverkehr-ZuständigkeitslandesVO – StVZustLVO M-V
Niedersachsen	Landkreise und kreisfreien Städte	VO über sachliche Zuständigkeiten für die Verfolgung und Ahndung von Ordnungswidrigkeiten (ZustVO-OWi)
Nordrhein-Westfalen	Kreisordnungsbehörden	VO zur Bestimmung der für die Verfolgung und Ahndung von Verkehrsordnungswidrigkeiten zuständigen Verwaltungsbehörden
Rheinland-Pfalz	Polizeipräsidium Rheinpfalz	§ 8 LandesVO über Zuständigkeiten auf dem Gebiet des Straßenverkehrsrechts
Saarland	Landesverwaltungsamt	§ 2 StraßenverkehrszuständigkeitsG (StVZustG)
Sachsen	Große Kreisstädte Görlitz, Hoyerswerda, Plauen und Zwickau, bei Ordnungswidrigkeiten auf Bundesautobahnen die Landesdirektion Sachsen	Ordnungswidrigkeiten-ZuständigkeitsVO – OWiZuVO
Sachsen-Anhalt	Zentrale Bußgeldstelle im Technischen Polizeiamt	VO über sachliche Zuständigkeiten für die Verfolgung und Ahndung von Ordnungswidrigkeiten (ZustVO OWi)
Schleswig-Holstein	Landräte und die Bürgermeister der kreisfreien Städte	Ordnungswidrigkeiten-ZuständigkeitsVO – OWi-ZustVO
Thüringen	Zentrale Bußgeldstelle bei der Landespolizeidirektion, die Dienststellen der Polizei und Einheiten der Bereitschaftspolizei	Thüringer VO über Zuständigkeiten für die Verfolgung und Ahndung von Verkehrsordnungswidrigkeiten

C. Verfahrensvoraussetzungen und Verfahrenshindernisse

I. Ausgangsfall

43 T ist 20 Jahre alt und Inhaber einer Fahrerlaubnis der Klasse B. Seine Probezeit hat er bereits beendet. Am 1.6.2022 hält er auf der Seckenheimer Landstraße in Richtung Innenstadt an der Kreuzung Dürerstraße wegen einer roten Ampel an und trinkt eine halbe 0,33l-Bierflasche (5 % Alkohol). Das beobachtet Polizist P, der T sofort ordnungsgemäß zur Sache vernimmt und den Vorfall der Stadt Mannheim meldet. 5 Monate später wird T von der Stadt Mannheim nach § 55 OWiG angehört, weil die Polizei ihn noch nicht zu seinen wirtschaftlichen Verhältnissen befragt hat. Dann bleibt der Vorgang durch ein Büroversehen etwas liegen. Am 1.12.2022 erlässt die Stadt Mannheim einen Bußgeldbescheid, der T wenige Tage später ordnungsgemäß zugestellt wird.

Fragen: War die Verfolgung der Ordnungswidrigkeit zu diesem Zeitpunkt noch zulässig? Welche Folgen hat ein etwaiger Verstoß gegen §§ 31 ff. OWiG für den Bußgeldbescheid? Lösung s. Rn. 108

II. Einführung

1. Prüfungsschema (Zulässigkeitsvoraussetzungen)

44

Prüfungsschema: Zulässigkeitsvoraussetzungen
Zuständigkeit der handelnden Stelle
ggf. Antrag bzw. Ermächtigung
kein Verfahrenshindernis in der Person des Betroffenen – Tod des Betroffenen – Exterritorialität des Betroffenen (§§ 18 bis 20 GVG) – Betroffener ist noch nicht 14 Jahre alt – dauernde Verhandlungsunfähigkeit des Betroffenen
kein Verfahrenshindernis in Bezug auf die Tat – Verfolgungsverjährung (§§ 31 ff. OWiG) – anderweitige Anhängigkeit des Verfahrens – Verbot der doppelten Ahndung

2. Allgemeines

45 Die mit der Sache befasste Stelle muss in jeder Stufe des Erkenntnisverfahrens prüfen, ob sie zuständig ist und ob die Verfolgung und Ahndung der Ordnungswidrigkeit auch im Übrigen zulässig ist.

a) Zuständigkeit; Fehlerfolgen

46 Wie die **Zuständigkeit** ermittelt wird, wurde bereits oben ausgeführt (Rn. 35 ff.). Ist die mit der Sache befasste Verwaltungsbehörde sachlich oder örtlich unzuständig, darf sie das Bußgeldverfahren entweder schon gar nicht eröffnen oder muss ein bei ihr anhängiges Bußgeldverfahren an die zuständige Stelle formlos abgeben[20] bzw. das Bußgeldverfahren wegen Unzuständigkeit einstellen.

Beispiele: Die Verwaltungsbehörde ermittelt wegen einer Tat, die nicht nur eine Ordnungswidrigkeit, sondern auch eine Straftat darstellt. Damit verstößt sie gegen § 40 OWiG, da die Staatsanwaltschaft in diesen Fällen für die Verfolgung zuständig ist. Die Verwaltungsbehörde übermittelt ihre Akten dann formlos an die Staatsanwaltschaft (vgl. § 63 Abs. 1 OWiG).

Die Landesrundfunkanstalt X stellt bei einer unzuständigen Behörde den Antrag nach § 12 Abs. 3 Rundfunkbeitragsstaatsvertrag auf Verfolgung einer einschlägigen Ordnungswidrigkeit. Ist die Landesrundfunkanstalt X mit der formlosen Abgabe an die zuständige Verwaltungsbehörde einverstanden, so wird der Antrag dorthin weitergeleitet. Andernfalls ist das Verfahren wegen Unzuständigkeit einzustellen.

Erlässt die Verwaltungsbehörde trotz Unzuständigkeit einen Bußgeldbescheid, so ist dieser regelmäßig dennoch wirksam, denn nur besonders schwerwiegende und offenkundige Fehler (z.B. Willkür) führen zur Nichtigkeit bzw. Unwirksamkeit.[21] **47**

Nicht abschließend geklärt sind die Folgen von Zuständigkeitsverstößen für das weitere Verfahren.

Ist der Verstoß so gravierend, dass der Bußgeldbescheid ausnahmsweise unwirksam ist, stellt bei zulässigem Einspruch spätestens das Gericht das Bußgeldverfahren ein, weil ein nichtiger Bußgeldbescheid seine Funktion als Prozessvoraussetzung nicht erfüllen kann.[22] Außerdem darf ein nichtiger Bußgeldbescheid nicht vollstreckt werden. Das kann im Vollstreckungsverfahren gemäß § 103 Abs. 1 Nr. 1 OWiG geltend gemacht werden.[23]

Regelmäßig ist der Bußgeldbescheid allerdings trotz des Verstoßes wirksam. Stellt die Verwaltungsbehörde im Zwischenverfahren ihre Unzuständigkeit fest, muss sie das Verfahren nach § 46 OWiG i.V.m. § 170 Abs. 2 S. 1 StPO einstellen und ihren Bußgeldbescheid aufheben, da sie nach §§ 67 Abs. 1 S. 1, 69 Abs. 1 u. 2 OWiG zwar für die Entgegennahme des Einspruchs, dessen Prüfung auf Zulässigkeit und die Prüfung der Rücknahme ihres Bußgeldbescheids aus formellen Gründen zuständig ist, nach wie vor aber nicht in der Sache über das Ob und Wie der Ahndung (also z.B. die Höhe der Geldbuße) entscheiden darf. Bei der zuständigen Verwaltungsbehörde kann sie nach Rücknahme des Bußgeldbescheids lediglich den Erlass eines neuen Bußgeldbescheids anregen. Aus diesem Grunde muss aber auch das Gericht zur Einstellung verpflichtet sein, wenn die Unzuständigkeit der Verwaltungsbehörde erst im Gerichtsverfahren entdeckt wird. Andernfalls läge eine nicht gerechtfertigte Ungleichbehandlung des Betroffenen vor (Art. 3 Abs. 1 GG).[24] **48**

b) Sonstige Zulässigkeitsvoraussetzungen; Fehlerfolgen

Wie die übrigen Zulässigkeitsvoraussetzungen im Einzelnen zu prüfen sind, wird in den nächsten Unterkapiteln genauer dargestellt (siehe ab Rn. 51). **49**

Stellt die zuständige Stelle fest, dass diese nicht vorliegen, muss sie das Bußgeldverfahren zwingend einstellen (Einstellung aus rechtlichen Gründen). Bei einem endgültigen Verfahrenshindernis stellt die Verwaltungsbehörde das Verfahren nach § 46 **50**

---

20 Vgl. *Klesczewski*, Rn. 831 ff.
21 HK-OWiG/*Seith,* § 36 Rn. 10 u. § 37 Rn. 10; *Klesczewski*, Rn. 788.
22 HK-OWiG/*Gassner,* § 65 Rn. 19.
23 HK-OWiG/*Gassner,* § 65 Rn. 21.
24 A.A. KK-OWiG/*Kurz* § 65 Rn. 28: Mängel im Verfahren der Bußgeldbehörde, die nicht zur Nichtigkeit des Bußgeldbescheids führen, bleiben im gerichtlichen Verfahren immer unberücksichtigt, da das Gericht in der Sache selbst entscheidet.

Abs. 1 OWiG, § 170 Abs. 2 S. 1 StPO ein. Liegt ein vorübergehendes Verfahrenshindernis vor (z.B. Exterritorialität des Betroffenen) stellt die Verwaltungsbehörde das Verfahren vorübergehend ein (§ 46 Abs. 1 OWiG, § 205 StPO).[25]

Erlässt die Verwaltungsbehörde einen Bußgeldbescheid, obwohl ein erforderlicher Antrag bzw. eine erforderliche Ermächtigung nicht vorliegt oder ein Verfahrenshindernis in der Person des Betroffenen oder in Bezug auf die Tat vorliegt, ist der Bußgeldbescheid in der Regel dennoch wirksam, da wie oben bereits erörtert nur besonders gravierende und offenkundige Fehler zur Nichtigkeit führen. Allerdings muss das Verfahren dann zwingend eingestellt werden, wenn der Betroffene form- und fristgerecht Einspruch erhebt.

Erhebt der Betroffene nicht form- und fristgerecht Einspruch, wird der Bußgeldbescheid, sofern er nicht ausnahmsweise nichtig und damit unwirksam ist (nur bei besonders schwerwiegenden und offenkundigen Verstößen gegen Zulässigkeitsvoraussetzungen), dann auch materiell rechtskräftig und kann vollstreckt werden, wenn die fehlende Zulässigkeitsvoraussetzung nicht auch im Vollstreckungsverfahren zu prüfen ist.

Beispiele: Aus einem gegen einen Toten erlassenen Bußgeldbescheid kann nicht vollstreckt werden, da wegen einer Geldbuße nicht in den Nachlass vollstreckt werden darf, § 101 OWiG. Ein Bußgeldbescheid, der unter Verstoß gegen die Verjährungsvorschriften (§§ 31 OWiG) ergangen ist, darf nach Eintritt der formellen Rechtskraft vollstreckt werden, wenn der Verstoß gegen die Verjährungsvorschriften nicht ausnahmsweise wegen Willkür so gravierend war, dass er zur Nichtigkeit des Bußgeldbescheids führt.

III. Vorliegen eines erforderlichen Antrags bzw. einer erforderlichen Ermächtigung

51 Soweit nach Spezialgesetz ein Antrag (oder eine Ermächtigung) erforderlich ist, darf die Ordnungswidrigkeit nur verfolgt und geahndet werden, wenn der Antrag (die Ermächtigung) vorliegt. Solche Bußgeldtatbestände sind selten; eines der wenigen Antragsdelikte von praktischer Bedeutung ist § 12 Abs. 3 Rundfunkbeitragsstaatsvertrag.

IV. Kein Verfahrenshindernis in Bezug auf den Betroffenen

52 Gegen Diplomaten und sonstige Exterritoriale (§ 46 Abs. 1 OWiG i.V.m. §§ 18 bis 20 GVG, NATO-Truppenstatut), gegen Tote, gegen Betroffene unter 14 Jahren (vgl. § 12 Abs. 1 OWiG) und gegen dauerhaft verhandlungsunfähige Betroffene darf kein Bußgeldverfahren geführt werden.

53 Gegen Abgeordnete hingegen ist nach h.M. (und Praxis des Deutschen Bundestags) ein Bußgeldverfahren zulässig.[26] Nach anderer Auffassung soll auch das Bußgeldverfahren in den sachlichen Schutzbereich der Abgeordnetenimmunität nach Art. 46 Abs. 2 GG fallen[27].

---

25 *Klesczewski*, Rn. 831 ff.
26 OLG Düsseldorf NJW 1989, 2207; *Klesczewski*, Rn. 828.
27 BeckOK GG/*Butzer*, 45. Ed. 15.11.2020, GG Art. 46 Rn. 13.1.

V. Kein Verfahrenshindernis in Bezug auf die Tat

Ein Verfahrenshindernis liegt in Bezug auf die Tat liegt vor, soweit der hoheitliche Verfolgungsanspruch verjährt ist, wegen dieser Tat bereits ein anderes Verfahren anhängig oder der Ahndungsanspruch verbraucht ist.

1. Keine Verfolgungsverjährung

Das in der Praxis wichtigste Verfahrenshindernis ist die Verfolgungsverjährung, geregelt in §§ 31 bis 33 OWiG. Eine Ordnungswidrigkeit darf nach § 31 Abs. 1 S. 1 OWiG nicht mehr verfolgt werden, wenn sie verjährt ist. Die Verjährung tritt ein, sobald die Verjährungsfrist abgelaufen ist. Vor Ablauf der Verjährungsfrist muss also entweder die Rechtskraft des von der Verwaltungsbehörde erlassenen Bußgeldbescheids eingetreten sein oder das Gericht des ersten Rechtszugs durch Urteil bzw. Beschluss nach § 72 OWiG den Betroffenen zu einer bestimmten Geldbuße (bzw. Nebenfolge) verurteilt haben.[28] Ansonsten ist die Ahndung endgültig gescheitert.[29]

Hat der Täter mehrere Ordnungswidrigkeiten begangen (in Tateinheit nach § 19 OWiG oder in Tatmehrheit nach § 20 OWiG), ist die **Verjährung für jede Ordnungswidrigkeit separat zu ermitteln**.[30]

Beispiel: T (Fahranfänger) hat in Tateinheit vorsätzlich gegen die 0,5 Promille-Grenze verstoßen (§ 24a Abs. 1 StVG) und außerdem noch während der Fahrt weiter getrunken (§ 24c Abs. 1 Var. 1 StVG). Die Tat nach § 24a Abs. 1 StVG verjährt nach 2 Jahren, die Tat nach § 24c Abs. 1 StVG nach 6 Monaten (siehe Rn. 67).

Bei der Prüfung, ob eine Ordnungswidrigkeit verjährt ist, bietet sich folgender Prüfungsaufbau an:
- **Beginn der Verjährung:** Hat die Verjährung begonnen, wenn ja, wann?
- **Dauer der Verjährungsfrist**: Wie lang ist die Verjährungsfrist?
- **Eintritt der Verjährung:** Ist die Verjährung eingetreten, wenn ja, wann?
  - Ruhen der Verjährung (§ 32 OWiG)
  - Unterbrechung der Verjährung (§ 33 OWiG)

Außerdem ist es hilfreich, sich anhand eines konkreten Beispiels die genaue Berechnung zu merken, auf die Unterschiede der Berechnung und der Bedeutung der Verjährung in anderen Rechtsgebieten zu achten und die Berechnung der Verjährungsfrist streng von der Berechnung von Rechtsbehelfsfristen zu trennen:

Verjährung einer Ordnungswidrigkeit[31] **(bei dreijähriger Verjährungsfrist):** Wenn die Verjährungsfrist drei Jahre beträgt und die Tat am 8.3.2021 beendet wurde, so tritt mit Ablauf des 7.3.2024 die Verjährung ein (unabhängig davon, ob dies ein Samstag, Sonntag oder Feiertag ist). Am 8.3.2024 ab 0.00 Uhr morgens darf die Tat also nicht mehr verfolgt und geahndet werden. Die Verjährung ist von Amts wegen zu beachten und stellt ein Verfolgungshindernis dar.

(Beachte: § 46 Abs. 1 OWiG i.V.m. § 43 StPO gilt nur für Rechtsbehelfsfristen, nicht für die Verjährung[32]*).*

---

28 Das Urteil (bzw. der Beschluss nach § 72 OWiG) des ersten Rechtszugs muss noch nicht rechtskräftig sein, denn sobald das Urteil verkündet ist, löst dieses Ereignis nach § 32 Abs. 2 OWiG die Hemmung des Ablaufs der Verjährungsfrist aus. Zum Streit, ob es beim Beschluss auf die Unterzeichnung oder Absendung ankommt, vgl. HK-OWiG/*Louis*, § 32 Rn. 18.
29 Wie lange die zuständige Stelle Zeit hat, eine rechtskräftig festgesetzte Geldbuße zu vollstrecken, bestimmt sich nach § 34 OWiG.
30 BGH NStZ-RR 2019, 108; HK-OWiG/*Louis*, § 31 Rn. 15.
31 Gleiches gilt für die Verjährung von Straftaten, vgl. MüKoStGB/*Mitsch*, StGB § 78 Rn. 20.
32 HK-OWiG/*Louis* § 32 Rn. 38; *Wieser* S. 76.

Unterscheide die Verjährung eines zivilrechtlichen Anspruchs (bei dreijähriger regelmäßiger Verjährungsfrist): Am 8.3.2021 ist der Anspruch des G gegen S entstanden. Unterliegt dieser Anspruch der regelmäßigen Verjährungsfrist (§ 195 BGB), so gilt: Wenn G von dem Anspruch seit dem 10.4.2022 Kenntnis hat und vorher den Anspruch auch nicht kennen musste, wird die Verjährung am 31.12.2022 „ausgelöst". Fristbeginn ist nach § 187 Abs. 1 BGB der 1.1.2023. Mit Ablauf des 31.12.2025 tritt (bei regelmäßiger 3-jähriger Verjährungsfrist nach § 195 BGB) die Verjährung ein, § 188 Abs. 2 Hs. 1 BGB. Die Verjährung ist nur eine Einrede, sie muss also von dem Gläubiger geltend gemacht werden.

(Hinweis: Im Verwaltungsrecht ist die Verjährung komplizierter. Im Abgabenrecht gelten die Sonderregeln der §§ 169 bis 171 AO. Hier bedeutet die Verjährung das Erlöschen des Anspruchs. Bei sonstigen öffentlich-rechtlichen Ansprüchen ist das sehr unterschiedlich geregelt, teilweise gelten die Regeln des BGB.[33])

Unterscheide die Berechnung von Rechtsbehelfsfristen: Wenn der Bußgeldbescheid am Montag, den 8.3.2021 zugestellt wird, so hat der Betroffene zwei Wochen Zeit, Einspruch zu erheben (§ 67 Abs. 1 S. 1 OWiG). Die Einspruchsfrist endet mit Ablauf von Montag, den 22.3.2021 um 24.00 Uhr. Wenn ein Verwaltungsakt am Montag, den 8.3.2021 bekannt gegeben wurde, so hat der Betroffene bei ordnungsgemäßer Rechtsbehelfsbelehrung einen Monat Zeit, Widerspruch zu erheben (§ 70 VwGO). Die Widerspruchsfrist endet mit Ablauf von Donnerstag, den 8.4.2021 um 24.00 Uhr.

a) Beginn der Verjährung

59 Auslösendes Ereignis, das den Lauf der Verjährung in Gang setzt, ist nach § 31 Abs. 3 S. 1 OWiG für alle Deliktsarten grundsätzlich die **Beendigung der Handlung**. Eine Sonderregelung enthält § 31 Abs. 3 S. 2 OWiG für das vollendete Erfolgsdelikt: Tritt der Erfolg (Verletzung oder konkrete Gefährdung) erst nach Beendigung der Handlung ein, so beginnt die Verjährung erst mit dem **Zeitpunkt des Erfolgseintritts**.

Beachte: Streng zu unterscheiden von der (tatsächlichen) Beendigung der Handlung ist die (rechtliche) Vollendung der Ordnungswidrigkeit. Eine Ordnungswidrigkeit ist zu dem Zeitpunkt vollendet, zu dem der Betroffene den gesetzlichen Tatbestand der Bußgeldnorm erfüllt hat. Beendet ist eine Ordnungswidrigkeit, wenn der Verstoß gegen die bußgeldbewehrte Verbots- oder Gebotsnorm nicht mehr andauert. Vollendung und Beendigung einer Ordnungswidrigkeit müssen also nicht zwingend zusammenfallen.

aa) Schlichte Tätigkeitsdelikte

60 Ein **schlichtes Tätigkeitsdelikt in Form eines Begehungsdelikts** ist zu dem Zeitpunkt beendet, zu dem der Betroffene durch sein aktives Tun nicht mehr gegen die bußgeldbewehrte Verbotsnorm verstößt. Der Verjährungsbeginn wird dann mit der Aufgabe bzw. dem Abschluss der verbotenen Handlung ausgelöst.

61 Das gilt zunächst für alle schlichten Tätigkeitsdelikten in Form eines **Zustandsdelikts**. Zustandsdelikte sind Delikte, bei denen bereits die Schaffung eines rechtswidrigen Zustands die tatbestandsmäßige Handlung darstellt. Hier besteht dann die Schwierigkeit darin, zwischen einer Tat (natürlicher Handlungseinheit) und Tatmehrheit abzugrenzen (siehe 2. Teil Rn. 26 f.).

Beispiele: Nach § 28 Abs. 1 Nr. 1 GastG handelt ordnungswidrig, wer vorsätzlich oder fahrlässig eine Gaststätte ohne die erforderliche Erlaubnis betreibt. Gastwirt G beginnt am 01.03. ohne die erforderliche Erlaubnis den Betrieb seiner Gaststätte. Am 04.03. stellt er den Betrieb um 12.00 Uhr wieder ein. § 28 Abs. 1 Nr. 1 GastG ist ein sogenanntes Zustandsdelikt. Bereits am

---

33 Vgl. Stelkens/Bonk/Sachs/*Sachs*, VwVfG § 53 Rn. 5 ff.

01.03. mit Betriebsbeginn hat G die Ordnungswidrigkeit nach § 28 Abs. 1 Nr. 1 GastG vollendet. Er verstößt jedoch auch am 02.03, am 03.03. und am 04.03 bis 12.00 Uhr gegen die bußgeldbewehrte Erlaubnispflicht. Bei natürlicher Betrachtungsweise stellt der mehrere Tage andauernde Verstoß gegen die Erlaubnispflicht eine Handlungseinheit dar, weil er auf einem Tatentschluss beruht und die einzelnen natürlichen Handlungen in einem räumlichen und zeitlichen Zusammenhang stehen (natürliche Handlungseinheit, siehe 2. Teil Rn. 27). Damit begeht G über den gesamten Zeitraum vom 01.03. bis zum 04.03. nur eine Ordnungswidrigkeit nach § 28 Abs. 1 Nr. 1 GastG. Beendet ist die Tat am 04.03. (um 12.00 Uhr). Mit der Beendigung wird der Verjährungsbeginn ausgelöst. Zugleich ist der 04.03. der erste Tag der Verjährungsfrist.

Der oben genannte Grundsatz gilt aber auch für schlichte Tätigkeitsdelikte in Form eines **Dauerdelikts**, die von der Literatur allerdings oft als Sonderfall behandelt werden[34]. Unter einem Dauerdelikt versteht man ein Delikt, bei dem die Tathandlung im Unterschied zu dem oben dargestellten Zustandsdelikt bereits von Gesetzes wegen zwingend eine gewisse Zeit andauert, da die Tathandlung darin besteht, zu einem bestimmten Zeitpunkt einen rechtswidrigen Zustand zu schaffen und diesen dann über einen bestimmten Zeitraum aufrechtzuerhalten. Die Verjährung beginnt dann erst mit der Wiederherstellung des rechtmäßigen Zustands, denn solange der rechtswidrige Zustand andauert, dauert auch der Verstoß gegen die bußgeldbewehrte Verbotsnorm an. **62**

Beispiel: Wer sein Auto verbotswidrig parkt, begeht eine Ordnungswidrigkeit nach § 24 StVG, § 49 Abs. 1 Nr. 12 i.V.m. § 12 Abs. 3 StVO, und zwar ein Dauerdelikt. Denn die Tathandlung „verbotswidrig parken" besteht nach § 12 Abs. 2 u. 3 StVO darin, das Auto zunächst in das Parkverbot zu fahren sowie dort anzuhalten (Schaffung des rechtswidrigen Zustands) und dann entweder das Auto zu verlassen oder länger als 3 Minuten zu halten (Aufrechterhaltung des rechtswidrigen Zustands). Wer also ins Parkverbot fährt, dort hält, das Auto nicht verlässt und erst 2 Minuten hält, handelt noch nicht tatbestandsmäßig. Vollendet ist das Dauerdelikt, wenn der Fahrer das Auto verlässt oder länger als 3 Minuten parkt. Beendet ist das Dauerdelikt erst, wenn der Verstoß gegen das Parkverbot aufhört, wenn also das Auto aus dem Parkverbot weggefahren wird oder das Parkverbot von der zuständigen Behörde aufgehoben wird. Auch hier besteht die Schwierigkeit darin, natürliche Handlungseinheit und Tatmehrheit voneinander abzugrenzen (siehe 2. Teil Rn. 187).

Ein **schlichtes Tätigkeitsdelikt in Form eines Unterlassungsdelikts** ist beendet, sobald der Betroffene die gebotene, bisher aber unterlassene Handlung nachholt oder sobald das Gebot weggefallen ist. Der Verjährungsbeginn tritt dann mit Erfüllung bzw. Wegfall des Gebots ein. **63**

Beispiel: Wer es vorsätzlich oder fahrlässig unterlässt, den Umzug in eine neue Wohnung innerhalb von zwei Wochen der neuen Wohnsitzgemeinde anzuzeigen, begeht ein schlichtes Unterlassungsdelikt nach § 54 Abs. 2 Nr. 1 BMG. Vollendet ist die Tat bereits dann, wenn die 2 Wochen abgelaufen sind, ohne dass sich der Meldepflichtige angemeldet hat. Beendet ist die Tat nach 2 Wochen aber noch nicht. Denn die bußgeldbewehrte Meldepflicht nach § 17 Abs. 1 BMG erlischt nicht mit Ablauf der 2 Wochen, sondern besteht, solange der Meldepflichtige am neuen Wohnort eine Wohnung hat. Damit wird der Verjährungsbeginn grundsätzlich erst dann ausgelöst, wenn der Meldepflichtige die Anmeldung nachgeholt hat (also das Gebot erfüllt hat) oder in eine andere Gemeinde umgezogen ist (also das Gebot weggefallen ist). Andernfalls läuft gar keine Verjährungsfrist.

bb) Erfolgsdelikte

Beim Erfolgsdelikt fallen der Zeitpunkt der Vollendung des Tatbestands und der Zeitpunkt der tatsächlichen Beendigung i.d.R. zusammen. Denn mit Eintritt des Tater- **64**

---

[34] Vgl. HK-OWiG/*Louis* § 31 Rn. 29.

folgs ist die Tat vollendet und regelmäßig beginnt nach § 31 Abs. 3 S. 2 OWiG dann auch die Verjährung.

Beispiel: Die leichtfertige Steuerverkürzung (§ 378 AO) ist mit Eintritt des Tatererfolgs vollendet und beendet. Beispielsweise beginnt die Verjährung der leichtfertigen Verkürzung der Einkommensteuer in dem Zeitpunkt, zu dem der Einkommensteuerbescheid mit der aufgrund der unrichtigen Erklärung zu niedrig festgesetzten Steuer bekannt gegeben wird.

b) Dauer der Verjährungsfrist

65 Die Dauer der Verjährungsfrist kann spezialgesetzlich geregelt sein (z.B. § 26 Abs. 3 StVG, § 384 AO, § 81g Abs. 1 S. 2 GWB).

66 Ansonsten ist sie nach § 31 Abs. 2 OWiG und damit nach dem Höchstmaß der **gesetzlich** angedrohten Geldbuße zu bestimmen. Irrelevant für die Ermittlung des Höchstmaßes nach § 31 Abs. 2 OWiG ist, welche genaue Geldbuße ein etwaiger Bußgeldkatalog vorsieht bzw. wie das Bußgeld im konkreten Einzelfall bemessen wird; maßgeblich ist allein das formelle Gesetz[35]:

- Das Höchstmaß kann spezialgesetzlich für den jeweiligen Bußgeldtatbestand geregelt sein (z.B. § 54 Abs. 3 BMG oder § 24a Abs. 4 StVG). Unterscheidet der Bußgeldtatbestand nicht zwischen der Höhe des Bußgelds für Vorsatz- und Fahrlässigkeitstaten, so beträgt das gesetzliche Höchstmaß für die Fahrlässigkeitstat gemäß § 17 Abs. 2 OWiG nur die Hälfte.
- Enthält der Bußgeldbescheid keine Angaben zum Höchstmaß, greift § 17 OWiG (1.000 € bei Vorsatztat nach § 17 Abs. 1 OWiG; 500 € bei Fahrlässigkeit nach § 17 Abs. 2 OWiG).

---

35 Vgl. *Mitsch* § 24 Rn. 31.

3. Teil: Das formelle Ordnungswidrigkeitenrecht (Bußgeldverfahren)

Verjährungsfrist	Beispiele
I. Nach Spezialgesetz	
§ 26 Abs. 3 StVG → 3 Monate, wenn weder ein Bußgeldbescheid erlassen noch öffentliche Klage erhoben wurde; danach 6 Monate	§ 24 StVG i.V.m. § 49 Abs. 1 Nr. 12 StVG, § 12 Abs. 3 StVO (vorsätzlicher oder fahrlässiger Parkverstoß)
II. Nach § 31 Abs. 2 StVG	
Geldbuße > 15.000 € → 3 Jahre	§ 54 Abs. 1 BMG (vorsätzliches[36] Anbieten einer Wohnanschrift an einen Dritten zum Schein), weil die Tat nach § 54 Abs. 3 BMG mit bis zu 50.000 € geahndet werden kann.
Geldbuße > 2.500 € bis 15.000 € → 2 Jahre	§ 24a Abs. 1 StVG (vorsätzlicher Verstoß gegen die 0,5-Promille Grenze), weil die Tat nach § 24a Abs. 4 StVG mit bis zu 3.000 € geahndet werden kann.
Geldbuße > 1.000 € bis 2.500 € → 1 Jahr	§ 24a Abs. 3 StVG (fahrlässiger Verstoß gegen die 0,5-Promille Grenze), weil die Tat nach § 24a Abs. 4 StVG, § 17 Abs. 2 OWiG mit bis zu 1.500 € geahndet werden kann.
Geldbuße bis 1.000 € → 6 Monate	§ 24c Abs. 1 StVG (vorsätzlicher Verstoß von Fahranfängern gegen das absolute Alkoholverbot), weil die Tat nach § 17 Abs. 1 OWiG mit bis zu 1.000 € geahndet werden kann. Wird die Tat fahrlässig begangen (§ 24c Abs. 2 StVG) beträgt das Höchstmaß nach § 17 Abs. 2 OWiG zwar nur 500 €. Für die Verjährung macht das aber keinen Unterschied. Auch diese verjähren nach 6 Monaten.

c) Eintritt der Verjährung

Die Verjährung tritt ein, sobald die Verjährungsfrist abgelaufen ist. Vor Ablauf der Verjährungsfrist muss also entweder die Rechtskraft des von der Verwaltungsbehörde erlassenen Bußgeldbescheids eingetreten sein oder das Gericht des ersten Rechtszugs durch Urteil bzw. Beschluss nach § 72 OWiG den Betroffenen zu eine bestimmten Geldbuße (bzw. Nebenfolge) verurteilt haben.[37] Ansonsten ist die Ahndung endgültig gescheitert.

Wie bereits oben dargestellt, muss die Verjährung also überhaupt erst einmal nach § 31 Abs. 3 OWiG begonnen haben (Rn. 59ff.).

Außerdem darf sie nicht nach § 32 Abs. 1 OWiG oder § 153a Abs. 3 StPO **ruhen** (genauer siehe Rn. 72 f.).

Beispiel: Diplomat A, den sein Land nach Deutschland als Botschafter entsandt hat, hat am 9.3.2021 vorsätzlich eine Ordnungswidrigkeit nach § 24a StVG begangen. Solange er Botschafter ist, ruht die Verjährung nach § 32 Abs. 1 S. 1 OWiG, weil er gemäß § 18 GVG nicht verfolgt werden darf. In der Zeit, in der die Verjährung ruht, stoppt der Ablauf der Verjährungsfrist. Wenn A nun 10 Jahre später nicht mehr Botschafter ist, fängt genau zu diesem Zeitpunkt (Beispiel 9.3.2031) die Frist an zu laufen.

Bestimmte Verfahrenshandlungen **unterbrechen** die Verjährung und lösen einen neuen Fristbeginn aus (§ 33 OWiG). Allerdings kann durch diese Verfahrenshandlungen die tatsächliche Dauer der rechnerischen „Gesamtverjährungsfrist" nicht ins Unendliche verlängert werden. Die „absolute Gesamtverjährungsfrist" beträgt das Dop-

---

36 Die fahrlässige Begehung stellt keine Ordnungswidrigkeit dar.
37 Das Urteil bzw. der Beschluss des ersten Rechtszugs muss noch nicht rechtskräftig sein, denn sobald es ergangen ist, löst dieses Ereignis nach § 32 Abs. 2 OWiG die Hemmung des Ablaufs der Verjährungsfrist aus.

pelte der gesetzlichen Verjährungsfrist (zur Besonderheit beim Zusammentreffen mit Straftaten siehe Rn. 83), mindestens jedoch 2 Jahre. Genauer dazu siehe unten unter Rn. 74 ff..

aa) Ruhen der Verjährung

72 Ruhen der Verjährung bedeutet, dass die Verjährungsfrist gestoppt wird und so lange nicht weiter läuft, wie das Ereignis, das das Ruhen ausgelöst hat, andauert.[38]

73 Die Verjährung ruht,
- solange die Verfolgung aus rechtlichen Gründen verboten ist, nicht aber, wenn lediglich der Antrag oder die Ermächtigung fehlen (§ 32 Abs. 1 OWiG);
Beispiele: Aussetzen des Verfahrens zur Vorlage an das BVerfG nach Art. 100 Abs. 1 S. 1 GG; Exterritorialität des Betroffenen nach §§ 18 bis 20 GVG; Aussetzung des Steuerordnungswidrigkeiten- bzw. Steuerstrafverfahrens (§§ 410 Abs. 1 Nr. 5, 396 Abs. 3 AO).[39]
- solange das vor Ablauf der Verjährungsfrist ergangene erstinstanzliche Urteil (bzw. Beschluss nach § 72 OWiG) noch nicht rechtskräftig ist (§ 32 Abs. 2 OWiG);
Beachte: Somit läuft also während des gesamten Rechtsbeschwerdeverfahrens keine Verjährungsfrist.
- solange in einem Strafverfahren die für die Erfüllung der Auflagen und Weisungen gesetzte Frist läuft (§ 153a Abs. 3 StPO)[40].

bb) Unterbrechung der Verjährung (§ 33 OWiG)

74 Unterbrechung der Verjährung bedeutet, dass die Verjährung erneut beginnt (§ 33 Abs. 3 S. 1 OWiG). Sind jedoch seit Beginn der Verjährung das Doppelte der gesetzlichen Verjährungsfrist, mindestens jedoch zwei Jahre verstrichen, endet die Verjährung endgültig (§ 33 Abs. 3 S. 2 OWiG).

75 Durch welche Verfahrenshandlungen der Verwaltungsbehörde, der Polizei, der Staatsanwaltschaft oder des Gerichts bzw. des Richters im Bußgeldverfahren die Verjährung unterbrochen wird, regeln § 33 Abs. 1 i.V.m. Abs. 2 OWiG.

Beachte: Wird bzw. wurde die Ordnungswidrigkeit in einem Strafverfahren verfolgt, greifen § 33 Abs. 1 u. 2 OWiG nicht direkt, aber über § 33 Abs. 4 S. 2 OWiG entsprechend (siehe Rn. 83). Verfahrenshandlungen in einem vorgeschalteten oder parallel laufenden Verwaltungsverfahren (z.B. Anhörung nach § 28 VwVfG) hingegen sind für das Bußgeldverfahren unbeachtlich.

76 § 33 Abs. 1 S. 1 Nr. 13 bis 15 OWiG betreffen Fälle, in denen die Staatsanwaltschaft die Ordnungswidrigkeit im Rahmen eines Strafverfahrens verfolgt. § 33 Abs. 1 S. 1 Nr. 8 und 10 bis Nr. 12 OWiG betreffen ausschließlich Verfahrenshandlungen, die außerhalb des bei der Verwaltungsbehörde anhängigen Vorverfahrens oder Zwischenverfahrens vorgenommen werden.

77 Einschlägig in jedem eingeleiteten Bußgeldverfahren ist zumindest die Unterbrechung nach § 33 Abs. 1 Nr. 1 OWiG. Diese soll hier daher etwas ausführlicher erörtert werden.

---

[38] *Mitsch,* § 24 Rn. 35.
[39] Vgl. HK-OWiG/*Louis,* § 32 Rn. 3.
[40] HK-OWiG/*Louis,* § 32 Rn. 11.

3. Teil: Das formelle Ordnungswidrigkeitenrecht (Bußgeldverfahren)

Verfahrensabschnitt: Einleitung des Ermittlungsverfahrens (§ 33 Abs. 1 Nr. 1 OWiG)

Die Verfahrenshandlung, die in diesem Verfahrensabschnitt zur Unterbrechung führt, ist die der in § 33 Abs. 1 S. 1 Nr. 1 OWiG aufgezählten Verfahrenshandlungen, die zeitlich betrachtet von der Verwaltungsbehörde (oder der Polizei) zuerst vorgenommen wurde, wie beispielsweise:
- die Vernehmung des Betroffenen gemäß § 53 Abs. 1 S. 2 OWiG, § 163a Abs. 4 StPO durch die Polizei, die den Betroffenen noch an Ort und Stelle zur Rede stellt
- die Mitteilung des Sachbearbeiters der nicht nur für das Verwaltungsverfahren, sondern auch für das Bußgeldverfahren zuständigen Verwaltungsbehörde (§ 35 OWiG) bei einem verwaltungsrechtlichen Vororttermin (z.B. Nachschau nach § 29 Abs. 2 GewO) an den Kontrollierten, dass gegen ihn nun wegen eines bei dieser Verwaltungskontrolle festgestellten Verstoßes eine Geldbuße festgesetzt werde, soweit diese Mitteilung für den objektiven Empfänger nicht nur die Androhung der Einleitung eines Bußgeldverfahrens, sondern bereits die Bekanntgabe der Einleitung darstellt
- die elektronische Anordnung durch den Sachbearbeiter der zuständigen Verwaltungsbehörde (§ 35 OWiG), dass vom Programm ein an den Betroffenen gerichteter Anhörungsbogen zum Tatvorwurf erstellt wird, bzw. das Erstellen und Unterschreiben eines schriftlichen Anhörungsbogens, wenn das Bußgeldverfahren nicht über ein elektronisches Programm geführt wird, in dem elektronische Anordnungen gespeichert werden (auch dann, wenn der Anhörungsbogen dem Betroffenen z.B. wegen eines Fehlers bei der Post tatsächlich nie zugeht)

Beachte:
- **Nur die erste** der oben beschriebenen Verfahrenshandlungen führt zur Unterbrechung. Weitere Anhörungen des Betroffenen unterbrechen die Verjährung nicht.
- Der Bekanntgabe der Einleitung des Bußgeldverfahrens steht die Gewährung von Akteneinsicht an den Betroffenen oder Verteidiger gleich, wenn und soweit sich aus der Akte der Verfolgungswille der Verwaltungsbehörde gegen den Betroffenen ergibt (also beispielsweise nicht in Bezug auf Sachverhalte, die in der Akte noch gar nicht vorhanden sind)[41]
- Anhörungen im Verwaltungsverfahren (§ 28 VwVfG) unterbrechen die Verjährung nicht, Anhörungen im Strafverfahren schon (§ 33 Abs. 4 S. 2 OWiG, siehe auch Rn. 83).
- Wird der Betroffene noch nicht als Betroffener angehört, sondern beispielsweise als Zeuge, weil seine Täterschaft noch unbekannt ist, tritt keine Unterbrechung ein.
- Die Unterbrechung tritt nur gegenüber demjenigen ein, an den als Betroffenen sich die Anhörung richtet, nicht gegenüber einem Dritten (siehe auch noch einmal Rn. 79).

Im Übrigen führen nach § 33 Abs. 1 OWiG nur folgende Verfahrenshandlungen im behördlichen Bußgeldverfahren zur Unterbrechung der Verfolgungsverjährung: **78**
- richterliche Vernehmung des Betroffenen oder eines Zeugen (bzw. ihre Anordnung)
- Gutachtenauftrag an einen Sachverständigen gemäß §§ 72 ff. StPO nach Vernehmung des Betroffenen bzw. Bekanntgabe der Einleitung des Ermittlungsverfahrens (nicht aber Nachfragen oder Bitten um Amtshilfen bei anderen Stellen; es sei denn, es handelt sich hierbei um eine gesetzlich bestimmte Anhörung der anderen Behörde i.S.d. § 33 Abs. 1 Nr. 7 OWiG wie bei § 411 AO, § 38 Abs. 5 MOG oder § 39 Abs. 2 S. 2 OWiG[42]).
- Beschlagnahme- und Durchsuchungsanordnungen
- vorläufige Einstellung wegen Abwesenheit des Betroffenen und anschließende weitere Ermittlungsmaßnahmen (dazu genauer Rn. 159)
- Ersuchen um Untersuchungshandlungen im Ausland
- Erlass bzw. Zustellung des Bußgeldbescheids

Die Unterbrechung tritt nur gegenüber demjenigen ein, gegen den als namentlich bekannten Betroffenen (§ 14 OWiG) sich das Bußgeldverfahren richtet, § 33 Abs. 4 **79**

---
41 BGH NStZ 2008, 214; Saarländisches OLG (Saarbrücken) ZfSch 2009, 532.
42 HK-OWiG/*Louis* § 33 Rn. 28.

S. 1 OWiG. Soweit die Verfahrenshandlung nicht der umfassenden Sachaufklärung dient, sondern sich unmittelbar an den Betroffenen als Adressaten richtet, tritt die Unterbrechung außerdem nur gegenüber dem Betroffenen ein, an den sich die Verfahrenshandlung richtet.

Beispiel: Wird wegen einer etwaigen Ordnungswidrigkeit nach dem Fahrpersonalgesetz ein Bußgeldverfahren gegen den Lkw-Fahrer A und den Unternehmer B geführt, so bewirkt die erste Anhörung von A nur diesem gegenüber eine Unterbrechung nach § 33 Abs. 1 S. 1 Nr. 1 OWiG. Wird in dem Bußgeldverfahren gegen A und B von der Verwaltungsbehörde die Beschlagnahme der Tachoscheiben angeordnet, so wirkt diese Verfahrenshandlung gemäß § 33 Abs. 4 S. 1 OWiG gegenüber beiden.

80 Die Unterbrechungshandlungen umfassen den gesamten Lebenssachverhalt, der als eine Tat im prozessualen Sinne verfolgt wird, unter allen rechtlichen Gesichtspunkten.[43]

Beispiel: T wird in der ersten Vernehmung durch den Polizisten P an der Ampel vorgeworfen, er habe vorsätzlich gegen das Alkoholverbot für Fahranfänger verstoßen (§ 24c Abs. 1 StVG). Später stellt sich heraus, dass T nicht wusste, aber hätte wissen müssen, dass die Flasche Alkohol enthielt (§ 24c Abs. 2 StVG). Dazu wird er noch einmal angehört. Die Berechnung der Verjährungsfrist bestimmt sich nach der Fahrlässigkeitstat nach § 24c Abs. 2 StVG (was hier aber keine Rolle spielt, da beide Taten nach 6 Monaten verjähren). Aber nur die erste Vernehmung durch den Polizisten an der Ampel unterbricht nach § 33 Abs. 1 S. 1 Nr. 1 OWiG die Verjährung, auch wenn die Vernehmung sich auf die vorsätzliche Begehungsweise bezog.

81 Werden mehrere Taten im prozessualen Sinne in einem Verfahren verfolgt, so kommt es darauf an, ob sich die Verfahrenshandlung nach dem objektiv erkennbaren Willen der handelnden Stelle nur auf einen Teil der Taten beziehen soll. Ansonsten bezieht sich die Unterbrechungshandlung auf alle verfolgten Taten.[44]

Beispiel: Gegen T wird das Bußgeldverfahren nach § 24c Abs. 1 StVG geführt. Außerdem soll er gegen die Meldepflicht nach § 17 Abs. 1 BMG verstoßen haben und sich nicht bei der neuen Wohnsitzgemeinde angemeldet haben (Ordnungswidrigkeit nach § 54 Abs. 2 Nr. 1 BMG). Wird zu dem Verstoß gegen die Meldepflicht die richterliche Vernehmung eines Zeugen angeordnet, so unterbricht diese Anordnung nur die Verjährung der Ordnungswidrigkeit nach § 54 Abs. 2 Nr. 1 BMG. Wird an T hingegen ein Anhörungsschreiben zu beiden Ordnungswidrigkeiten verschickt, so unterbricht die Anordnung dieser Anhörung die Verjährung von beiden Ordnungswidrigkeiten.

---

43 HK-OWiG/*Louis* § 33 Rn. 60.
44 HK-OWiG/*Louis* § 33 Rn. 60.

Die Unterbrechung der Verjährung nach § 33 Abs. 1 OWiG anhand eines Beispielsfalles		82
Sachverhalt	**Rechtliche Würdigung**	
T trinkt wissentlich als Fahranfänger beim Stopp an einer Bahnüberfahrt eine Flasche alkoholhaltiges Bier. Mit dem Trinken startet er am 1.3.2021 um 23.59 Uhr. Am 2.3.2021 um 0.03 Uhr hat er die Flasche ausgetrunken.	Damit hat T am 1.3.2021 eine Ordnungswidrigkeit nach § 24c Abs. 1 StVG begangen (vollendet). Beendet ist die Tat am 2.3.2021. Das ist auch der Verjährungsbeginn (§ 31 Abs. 3 S. 1 OWiG). Die Verjährungsdauer beträgt 6 Monate (§ 31 Abs. 2 Nr. 4 OWiG). Trotz etwaiger Unterbrechungen verjährt die Tat gemäß § 33 Abs. 3 S. 2 OWiG jedenfalls, wenn seit dem ersten Verjährungsbeginn (§ 31 Abs. 3 OWiG) 2 Jahre verstrichen sind, hier also spätestens mit Ablauf des 1.3.2023, wenn nicht zwischenzeitlich ein Ruhen des Verfahrens eintritt.	
Das sieht der Polizist P. Am 2.3.2021 um 0.10 Uhr vernimmt er T zur Tat	Die Vernehmung des T durch P bewirkt die Unterbrechung, weil es die erste Vernehmung zur Tat ist (§ 33 Abs. 1 S. 1 Nr. 1 OWiG). Am 2.3.2021 wird die Verjährungsfrist unterbrochen und beginnt neu.	
P schickt am 3.3.2021 die Akten an die Verwaltungsbehörde.	Keine Unterbrechungshandlung i.S.d. § 33 Abs. 1 OWiG	
Die Behörde bereitet am 8.3.2021 ein Anhörungsschreiben an T vor, da dieser bisher noch nicht zu seien wirtschaftlichen Verhältnissen befragt wurde. Das Schreiben erhält T am 10.3.2021.	Keine Unterbrechungshandlung, da es nicht die erste Anhörung ist, weitere Anhörungen des Betroffenen unterbrechen die Verjährung aber nicht (§ 33 Abs. 1 S. 1 Nr. 1 OWiG) *(Hinweis: Wäre es die erste Anhörung gewesen, so würde die Verjährung mit der Anordnung der Anhörung, also am 8.3.2021 unterbrochen und neu beginnen. Auf den Zugang bei T kommt es nicht an.)*	
Am 9.4.2021 erlässt die Verwaltungsbehörde den Bußgeldbescheid. Dieser bleibt durch ein Büroversehen etwas liegen und wird T am 3.5.2021 zugestellt.	Die Verjährung wird nach § 33 Abs. 1 Nr. 9 OWiG unterbrochen. Neuer Verjährungsbeginn ist der Tag der Zustellung des Bußgeldbescheids (3.5.2021). Das Datum des Erlasses (9.4.2021) zählt nicht, weil nicht binnen zwei Wochen zugestellt wurde.	
T erhebt Einspruch. Die Verwaltungsbehörde schickt die Akte an die Staatsanwaltschaft. Diese übersendet sie an das Amtsgericht, wo sie am 10.6.2021 eingehen.	Durch den Eingang der Akten bei Gericht wird die Verjährung gemäß § 33 Abs. 1 Nr. 10 OWiG unterbrochen. Neuer Verjährungsbeginn ist der 10.6.2021.	
Bei Gericht bleiben die Akten durch ein Büroversehen zunächst liegen. Am 10.12.2021 wird die Hauptverhandlung anberaumt.	Jede Anberaumung der Hauptverhandlung stellt nach § 33 Abs. 1 Nr. 11 OWiG zwar eine Unterbrechungshandlung dar. Hier kommt sie aber zu spät. Denn die 6-monatige Verjährungsfrist, die aufgrund der zahlreichen Unterbrechungshandlungen zuletzt am 10.6.2021 neu begann, endete mit Ablauf des 9.12.2021 um 24.00 Uhr.	

d) Zusammentreffen von Straftat und Ordnungswidrigkeit

Von großer praktischer Bedeutung aus der Perspektive der Verwaltungsbehörde ist **83** die Frage, wie die Verjährung einer Ordnungswidrigkeit zu bestimmen ist, wenn die Tat zuvor als Straftat im Strafverfahren von der Staatsanwaltschaft verfolgt wurde (§§ 40, 42 OWiG), die Staatsanwaltschaft dann aber das Verfahren in Bezug auf die Straftat eingestellt und gemäß § 43 OWiG an die Verwaltungsbehörde abgegeben hat (siehe auch 2. Teil Rn. 199 ff.).

84 Hier sind besonders die Vorschriften zur Unterbrechung der Verjährung nach § 33 Abs. 1 S. 1 Nr. 8, Abs. 3 S. 3 und Abs. 4 S. 2 OWiG zu beachten.

Beispiel: Gegen T besteht wegen einer Trunkenheitsfahrt zunächst der Verdacht einer Straftat nach § 316 StGB. Damit ist die Staatsanwaltschaft zuständig, auch wenn die Tat zugleich eine Ordnungswidrigkeit nach § 24a StVG darstellt (§ 40 OWiG). Später stellt die Staatsanwaltschaft das Strafverfahren nur in Bezug auf die Straftat ein und gibt das Verfahren nach § 43 OWiG an die Verwaltungsbehörde ab. Die erste Vernehmung des T als Beschuldigter im Strafverfahren unterbricht dann gemäß § 33 Abs. 4 S. 2 OWiG wie eine erste Vernehmung im Bußgeldverfahren (vgl. § 33 Abs. 1 S. 1 Nr. 1 OWiG) die Verjährung der Ordnungswidrigkeit nach § 24a StVG. Außerdem wird die Verjährung gemäß § 33 Abs. 1 Nr. 8 OWiG dann anschließend noch einmal durch die Abgabe der Sache durch die Staatsanwaltschaft an die Verwaltungsbehörde unterbrochen. Die absolute Verjährungsfrist berechnet sich nicht nach der gesetzlichen Verjährungsfrist der Ordnungswidrigkeit nach § 24a StVG (hier würde die absolute Verjährungsfrist bei Vorsatz 4 Jahre und bei Fahrlässigkeit 2 Jahre betragen), sondern nach der für die Verjährung der Straftat nach § 316 StGB geltenden Verjährungsfrist und beträgt somit 6 Jahre (nämlich das Doppelte der 3-jährigen Verjährungsfrist nach § 78 Abs. 3 Nr. 5 StGB).

e) Vertiefungshinweise zur Verjährung

85 Sehr kompliziert und im Einzelfall umstritten sind die Wechselbezüge zwischen der Verjährung und dem materiellen Recht.

86 Wie bereits oben erörtert (Rn. 59 ff.) hängt der Eintritt der Verjährung zunächst entscheidend davon ab, ob man das Verhalten des Täters als eine natürliche oder juristische Handlungseinheit und damit als eine Ordnungswidrigkeit betrachtet, so dass die Tat erst zu dem Zeitpunkt beendet ist, zu dem der Verstoß gegen die Verbots- oder Gebotsnorm nicht mehr andauert.

87 Problematisch ist außerdem, in welcher Wechselbeziehung bei schlichten Tätigkeitsdelikten Vorwerfbarkeit und Verjährung stehen, wenn Vollendung und Beendigung zeitlich nicht zusammenfallen.

Beispiele: Ein vorsätzlich begangenes schlichtes Tätigkeitsdelikt dauert an, solange der Täter den Tatvorsatz aufrechterhält und das Verbotene weiterhin tut bzw. das Gebotene weiterhin unterlässt. Sobald der Täter nicht mehr wissentlich oder willentlich handelt, ist die Vorsatztat beendet. Das weitere Verhalten des Täters kann dann allenfalls eine neue Fahrlässigkeitstat darstellen.

Bei fahrlässig begangenen schlichten Tätigkeitsdelikten durch Unterlassen stellt sich die Frage, wie lange derjenige, der das Gebotene weiterhin unwissentlich unterlässt, gegen eine objektive Sorgfaltspflicht verstößt bzw. individuell vorwerfbar handelt.

2. Keine anderweitige Anhängigkeit des Verfahrens

88 Wird wegen derselben Tat im prozessualen Sinne bereits ein anders Verfahren geführt, darf kein weiteres Verfahren eröffnet werden.[45]

Vertiefungshinweis: Dies in der Praxis umzusetzen, ist besonders anspruchsvoll, da für die Ahndung einzelner Ordnungswidrigkeiten, die in Tateinheit begangen werden, oft verschiedene Verwaltungsbehörden zuständig sind, die von der Verfahrenseinleitung der anderen Stelle nichts wissen.

89 Ist das Bußgeldverfahren bereits vor einem Gericht anhängig und sollen weitere tatsächliche oder rechtliche Aspekte berücksichtigt werden, die im Bußgeldbescheid von der Verwaltungsbehörde noch nicht berücksichtigt wurden (z.B. eine weitere tateinheitlich begangene Ordnungswidrigkeit), so muss die Verwaltungsbehörde die

---

45 *Klesczewski*, Rn. 823.

3. Verbot der doppelten Ahndung einer Ordnungswidrigkeit

Das Verbot der doppelten Ahnung derselben Tat („ne-bis-in-idem"-Grundsatz) gilt im Bußgeldverfahren zunächst nach Maßgabe der §§ 56 Abs. 4, 84, 86 und 102 OWiG sowie unionsrechtlich nach Art. 50 GRCh. Umstritten ist, ob der „ne-bis-in-idem"-Grundsatz im Ordnungswidrigkeitenrecht darüber hinaus auch verfassungsrechtlich nach Art. 103 Abs. 3 GG vorgegeben ist.[47]

90

Mit derselben „Tat" ist die Tat im prozessualen Sinne gemeint, also der geschichtliche (zeitlich und räumlich begrenzte) Vorgang, auf den die Verwarnung bzw. die Bußgeldentscheidung hinweisen, und innerhalb dessen der Betroffene als Täter oder Beteiligter den Bußgeldtatbestand verwirklicht haben soll (vgl. § 264 Abs. 1 StPO). In der Regel liegen bei Tateinheit (§ 19 OWiG) eine Tat im prozessualen Sinne und bei Tatmehrheit (§ 20 OWiG) mehrere Taten im prozessualen Sinne vor.[48]

91

Geschützt wird zunächst das Vertrauen des Betroffenen, wegen derselben Tat, für die ihm bereits eine Kriminalstrafe oder Geldbuße auferlegt worden ist, nicht noch einmal bestraft zu werden. Der Betroffene ist aber nicht nur vor einer doppelten Bestrafung geschützt, sondern im gewissen Umfange auch dagegen, dass dieselbe Tat, die bereits Gegenstand eines abgeschlossenen Verfahrens war, zum Gegenstand eines weiteren Verfahrens gemacht wird.

92

a) Gerichtliche Entscheidungen

aa) Sperrwirkung von gerichtlichen Sachentscheidungen über die Tat

Verurteilt[49] das Gericht den Betroffenen bzw. Angeklagten in einem Bußgeld- bzw. Strafverfahren zu einer Geldbuße bzw. Kriminalstrafe, ordnet das Gericht wegen der Tat Nebenfolgen an oder spricht das Gericht den Betroffenen bzw. Angeklagten frei, so stellt diese Sachentscheidung mit Eintritt ihrer formellen Rechtskraft ein Verfolgungshindernis dar. Dieselbe Tat kann dann nicht mehr als Ordnungswidrigkeit (§ 84 Abs. 1 OWiG) oder Straftat (§ 84 Abs. 2 OWiG) geahndet werden.

93

Eine Wiederaufnahme eines Bußgeldverfahrens zuungunsten des Betroffenen mit dem Ziel, die Tat nunmehr doch mit Geldbuße oder mit einer höheren Geldbuße zu ahnden, ist unzulässig (vgl. § 85 Abs. 3 OWiG). Zulässig ist nach Maßgabe des § 85 Abs. 1 u. 2 OWiG lediglich die Wiederaufnahme des Bußgeldverfahrens zugunsten des Betroffenen oder die Wiederaufnahme des Verfahrens zuungunsten des Betroffenen, um diesen einer Verurteilung nach dem Strafrecht zuzuführen (§ 85 Abs. 3 OWiG).

94

bb) Beschränkte Sperrwirkung von gerichtlichen Verfahrensentscheidungen

Beendet das Gericht ein Bußgeldverfahren nicht durch eine Entscheidung in der Sache, sondern durch eine Verfahrensentscheidung, so kann auch dieser mit Eintritt

95

---

46 Wieser, S. 68.
47 HK-OWiG/Gassner, Einleitung Rn. 58.
48 Vgl. HK-OWiG/Gassner, Einleitung Rn. 91.
49 Der Verurteilung gleichgestellt ist die Festsetzung der Geldbuße bzw. Nebenfolge durch Beschluss nach § 72 OWiG im Bußgeldverfahren bzw. die Festsetzung von Kriminalstrafen (und Bußgeldern sowie Nebenfolgen) durch Strafbefehl im Strafverfahren.

ihrer formellen Rechtskraft eine Sperrwirkung zukommen, wobei der genaue Umfang der Sperrwirkung aber genau zu prüfen und teilweise umstritten ist.

Beispiele: Eine Tat, die durch das Gericht (oder die Staatsanwaltschaft) nach § 153a StPO gegen Auflage eingestellt worden ist, kann nach Erfüllung der Auflage weder als Vergehen noch als Ordnungswidrigkeit verfolgt werden (vgl. § 153a Abs. 1 S. 5 StPO).[50] Stellt das Gericht durch Prozessurteil das Verfahren wegen Verjährung ein (§ 46 Abs. 1 OWiG, §§ 206a, 260 Abs. 3 StPO), so schließt dieses Einstellung die Sachentscheidung ein, dass die Tat auch nicht den Tatbestand einer noch nicht verjährten Ordnungswidrigkeit erfüllt und hat damit ebenfalls wie eine Sachentscheidung Sperrwirkung.[51] Bei sonstigen Einstellungen im Strafverfahren greift die h.M. auf § 211 StPO zurück, wonach bei neuen Tatsachen und/oder Beweismitteln die Wiederaufnahme zulässig ist. Das soll nach wohl h.M. über § 46 Abs. 1 OWiG auch für die gerichtliche Einstellung nach § 47 Abs. 2 OWiG gelten, dem allerdings wegen der Besonderheiten des Bußgeldverfahrens und dem geringeren öffentlichen Interesse an einer Ahndung entschieden entgegenzutreten ist.[52]

b) Verwaltungsbehördliche Entscheidungen

aa) Sperrwirkung eines rechtskräftigen Bußgeldbescheids (§ 84 Abs. 1 Var. 1 OWiG)

96 Der behördliche Bußgeldbescheid entfaltet Sperrwirkung, allerdings nur für weitere Bußgeldverfahren. So kann nach § 84 Abs. 1 Var. 1 OWiG die Tat, die bereits durch rechtskräftigen Bußgeldbescheid geahndet worden ist, nicht mehr als Ordnungswidrigkeit geahndet werden. Eine Ahndung der Tat als Straftat bleibt allerdings zulässig (vgl. § 84 Abs. 2 OWiG).

97 Eine Wiederaufnahme des Bußgeldverfahrens zuungunsten des Betroffenen (beispielsweise, um gegen ihn wegen der bereits geahndeten Tat ein höheres Bußgeld zu verhängen) ist unzulässig, vgl. § 85 Abs. 3 OWiG.

bb) Beschränkte Sperrwirkung einer Verwarnung (§ 56 Abs. 4 OWiG)

98 Nach § 56 Abs. 4 OWiG schließt eine wirksame Verwarnung mit Verwarnungsgeld die erneute Verfolgung der Tat als Ordnungswidrigkeit[53] aus, allerdings nur unter den rechtlichen und tatsächlichen Gesichtspunkten, unter denen die Verwarnung aus der Perspektive eines objektiven Betrachters erteilt wurde. Insoweit besteht ein entscheidender Unterschied zum Bußgeldbescheid.

Beispiel: Wäre T im Ausgangsfall (siehe Teil 1 Rn. 1) wirksam mit Verwarnungsgeld von 15 € wegen der Ordnungswidrigkeit nach § 24c Abs. 1 Var. 1 StVG verwarnt worden, weil er an der Ampel nach der Beobachtung des Polizisten und nach eigener Einlassung nur einen einzigen Schluck Bier getrunken hatte, und würde sich dann später aber herausstellen, dass T zu diesem Zeitpunkt bereits 0,5 Promille Alkohol im Blut hatte, so wäre die Ahndung der Tat als Ordnungswidrigkeit nach § 24a StVG, hinter die der tateinheitlich begangene Verstoß gegen § 24c Abs. 1 Var. 1 StVG im Wege der Konkurrenz zurücktritt, weiterhin möglich. Denn die Verwarnung wurde aus der Sicht eines objektiven Betrachters nur der Tatteil „als Fahranfänger einen einzigen Schluck Bier an der Ampel trinken" geahndet. Nur wenn aus der Sicht des objektiven Betrachters das gesamte Fehlverhalten durch Verwarnung mit Verwarnungsgeld geahndet worden wäre („Fahren unter Alkoholeinfluss und an der Ampel noch einen Schluck Bier trinken"), würde die Verwarnung gemäß § 56 Abs. 4 OWiG die weitere Verfolgung der Tat als Ordnungswidrigkeit ausschließen.

---

50 *Wieser*, S. 69.
51 *Mitsch*, § 24 Rn. 29.
52 HK-OWiG/*Gassner*, Einleitung Rn. 61.
53 Die Verfolgung unter strafrechtlichen Gesichtspunkten bleibt in jedem Fall möglich.

Wäre die Tat nach § 24c StVG hingegen durch Bußgeldbescheid geahndet worden, könnte sie nicht noch einmal nach § 24a StVG geahndet werden. Die Bußgeldbehörde war im Bußgeldverfahren verpflichtet, den Lebenssachverhalt umfassend aufzuklären.

Die Beweislast für die Beschränkung der Verwarnung auf bestimmte Tatteile und/ oder rechtliche Gesichtspunkte trägt die Stelle, die die Tat trotz wirksamer Verwarnung mit Verwarnungsgeld anschließend als Ordnungswidrigkeit verfolgen will.[54] **99**

Keine Sperrwirkung hat eine Verwarnung ohne Verwarnungsgeld (vgl. § 56 Abs. 4 OWiG). **100**

cc) Keine Sperrwirkung der behördlichen Einstellung

Anders als das Gericht ist die Verwaltungsbehörde nicht berechtigt, den Betroffenen freizusprechen. Sie kann das Verfahren lediglich einstellen. **101**

Hat sie das Verfahren vor Erlass eines Bußgeldbescheids eingestellt (nach § 47 Abs. 1 S. 2 OWiG oder § 46 Abs. 1 OWiG i.V.m. § 170 Abs. 2 S. 1 StPO), so entfaltet diese Einstellungsanordnung grundsätzlich keinerlei Sperrwirkung. Nur eine willkürliche erneute Verfolgung wäre unrechtmäßig (vgl. Art. 3 Abs. 1 GG).

Beachte: Eine Ausnahme soll nach Teilen der Literatur dann bestehen, wenn die Bußgeldbehörde das Verfahren wegen Verjährung einstellt. Denn diese Entscheidung enthalte zugleich die sachliche Feststellung, dass die prozessuale Tat auch nicht als eine andere Ordnungswidrigkeit verfolgt werden könne, die nach § 31 Abs. 2 OWiG noch nicht verjährt sei. So soll eine Einstellungswirkung wegen einer Verjährung einer vermeintlich fahrlässig begangenen Tat die spätere Ahndung als noch nicht verjährte Vorsatztat ausschließen.[55] Das überzeugt aus dogmatischen Gründen nicht, denn dann hätte die behördliche Einstellungsverfügung eine weitergehende Sperrwirkung als die Verwarnung mit Verwarnungsgeld (vgl. § 56 Abs. 4 OWiG, oben Rn. 98). Zuzustimmen ist dem nur bei der gerichtlichen Einstellung wegen Verjährung, denn dann hat die Einstellungsverfügung in der Tat die Wirkung wie ein Freispruch (siehe oben Rn. 95).

Wurde das Verfahren allerdings erst nach Erlass des Bußgeldbescheids im Zwischenverfahren (§ 69 Abs. 1 bis 3 OWiG) eingestellt, nachdem der Betroffene Einspruch erhoben hat, so bindet die behördliche Einstellung im Umfang von § 211 StPO.[56]

c) Sperrwirkung von Entscheidungen der Staatsanwaltschaft

aa) Einstellungsverfügungen der Staatsanwaltschaft im Bußgeldverfahren

Stellt die Staatsanwaltschaft das Bußgeldverfahren im Zwischenverfahren (§ 69 Abs. 4 OWiG) ein (§ 47 Abs. 1 S. 2 OWiG oder § 46 Abs. 1 OWiG i.V.m. § 170 Abs. 2 S. 1 StPO), so bindet die Einstellung im Umfang von § 211 StPO.[57] **102**

---

54 HK-OWiG/*Seith*, § 56 Rn. 21.
55 *Klesczewski*, Rn. 798.
56 HK-OWiG/*Gassner*, § 47 Rn. 43.
57 HK-OWiG/*Gassner*, § 47 Rn. 44.

bb) Einstellungsverfügungen der Staatsanwaltschaft im Strafverfahren

103 Die Sperrwirkung von **Einstellungen der Staatsanwaltschaft im Strafverfahren** beurteilt sich nach § § 40 ff. OWiG und §§ 153 ff. StPO, § 170 Abs. 2 StPO.

104 Stellt die Staatsanwaltschaft ein Strafverfahren nach § 153a StPO gegen Auflage ein und erfüllt der Beschuldigte die Auflage, so kann die Tat von Gesetzes wegen nicht mehr als Vergehen oder als Ordnungswidrigkeit verfolgt werden (vgl. § 153a Abs. 1 S. 5 StPO).[58]

105 Im Übrigen kann die Staatsanwaltschaft entscheiden, ob sie das von ihr nach § 40 OWiG betriebene Verfahren nur wegen der Straftat oder auch wegen der Ordnungswidrigkeit einstellt. Stellt sie das von ihr geführte Verfahren nur wegen der Straftat ein, gibt sie die Sache gemäß § 43 OWiG an die Verwaltungsbehörde ab. Diese kann die Tat dann als Ordnungswidrigkeit verfolgen. Stellt die Staatsanwaltschaft das Verfahren auch wegen der Ordnungswidrigkeit ein, ist die Verwaltungsbehörde an diese Entscheidung gebunden.[59]

106 Auch ein Bußgeldverfahren, dass die Staatsanwaltschaft nach § 42 OWiG wegen des Zusammenhangs mit einem Strafverfahren übernommen hat, kann die Staatsanwaltschaft zusammen mit dem Strafverfahren einstellen oder nach § 43 OWiG nach Einstellung des Strafverfahrens zur weiteren Durchführung an die Verwaltungsbehörde zurückgeben. Stellt die Staatsanwaltschaft auch das Bußgeldverfahren ein, ist die Verwaltungsbehörde an diese Einstellungsentscheidung nur solange gebunden, wie es keine neuen Tatsachen und Beweismittel gibt (vgl. § 211 StPO).[60]

VI. Sonstige Verfahrenshindernisse

107 Ob ein Bußgeldverfahren darüber hinaus aus sonstigen verfassungsrechtlichen Gründen im Einzelfall unzulässig sein kann (z.B. bei Unverhältnismäßigkeit oder überlanger Verfahrensdauer), ist umstritten (ein Beispiel siehe Rn. 48).

VII. Lösungsvorschlag

108 Der Erlass des Bußgeldbescheids ist unzulässig, wenn die erforderlichen Verfahrensvoraussetzungen nicht vorlagen bzw. ein Verfahrenshindernis bestand. Die Zulässigkeit des Bußgeldverfahrens hat die zuständige Stelle, hier die Stadt Mannheim, von Amts wegen während des gesamten Verfahrens jederzeit zu prüfen. Nach § 31 Abs. 1 S. 1 OWiG ist die Verfolgung einer Ordnungswidrigkeit unzulässig, wenn Verjährung eingetreten ist. Gemäß § 31 Abs. 2 Nr. 4 OWiG verjähren Ordnungswidrigkeiten, die wie Ordnungswidrigkeiten nach § 24c Abs. 1 StVG im Höchstmaß mit einer Geldbuße von 1.000 € bedroht sind, innerhalb von sechs Monaten. Nach § 31 Abs. 3 S. 1 OWiG beginnt die Verjährung, sobald die Handlung beendet ist, hier also am 1.6.2022. Unterbrochen wurde die Verjährung gemäß § 33 Abs. 1 S. 1 Nr. 1 OWiG durch die Anhörung des T durch den Polizisten vor Ort. Dies war jedoch ebenfalls am 01.06. Somit bleibt es beim 1.6.2022 als ersten Tag der Verjährung.

---

58 *Wieser*, S. 69.
59 HK-OWiG/*Seith*, § 40 Rn. 3.
60 HK-OWiG/*Seith*, § 42 Rn. 9.

Die 6-monatige Verjährungsfrist endet mit Ablauf des 30.11.2022 Damit ist die Tat am 1.12.2022 zum Zeitpunkt des Erlasses des Bußgeldbescheids bereits verjährt. Der Erlass des Bußgeldbescheids war unzulässig.

Allerdings führt der Verstoß nicht zur Nichtigkeit des Bußgeldbescheids. Dieser ist also wirksam und wird formell bestandskräftig sowie vollstreckbar, wenn T nicht form- und fristgerecht Einspruch erhebt. Erhebt T form- und fristgerecht Einspruch, wird spätestens das Gericht das Bußgeldverfahren einstellen, wenn nicht bereits zuvor die Verwaltungsbehörde ihren Fehler erkennt und den Bußgeldbescheid aufhebt.

D. Das behördliche Bußgeldverfahren (Vorverfahren)

I. Rechtsquellen; Opportunitätsprinzip

1. Ausgangsfall

Sachverhalt: Irene Schmidt fuhr am 1.6. um 20.30 Uhr in Mannheim, Musterstraße 100, Richtung Oberstraße mit dem Fahrzeug MA F 345 in der durch Verkehrszeichen angeordneten Tempo 30-Zone mit einer festgestellten Geschwindigkeit von 38 km/h (nach Toleranzabzug von 3 km/h). Dabei wurde sie „geblitzt". 109

Frage: Muss die Tat geahndet werden? Wo ist das geregelt? Lösung s. Rn. 113

2. Rechtsquellen

Die maßgeblichen Rechtsnormen, die die Bußgeldbehörde im behördlichen Bußgeldverfahren zu beachten hat, ergeben sich bei einigen wenigen Bußgeldtatbeständen zunächst aus Spezialgesetz (z.B. bei Steuerordnungswidrigkeiten aus §§ 409 ff. AO), im Übrigen aus dem OWiG (§§ 31 bis 33 und Zweiter Teil). Soweit das OWiG keine Verfahrensregelung enthält, ist über § 46 Abs. 1 OWiG auf das Strafverfahrensrecht zurückzugreifen, insbesondere auf die Strafprozessordnung (StPO). Keine Anwendung findet das Verwaltungsverfahrensgesetz (vgl. § 2 Abs. 2 Nr. 2 VwVfG). 110

Außerdem wird das Bußgeldverfahren verwaltungsintern durch zahlreiche Verwaltungsvorschriften gelenkt (z.B. Anweisungen für das Straf- und Bußgeldverfahren (Steuer), kurz: AStBV (St)). 111

3. Opportunitätsgrundsatz

Anders als im Strafverfahren gilt im Bußgeldverfahren das Opportunitätsprinzip (§ 47 Abs. 1 OWiG). Die zuständigen Stellen sind zur Verfolgung und Ahndung von Ordnungswidrigkeiten also nur berechtigt, nicht aber verpflichtet. Ihr pflichtgemäßes Ermessen haben sie gemäß dem Gesetzeszweck und innerhalb der gesetzlichen Grenzen, also insbesondere unter Berücksichtigung des Verhältnismäßigkeitsgrundsatzes (Art. 20 Abs. 3 GG) und des Gleichbehandlungsgebots (Art. 3 Abs. 1 GG) auszuüben (vgl. § 40 VwVfG). 112

4. Lösungsvorschlag

Lösungsvorschlag 113

Ob eine Ordnungswidrigkeit geahndet wird, steht im pflichtgemäßen Ermessen der Verwaltungsbehörde (§ 47 Abs. 1 OWiG). Allerdings muss die Verwaltungsbehörde den Gleichheitsgrundsatz (Art. 3 Abs. 1 GG) beachten. Hat die Verwaltungsbehörde

Geschwindigkeitskontrollen durchgeführt, kann sie nicht einfach nach Belieben einige der Fahrer, die am 1.6. geblitzt werden, ahnden und andere „laufen lassen".

II. Das Verwarnungsverfahren

1. Ausgangsfall

114 Irene Schmidt fuhr am 1.6. um 20.30 Uhr in Mannheim, Musterstraße 100, Richtung Oberstraße mit dem Fahrzeug MA F 345 in der durch Verkehrszeichen angeordneten Tempo 30-Zone mit einer festgestellten Geschwindigkeit von 38 km/h (nach Toleranzabzug von 3 km/h). Dabei wurde sie „geblitzt".

Fragen (Lösungen siehe Rn. 131)

1. Kann bzw. muss die Tat durch Verwarnung mit Verwarnungsgeld oder durch Bußgeldbescheid geahndet werden?

2. Frau Schmidt wurde mit Verwarnungsgeld in Höhe von 30 € schriftlich verwarnt und zugleich vorsorglich gemäß § 55 OWiG zu der Tat angehört. Auch 4 Wochen nach Versendung der schriftlichen Verwarnung hat sie noch nicht gezahlt. Was wird die Stadt Mannheim nun machen?

3. Was muss die Stadt Mannheim machen, wenn Frau Schmidt nunmehr behauptet, die Verwarnung und die Anhörung gar nicht erhalten zu haben?

2. Rechtsgrundlagen, Arten der Verwarnung und Rechtsnatur

115 Geregelt ist das Verwarnungsverfahren in §§ 56 bis 58 OWiG. Verwarnt werden kann mit einem Verwarnungsgeld von 5 bis 55 € (§ 56 Abs. 1 S. 1 OWiG) oder ohne Verwarnungsgeld (§ 56 Abs. 1 S. 2 OWiG).

116 Wie Systematik und Aufbau des OWiG zeigen, ist das **Verwarnungsverfahren** ein selbstständiges und somit vom förmlichen Bußgeldverfahren (§§ 59 ff. OWiG) zu trennendes Verfahren.[61]

117 Die **Verwarnung** ist ein ausschließliches Handlungsinstrument von Verwaltungsbehörde und Polizei mit ausschließlich verfahrensrechtlicher Funktion: sie schließt das Verfahren ab.[62] Eine materiellrechtliche Wirkung hat sie nicht, insbesondere steht trotz wirksamer Verwarnung nicht rechtsverbindlich fest, dass der Betroffene die Ordnungswidrigkeit verwirklicht hat oder dass das festgesetzte Verwarnungsgeld schuldangemessen ist.[63] Schließlich haben Verwarnungen keine Titelfunktion; sie können nicht im Wege der Beitreibung vollstreckt werden und werden nur wirksam, wenn der Betroffene freiwillig zahlt.[64]

118 Verwarnungen mit Verwarnungsgeld sind mitwirkungsbedürftige Verwaltungsakte (vgl. § 35 VwVfG).[65] Die Regelung besteht in einer Änderung der Verfahrensrechtslage (vgl. § 56 Abs. 4 OWiG). Die Rechtsnatur von Verwarnungen ohne Verwarnungsgeld ist umstritten; nach hier vertretener Rechtsauffassung sind sie bloße Realakte,

---

[61] *Klesczewski*, Rn. 932; KK-OWiG/*Lutz* § 56 Rn. 1; a.A. HK-OWiG/*Seith*, § 56 Rn. 6 u. § 53 Rn. 9, der die Verwarnung lediglich als ein Handlungsinstrument in einem einheitlichen Bußgeldverfahren sieht.
[62] Vgl. zu den Funktionen von Verwaltungsakten: *Gassner*, Kompendium Verwaltungsrecht, Rn. 170.
[63] Vgl. HK-OWiG/*Seith*, § 56 Rn. 15.
[64] HK-OWiG/*Seith*, § 56 Rn. 16.
[65] Vgl. BVerfG NJW 1967, 1748 (1749); HK-OWiG/*Seith*, § 56 Rn. 2; KK-OWiG/*Lutz*, § 56 Rn. 1.

da sie weder ein Recht bzw. eine Pflicht begründen noch rechtsverbindlich feststellen.[66]

Auch wenn die Verwarnung ausschließlich darauf gerichtet ist, das Verfahren abzuschließen, stellt die damit verbundene Abmahnung (also der Vorhalt des vermuteten Verstoßes)[67] für den Betroffenen einen faktischen Eingriff in sein allgemeines Persönlichkeitsrecht (Art. 2 Abs. 1 i.V.m. Art. 1 Abs. 1 GG) dar und hat insoweit belastende Wirkung.[68] **119**

3. Voraussetzungen für die Verwarnung

Folgende Voraussetzungen müssen vorliegen, damit die Ordnungswidrigkeit durch Verwarnung geahndet werden darf: **120**
- Zulässigkeit der Verfolgung/ kein Verfahrenshindernis
  - Zuständigkeit
    Zuständig sind zum einen die für die Verfolgung und Ahndung der Ordnungswidrigkeit nach §§ 35 ff. OWiG sachlich und örtlich zuständigen Verwaltungsbehörden (siehe Rn. 35 ff.), zum anderen gemäß § 57 Abs. 2 OWiG i.V.m. § 58 OWiG die entsprechend befugten Amtsträger der sachlich und örtlich zuständigen Polizeibehörden i.S.d. § 53 Abs. 1 OWiG (siehe Rn. 24).
  - Sonstige Zulässigkeitsvoraussetzungen (siehe Rn. 44)
- Anfangsverdacht einer Ordnungswidrigkeit
  Ausreichend ist, dass der Betroffene nach summarischer Prüfung der Sach- und Rechtslage die ihm vorgehaltene Ordnungswidrigkeit begangen hat; bestehen in tatsächlicher oder rechtlicher Hinsicht Zweifel, ist das Verwarnungsverfahren unzulässig.[69] Subjektive Merkmale müssen nicht aufgeklärt werden.[70] Ob der Täter vorsätzlich oder fahrlässig gehandelt hat, wird lediglich nach dem äußeren Erscheinungsbild der Ordnungswidrigkeit geprüft. So darf beispielsweise dem Täter, wenn keine weiteren Erkenntnisse vorliegen, bei einem Verstoß gegen die durch Verkehrszeichen vorgegebene Höchstgeschwindigkeit Fahrlässigkeit, nicht aber Vorsatz unterstellt werden.
- Geringfügigkeit der Ordnungswidrigkeit
  Die Ordnungswidrigkeit muss geringfügig sein, d.h. das Fehlverhalten muss von so geringem Gewicht erscheinen, dass die bloße mündliche Ermahnung oder ein Verwarnungsgeld in Höhe von maximal 55 € ausreichend erscheint, den Betroffenen dazu anzuhalten, zukünftig die nach summarischer Prüfung verletzte Norm einzuhalten.[71]
  Das ist insbesondere bei tateinheitlich (§ 19 OWiG) begangenen Ordnungswidrigkeiten zu beachten, da auch hier die Höhe des Verwarnungsgeldes maximal 55 € betragen darf.[72]
  Umstritten ist, ob durch **eine** Verwarnung auch tatmehrheitlich (§ 20 OWiG) begangene Ordnungswidrigkeiten geahndet werden dürfen, wenn die einzelnen Ordnungswidrigkeiten für sich betrachtet zwar jeweils geringfügig sind, ihre Summe aber die Geringfügigkeit überschreitet. Die h.M. hält eine Verwarnung dann für

---

66 HK-OWiG/*Gassner*, § 62 Rn. 22.
67 Vgl. BVerfG NJW 1967, 1748 (1749); HK-OWiG/*Seith* § 56 Rn. 1.
68 Vgl. *Klesczewski*, Rn. 932; HK-OWiG/*Gassner*, § 62 Rn. 22.
69 HK-OWiG/*Seith*, § 56 Rn. 7.
70 Vgl. *Klesczewksi*, Rn. 933.
71 HK-OWiG/*Seith*, § 56 Rn. 8; *Mitsch*, § 25 Rn. 4.
72 Göhler/*Gürtler*, § 56 Rn. 19; KK-OWiG/*Lutz*, § 56 Rn. 12.

unzulässig, überzeugend ist das nicht.[73] In der Verwaltungspraxis empfiehlt es sich, zur Vermeidung etwaiger Rechtsprobleme tatmehrheitlich begangene geringfügige Ordnungswidrigkeiten immer in getrennten Verwarnungsverfahren zu verfolgen und zu ahnden, soweit sie nicht ausnahmsweise eine Tat im prozessualen Sinne darstellen sollten und daher zwingend in einem Verfahren (dann förmliches Bußgeldverfahren) verfolgt werden müssen. Für den Betroffenen hat dies keinen Nachteil, da die Verwarnungsverfahren kostenfrei sind und die Ordnungswidrigkeiten später im Falle des Scheiterns der Verwarnung aus Kostengründen immer noch in einem einheitlichen Bußgeldverfahren geahndet werden können.

4. Verfahrensermessen

121 Auch wenn die oben genannten Voraussetzungen vorliegen, ist die zuständige Verwaltungsbehörde nach dem eindeutigen Wortlaut von § 56 OWiG („kann") nicht verpflichtet, die Ordnungswidrigkeit durch Verwarnung statt in einem förmlichen Bußgeldverfahren durch Bußgeldbescheid zu ahnden. Ebenso ist die Polizei nicht verpflichtet, an Ort und Stelle eine Verwarnung zu erteilen. Sie kann stattdessen die Akten zur weiteren Entscheidung gemäß § 53 Abs. 3 S. 1 OWiG an die zuständige Verwaltungsbehörde abgeben.

122 Umgekehrt bedeutet dass, dass der Betroffene, soweit die zuständige Stelle nicht willkürlich handelt, auch keinen Anspruch darauf hat, dass die Tat durch Verwarnung geahndet wird.[74]

Beispiele: Für den Erlass eines Bußgeldbescheids irrelevant ist es, wenn der Betroffene behauptet, die Verwarnung gar nicht erhalten zu haben, oder wenn er die verspätete Zahlung des Verwarnungsgeldes damit begründet, im Urlaub gewesen zu sein: Denn er hat keinen Anspruch auf das Verwarnungsverfahren, soweit die Behörde nicht die Grenzen der Willkür überschreitet. Die Verwaltungsbehörde kann die Frist für die Zahlung der Verwarnung zwar verlängern, muss es aber nicht. So ist es nicht willkürlich, wenn die Behörde mit Hinblick auf den bereits entstandenen erhöhten Verwaltungsaufwand vom Verwarnungsgeld absieht und die Tat nun durch einen gebührenpflichtigen Bußgeldbescheid ahndet.

5. Kostenfreies vereinfachtes Verfahren

123 Für die Durchführung des Verwarnungsverfahrens dürfen keine Kosten erhoben werden (§ 56 Abs. 3 S. 2 OWiG).

124 Es gelten weniger strenge Regeln als im normalen förmlichen Bußgeldverfahren, insbesondere muss der Betroffene nicht vor Erteilung der Verwarnung angehört werden.[75] Außerdem dürfen Verwarnungen nicht nur von der zuständigen Verwaltungsbehörde, sondern auch „sofort an Ort und Stelle" von dazu befugten Amtsträgern der Polizei bzw. von Außendienstmitarbeitern der zuständigen Verwaltungsbehörde ausgesprochen werden (umgangssprachlich „Knöllchen"), die sich nach Maßgabe von § 57 OWiG nur ausweisen müssen.

Wenn das Verwarnungsgeld mehr als 10 € beträgt oder der Betroffene bei einer mündlichen Verwarnung an Ort und Stelle nicht sofort zahlen kann, ist eine Zah-

---

[73] Wie hier auch HK-OWiG/*Seith*, § 56 Rn. 12, dort ausführlich zum Streit und m.w.N.
[74] HK-OWiG/*Seith*, § 56 Rn. 9.
[75] Ob § 55 OWiG im Verwarnungsverfahren überhaupt anwendbar ist (ausführlich dazu: HK-OWiG/*Seith*, § 56 Rn. 6), kann dahinstehen, da eine Anhörung nach § 55 OWiG i.V.m. § 163a Abs. 1 StPO jedenfalls nur dann erforderlich ist, wenn das Verfahren förmlich nach § 61 OWiG abgeschlossen werden soll, um die Ordnungswidrigkeit nunmehr durch Bußgeldbescheid zu ahnden.

lungsfrist von einer Woche zu gewähren, die von der zuständigen Stelle verlängert werden kann, § 56 Abs. 2 OWiG.[76]

Eine bestimmte Form für die Verwarnung ist nicht vorgeschrieben. Über das Verwarnungsgeld und die etwaige Zahlungsfrist ist lediglich eine Bescheinigung auszustellen (§ 56 Abs. 3 S. 1 OWiG). Außerdem muss der Betroffene bei einer Verwarnung mit Verwarnungsgeld darüber informiert werden, dass die Erledigung des Bußgeldverfahrens nur mit seinem Einverständnis erfolgen kann und ihm die Erteilung des Einverständnisses frei steht (vgl. § 56 Abs. 4 OWiG).[77]

Nebenfolgen (z.B. Fahrverbot) können durch eine Verwarnung nicht festgesetzt werden.[78] **125**

6. Wirksamkeit von Verwarnungen; Scheitern des Verwarnungsverfahrens

Verwarnungen ohne Verwarnungsgeld sind einseitige, empfangsbedürftige Willenserklärung und werden dementsprechend mit Zugang beim Betroffenen wirksam (vgl. § 130 BGB). **126**

Verwarnungen mit Verwarnungsgeld werden nur wirksam, wenn der Betroffene mit der Verwarnung einverstanden ist und das Verwarnungsgeld rechtzeitig (also entweder an Ort und Stelle oder innerhalb der ihm gesetzten Frist) zahlt (§ 56 Abs. 2 S. 1 OWiG). Nach richtiger Auffassung berührt die fehlende Belehrung die Wirksamkeit der Verwarnung hingegen nicht; der Betroffene kann dann aber gemäß § 62 OWiG mit einem Antrag auf gerichtliche Entscheidung die Aufhebung der Verwarnung erwirken.[79] **127**

Wenn der Betroffene mit dem Verwarnungsgeld nicht einverstanden ist, ist die Ahndung der Ordnungswidrigkeit durch Verwarnung gescheitert. Dann kann die Ordnungswidrigkeit nur noch von der zuständigen Verwaltungsbehörde im förmlichen Bußgeldverfahren verfolgt und durch Bußgeldbescheid geahndet werden. **128**

Zahlt der Betroffene das Verwarnungsgeld zu spät, steht es bis zum Erlass des Bußgeldbescheids im Verfahrensermessen der zuständigen Verwaltungsbehörde, ob sie nachträglich eine Fristverlängerung gewährt, so dass die Verwarnung wirksam wird und zur Einstellung des förmlichen Bußgeldverfahrens führt, wenn dieses bereits eröffnet worden ist. Nach Erlass des Bußgeldbescheids ist eine nachträgliche Fristverlängerung allerdings nicht mehr möglich, weil sich die Verwarnung dann automatisch erledigt hat.[80] Allerdings kann die Behörde nach Einspruch des Betroffenen mit dessen Einverständnis dem Einspruch abhelfen, indem sie den Bußgeldbescheid zurücknimmt, eine neue Verwarnung mit Verwarnungsgeld erlässt und der Betroffene das Verwarnungsgeld rechtzeitig zahlt.[81] **129**

Bei der Ausübung des ihr in den oben geschilderten Fällen zustehenden Verfahrensermessens hat die Verwaltungsbehörde allerdings streng auf den Gleichbehandlungsgrundsatz (Art. 3 Abs. 1 GG) zu achten, insbesondere auf eine gleichmäßige Gebührenlast (§ 107 OWiG), so dass in der Praxis ein Zeitraum festgelegt wird, in dem verspätet eingegangene Verwarnungsgelder generell noch abgewartet werden,

---

76 HK-OWiG/*Seith*, § 56 Rn. 17.
77 HK-OWiG/*Seith*, § 56 Rn. 14.
78 HK-OWiG/*Seith*, § 56 Rn. 10.
79 Wie hier auch *Klesczewksi*, Rn. 941; HK-OWiG/*Seith*, § 56 Rn. 14 m.w.N. auch zur Gegenauffassung.
80 *Mitsch*, § 25 Rn. 1.
81 *Göhler/Gürtler*, § 56 Rn. 41; *Mitsch*, Fallsammlung zum Ordnungswidrigkeitenrecht, Fall 4 Rn. 22; KK-OWiG/*Lutz*, § 56 Rn. 1.

nach Ablauf dieses Zeitraums aber entweder gar keine Ausnahmen oder nur Ausnahmen bei unverschuldeter Fristversäumnis gemacht werden.

130 In der Praxis werden schriftliche Verwarnungen mit Verwarnungsgeld von der zuständigen Verwaltungsbehörde für den Fall, dass der Betroffene mit der Verwarnung nicht einverstanden sein sollte, mit der Anhörung nach § 55 OWiG verbunden. Damit eröffnet die Verwaltungsbehörde dann zugleich auch mit Kenntnis des Betroffenen das förmliche Bußgeldverfahren, das sie dann nur noch durch eine bekanntzumachende Einstellungsverfügung (siehe Rn. 163) oder Bußgeldbescheid abschließen kann.[82]

7. Lösungsvorschlag

131 **Lösungsvorschlag**

1. Da hier nur Fahrlässigkeit nachweisbar ist und diese Geschwindigkeitsüberschreitung (§ 24 StVG, §§ 49 Abs. 3 Nr. 4, 41 Abs. 1 StVO i.V.m. Anlage 2 Nr. 50 zur StVO (Verkehrszeichen 274.1) nach Ziffer 11.3. BKat (Tabelle 1 des Anhangs zu Nummer 11 der Anlage zur Bußgeldkatalog-Verordnung) im Regelfall nur mit 30 € geahndet wird, liegt eine geringwertige Ordnungswidrigkeit vor. Diese ist, weil § 1 Abs. 1 S. 2 BkatV das ausnahmsweise vorgibt, zunächst in Form der Verwarnung mit Verwarnungsgeld zu ahnden, es sei denn, es wäre jetzt schon erkennbar, dass das Verwarnungsverfahren scheitern wird. Hier hat die Verwaltungsbehörde also anders als bei sonstigen Ordnungswidrigkeiten kein Ermessen, ob sie zunächst das Verwarnungsverfahren versucht.

2. Da die schriftliche Verwarnung mit Verwarnungsgeld nur wirksam wird, wenn Frau Schmidt einverstanden ist und außerdem rechtzeitig zahlt (§ 56 Abs. 2 S. 1 OWiG), ist das Verwarnungsverfahren gescheitert. Die Tat kann jetzt nur durch Bußgeldbescheid geahndet werden, eine Vollstreckung der schriftlichen Verwarnung wäre unzulässig.

3. Wenn Frau Schmidt nicht rechtzeitig das Verwarnungsgeld bezahlt und behauptet, die schriftliche Verwarnung gar nicht erhalten zu haben, ist das für das weitere Verfahren irrelevant. Die Stadt Mannheim wird also an ihrem Bußgeldbescheid festhalten. Dass § 55 OWiG möglicherweise nicht beachtet wurde, ist für die Wirksamkeit des Bußgeldbescheids ebenfalls irrelevant. Dadurch, dass Frau Schmidt Gelegenheit erhält, im Wege des Einspruchs Stellung zu nehmen, wird die Anhörung nachgeholt.

III. Das normale förmliche Bußgeldverfahren

1. Ausgangsfall

132 **Sachverhalt:** Frau Irene Schmidt, gegen die wegen einer etwaigen Geschwindigkeitsüberschreitung ein Verwarnungsgeld in Höhe von 30 € festgesetzt worden ist, ist nicht einverstanden. Im Anhörungsbogen, den sie an die Stadt Mannheim zurückschickt, gibt sie an, zu dem besagten Zeitpunkt im Urlaub in Spanien gewesen zu sein. Das Auto müsse ihre Tochter Mona Schmidt oder ihre Zwillingsschwester Clara Schmidt gefahren haben. Sie alle drei sähen sich ziemlich ähnlich.

---

[82] Vgl. *Wieser*, S. 436.

1. **Aufgabe:** Gegen wen ist zu diesem Zeitpunkt bereits ein förmliches Bußgeldverfahren eröffnet?
2. **Aufgabe:** Könnten Mona Schmidt und Clara Schmidt als Zeuginnen vernommen werden?
3. **Aufgabe:** Könnte das zuständige Gericht die Durchsuchung der Wohnung von Frau Irene Schmidt anordnen, damit Beweise gefunden werden könnten, dass sie zu dem besagten Zeitpunkt nicht im Urlaub in Spanien war?
4. **Aufgabe**: Was wird der zuständige Sachbearbeiter tun, wenn weder Irene Schmidt noch die beiden anderen Frauen den Verstoß einräumen und das Foto keiner von ihnen eindeutig zuzuordnen ist?

Lösung s. Rn. 176

2. Beginn des förmlichen Bußgeldverfahrens

Auslöser für den Beginn des normalen förmlichen Bußgeldverfahren ist, dass die zuständige Verwaltungsbehörde von dem Verdacht einer Ordnungswidrigkeit Kenntnis erhält[83] oder dass zuvor ein Verwarnungsverfahren gescheitert ist, weil der Betroffene mit dem Verwarnungsgeld nicht einverstanden ist bzw. das Verwarnungsgeld nicht rechtzeitig gezahlt hat (§ 56 Abs. 2 OWiG).

Ist kein Verfahrenshindernis ersichtlich und besteht ein hinreichender Tatverdacht, entscheidet die Bußgeldbehörde nach Ausübung ihres pflichtgemäßen Ermessens (§ 47 Abs. 1 S. 1 OWiG) ausdrücklich oder konkludent **von Amts wegen** durch das Ergreifen erster Maßnahmen über die Eröffnung des Bußgeldverfahrens. Anders als im Strafverfahren gilt das **Opportunitätsprinzip** und nicht das Legalitätsprinzip. Wurde die gescheiterte Verwarnung mit Verwarnungsgeld bereits mit einer Anhörung des Betroffenen verbunden, ist das förmliche Bußgeldverfahren dadurch bereits automatisch eröffnet (siehe Rn. 130).

3. Ermittlung des Sachverhalts und Beweissicherung

Die Verwaltungsbehörde (bzw. die Polizei im Wege des ersten Zugriffs nach § 53 Abs. 1 OWiG) ermittelt zunächst den Sachverhalt. Dafür stehen nach Maßgabe von § 46 OWiG und der StPO insbesondere folgende Ermittlungshandlungen zur Verfügung:[84]
- Verwertung von Erkenntnissen aus einem vorgeschalteten Verwaltungsverfahren
- Befragung bzw. Vernehmung des Betroffenen
- Auskunftsersuchen an andere öffentliche Stellen
- Befragung bzw. Vernehmung von Zeugen
- Beauftragung von Sachverständigen
- Gewinnung von Beweisgegenständen im Wege der Sicherstellung, Beschlagnahme und/oder Durchsuchung

Die Beweiserhebung und etwaige Zwangsmaßnahmen müssen verhältnismäßig sein. Bei der Feststellung der wirtschaftlichen Verhältnisse des Betroffenen ist die Verwaltungsbehörde auf dessen freiwillige Angaben angewiesen, andere Aufklärungsmittel wie beispielsweise die Durchsuchung seiner Wohnung oder die Befragung von Zeu-

---
83 Z.B. im Rahmen einer Verwaltungskontrolle, nach Anzeige durch die Polizei (§ 53 Abs. 1 S. 3 OWiG), durch Anzeige Dritter.
84 *Wieser*, S. 195 ff.

gen sind in der Regel unverhältnismäßig.[85] Im Übrigen hängt es vom Einzelfall ab, ob und inwieweit eine bestimmte Ermittlungsmaßnahme verhältnismäßig ist.[86]

137 Ob rechtswidrig erhobene oder erlangte Beweise verwertbar sind, hängt zunächst davon ab, ob es ein ausdrückliches gesetzliches Verwertungsverbot gibt. Fehlt ein solches, ist in Anlehnung an die vom BGH im Strafverfahren entwickelte Abwägungslehre für den speziellen Einzelfall unter Berücksichtigung des Rechts des Betroffenen auf ein faires Verfahren und etwaige sonstige betroffene Grundrechte zu prüfen, ob das öffentliche Interesse an der Verfolgung und Ahndung der Ordnungswidrigkeit das Interesse des Betroffenen, vor der Verwertung des rechtswidrig erlangten Beweises verschont zu bleiben, überwiegt.[87] Da im Ordnungswidrigkeitenrecht anders als im Strafrecht das Opportunitätsprinzip gilt, ist das öffentliche Verfolgungsinteresse von vornherein geringer.[88] Hinzu kommt, dass die Verwaltungsbehörde anders als das Gericht nicht nur für die Ahndung, sondern auch für die Verfolgung zuständig und zudem das Beweiserhebungsverfahren formlos ist.[89] Um eine ausreichende Verwaltungskontrolle zu gewährleisten, dürfen nach hier vertretener Rechtsauffassung rechtswidrig erlangte Beweise nur verwertet werden, wenn das öffentliche Interesse an der Verfolgung der Ordnungswidrigkeit ausnahmsweise so stark ist, dass die Tat, wenn die Beweise rechtmäßig erlangt worden wären, zwingend geahndet werden müsste, eine Einstellung nach § 47 Abs. 1 S. 2 OWiG also ausnahmsweise wegen einer Ermessensreduzierung auf Null unzulässig wäre.

a) Beweismittel

138 Ein wichtiges Beweismittel sind Zeugen. Die Verwaltungsbehörde kann Zeugenaussagen formlos erheben, z.B. durch Übersendung eines Fragebogens an den Fahrzeughalter oder durch Entgegennahme der Anzeige des Polizisten oder einer sonstigen Person, die Angaben zur Ordnungswidrigkeit macht.[90] Sie kann auch förmlich anordnen, dass ein Zeuge zu einer förmlichen mündlichen Vernehmung erscheint und aussagt (§ 46 Abs. 1 OWiG, § 161a StPO, §§ 48 ff. StPO). Allerdings sind die eidliche Vernehmung von Zeugen, die Anordnung der Vorführung eines Zeugen sowie die Anordnung der Haft zur Erzwingung des Zeugnisses dem Richter vorbehalten (§ 46 Abs. 5 S. 1 OWiG, §§ 70 Abs. 2, 161a Abs. 1 S. . 3 StPO). Die Grenzen der Aussagepflicht von Zeugen ergeben sich aus §§ 52 bis 56 StPO. Vor der formlosen Befragung bzw. förmlichen Vernehmung sind die Zeugen nach Maßgabe von §§ 52 Abs. 3, 55 Abs. 2 StPO über ihre dort genannten Zeugnis- bzw. Auskunftsverweigerungsrechte zu belehren.

Weitere Beweismittel sind der Sachverständige, Urkunden (z.B. schriftliche Gutachten, Auskunftsschreiben anderer Behörden oder Akten aus anderen Verfahren) sowie die Inaugenscheinnahme.

b) Zwangsmaßnahmen zur Ermittlung des Sachverhalts

139 Zur Ermittlung des Sachverhalts kann die zuständige Stelle auch Zwangsmaßnahmen anordnen und anwenden, wenn bzw. soweit sie nicht von vorherein unzulässig

---

85 HK-OWiG/*Gassner*, § 17 Rn. 20.
86 BVerfG NJOZ 2017, 580 (581); HK-OWiG/*Gassner*, § 46 Rn. 7.
87 Vgl. BVerfG NJW 2012, 907; BGH NJW 1999, 959.
88 *Klesczewksi*, Rn. 882.
89 Vgl. HK-OWiG/*Gassner*, Einleitung Rn. 116.
90 Göhler/*Seitz*/*Bauer* § 59 Rn. 20.

sind, die speziellen Voraussetzungen vorliegen und der Verhältnismäßigkeitsgrundsatz gewahrt bleibt.

Von vornherein unzulässig sind im Bußgeldverfahren nach § 46 Abs. 3 S. 1 OWiG Anstaltsunterbringungg (§ 81 StPO), Verhaftung und vorläufige Festnahme (§§ 112 bis 130 StPO), die Ausschreibung zur Festnahme (§ 131 StPO) und Eingriffe in das Post- und Fernmeldegeheimnis (§§ 99–100b StPO) sowie die Maßnahmen nach der StPO, die nur bei bestimmten Straftatbeständen oder Straftatens von erheblicher Bedeutung gelten (wie beispielswweise die Rastfahndung nach §§ 98a, 98b StPO oder die Wohnraumüberwachung nach §§ 100c ff. StPO).[91] 140

Als körperliche Eingriffe sind nur Entnahmen von Blutproben und andere geringfügige Eingriffe nach Maßgabe von § 46 Abs. 4 OWiG zulässig. Entnahme von Blutproben beim Verdacht einer Ordnungswidrigkeit nach §§ 24a, 24c StVG bedürfen keiner richterlichen Anordnung. 141

Im Übrigen gelten die einschlägigen Vorschriften der StPO. So werden Beweisgegenstände, die der Betroffene bzw. ein Dritter freiwillig herausgibt, gemäß § 94 Abs. 1 StPO sichergestellt. Bei nicht freiwilliger Herausgabe werden Beweisgegenstände nach § 94 Abs. 2, §§ 95 bis 98 StPO beschlagnahmt. Durchsuchungen sind nach Maßgabe der §§ 102 bis 110 StPO zulässig. Beschlagnahme und Durchsuchung müssen grundsätzlich von einem Richter angeordnet werden (§§ 98 Abs. 1, 105 Abs. 1 StPO). 142

c) Verständigung im Bußgeldverfahren

Eine Verständigung im Bußgeldverfahren ist grundsätzlich zulässig, es gelten gemäß § 46 Abs. 1 OWiG die §§ 257b, 257c StPO mit gewissen Einschränkungen.[92] Die Verwaltung ist an informelle Absprachen gebunden, wenn ein Abweichen gegen den Grundsatz des fairen Verfahrens verstieße.[93] Umstritten ist, ob die Verständigung auch in Masseverfahren wie bei Verkehrsordnungswidrigkeiten oder nur bei besonders schwerwiegenden Ordnungswidrigkeiten mit unklarer Sach- oder Rechtslage in Betracht kommt.[94] 143

4. Maßnahmen zur Sicherung der Vollstreckung

Bereits im behördlichen Vorverfahren können einige Maßnahmen zur Sicherung der späteren Vollstreckung der Geldbuße bzw. etwaiger Nebenfolgen ergriffen werden. 144

a) Sicherheitsleistung auf die Geldbuße bei Betroffenen ohne Aufenthalt in Deutschland

So kann der Richter (bzw. bei Gefahr im Verzug die Verwaltungsbehörde bzw. Ermittlungspersonen der Staatsanwaltschaft) nach § 46 Abs. 1 OWiG, § 132 StPO bei Betroffenen, die in Deutschland keinen festen Wohnsitz oder Aufenthalt haben, bei dringendem Tatverdacht anordnen, dass der Betroffene eine angemessene Sicherheit für die zu erwartende Geldbuße und die Kosten des Bußgeldverfahrens leistet und/oder einen Zustellungsbevollmächtigten im Bezirk des zuständigen Gerichts bestellt. Befolgt der Betroffene die Anordnung nicht, können Beförderungsmittel und mitgeführte Sachen beschlagnahmt werden. 145

---

91 HK-OWiG/*Gassner* § 46 Rn. 6 u. 10.
92 Ausführlich HK-OWiG/*Gassner,* § 47 Rn. 21–30.
93 HK-OWiG/*Gassner,* § 47 Rn. 22.
94 HK-OWiG/*Gassner,* § 47 Rn. 23 f.

146 In allen anderen Fällen kann im behördlichen Vorverfahren noch keine Sicherheitsleistung auf die erwartete Geldbuße angeordnet werden.[95]

b) Sicherung der späteren Vollstreckung der Einziehung nach §§ 22 ff. OWiG

147 Zur Sicherung der späteren Einziehung von Gegenständen (§§ 22 ff. OWiG, siehe 1. Teil Rn. 32 ff.) können die Gegenstände nach Maßgabe von § 46 Abs. 1 OWiG, § 111b StPO bereits im behördlichen Ermittlungsverfahren beschlagnahmt werden.

Beispiel: Beschlagnahme eines Tieres im behördlichen Ermittlungsverfahren auf richterliche Anordnung gemäß § 46 Abs. 1 OWiG, § 111b StPO zur Sicherung der späteren Einziehung nach § 19 Abs. 1 Nr. 2 oder Abs. 2 TierSchG.

148 Zur Sicherung der späteren Einziehung des Wertes von Taterträgen (§ 29a OWiG, siehe 1. Teil Rn. 36 ff.) ist bereits im behördlichen Vorverfahren die Anordnung von Vermögensarrest nach § 46 Abs. 1 OWiG i.V.m. § 111e Abs. 1 StPO möglich.

Beispiel: Auf einen entsprechenden Antrag der zuständigen Behörde ordnet das Amtsgericht (Ermittlungsrichter) den dinglichen Arrest in Höhe von 100.000 € in das Gesellschaftsvermögen der A-GmbH nach § 46 Abs. 1 OWiG i.V.m. § 111e Abs. 1 StPO an, weil die A-GmbH unter Verstoß gegen § 34c GewO ohne die erforderliche Maklererlaubnis Immobiliengeschäfte betrieben und dadurch einen Vermögensvorteil in Höhe von 100.000 € erlangt hat und nun eine illegale Vermögensverschiebung zu befürchten ist, so dass eine spätere Vollstreckung des noch zu erlassenen Einziehungsbescheids erfolglos sein wird.

5. Gewährung von Akteneinsicht

a) an den Betroffenen und Nebenbeteiligte

149 Gemäß § 49 Abs. 1 OWiG hat der Betroffene ein Recht auf Akteneinsicht, solange das Verfahren noch nicht rechtskräftig abgeschlossen ist und soweit kein Ausschlussgrund vorliegt. Ein Ausschlussgrund liegt vor, soweit der Untersuchungszweck des Bußgeldverfahrens oder eines anderen Bußgeld- oder Strafverfahrens gefährdet wird oder überwiegende schutzwürdige Interessen Dritter der Akteneinsicht entgegenstehen. Die Akteneinsicht wird nach Maßgabe von §§ 110c, 46 Abs. 1 OWiG, § 32f StPO gewährt, bei elektronischer Aktenführung i.d.R. also durch Bereitstellen des Akteninhalts auf Abruf, bei Akten in Papierform i.d.R. durch Einsichtnahme in den Diensträumen der Verwaltungsbehörde; die Akteneinsicht ist kostenfrei.[96]

Gleiches gilt für die Nebenbeteiligten (Einziehungsbeteiligten nach §§ 22 ff., 29a, 87 OWiG und juristische Personen und Personenvereinigungen nach §§ 30, 88 OWiG).

b) an den Verteidiger

150 Der Verteidiger des Betroffenen und die Vertreter der Nebenbeteiligten haben nach Maßgabe von § 46 Abs. 1 OWiG i.V.m. § 147 StPO einen Anspruch auf Akteneinsicht. Auch hier richtet sich die Form der Akteneinsicht nach § 32f StPO. Danach werden auf besonderen Antrag dem Verteidiger, soweit nicht wichtige Gründe entgegenstehen, die Akten zur Einsichtnahme in seine Geschäftsräume oder in seine Wohnung

---

95 Bei der Geldbuße gegen juristische Personen und Personenvereinigungen kann der Vermögensarrest gemäß § 30 Abs. 6 OWiG ab Erlass des Bußgeldbescheids angeordnet werden. Umstritten ist, ob nach Erlass eines Bußgeldbescheides und vor Eintritt dessen Rechtskraft die Anordnung von Vermögensarrest nach § 5 VwVG i.V.m. §§ 324 ff. AO möglich ist oder ob nach § 46 Abs. 1 OWiG, § 111e Abs. 2 StPO nur bei gerichtlichen Bußgeldentscheidungen vor Eintritt der Rechtskraft ein Vermögensarrest angeordnet werden darf. Siehe hierzu HK-OWiG/*Gassner*, § 90 Rn. 10.
96 HK-OWiG/*Gassner*, § 49 Rn. 9 u. 12.

mitgegeben bzw. übersandt. Für die Übersendung wird nach § 107 Abs. 5 OWiG eine Pauschale von 12 € erhoben.

c) an private Dritte

Verletzte haben ein Auskunftsrecht nach § 46 Abs. 1 OWiG, § 406e StPO. Im Übrigen werden Auskünfte an private Dritte nur nach Maßgabe von § 49b i.Vm. § 475 StPO erteilt. **151**

6. Recht auf informationelle Selbstbestimmung; Datenverarbeitung

Datenschutzrechtlich Betroffene (§ 46 Nr. 1 BDSG) haben nach Maßgabe von § 49c Abs. 1 OWiG, § 491 StPO, § 57 BDSG jederzeit einen Anspruch auf kostenfreie Auskunft über die zu ihrer Person verarbeiteten Daten.[97] **152**

Im Übrigen sind bei der Datenverarbeitung §§ 49a ff. OWiG zu beachten. **153**

7. Anhörung des Betroffenen

Dem Betroffenen ist gemäß § 55 Abs. 1 OWiG spätestens vor Abschluss der Ermittlungen Gelegenheit zur Äußerung zu geben. Das bedeutet zum einen, dass der Betroffene die Möglichkeit haben muss, sich zu der ihm vorgeworfenen Beschuldigung einschließlich etwaiger Beweismittel („Ob der Ahndung") äußern zu können.[98] Darüber hinaus muss er aber auch die Gelegenheit haben, sich zu den für die Bemessung der Geldbuße maßgeblichen Bewertungskriterien (wie z.B. zu seinen wirtschaftlichen Verhältnissen) äußern zu können.[99] **154**

Im Regelfall erfolgt die Anhörung schriftlich, indem die Verwaltungsbehörde dem Betroffenen einen entsprechenden Anhörungsbogen übersendet (Muster siehe unter Rn. 215), bei einem vorgeschalteten Verwarnungsverfahren i.d.R. bereits vorsorglich zusammen mit der schriftlichen Verwarnung mit Verwarnungsgeld (siehe Rn. 130). Die Verwaltungsbehörde kann den Betroffenen aber auch förmlich vernehmen (§ 46 Abs. 1 OWiG, § 136 StPO) oder ihn richterlich vernehmen lassen (§ 46 Abs. 1 OWiG, § 162 Abs. 1 StPO).[100] **155**

Der Betroffene muss darüber belehrt werden, was der Tatvorwurf und die verwirklichte(n) Ordnungswidrigkeit(en) sind (vgl. § 66 Abs. 1 Nr. 3 OWiG) und dass er zur Aussage in der Sache nicht verpflichtet ist („nemo tenetur Grundsatz", § 46 Abs. 1 OWiG, §§ 163a Abs. 3 S. 2, 136 Abs. 1 S. 2 StPO).[101] **156**

Wird die erforderliche Anhörung von der Verwaltungsbehörde vergessen, hat das für die Wirksamkeit des Bußgeldbescheids keine Folgen, ist nach richtiger Rechtsauffassung aber später auf Kostenebene zu berücksichtigen.[102] **157**

Höchstrichterlich bisher nicht entschieden ist, ob das Unterlassen des Hinweises auf das Schweigerecht zu einem Verwertungsverbot führt, was nach richtiger Rechtsauffassung aber mit Hinblickauf das Gebot des fairen Verfahrens zu bejahen ist.[103] Unzulässige Verhörmethoden (§ 136a Abs. 3 StPO) führen ebenfalls zu einem Verwertungsverbot der so erwirkten Aussage. **158**

---

[97] Ausführlich HK-OWiG/*Gassner*, § 49d Rn. 12.
[98] HK-OWiG/*Seith*, § 55 Rn. 6.
[99] Vgl. HK-OWiG/*Gassner* § 17 Rn. 20.
[100] HK-OWiG/*Seith* § 55 Rn. 5.
[101] HK-OWiG/*Seith* § 55 Rn. 6 u. 10.
[102] HK-OWiG/*Seith* § 55 Rn. 13.
[103] Ausführlich hierzu Klesczewski Rn. 850 ff.

8. Vorläufige Einstellung des Verfahrens bei Abwesenheit des Betroffenen

159 Ist der Betroffene abwesend *(Häufiger Fall in der Praxis: Das Anhörungsschreiben an die über die Melderegisterauskunft ermittelte Wohnungsadresse kommt als „unzustellbar" zurück)* und nicht zu erwarten, dass sein Wohnort alsbald ermittelt werden kann, erreicht die Verwaltungsbehörde durch die vorläufige Einstellung des Verfahrens (§ 46 Abs. 1 OWiG, § 205 StPO), dass die Verjährung unterbrochen wird, § 33 Abs. 1 Nr. 5 OWiG. Nach der vorläufigen Einstellung bewirkt sie dann durch jede weitere Anordnung, die zur Ermittlung des Aufenthalts des Betroffenen oder zur Sicherung von Beweisen ergeht, die erneute Unterbrechung der Verjährungsfrist gemäß § 33 Abs. 1 Nr. 5 OWiG. Somit kann sie verhindern, dass die Tat vor Ablauf der absoluten Verjährungsfrist (siehe Rn. 74 ff.) verjährt.

Beispiel: T hat vorsätzlich gegen die 0,5 Promille Grenze verstoßen. Nach der Tat bleibt er unauffindbar. Eigentlich verjährt die Tat nach 2 Jahren (siehe Rn. 67). Wenn die Behörde das Verfahren wegen Abwesenheit des Betroffenen vorläufig einstellt und regelmäßig rechtzeitig durch neue Abfragen beim Melderegister oder Aufträge an die Polizei die Verjährung neu unterbricht, kann sie die absolute Verjährungsfrist auf 4 Jahre verlängern.

9. Abschluss des Bußgeldverfahrens

160 Wenn der Sachverhalt aufgeklärt ist bzw. eine weitere Aufklärung keinen Sinn mehr macht, schließt die Verwaltungsbehörde ihre Ermittlungen ab. Sie stellt dann entweder das Bußgeldverfahren ein oder vermerkt den Abschluss der Ermittlungen in ihren Akten (§ 61 OWiG) und erlässt einen Bußgeldbescheid (§§ 65, 66, 50,51 OWiG). Es ist auch im förmlichen Bußgeldverfahren zulässig, anstelle des angedachten Bußgeldbescheids zunächst eine Verwarnung auszusprechen (siehe oben Rn. 114 ff.).

a) Einstellung des Bußgeldverfahrens

161 Wenn der Betroffene die ihm vorgeworfene Ordnungswidrigkeit gar nicht begangen hat, alle Beweismittel verbraucht sind oder dauerhafte Verfahrenshindernisse bestehen (siehe Rn. 44 ff.), muss die Verwaltungsbehörde das Bußgeldverfahren zwingend nach § 46 Abs. 1 OWiG i.V.m. § 170 Abs. 2 S. 1 StPO einstellen.

162 Darüber hinaus kann die Bußgeldbehörde das Bußgeldverfahren nach § 47 Abs. 1 S. 2 OWiG auch aus Opportunitätsgründen einstellen.

Beispiele: Unklare Sach- und Rechtslage; der Betroffene hat bereits schwere Folgen aus der Ordnungswidrigkeit zu tragen; es erscheint ausreichend, die Rechtsordnung ausschließlich mit verwaltungsrechtlichen Maßnahmen durchzusetzen.[104]

163 Die Einstellung des Bußgeldverfahrens ist an keine bestimmte Form gebunden. Wenn der Betroffene allerdings bereits angehört wurde, um die Mitteilung gebeten hat oder ein sonstiges Interesse an der Mitteilung ersichtlich ist, muss die Einstellung dem Betroffenen bekanntgemacht werden (vgl. § 170 Abs. 2 S. 2 StPO, § 50 Abs. 1 S. 1 OWiG).[105] Für die Durchführung des eingestellten Bußgeldverfahrens dürfen von der Verwaltungsbehörde weder Gebühren (§ 107 Abs. 1 OWiG)[106] noch Aus-

---

[104] HK-OWiG/*Gassner* § 47 Rn. 13, dort auch weitere Beispiele.
[105] HK-OWiG/*Gassner* § 47 Rn. 38.
[106] Sonderfall ist die Gebühr in Höhe von 20 € nach § 107 Abs. 2 OWiG im Falle des § 25a StVG (Halterkostenbescheid bei Halt- und Parkverstößen). Dazu siehe 4. Teil Rn. 21.

lagen (§ 107 Abs. 3 OWiG)[107] erhoben werden (vgl. § 89 OWiG); der Betroffene trägt seine Ausgaben (z.B. Rechtsanwaltskosten) selbst.[108]

Ein eingestelltes Bußgeldverfahren kann jederzeit wieder aufgenommen werden, die Einstellungsverfügung hat wie bereits erörtert keine Sperrwirkung.. **164**

b) Anfertigung, Erlass und Zustellung eines Bußgeldbescheids

aa) Anfertigung des Bußgeldbescheids; Inhalt

Wenn der Sachbearbeiter den Bußgeldbescheid **anfertigt**, muss er wissen, welchen Mindestinhalt der Bußgeldbescheid haben muss. **165**

Dieser ergibt sich zunächst aus § 66 OWiG: Nach dem Briefkopf und der Einleitung mit den Angaben zum Betroffenen, Nebenbeteiligten und Verteidiger (§ 66 Abs. 1 Nr. 1 u. Nr. 2 OWiG) beginnt ein Bußgeldbescheid nach § 66 Abs. 1 Nr. 3 OWiG mit der Schilderung des genauen Tatvorwurfs und dessen rechtlicher Würdigung. Bei der rechtlichen Würdigung müssen nur die angewendeten Bußgeldvorschrift(en) genannt und der abstrakte Bußgeldtatbestand wiedergegeben werden (vgl. § 66 Abs. 3 OWiG).[109] Danach sind die Beweismittel anzugeben (§ 66 Abs. 1 Nr. 4 OWiG). Schließlich folgt die Festsetzung der Geldbuße und/oder einer Nebenfolge (§ 66 Abs. 1 Nr. 5 OWiG). Nach § 66 Abs. 2 u. 3 OWiG muss der Bußgeldbescheid außerdem noch bestimmte Hinweise und Belehrungen sowie die Aufforderung zur Zahlung der Geldbuße enthalten. **166**

Im Bußgeldbescheid ist gemäß § 105 Abs. 1 OWiG i.V.m. § 465 StPO außerdem anzuordnen, dass der Betroffene die Kosten des Verfahrens zu tragen hat (**Kostengrundentscheidung**). Bereits zusammen mit dem Bußgeldbescheid können die Kosten des Verfahrens (Gebühren nach § 107 Abs. 1 OWiG und Auslagen nach § 107 Abs. 3 OWiG) auch bereits ihrer Höhe nach angesetzt werden (**Kostenansatz**). Der Kostenansatz ist aber auch später durch separaten Bescheid möglich. **167**

Die Gebühr beträgt nach § 107 Abs. 1 S. 3 OWiG
- 25 € bei Geldbußen zwischen 5 € bis 500 €
- 5 % der Geldbuße bei Geldbußen zwischen 500 € und 150.000 €
- 7.500 € bei Geldbußen von mehr ab 150.000 €

Als Auslagen werden insbesondere für jede nichtelektronische Zustellung pauschal 3,50 € erhoben (§ 107 Abs. 3 Nr. 2 OWiG).

Außerdem ist dem Bußgeldbescheid gemäß § 50 Abs. 2 OWiG eine Rechtsbehelfsbelehrung beizufügen, in der über die Möglichkeit informiert wird, dass gegen den Bußgeldbescheid Einspruch (§ 67 OWiG) erhoben werden kann und welche Frist- und Formvorschriften dabei zu beachten sind. Fehlt die Rechtsbehelfsbelehrung oder ist sie fehlerhaft, hat das (anders als nach § 58 Abs. 2 VwGO) keine Auswirkung auf die Fristdauer für die Erhebung des Einspruchs. Nach Maßgabe von § 52 OWiG ist dann aber Wiedereinsetzung in den vorigen Stand zu gewähren, wenn die Fristsäumnis auf der fehlenden oder falschen Rechtsbehelfsbelehrung beruht.[110] **168**

Weitere Begründungs- oder Hinweispflichten können sich aus Spezialgesetz ergeben (z.B. Belehrungspflichten beim Fahrverbot nach § 25 Abs. 8 StVG). Im Übrigen **169**

---

107 Keine Auslage i.S.d. § 107 Abs. 3 OWiG ist die Aktenversendungspauschale in Höhe von 12 € nach § 107 Abs. 5 OWiG. Diese wird unabhängig vom Ausgang des Bußgeldverfahrens erhoben.
108 *Wieser* S. 418; HK-OWiG/*Gassner* § 47 Rn. 39.
109 Kritisch dazu und zu etwaigen Ausnahmen: HK-OWiG/*Gassner* § 66 Rn. 26 und Einleitung Rn. 135.
110 HK-OWiG/*Gassner,* § 52 Rn. 9.

stehen sonstige Hinweise an den Betroffenen (z.B. Hinweise zu verwaltungsrechtlichen Folgen) im Verfahrensermessen der Bußgeldbehörde.

170 Ist der Bußgeldbescheid inhaltlich nicht hinreichend bestimmt, also der Betroffene bzw. Nebenbeteiligte nicht eindeutig identifizierbar oder nicht ausreichend bestimmt, welcher Lebenssachverhalt dem Betroffenen als Tat zur Last gelegt wird, ist er unwirksam.[111] Er unterbricht dann weder nach § 33 Abs. 1 S. 1 Nr. 9 OWiG die Verjährung, noch ist er wirksame Prozessvoraussetzung, so dass das Gericht das Bußgeldverfahren zwingend einstellen muss, wenn der Betroffene Einspruch (§ 67 OWiG) gegen den unwirksamen Bußgeldbescheid erhebt. Auch kann ein unwirksamer Bußgeldbescheid nicht vollstreckt werden.[112] Wird die Unwirksamkeit des Bußgeldbescheids erst nach Ablauf der Einspruchsfrist im Vollstreckungsverfahren entdeckt, ist der Antrag auf gerichtliche Entscheidung nach § 103 Abs. 1 Nr. 1 OWiG statthaft, wenn die Vollstreckungsbehörde das Verfahren nicht freiwillig einstellt.

Im Übrigen wirken sich Fehler im Bußgeldbescheid nicht auf dessen Wirksamkeit aus.[113]

171 Zu den Einzelheiten siehe auch den Musterbußgeldbescheid unter Rn. 218.

bb) Erlass des Bußgeldbescheids; Formzwang

172 Der Bußgeldbescheid ist entweder in Papierform (§ 65 OWiG) oder unter Beachtung von § 110c OWiG i.V.m. § 32b StPO als elektronisches Dokument zu **erlassen**. Wird das Bußgeldverfahren elektronisch geführt (vgl. § 110a Abs. 1 S. 1 OWiG), so ist der Bußgeldbescheid „erlassen", sobald der zuständige Sachbearbeiter in dem entsprechenden Bußgeldprogramm nachweisbar den Befehl zur Generierung des Bußgeldbescheids mit dem nach § 66 OWiG vorgeschriebenen Inhalt erteilt hat. Ansonsten ist der Bußgeldbescheid erlassen, sobald er ausgedruckt und vom Sachbearbeiter unterschrieben worden ist oder sonst erkennbar ist, dass er auf dem Willen des Sachbearbeiters beruht.[114]

Mit Erlass des inhaltlich hinreichend bestimmten Bußgeldbescheids (siehe oben Rn. 170) wird nach § 33 Abs. 1 Nr. 9 OWiG die Verjährung unterbrochen, sofern der Bußgeldbescheid binnen zwei Wochen ordnungsgemäß zugestellt wird (zur Verjährung siehe auch Rn. 55 ff.).

cc) Förmliche Bekanntmachung des Bußgeldbescheids durch Zustellung

173 Bekanntzumachen ist der Bußgeldbescheid zwingend durch **ordnungsgemäße Zustellung** (§§ 50 Abs. 1 S. 2, 51 OWiG). Ist der Bußgeldbescheid nicht ordnungsgemäß zugestellt worden und der Zustellungsfehler auch nicht geheilt (vgl. § 8 VwZG), wird keine Einspruchsfrist in Gang gesetzt und der Bußgeldbescheid kann nicht formell rechtskräftig werden.[115] Es tritt mangels wirksamer Zustellung auch keine Unterbrechung der Verjährung ein (§ 33 Abs. 1 Nr. 9 OWiG).[116]

---

111 HK/OWiG/*Gassner*, § 66 Rn. 2.
112 HK-OWiG/*Gassner*, § 65 Rn. 15.
113 HK-OWiG/*Gassner*, § 66 Rn. 22.
114 HK-OWiG/*Louis*, § 33 Rn. 35–36 u. *Gassner*, § 65 Rn. 9.
115 HK-OWiG/*Gassner*, § 65 Rn. 14.
116 HK-OWiG/*Louis*, § 33 Rn. 31.

3. Teil: Das formelle Ordnungswidrigkeitenrecht (Bußgeldverfahren)   139

10. Verfahren bei der Anordnung von Nebenfolgen; selbstständiges Verfahren

Normalerweise ist in einem einheitlichen Bußgeldverfahren und in einem einheitlichen Bußgeldbescheid über die Ahndung des Betroffenen mit Geldbuße und die Festsetzung von Nebenfolgen gegen den Betroffenen oder Dritte als Nebenbeteiligte zu entscheiden. Dabei können für das einheitliche Bußgeldverfahren weitere Verfahrensvorschriften zu beachten sein. So enthalten §§ 87, 88 OWiG ergänzende Vorschriften bei der Einziehung und bei Geldbußen gegen juristische Personen und Personenvereinigungen.   174

Durch einen selbstständigen Bescheid in einem selbstständigen Verfahren kann die Verwaltungsbehörde nur entscheiden, wenn gegen den Betroffenen keine Geldbuße verhängt wird. Dann können durch selbstständigen Bescheid Geldbußen gegen juristische Personen und Personenvereinigungen angeordnet werden (§§ 30 Abs. 4 S. 1, 88 Abs. 2 OWiG) und Einziehungen gegenüber dem Betroffenen oder einem Dritten angeordnet werden (§ 87 Abs. 3 OWiG).   175

12. Lösungsvorschlag

Zu Aufgabe 1:   176

Gegen Frau Irene Schmidt ist das förmliche Bußgeldverfahren durch die Übersendung des Anhörungsbogens bereits automatisch eröffnet. Kein Bußgeldverfahren ist bisher gegen ihre Schwester oder ihre Tochter eröffnet, da der Sachbearbeiter noch keine entsprechenden Maßnahmen ergriffen hat.

Zu Aufgabe 2:

Sowohl die Schwester als auch die Tochter von Frau Irene Schmidt können in dem gegen Frau Irene Schmidt gerichteten Bußgeldverfahren als Zeuginnen vernommen werden. Sowohl ihre Tochter (in gerader Linie verwandt) als auch ihre Schwester (in der Seitenlinie im zweiten Grad verwandt) haben nach § 46 Abs. 1 OWiG i.V.m. § 52 Abs. 1 Nr. 3 StPO das Recht, das Zeugnis zu verweigern. Auf dieses Recht sind sie gemäß § 52 Abs. 3 StPO hinzuweisen.

Außerdem haben beide ein Auskunftsverweigerungsrecht nach § 55 Abs. 1 StPO. Auch auf dieses Recht sind sie hinzuweisen, § 55 Abs. 2 StPO.

Zu Aufgabe 3:

Die Anordnung einer Wohnungsdurchsuchung zur Verfolgung einer so geringfügigen Ordnungswidrigkeit wäre hier unverhältnismäßig.

Zu Aufgabe 4:

Der zuständige Sachbearbeiter muss das Bußgeldverfahren nach § 46 Abs. 1 OWiG i.V.m. § 170 Abs. 2 S. 1 StPO aus tatsächlichen Gründe einstellen, da nicht nachweisbar ist, dass Frau Irene Schmidt die Täterin war. Die verwaltungsrechtliche Anordnung eines Fahrtenbuchs nach § 31a Abs. 1 StVZO kommt wegen der Geringfügigkeit des Verstoßes nicht in Betracht.

E. Rechtsbehelfe gegen behördliche Maßnahmen im Bußgeldverfahren; Wiedereinsetzen und Wiederaufgreifen

I. Einspruch gegen den Bußgeldbescheid und gleichgestellte Bescheide

1. Zulässigkeit des Einspruchs

a) Prüfungsschema

177

Prüfungsschema: Zulässigkeit eines Einspruchs
Statthaftigkeit des Einspruchs
Ordnungsgemäße Erhebung (form- und fristgerecht bei der Verwaltungsbehörde, die den Bußgeldbescheid erlassen hat)
Einspruchsberechtigung
Kein Verzicht, keine vorangegangene Rücknahme

b) Prüfungspunkte

178 Statthafter Rechtsbehelf gegen einen (wirksamen) Bußgeldbescheid ist nach § 67 OWiG der Einspruch. Das gilt auch für die dem Bußgeldbescheid gleichgestellten Bescheide wie die selbstständige Geldbuße gegen juristische Personen und Personenvereinigungen und selbstständige Einziehungsanordnungen (§§ 87 Abs. 3, 88 Abs. 2 OWiG).

179 Im Übrigen ist der Einspruch nur zulässig, wenn er vom Einspruchsberechtigten bei der Verwaltungsbehörde, die den Bußgeldbescheid erlassen hat, form- und fristgerecht erhoben wurde und weder auf den Einspruch verzichtet noch ein bereits erhobener Einpruch zurückgenommen wurde.

Einspruchsberechtigt sind in erster Linie der Betroffene (bzw. der sonstige Adressat derer angeordneten Nebenfolge) sowie dessen Verteidiger (§ 67 Abs. 1 S. 2 OWiG i.Vm. § 297 StPO), bei Minderjährigen neben dem Minderjährigen auch der gesetzliche Vertreter (§ 67 Abs. 1 S. 2 OWiG i.V.m. § 298 StPO).[117]

Fristgerecht ist der Einspruch, wenn er innerhalb von zwei Wochen nach Zustellung des Bußgeldbescheids (bzw. des diesem gleichgestellten Bescheids) erhoben wird. Die Fristberechnung erfolgt nach § 46 Abs. 1 OWiG i.V.m. §§ 42, 43 StPO.

Beispiel: Der Bußgeldbescheid wird am Freitag, den 12.03. zugestellt. Dann endet die Frist mit Ablauf von Freitag, den 26.03 (24.00) Uhr. Wäre das ein Feiertag (z.B. Karfreitag), so würde die Frist erst am nächsten Werktag um 24.00 enden, hier also dann am Dienstag nach Ostern (30.03. um 24.00 Uhr).

Beachte: Ausgelöst wird die Frist nur, wenn der Bußgeldbescheid ordnungsgemäß zugestellt wurde (Rn. 173). Ein fehlerhaft zugestellter Bußgeldbescheid löst die Frist nicht aus, erst mit Heilung des Zustellungsmangels (§ 8 VwZG) wird der Bußgeldbescheid wirksam und die Frist ausgelöst. Hat der Einspruchsführer die Frist unverschuldet versäumt (z.B. wegen einer fehlenden oder fehlerhaften Rechtsbehelfsbelehrung), ist Wiedereinsetzung in den vorigen Stand zu gewähren (§ 52 OWiG).

Formgerecht ist der Einspruch, wenn er schriftlich oder mündlich zur Niederschrift der Verwaltungsbehörde erhoben wird. Nach Maßgabe von § 110c OWiG i.V.m. § 32a Abs. 1 StPO kann der Einspruch auch in elektronischer Form erhoben werden (qualifizierte elektronische Signatur oder Signatur und Einreichung auf einem sichern Übermittlungsweg).

---

117 Zur Vertiefung HK-OWiG/*Blum/Stahnke* § 67 Rn. 4 ff.

Vertiefungshinweise: Für die Wahrung der Schriftform ist die Einhaltung von § 126 BGB (Unterschrift) nicht zwingend erforderlich. Es reicht aus, wenn der Urheber des Einspruchs identifizierbar ist und erkennbar ist, dass es sich bei dem Einspruch nicht nur um einen Entwurf handelt. Im Übrigen ist hier vieles umstritten. Nach der Rechtsprechung genügen Telefaxe und Computerfaxe der Schriftform. Eine normale E-Mail soll nur genügen, wenn diese innerhalb der Einspruchsfrist ausgedruckt und zur Akte genommen wird.[118] Im Gegensatz zu anderen Rechtsmitteln, bei denen der Betroffene bzw. dessen Vertreter persönlich bei der zuständigen Stelle erscheinen muss, um das Rechtsmittel zur Niederschrift zu erheben, kann der Einspruch auch telefonisch zur Niederschrift der Behörde erklärt werden.[119]

2. Vorgehen der Verwaltungsbehörde bei Unzulässigkeit des Einspruchs

Ist der **Einspruch unzulässig**, verwirft ihn die Verwaltungsbehörde als unzulässig, § 69 Abs. 1 S. 1 OWiG. Die Verwerfung muss in Form eines Bescheids erfolgen (§ 50 Abs. 1 S. 2 OWiG), ist zu begründen (§ 46 Abs. 1 OWiG i.V.m. § 34 StPO)[120], mit einer Rechtsbehelfsbelehrung zu versehen, dass innerhalb von zwei Wochen nach Zustellung einen Antrag auf gerichtliche Entscheidung gestellt werden kann (§§ 50 Abs. 2, 69 Abs. 1 S. 2, 62 OWiG), und dem Einspruchsführer zuzustellen (§§ 50 Abs. 1 S. 2, 51 OWiG). Zum Antrag auf gerichtliche Entscheidung nach § 62 OWiG siehe Rn. 187 ff. **180**

Vertiefungshinweis: Stellt erst das Gericht die Unzulässigkeit des Einspruchs fest, verwirft das Gericht den Einspruch durch Gerichtsbeschluss als unzulässig, § 70 OWiG.

3. Vorgehen der Verwaltungsbehörde bei Zulässigkeit des Einspruchs

Hält die Verwaltungsbehörde den Einspruch für zulässig, prüft sie (ggf. durch Vornahme weiterer Ermittlungen) dessen Begründetheit (§ 69 Abs. 2 S. 1 OWiG). Hat der Betroffene bzw. sein Verteidiger Akteneinsicht beantragt (§ 49 OWiG, § 147 StPO), so ist diese zwingend vor einer etwaigen Übersendung der Akten an die Staatsanwaltschaft zu gewähren, § 69 Abs. 3 S. 2 OWiG. Zur Akteneinsicht siehe auch Rn. 149. **181**

Ist der Einspruch aus rechtlichen oder tatsächlichen Gründen begründet, muss die Verwaltungsbehörde den Bußgeldbescheid zurücknehmen und das Verfahren nach § 46 Abs. 1 OWiG i.V.m. § 170 Abs. 2 StPO einstellen. Nach § 105 Abs. 1 OWiG, § 467a Abs. 1 StPO werden auf Antrag des Betroffenen die ihm erwachsenen notwendigen Auslagen grundsätzlich dem Rechtsträger der Verwaltungsbehörde auferlegt. **182**

Nimmt die Bußgeldbehörde aus Opportunitätsgründen den Bußgeldbescheid zurück, stellt sie das Verfahren nach § 47 Abs. 1 S. 2 OWiG ein. Die Entscheidung darüber, ob die notwendigen Auslagen des Betroffenen von diesem selbst oder vom Rechtsträger der Verwaltungsbehörde zu tragen sind, steht nach § 105 Abs. 1 OWiG, §§ 467a Abs. 1 S. 2, 467 Abs. 4 StPO im Ermessen der Verwaltungsbehörde. **183**

Die Bußgeldbehörde kann, sofern sie nicht rechtsmissbräuchlich handelt, den angegriffenen rechtswidrigen Bußgeldbescheid auch zurücknehmen und einen neuen rechtmäßigen Bußgeldbescheid (auch mit einem höheren Bußgeld) erlassen. Eine Verböserung (reformatio in peius) ist zulässig.[121] **184**

---
[118] HK-OWiG/*Blum/Stahnke* § 67 Rn. 19 ff.
[119] BGH NJW 1980, 1290; HK-OWiG/*Blum/Stahnke* § 67 Rn. 26.
[120] HK-OWiG/*Blum/Stahnke* § 69 Rn. 3.
[121] *Mitsch* § 29 Rn. 10.

185 Die nur teilweise Rücknahme des Bußgeldbescheids ist grundsätzlich unzulässig.[122] Soweit der Einspruch beschränkt worden ist, kann allerdings auch der Bußgeldbescheid nur in diesem eingeschränkten Bereich zurückgenommen werden.[123]

186 Will die Verwaltungsbehörde am Bußgeldbescheid festhalten, leitet sie den Einspruch und die gesamten Akten an die Staatsanwaltschaft weiter (§ 69 Abs. 3 OWiG). Diese übernimmt dann die Rolle der Verfolgungsbehörde und die Primärzuständigkeit der Verwaltungsbehörde für die Verfolgung und Ahndung der Ordnungswidrigkeit endet. Nunmehr ist es die Staatsanwaltschaft, die entscheidet, ob noch weitere Ermittlungen durchgeführt werden, das Verfahren eingestellt oder die Akten dem Richter vorgelegt werden (§ 69 Abs. 4 OWiG). Stellt die Staatsanwaltschaft das Verfahren ein, wird der behördliche Bußgeldbescheid automatisch unwirksam. Legt die Staatsanwaltschaft die Akten dem Richter vor, so übernimmt der behördliche Bußgeldbescheid die Funktion einer Anklageschrift im Strafverfahren und dient nur noch der Bezeichnung der Tat im prozessualen Sinne; die Sache wird neu verhandelt.[124] Der Bußgeldbescheid ist nicht Gegenstand des Gerichtsverfahrens, seine Rechtmäßigkeit wird im Gerichtsverfahren nicht geprüft. Das ist der entscheidende Unterschied zum verwaltungsgerichtlichen Verfahren, in dem das Gericht die Rechtmäßigkeit von Verwaltungsakten prüft. Außerdem tritt die Verwaltungsbehörde im gerichtlichen Hauptverfahren nicht auf Beklagtenseite auf, sondern ist nur nach Maßgabe von § 76 OWiG beteiligt.

II. Sonstige Anträge auf gerichtliche Entscheidung nach dem OWiG

1. Anträge auf gerichtliche Entscheidung nach § 62 OWiG und §§ 103, 104 OWiG

187 Gegen **sonstige Maßnahmen der Verwaltungsbehörde im Erkenntnisverfahren** ist nach Maßgabe von § 62 OWiG der Antrag auf gerichtliche Entscheidung gegeben, soweit nichts ausnahmsweise ein Spezialgesetz greift.[125]

Im **Vollstreckungsverfahren** wird gegen behördliche Maßnahmen gerichtlicher Rechtsschutz nach §§ 103, 104 OWiG gewährt.

2. Zulässiger Antragsgegenstand i.S.d. § 62 OWiG

a) Maßnahmen der Verwaltungsbehörde (§ 35 OWiG)

188 Zulässiger Antragsgegenstand sind nach allgA grundsätzlich nur **Verwaltungsakte** der Verwaltungsbehörde; die **Anordnung der Einstellung des Bußgeldverfahrens** ist gemäß § 62 Abs. 1 S. 2 OWiG **nicht anfechtbar**.[126]

Teilweise verweisen Spezialnormen bei bestimmten Maßnahmen ausdrücklich auf den Rechtsschutz nach § 62 OWiG.

Beispiele für kraft Spezialgesetz zulässige Anträge nach § 62 OWiG: Antrag auf Aufhebung einer Kostenentscheidung gegen den Halter eines Kraftfahrzeugs (§ 25a Abs. 3 S. 2 StVG); An-

---

122 BayObLGSt 1963, 56 ff; KK-OWiG/*Ellbogen* § 69 Rn. 37 ff.
123 HK-OWiG/*Blum/Stahnke* § 69 Rn. 8.
124 BayObLG NJW 1972, 1771 (1772); HK-OWiG/*Gassner* § 65 Rn. 6; *Kleszczewski,* Rn. 948.
125 Der Antrag auf gerichtliche Entscheidung gegen die Beschlagnahme im Kartellverfahren richtet sich nach § 58 Abs. 3 u. 4 GWB.
126 HK-OWiG/*Gassner* § 62 Rn. 17 u. 19.

trag gegen die Verwerfung eines Wiedereinsetzungsantrags (§ 52 Abs. 2 S. 3 OWiG); Antrag gegen die Verwerfung eines Einspruchs als unzulässig (§ 69 Abs. 1 S. 2 OWiG).[127]

Im Übrigen sind die Einzelheiten umstritten bzw. viele Rechtsfragen ungeklärt.[128]

Beispiele für nach allgA zulässige Anträge nach § 62 OWiG: Antrag auf Aufhebung einer behördlichen Beschlagnahmeanordnung; Antrag auf Gewährung einer zuvor abgelehnten Akteneinsicht; Antrag auf Aufhebung einer Verwarnung mit Verwarnungsgeld (dazu siehe auch Rn. 127); Antrag auf Feststellung der Rechtswidrigkeit der behördlichen Durchführung einer gerichtlich angeordneten Durchsuchung.

b) Maßnahmen der Polizei (§ 53 OWiG)

Entgegen der h.M. ist der Antrag nach § 62 OWiG mit Hinblick auf Art. 19 Abs. 4 GG und auf die Einheit der Rechtsordnung auch gegen **Maßnahmen der Polizei** gegeben, die diese als selbstständiges Ermittlungsorgan gemäß § 53 Abs. 1 OWiG wahrnimmt.[129] Nach h.M. sollen polizeiliche Maßnahme direkt nur anfechtbar sein, wenn dies auch die StPO so vorsehe (z.B. § 98 Abs. 2 S. 2 StPO), im Übrigen müsse gegen polizeiliche Maßnahmen zunächst eine fachaufsichtsrechtliche Entscheidung der Verwaltungsbehörde herbeigeführt werden und diese dann gemäß § 62 OWiG angefochten werden. **189**

3. Beispiele für Anträge nach § 62 OWiG

a) Rechtsschutz gegen Verwarnungen

Der Antrag auf gerichtliche Entscheidung (§ 62 OWiG) ist nicht nur bei Verwarnungen mit Verwarnungsgeld, sondern mit Hinblick auf Art. 19 Abs. 4 GG nach richtiger Rechtsauffassung auch bei Verwarnungen ohne Verwarnungsgeld statthaft (str.).[130] **190**

Bei Verwarnungen mit Verwarnungsgeld ist der Antrag nach § 62 OWiG wegen fehlenden Rechtsschutzinteresses allerdings unzulässig, soweit der Betroffene nunmehr behauptet, die Ordnungswidrigkeit nicht begangen zu haben oder mit dem zwischen 5 und 55 € festgesetzten Verwarnungsgeld nicht mehr einverstanden ist, wenn er zuvor wirksam mit dem Abschluss des Verfahrens durch Verwarnungsgeld einverstanden war.[131] **191**

Entgegen einer weit verbreiteten Auffassung ist der Antrag nach § 62 OWiG auch direkt gegen Verwarnungen der Polizei nach § 57 Abs. 2 OWiG statthaft (siehe oben Rn. 189).[132] **192**

b) Rechtsschutz gegen die Ablehnung der Akteneinsicht

Die Ablehnung der Akteneinsicht nach § 49 OWiG ist nach allgA ein Verwaltungsakt, da rechtsverbindlich festgestellt wird, dass der Antragsteller keinen Anspruch auf Gewährung der begehrten Akteneinsicht hat, so dass der Antrag nach § 62 OWiG statthaft ist.[133] **193**

---

[127] Weitere Beispiele: HK-OWiG/*Gassner*, § 62 Rn. 16.
[128] Ausführlich mit zahlreichen Beispielen: HK-OWiG/*Gassner*, § 62 Rn. 16 bis 26.
[129] HK-OWiG/*Gassner* § 62 Rn. 7. Dort auch ausführlich zur Gegenauffassung.
[130] OLG Hamburg NJW 1987, 2173; VG München, Beschl. v. 5.2.2020 – M 28 K 19.5754 –, juris; HK-OWiG/*Seith*, § 56 Rn. 23 (dort auch zur Gegenauffassung).
[131] *Klesscewski*, Rn. 941; HK-OWiG/*Seith*, § 56 Rn. 25, dort auch ausführlich zum gesamten Prüfungsumfang.
[132] Ausführlich HK-OWiG/*Gassner*, § 62 Rn. 7 und HK-OWiG/*Seith*, § 56 Rn. 23.
[133] HK-OWiG/*Gassner* § 49 Rn. 11.

4. Verfahren

194 Der Antrag auf gerichtliche Entscheidung ist bei der Verwaltungsbehörde, deren Maßnahme angefochten wird, in der richtigen Form zu erheben. Grundsätzlich ist der Antrag unbefristet, da § 62 OWiG keine bestimme Frist vorgibt. Spezialgesetzlich wird bei bestimmten Anträgen aber eine Frist von zwei Wochen nach Zustellung des Bescheids vorgegeben (z.B. § 69 Abs. 1 S. 2 OWiG gegen die Verwerfung des Einspruchs). Zur Form und Frist vgl. Rn. 179.

195 Nach Eingang des Antrags auf gerichtliche Entscheidung hat die Verwaltungsbehörde 3 Tage Zeit, über diesen zu entscheiden (vgl. § 62 Abs. 2 S. 2 OWIG i.V.m. § 306 Abs. 2 Hs. 2 StPO). Sie hilft dem Antrag ab, soweit er zulässig und begründet ist. Ansonsten leitet sie den Antrag mit den Akten und einem Nichtabhilfevermerk direkt an das zuständige Amtsgericht weiter. Die Verjährung der Ordnungswidrigkeit wird dadurch nicht unterbrochen (vgl. § 33 Abs. 1 Nr. 10 OWiG).[134] Anträge nach § 62 OWiG haben keine aufschiebende Wirkung (§ 62 Abs. 2 S. 2 OWiG, § 307 Abs. 1 StPO). Zur Aussetzung der sofortigen Vollziehung durch die Verwaltungsbehörde oder das Gericht siehe § 307 Abs. 2 StPO.

196 Das zuständige Gericht ist wie in einem verwaltungsgerichtlichen Hauptverfahren (vgl. § 114 VwGO) und anders als beim Einspruch gegen den Bußgeldbescheid auf eine reine Rechtmäßigkeitskontrolle beschränkt.

III. Behördliche Wiedereinsetzung in den vorigen Stand

197 Durch eine Wiedereinsetzung wird ein verspäteter Rechtsbehelf als rechtzeitig vorgenommen fingiert und das Verfahren in den Stand vor der Fristversäumung zurückversetzt.[135] Wiedereinsetzung in den vorigen Stand wird von Amts wegen oder auf Antrag gewährt. Solange das Verfahren nicht bei Gericht anhängig ist, ist die Verwaltungsbehörde zuständig (§ 52 Abs. 2 S. 1 u. 2 OWiG).

198 Wenn die Verwaltungsbehörde im Zwischenverfahren die Zulässigkeit des Einspruchs gegen einen Bußgeldbescheid (§ 69 Abs. 1 OWiG) bzw. eines befristeten Antrags auf gerichtliche Entscheidung (z.B. Antrag des Halters gegen den Kostenbescheid nach § 25a Abs. 3 S. 2 StVG, § 62 OWiG) prüft, ist eine Zulässigkeitsvoraussetzung, dass der Rechtsbehelf fristgerecht erhoben wurde. Stellt die Verwaltungsbehörde fest, dass der Rechtsbehelf erst nach Ablauf der Rechtsbehelfsfrist bei ihr eingegangen ist und liegen Anhaltspunkte dafür vor, dass der Rechtsbehelfsführer die Frist ohne Verschulden versäumt hat, muss die Verwaltungsbehörde von Amts wegen Wiedereinsetzung in den vorigen Stand gewähren, § 52 Abs. 2 S. 1 u. 2 OWiG.

Beispiel: Der Einspruch gegen einen Bußgeldbescheid wurde ausweislich des Poststempels einen Tag vor Ablauf der Einspruchsfrist und damit nach h.M. rechtzeitig zur Post aufgegeben, ging aber erst zwei Tage nach Ablauf der Einspruchsfrist bei der Behörde ein. Hier muss die Behörde Wiedereinsetzung in den vorigen Stand gewähren.

199 Zuständig ist die Verwaltungsbehörde auch, wenn der Rechtsbehelfsführer einen Antrag auf Wiedereinsetzung in den vorigen Stand gestellt hat und das Verfahren noch nicht bei Gericht anhängig ist (§ 52 Abs. 2 S. 1 u. 2 OWiG).

---

[134] HK-OWiG/*Gassner* § 62 Rn. 31.
[135] HK-OWiG/*Gassner* § 52 Rn. 1.

Unverschuldet ist die Fristsäumnis beispielsweise, wenn sie auf Verzögerungen der **200** Post beruht oder wenn der Betroffene vorübergehend wegen Urlaubs von der Wohnung abwesend war und von der Maßnahme erst nach Fristablauf Kenntnis erlangt hat.[136] Beim verspäteten Einspruch gegen einen Bußgeldbescheid ist dem Betroffenen das Verschulden des Verteidigers nicht zuzurechnen, bei einem verspäteten Antrag eines befristeten Antrags nach § 62 OWiG (z.B. § 25a Abs. 3 S. 2 StVG) hingegen schon (§ 85 Abs. 2 ZPO).[137]

IV. Wiederaufnahme des Verfahrens

Die Wiederaufnahme ist ein außerordentlicher Rechtsbehelf, mit dem erreicht wer- **201** den kann, dass ein durch eine rechtskräftige Bußgeldentscheidung (Bußgeldbescheid bzw. Urteil oder Gerichtsbeschluss) abgeschlossenes Bußgeldverfahren wieder aufgenommen wird. Eine Wiederaufnahme zuungunsten des Betroffenen mit dem Ziel, den Betroffenen aus einem Bußgeldtatbestand zu ahnden, ist unzulässig (vgl. § 85 Abs. 3 OWiG). Zulässig ist nach Maßgabe des § 85 Abs. 1 u. 2 OWiG lediglich die Wiederaufnahme des Bußgeldverfahrens zugunsten des Betroffenen oder die Wiederaufnahme des Verfahrens zuungunsten des Betroffenen, um diesen einer Verurteilung nach dem Strafrecht zuzuführen (§ 85 Abs. 3 OWiG).[138]

F. Das behördliche Vollstreckungsverfahren

I. Ausgangsfall

Gegen T wurde wegen des Verstoßes gegen das Alkoholverbot für Fahranfänger ein **202** ordnungsgemäßer Bußgeldbescheid über 150 € erlassen. Auch vier Wochen nach Zustellung des Bußgeldbescheids hat T weder die Geldbuße noch die festgesetzten Gebühren und Auslagen (28,50 €) gezahlt.
1. Frage: Können die Geldbuße und die festgesetzten Gebühren und Auslagen nun vollstreckt werden?
2. Frage: Welche Vollstreckungsmöglichkeiten stehen zur Verfügung?
Lösung s. Rn. 214

II. Anwendbare Rechtsnormen; Vollstreckungszwang

Die Vollstreckung der **behördlich festgesetzten Geldbußen und Nebenfolgen** rich- **203** tet sich nach §§ 89 ff. OWiG. Nicht vollstreckbar sind Verwarnung mit Verwarnungsgeld (siehe Rn. 128).[139]

Geldbußen und Nebenfolgen, die von Verwaltungsbehörden des Bundes angeordnet **204** wurden, werden gemäß § 90 Abs. 1 OWiG grundsätzlich nach dem VwVG vollstreckt, Bußgeldentscheidungen von Verwaltungsbehörden der Länder nach den entsprechenden landesrechtlichen Vorschriften. Vorrang vor den allgemeinen Vollstreckungsgesetzen haben die speziellen Vollstreckungsregeln im OWiG (§§ 89, 90

---
[136] Weitere Fälle: HK-OWiG/*Gassner* § 52 Rn. 9.
[137] HK-OWiG/*Gassner* § 52 Rn. 10.
[138] *Mitsch* § 32 Rn. 1 ff.
[139] Ausführlich zum Vollstreckungsverfahren aus verwaltungsbehördlicher Sicht: *Wieser*, S. 685 bis 717.

Abs. 2–3, 91 ff. OWiG) sowie sonstige Spezialgesetze (z.B. § 412 Abs. 2 AO, §§ 405 Abs. 2 S. 2 SGB III i.V.m. § 66 SGB X).[140] Soll die Vollstreckung in einem anderen EU-Mitgliedstaat durchgeführt werden, gelten §§ 87p und 87q IRG.

205 Wenn der Betroffene nicht freiwillig leistet, müssen Geldbußen und Nebenfolgen unter Anwendung von Zwangsmitteln vollstreckt werden (**gebundene Entscheidung**, vgl. § 90 OWiG[141]).

206 Für die Vollstreckung der für das Bußgeldverfahren festgesetzten **Gebühren und Auslagen** gelten § 108 Abs. 2 OWiG i.V.m. §§ 89 und 90 Abs. 1 OWiG.

III. Vollstreckungsbehörde i.S.d. § 92 OWiG und Vollzugsbehörde nach dem (L)VwVG

207 Vollstreckungsbehörde i.S.d. §§ 89 ff. OWiG ist die Verwaltungsbehörde, die die zu vollstreckende Entscheidung erlassen hat, § 92 OWiG. Das ist nicht zwingend die Behörde, die nach dem gemäß § 90 Abs. 1 OWiG einschlägigen Verwaltungsvollstreckungsrecht für die einzelnen Vollstreckungsmaßnahmen sachlich und örtlich zuständig ist.

Beispiel: Das Bundesverwaltungsamt (BVA) erlässt als zuständige Verwaltungsbehörde einen Bußgeldbescheid. Damit ist das BVA zugleich Vollstreckungsbehörde i.S.d. § 92 OWiG. Der Betroffene zahlt die rechtskräftig festgesetzte Geldbuße nicht. Vollstreckt wird der Bußgeldbescheid aber nicht vom BVA, sondern vom örtlich zuständigen Hauptzollamt (§ 90 Abs. 1 OWiG, § 4 lit. b VwVG i.V.m. §§ 1 Nr. 3, 12 Abs. 2 FVG).

IV. Vollstreckungsarten

1. Geldbußen und sonstige Geldforderungen

208 Geldbußen und Nebenfolgen, die zur Zahlung eines Geldbetrages verpflichten, werden im Wege der Beitreibung vollstreckt (vgl. § 90 Abs. 1 OWiG i.V.m. §§ 1 ff. VwVG).[142]

209 Ein besonderes Zwangsmittel zur Vollstreckung von Bußgeldbescheiden (und Geldbußen gegen juristische Personen und Personenvereinigungen, § 99 Abs. 1 OWiG) ist die auf Antrag der Vollstreckungsbehörde und nach Anhörung des Betroffenen vom Gericht angeordnete Erzwingungshaft (§§ 96, 104 OWiG). Sie hat (anders als die Ersatzfreiheitsstrafe nach § 43 StGB) keine bestrafende Funktion, sondern dient nur als Beugemittel für den Fall, dass der Betroffene die Geldbuße nicht zahlt, obwohl er zahlungsfähig ist.

Zahlungsunfähig ist der Betroffene, wenn er nicht über genügend flüssige Zahlungsmittel verfügt, um den zu zahlenden Betrag der Geldbuße zu begleichen, und die nötigen Geldmittel auch nicht unter zumutbaren Bedingungen (z.B. Arbeitsaufnahme, Verkauf von Vermögensgegenständen, Einschränkung der Lebensführung) besorgen kann.[143]

---

140 HK-OWiG/*Gassner* § 90 Rn. 2.
141 HK-OWiG/*Gassner* § 90 Rn. 5.
142 Beitreibung in das bewegliche Vermögen durch Pfändung oder Verwertung und Beitreibung in das unbewegliche Vermögen durch Zwangshypothek, Zwangsverwaltung und Zwangsversteigerung. Zur Vertiefung: *Gassner*, Kompendium Verwaltungsrecht, Rn. 465 bis 517.
143 OLG Koblenz NStZ 1992, 194; LG Berlin NZV 2007, 373; HK-OWiG/*Gassner* § 96 Rn. 11; KK-OWiG/*Mitsch* § 96 Rn. 12.

3. Teil: Das formelle Ordnungswidrigkeitenrecht (Bußgeldverfahren)

Für die Vollstreckung von Geldbußen gegen Jugendliche (14 bis 17 Jahre) und Heranwachsende (18 bis 21 Jahre) greift § 98 OWiG. Hier können vom zuständigen Jugendrichter auf Antrag der Vollstreckungsbehörde (Rn. 207) erzieherische Maßnahmen festgesetzt werden. **210**

2. Sonstige Verpflichtungen

Die Anordnung der Einziehung von Gegenständen oder der Unbrauchbarmachung einer Sache wird durch Wegnahme der Sache vollstreckt (§ 90 Abs. 3 OWiG). Fahrverbote (§ 25 StVG) und das Verbot der Jagdausübung (§ 41a BJagdG) bedürfen keiner Vollstreckung. Sie werden automatisch nach Eintritt der Rechtskraft (bzw. zu einem anderen bestimmten Zeitpunkt) wirksam.[144] **211**

V. Zulässigkeit der Vollstreckung; Rechtsschutz

Die Vollstreckung ist zulässig, wenn[145] **212**
- gegen den, gegen den vollstreckt werden soll, wirksam und rechtskräftig ein Bußgeld oder eine sonstige Nebenfolge festgesetzt worden ist;
  Nicht wirksam sind behördliche Entscheidungen, die bislang nicht ordnungsgemäß zugestellt worden sind, solange der Zustellungsfehler nicht geheilt worden ist (vgl. § 8 VwZG). Ebenfalls unwirksam sind behördliche Entscheidungen, die auf einem gravierenden Fehler beruhen, der zur Nichtigkeit führt.
  Rechtskräftig ist die behördliche Entscheidung, wenn nicht fristgerecht ein zulässiger Einspruch erhoben wurde oder ein zulässiger Einspruch zurückgenommen wurde.
- kein Vollstreckungshindernis vorliegt;
  Vollstreckungshindernisse sind insbesondere die Vollstreckungsverjährung (§ 34 OWiG) oder der Tod des Betroffenen bei Geldbußen (§ 101 OWiG).
- Fälligkeit eingetreten ist;
  Hier ist bei der Geldbuße zu prüfen, ob Zahlungserleichterungen nach §§ 18, 93 OWiG gewährt wurden, so dass die Geldforderung noch nicht fällig ist.
- die Schonfrist abgelaufen ist (§§ 95 Abs. 1, 99 Abs. 1 OWiG);
  Grundsätzlich hat der Betroffene ab Eintritt der Fälligkeit (Rechtskraft bzw. Fälligkeit bei gewährter Zahlungserleichterung) zwei Wochen Zeit, freiwillig zu zahlen.
- und trotz ordnungsgemäßer Zahlungsaufforderung (§ 66 Abs. 2 Nr. 2 OWiG) noch nicht geleistet wurde[146].

Gegen Maßnahmen in Vollstreckungsverfahren ist der Antrag auf gerichtliche Entscheidung nach § 103 OWiG gegeben. Die Fehlerhaftigkeit der Bußgeldentscheidung bzw. Kostenfestsetzung kann in diesem Verfahren allerdings nicht mehr geltend gemacht werden. **213**

Der Antrag auf gerichtliche Entscheidung ist bei der Vollstreckungsbehörde zu erheben, die die Abhilfe prüft und den Antrag bei Nichtabhilfe direkt ohne Einschaltung der Staatsanwaltschaft dem zuständigen Gericht vorlegt, § 46 Abs. 1 OWiG, § 306 Abs. 2 StPO.[147]

---

144 Vertiefungshinweis: Zum Fahrverbot siehe später auch bei den Verkehrsordnungswidrigkeiten.
145 Ausführlich zu den Voraussetzungen der Vollstreckung HK-OWiG/*Gassner* § 89 Rn. 3 u. § 96 Rn. 4.
146 HK-OWiG/*Gassner* § 66 Rn. 23.
147 HK-OWiG/*Gassner* § 103 Rn. 11.

VI. Lösungsvorschlag

214 **Zu Frage 1**

Die **Geldbuße** kann vollstreckt werden, da der Bußgeldbescheid wirksam und mittlerweile rechtskräftig ist (§ 89 OWiG), kein Vollstreckungshindernis vorliegt, der Betroffene ordnungsgemäß im Bußgeldbescheid zur Zahlung aufgefordert und über seine Mitwirkungspflicht belehrt worden ist (§ 66 Abs. 2 Nr. 2 OWiG), mit Eintritt der Rechtskraft des Bußgeldbescheids Fälligkeit eingetreten ist (vgl. § 95 Abs. 1 OWiG), die zweiwöchige Schonfrist (vgl. § 95 Abs. 1 OWiG) abgelaufen ist und der Betroffene noch nicht gezahlt hat.

Für die Vollstreckung der **Kosten (Gebühren und Auslagen)** gelten gemäß § 108 Abs. 2 OWiG die §§ 89 und 90 Abs. 1 OWiG entsprechend. Zunächst muss der Bußgeldbescheid rechtskräftig sein (§ 89 OWiG). Im Übrigen gilt nach § 90 Abs. 1 OWiG das LVwVG Baden-Württemberg. Hier ist der Bußgeldbescheid zwar bereits rechtskräftig. Allerdings müssen die Kosten zunächst noch angemahnt werden (§ 14 LVwVG BW), erst dann können sie vollstreckt werden.

Zu Frage 2

Die Verwaltungsbehörde kann versuchen, die Geldbuße nach § 95 OWiG beizutreiben, oder beim zuständigen Gericht einen Antrag auf Anordnung von Erzwingungshaft stellen (§ 96 OWiG).

Da T noch ein Heranwachsender (§ 1 Abs. 2 JGG) ist, kann die Stadt Mannheim stattdessen beim zuständigen Jugendrichter nach § 98 Abs. 4 OWiG beantragen, dass anstelle der Geldbuße eine der in § 98 Abs. 1 S. 1 Nr. 1 bis 4 OWiG genannten erzieherischen Maßnahmen angeordnet wird.

Die Kosten des Verfahrens können nur nach Maßgabe von § 90 Abs. 1 OWiG, §§ 13 ff. LVwVG BW vollstreckt werden.

G. Muster

I. Ausgangsfälle

Fall 1

Irene Schmidt (geboren am 7.3.2000 in Mannheim, wohnhaft in Musterstraße 10 in 68165 Mannheim) fuhr am 01.06. um 20.30 Uhr in Mannheim, Musterstraße 100, Richtung Oberstraße mit dem Fahrzeug MA F 345 in der durch Verkehrszeichen angeordneten Tempo 30-Zone mit einer festgestellten Geschwindigkeit von 38 km/h (nach Toleranzabzug von 3 km/h). Dabei wurde sie vom Außendienstmitarbeiter der Stadt Mannheim, Herrn Beobachter, „geblitzt" (PoliScan FM 1 Film-Nr. T12345 Bild Nr. 18).

Aufgabe 1:

Es ist der 03.06. Entwerfen Sie eine schriftliche Anhörung nach § 55 OWiG, wie sie die Stadt Mannheim Frau Irene Schmidt als Halterin und mutmaßlichen Fahrerin übersenden würde, wenn sie die Tat nicht im Verwarnungsverfahren, sondern sofort in einem förmlichen Bußgeldverfahren verfolgen würde. Lösungsvorschlag siehe Rn. 215.

Aufgabe 2:

Es ist der 03.06. Die Stadt Mannheim will zunächst versuchen, die Tat wie nach dem Bußgeldkatalog vorgesehen im Wege der schriftlichen Verwarnung mit Verwarnungsgeld zu ahnden. Gleichzeitig soll Frau Irene Schmidt vorsorglich nach § 55 OWiG angehört werden, für den Fall, dass die mit der Verwarnung nicht einverstanden ist. Entwerfen Sie die schriftliche Verwarnung einschließlich der Anhörung. Lösungsvorschlag siehe Rn. 217.

Fall 2

Max Teurer (geboren am … in Hamburg, wohnhaft in Musterstraße 1 in 68165 Mannheim) ist 20 Jahre alt und Inhaber einer Fahrerlaubnis der Klasse B. Seine Probezeit hat er bereits beendet. Am 04.06. fährt er mit seinem Auto (MA H 123) im Stadtgebiet von Mannheim vom Flughafen aus in Richtung Innenstadt nach Hause. Da er sehr durstig ist und auf der Seckenheimer Landstraße an der Kreuzung Dürerstraße um 20.30 Uhr wegen einer roten Ampel ohnehin halten muss, nimmt er die neben ihm auf dem Beifahrersitz liegende 0,33 l-Bierflasche (5 % Alkohol), öffnet sie und trinkt sie zur Hälfte aus. Das beobachtet der an der Ampel stehende Polizist P, der Max Teurer sofort anhält, ihm die Weiterfahrt verbietet und ihn nach ordnungsgemäßer Belehrung über seine Rechte zur Sache anhört. Max Teurer räumt den Verstoß ein. Zu seinen wirtschaftlichen Verhältnissen gibt er an, noch Schüler zu sein und lediglich ein Taschengeld von monatlich 100 € zu beziehen. Vermögen habe er keines. Der Polizist P gibt die Anzeige und die Aussage von Max Teurer sofort an die Stadt Mannheim zur weiteren Bearbeitung weiter.

Aufgabe: Es ist der 09.06. Entwerfen Sie den Bußgeldbescheid. Lösungsvorschlag siehe Rn. 218.

II. Anhörung

1. Anhörungsschreiben

Stadt Mannheim   Bußgeldstelle
                                      Sachbearbeiter: Max Muster
                                      […]

Frau Irene Schmidt
Musterstraße 10
68165 Mannheim   Mannheim, den 03.06.[…]

Anhörung als Betroffene nach § 55 Ordnungswidrigkeitengesetz (OWiG)
Aktenzeichen: [...]
Geburtstag:7.3.2000 Geburtsort: Mannheim

Sehr geehrte Frau Schmidt,

hiermit geben wir Ihnen Gelegenheit, innerhalb von 2 Wochen nach Bekanntgabe dieses Schreibens Stellung zu dem unten folgenden Tatvorwurf zu nehmen. Zu einer Stellungnahme in der Sache sind Sie nicht verpflichtet. Sollten jedoch Ihre von uns ermittelten Personalien (Vor- und Nachname, Adresse, Geburtstag und Geburtsort) falsch sein, müssen Sie uns innerhalb von 2 Wochen Ihre richtigen Personalien mitteilen. Für Ihre freiwillige Stellungnahme in der Sache und eine etwaige Korrektur Ihrer Personalien können Sie den beigefügten Anhörungsbogen verwenden.

Tatvorwurf:

Ihnen wird zur Last gelegt, folgende Ordnungswidrigkeit nach § 24 Straßenverkehrsgesetz (StVG) begangen zu haben:

Sie sind am 01.06.[...] um 20.30 Uhr in Mannheim, Musterstraße 100, Richtung Oberstraße als Führerin des Fahrzeugs MA F 345 mit einer festgestellten Geschwindigkeit (nach Toleranzabzug von 3 km/h) von 38 km/h gefahren und haben damit die durch Verkehrszeichen „Tempo 30-Zone" angeordnete zulässige Höchstgeschwindigkeit von 30 km/h um 8 km/h überschritten, was Sie aus mangelnder Sorgfalt nicht erkannten.

Ordnungswidrig handelt, wer entgegen § 41 Abs. 1 StVO fahrlässig ein durch Vorschriftenzeichen angeordnetes Verbot nicht befolgt.

<u>Verletzte Bußgeldvorschrift:</u>

§ 24 Straßenverkehrsgesetz (StVG) i.V.m. §§ 49 Absatz 3 Nr. 4, 41 Abs. 1 Straßenverkehrsordnung (StVO) i.V.m. Anlage 2 Nr. 50 (Verkehrszeichen 274.1).

Beweismittel:
– PoliScan FM 1 Film-Nr. T12345 Bild-Nr. 18
– Zeuge: Herr Beobachter (Außendienstmitarbeiter der Stadt Mannheim)

Mit freundlichen Grüßen
[...]

2. Anhörungsbogen

Zurück an
Stadt MannheimÄußerung zum Vorwurf einer Ordnungswidrigkeit (§ 55 OWiG)
[...]

3. Teil: Das formelle Ordnungswidrigkeitenrecht (Bußgeldverfahren)

1. Angaben zu Ihrer Person (Pflichtangaben, mit Ausnahme Telefon)
Wir haben Ihre Personalien wie folgt festgestellt:

Name, Vorname	Geburtsname (falls abweichend)
Schmidt, Irene	kein abweichender Geburtsname
Straße, Hausnummer	PLZ, Ort
Musterstraße 10	68165 Mannheim
Geburtsdatum	Geburtsort
7.3.2000	Mannheim
Telefon (freiwillige Angabe)	

Bitte streichen Sie fehlerhafte Pflichtangaben durch und geben Sie diese dann korrekt an.

2. Angaben zur Sache (freiwillige Angaben)
Hier können Sie freiwillige Angaben zum Tatvorwurf machen. Außerdem können Sie freiwillig Angaben zu Ihren wirtschaftlichen Verhältnissen machen.

III. Verwarnung mit Verwarnungsgeld

Stadt Mannheim   Bußgeldstelle   **217**
                         Sachbearbeiter: Max Muster
                         […]
Frau Irene Schmidt
Musterstraße 10
68165 Mannheim[148]   Mannheim, den 03.06.[…]

---

[148] Wenn der Betroffene einen Rechtsanwalt beauftragt haben sollte, steht es im Verfahrensermessen der Verwaltungsbehörde, ob sie die Verwarnung an den Betroffenen persönlich oder an den Rechtsanwalt richtet (HK-OWiG/*Gassner,* § 50 Rn. 6; a.A: *Wieser* S. 434, der die Bekanntgabe an den Betroffenen für zwingend hält).

Verwarnung mit Verwarnungsgeld/ Anhörung[149]
Aktenzeichen: [...]
Geburtstag: 7.3.2000 Geburtsort: Mannheim

Sehr geehrte Frau Schmidt,

Ihnen wird nach summarischer Prüfung der Sach- und Rechtslage zur Last gelegt, folgende Ordnungswidrigkeit nach § 24 Straßenverkehrsgesetz (StVG) begangen zu haben:

Sie sind am 01.06.[...] um 20.30 Uhr in Mannheim, Musterstraße 100, Richtung Oberstraße als Führer des Fahrzeugs MA F 345 mit einer festgestellten Geschwindigkeit (nach Toleranzabzug von 3 km/h) von 38 km/h gefahren und haben damit die durch Verkehrszeichen „Tempo 30-Zone" angeordnete zulässige Höchstgeschwindigkeit von 30 km/h um 8 km/h überschritten, was Sie aus mangelnder Sorgfalt nicht erkannten.[150]

Ordnungswidrig handelt, wer entgegen § 41 Abs. 1 StVO fahrlässig ein durch Vorschriftenzeichen angeordnetes Verbot nicht befolgt.

Verletzte Bußgeldvorschrift:
§ 24 Straßenverkehrsgesetz (StVG) i.V.m. §§ 49 Absatz 3 Nr. 4, 41 Abs. 1 Straßenverkehrsordnung (StVO) i.V.m. Anlage 2 Nr. 50 (Verkehrszeichen 274.1)[151]

Beweismittel:[152]
– PoliScan FM 1 Film-Nr. T12345 Bild-Nr. 18
– Zeuge: Herr Beobachter (Außendienstmitarbeiter der Stadt Mannheim)

Gemäß § 56 Abs. 1 Satz 1 OWiG verwarnen wir Sie wegen dieser Ordnungswidrigkeit und erheben ein Verwarnungsgeld in Höhe von **30,00 Euro**.[153]

---

149 Es ist nicht zwingend, in der Praxis aber üblich, die Verwarnung zugleich mit der Anhörung nach § 55 OWiG zu verbinden. Den Anhörungsbogen (als Anlage zur schriftlichen Verwarnung oder als separates Dokument im förmlichen Bußgeldverfahren) finden Sie unter Rn. 216.

150 Die Beschreibung des konkreten Tathergangs ist Teil des feststellenden Teils der Verwarnung und insoweit zwingend (Bezeichnung der Tat, die dem Betroffenen zur Last gelegt wird, und Angabe von Zeit und Ort ihrer Begehung). Aus diesem Text ergibt sich also, welchen Sachverhalt die Verwarnung umfasst (vgl. § 56 Abs. 4 OWiG und Rn. 98 zur beschränkten Sperrwirkung der Verwarnung). Insbesondere sind entgegen einer weit verbreiteten Vollzugspraxis auch die Angaben zum subjektiven Tatbestand (hier: „aus mangelnder Sorgfalt nicht erkannt") zwingend.

151 Zwar ist für die Verwarnung anders als für den Bußgeldbescheid nicht vorgeschrieben, dass die gesetzlichen Merkmale der Ordnungswidrigkeit und die angewendeten Bußgeldvorschriften anzugeben sind. Aus der Verwarnung muss sich aber zumindest ergeben, unter welchen rechtlichen Gesichtspunkten sie erfolgt. Daraus ergibt sich später der Umfang der Sperrwirkung der Verwarnung (vgl. § 56 Abs. 4 OWiG zur beschränkten Sperrwirkung der Verwarnung).

152 Freiwillige Angabe der Behörde. Die Angabe der Beweismittel ist für die Verwarnung nicht vorgeschrieben.

153 Der Ausspruch der Verwarnung und der Festsetzung der Höhe des Verwarnungsgeldes ist der verfügende Pflichtteil der Verwarnung mit Verwarnungsgeld. Die weiteren Angaben (Angabe von § 56 OWiG und Hinweise) sind freiwillig.

3. Teil: Das formelle Ordnungswidrigkeitenrecht (Bußgeldverfahren)

Hinweise: Das festgesetzte Verwarnungsgeld entspricht dem Regelsatz nach 11.3.1 BKat (Tabelle 1 des Anhangs zu Nummer 11 der Anlage zur Bußgeldkatalog-Verordnung). Ein Eintrag ins Fahreignungsregister erfolgt nicht.

Die Verwarnung wird nur wirksam, wenn Sie einverstanden sind und das Verwarnungsgeld innerhalb einer Woche nach Bekanntmachung dieses Bescheids bezahlen.[154] Wenn Sie nicht einverstanden sind, kann die Ihnen vorgeworfene Tat nur in einem förmlichen Bußgeldverfahren verfolgt und durch Bußgeldbescheid geahndet werden.

Sind Sie mit der Verwarnung einverstanden, so bitten wir Sie, folgende Punkte zu beachten: Die Zahlung muss bis zum Ablauf der Frist auf einem der in diesem Bescheid genannten Konten der Stadt Mannheim eingegangen sein. Wenn Sie für die Überweisung nicht den anliegenden Überweisungsträger benutzen, geben Sie bei der Überweisung bitte dennoch unbedingt das dort genannte Kassenzeichen an. Bitte beachten Sie, dass Sie bei verspäteter Zahlung mit der Einleitung eines förmlichen Bußgeldverfahrens rechnen müssen.

Sind Sie mit der Verwarnung nicht einverstanden, so gilt Folgendes:
– Zunächst bitten wir Sie zu prüfen, ob Ihre in diesem Verwarnungsbescheid aufgeführten Personalien (Vorname, Nachname, Wohnanschrift, Geburtstag und Geburtsort) stimmen. Sollten diese Angaben nicht stimmen, fordern wir Sie hiermit auf, uns Ihre korrekten Personalien innerhalb einer Woche nach Bekanntmachung dieses Bescheids anzugeben. Hierfür können Sie den beigefügten Anhörungsbogen verwenden. Falsche oder unterbliebene Angaben zur Person können als weitere Ordnungswidrigkeit verfolgt werden (§ 111 OWiG).
– Außerdem geben wir Ihnen hiermit nach § 55 OWiG Gelegenheit, zu dem Vorwurf innerhalb einer Woche Stellung zu nehmen. Es steht Ihnen von Gesetzes wegen frei, sich zur Sache zu äußern oder nicht zur Sache auszusagen (§ 46 Abs. 1 OWiG i.V.m. § 136 Abs. 1 S. 2 StPO). Wenn Sie eine Stellungnahme abgeben wollen, können Sie hierfür den beigefügten Anhörungsbogen verwenden.

Sonstige Rechtshinweise:
– Wenn Sie das Verwarnungsgeld nicht zahlen und sich nicht äußern, müssen Sie mit dem Erlass eines Bußgeldbescheids nach Aktenlage rechnen.
– Im Falle des Erlasses eines Bußgeldbescheids kommen nach derzeitiger Aktenlage
Gesamtkosten in Höhe von 58,50 € auf Sie zu.
(Einzelposten: 30 € Geldbuße, Gebühr von 25,00 €, Zustellungspauschale von 3,50 €)

---

154 Pflichtbelehrung nach § 56 Abs. 2 S. 1 OWiG.

Mit freundlichen Grüßen
Im Auftrag
Max Muster
(Dieses Schreiben wurde maschinell erstellt und ist ohne Unterschrift gültig)

Anlagen:
Überweisungsträger
Anhörungsbogen (siehe Rn. 216)

IV. Bußgeldbescheid

218 **Stadt Mannheim**   Bußgeldstelle
                                            Sachbearbeiter: Max Muster
                                            [...]

<u>Zustellung mit Zustellungsurkunde</u>[155]
Herrn Max Teurer[156]
Musterstraße 1
68165 Mannheim   Mannheim, den 09.06.[...]

Bußgeldbescheid

Betroffene/r:[157]   Herr Max Teurer, geboren am [...] in Hamburg, wohnhaft in Musterstraße 1 in 68165 Mannheim
Verteidiger/in[158]: keine/r

Sehr geehrter Herr Teurer,

Ihnen wird zur Last gelegt, folgende Ordnungswidrigkeit nach § 24c Abs. 1 Straßenverkehrsgesetz (StVG) begangen zu haben: Sie haben wissentlich am 01.06.[...] gegen 20.30 Uhr als Fahrer des Fahrzeugs MA H 123 auf der Seckenheimer Landstraße in Richtung Innenstadt an der Ampelkreuzung Dürerstraße während des verkehrsbedingten Halts an der roten Ampel eine halbe 0,33 l-Flasche alkoholhaltiges Bier (5 %) getrunken.[159]

Ordnungswidrig handelt, wer vorsätzlich in der Probezeit nach § 2a oder vor Vollendung des 21. Lebensjahres als Führer eines Kraftfahrzeugs im Straßenverkehr al-

---

155 Bußgeldbescheide sind zwingend zuzustellen, § 50 Abs. 1 S. 2 OWiG.
156 Zustellungsadressat: Hätte T einen Rechtsanwalt bevollmächtigt und dieser seine Vollmacht nachgewiesen, wäre der Bußgeldbescheid dem Rechtsanwalt zugestellt worden, § 51 Abs. 3 OWiG.
157 Nach § 66 Abs. 1 Nr. 1 OWiG muss der Bußgeldbescheid die Angaben zum Betroffenen enthalten.
158 Nach § 66 Abs. 1 Nr. 2 OWiG muss der Bußgeldbescheid auch den Namen und die Anschrift des Verteidigers enthalten, wenn ein Verteidiger bestellt worden ist.
159 Hier wird gemäß § 66 Abs. 1 Nr. 3 OWiG der konkrete Tathergang (einschließlich Tatort und Tatzeit) geschildert (also: Bezeichnung der Tat, die dem Betroffenen zur Last gelegt wird, und Angabe von Zeit und Ort ihrer Begehung).

koholische Getränke zu sich nimmt oder die Fahrt antritt, obwohl er unter der Wirkung eines solchen Getränks steht.[160]

Verletzte Bußgeldvorschriften:[161]
§ 24c Absatz 1 Straßenverkehrsgesetz (StVG)

Beweismittel:[162]
Anzeige des Polizeipräsidiums Mannheim vom 04.06.[...]
Ihre Angaben/Einlassung vom 04.06.[...]

1. Wegen dieser Ordnungswidrigkeit setzen wir gegen Sie eine Geldbuße in Höhe von 150 € fest.[163]
Angewendete Vorschriften: § 26 Abs. 1 Nr. 2 StVG, § 17 OWiG, §§ 1, 3 Bußgeldkatalogverordnung (BKatV), Lfd.Nr. 243 Bußgeldkatalog (BKat)[164]

2. Außerdem haben Sie die Kosten des Verfahrens zu tragen.[165]
Angewendete Vorschriften: § 46 Abs. 1 OWiG, §§ 464 Abs. 1 u. 2, 465 Abs. 1 StPO[166]

3. Die Kosten des Verfahrens werden insgesamt auf 28,50 € festgesetzt (im Detail: 25 € Gebühr und 3,50 € Zustellungspauschale).[167]

---

160 Hier werden gemäß § 66 Abs. 1 Nr. 3 OWiG die gesetzlichen Merkmale der Ordnungswidrigkeit aufgezählt.
161 Hier werden gemäß § 66 Abs. 1 Nr. 3 OWiG die angewendeten Bußgeldvorschriften angegeben. Das sind zunächst die Bußgeldvorschriften, aus denen sich die Begehung der Ordnungswidrigkeit ergibt.
162 Hier werden gemäß § 66 Abs. 1 Nr. 4 OWiG die Beweismittel angegeben.
163 Nach § 66 Abs. 1 Nr. 5 OWiG muss der Bußgeldbescheid die festgesetzte Geldbuße und ggf. die festgesetzten Nebenfolgen enthalten. Hier wurde nur eine Geldbuße festgesetzt.
164 Gemäß § 66 Abs. 1 Nr. 3 OWiG sind nicht nur die Bußgeldvorschriften anzugeben, aus denen sich das Ob der Ahndung (also die Begehung der Ordnungswidrigkeit) ergibt, sondern auch die, nach denen sich die Bußgeldhöhe berechnet. Dazu HK-OWiG/*Gassner*, § 66 Rn. 14.
165 Sogenannte „Kostengrundentscheidung". Nach § 105 Abs. 1 OWiG, § 464 Abs. 1 u. 2 StPO ist im Bußgeldbescheid darüber zu entscheiden, wer die Kosten des Verfahrens (Gebühren und Auslagen des Verwaltungsträgers, siehe § 464a Abs. 1 StPO) und die notwendigen Auslagen des Betroffenen (§ 464a Abs. 2 StPO) trägt. Da gegen den Betroffenen ein Bußgeld festgesetzt wird, trägt er nach § 465 Abs. 1 StPO grundsätzlich die gesamten Kosten des Verfahrens (Gebühren und Auslagen). Seine Auslagen muss er ebenfalls selbst tragen. Diese Kostengrundentscheidung ist nur mit dem Einspruch (§ 67 OWiG) anfechtbar. Zur Vertiefung: HK-OWiG/*Blum/Stahnke*, § 67 Rn. 48.
166 Dass die Kostengrundentscheidung zu begründen ist, folgt aus § 46 Abs. 1 OWiG, § 34 StPO. Für die Begründung reicht die Angabe der einschlägigen Rechtsnorm.
167 Sogenannter „Kostenansatz", vgl. § 108 Abs. 1 S. 1 Nr. 3 OWiG. Die Gebühr und die Auslagen können bereits im Bußgeldbescheid oder auch separat festgesetzt werden, vgl. HK-OWiG/*Sandherr*, § 107 Rn. 33. Gegen den Kostenansatz kann nach § 108 Abs. 1 S. 1 Nr. 3 OWiG ein Antrag auf gerichtliche Entscheidung nach § 62 OWiG gestellt werden. Der Antrag ist nicht fristgebunden. Daher muss über die Möglichkeit dieses Rechtsbehelfs gemäß § 50 Abs. 2 OWiG auch nicht belehrt werden. Ebenso muss der Kostenansatz nicht begründet werden.

Angewendete Vorschriften: § 105 Abs. 1 OWiG, § 464a Abs. 1 StPO, § 107 Abs. 1 u. 3 Nr. 2 OWiG

Gesamtbetrag: 178,50

Rechtsbehelfsbelehrung[168]

Sie können gegen diesen Bußgeldbescheid innerhalb von zwei Wochen nach Zustellung schriftlich oder zur Niederschrift (auch telefonisch[169]) bei der Stadt Mannheim Einspruch einlegen. Der Einspruch muss in deutscher Sprache erhoben werden. Wenn Sie den Einspruch schriftlich erheben, ist die Frist nur gewahrt, wenn der Einspruch innerhalb der oben genannten Frist bei der Stadt Mannheim eingegangen ist.

Der Einspruch kann auch elektronisch erhoben werden. Dafür stehen derzeit folgende zwei Möglichkeiten zur Verfügung:
- Der Einspruch kann elektronisch im Dateiformat PDF mit qualifizierter elektronischer Signatur (Artikel 3 Nr. 12 Verordnung (EU) Nr. 910/2014) erhoben werden. Die E-Mail Adresse lautet: poststelle@mannheim.de.
- Der Einspruch kann auch durch De-Mail in der Sendevariante mit bestätigter sicherer Anmeldung nach dem De-Mail-Gesetz erhoben werden. Die De-Mail Adresse lautet: poststelle@mannheim.de-mail.de.

Wenn Sie den Einspruch wie hier geschildert elektronisch erheben, ist die Frist nur gewahrt, wenn das elektronische Dokument innerhalb der oben genannten Frist auf der für den Empfang bestimmten Einrichtung der Stadt Mannheim gespeichert ist.

Weitere wichtige Hinweise zum Einspruch:[170]

Bei einem Einspruch kann auch eine für Sie nachteiligere Entscheidung getroffen werden kann.

Wenn Sie keinen Einspruch einlegen, wird der Bußgeldbescheid rechtskräftig und vollstreckbar.

Zahlungsaufforderung[171]

Spätestens zwei Wochen nach Rechtskraft dieses Bußgeldbescheids ist die festgesetzte Geldbuße unter Angabe des Verwendungszwecks [...] zu zahlen — entweder durch Einzahlung bei unserer Kasse (Adresse siehe oben) oder durch Banküberweisung auf unser Konto bei der Sparkasse Mannheim IBAN DE [...] — oder uns im Falle der Zahlungsunfähigkeit schriftlich oder zur Niederschrift mitzuteilen, warum Ihnen

---

168 Dass der Bußgeldbescheid mit einer Rechtsbehelfsbelehrung zu versehen ist und die hier gemachten Angaben enthalten muss, folgt aus § 50 Abs. 2 OWiG. Musterformulierung nach HK-OWiG/*Gassner*, § 51 Rn. 13.
169 Ob diese Angabe zu erfolgen hat, ist umstritten. Wie hier (und entgegen der h.M.): HK-OWiG/*Gassner*, § 51 Rn. 13.
170 Diese Hinweise sind nach § 66 Abs. 2 Nr. 1 OWiG vorgeschrieben.
171 Diese Aufforderung und Belehrung ist nach § 66 Abs. 2 Nr. 2 OWiG vorgeschrieben. Fehlt die Zahlungsaufforderung im Bußgeldbescheid, muss sie vor der Vollstreckung nachgeholt werden (vgl. § 3 Abs. 3 VwVG). Gleiches gilt für die Belehrung über die Mitwirkungspflicht des Betroffenen in Bezug auf die Darlegung seiner Zahlungsunfähigkeit. Zum Ganzen siehe HK-OWiG/*Gassner*, § 66 Rn. 23.

die fristgemäße Zahlung nach Ihren wirtschaftlichen Verhältnissen nicht zuzumuten ist.

Hinweis auf Erzwingungshaft[172]

Wenn die Zahlung der Geldbuße unterbleibt und Sie auch Ihre Zahlungsunfähigkeit nicht darlegen, kann gegen Sie Erzwingungshaft angeordnet werden.

Mit freundlichen Grüßen

Im Auftrag

Max Mustersachbearbeiter

---

[172] Diese Belehrung ist nach § 66 Abs. 2 Nr. 3 OWiG vorgeschrieben. Solange der Betroffene nicht ordnungsgemäß über die Möglichkeit der Anordnung der Erzwingungshaft belehrt worden ist, kann diese nicht angeordnet werden, § 96 Abs. 1 Nr. 3 OWiG.

4. Teil: Einführung in das besondere materielle Ordnungswidrigkeitenrecht

A. Straßen- und straßenverkehrsrechtliche Ordnungswidrigkeiten

1 Das Straßen- und Straßenverkehrsrecht wurden für dieses Lehrbuch vor allem wegen der großen praktischen Bedeutung ausgewählt. Insbesondere die Verkehrspflichten des Einzelnen nach der StVO werden fast ausschließlich durch Verwarnungsgelder und Bußgeldbescheide durchgesetzt. Gleichzeitig dient das Straßenverkehrsrecht als Referenzgebiete für das Ordnungsrecht und das Straßenrecht als Referenzgebiet für das öffentliche Sachenrecht. Schließlich sollen die bereits in den ersten drei Teilen vermittelten Grundlagen weiter vertieft werden.

I. Verwaltungsrechtliche Grundlagen

1. Straßenverkehrsrecht

2 Das Straßenverkehrsrecht ist Teil des **besonderen Ordnungsrechts** (Gefahrenabwehrrecht).

3 Es regelt die Teilnahme am Verkehr auf **Straßen, die für den öffentlichen Verkehr freigegeben** sind. Das sind zunächst die für den öffentlichen Verkehr nach dem einschlägigen Straßenrecht gewidmeten Straßen (öffentliche Straße im straßenrechtlichen Sinne). Aber auch die für den öffentlichen Verkehr vom Verfügungsberechtigten freigegebenen privaten Straßen zählen dazu wie beispielsweise frei zugängliche private Parkplätze vor dem Supermarkt (tatsächliche öffentliche Straße).[1]

4 Hauptziel des Straßenverkehrsrechts ist der Schutz des kollektiven Rechtsguts „Sicherheit und Leichtigkeit des Straßenverkehrs": Typische Gefahren, die vom Straßenverkehr ausgehen oder die dem Straßenverkehr von außen oder durch Verkehrsteilnehmer erwachsen, sollen abgewehrt werden. Einzelne Vorschriften dienen darüber hinaus auch dem Schutz von Individualrechtsgütern (wie insbesondere Leben und Gesundheit oder Eigentum einzelner Verkehrsteilnehmer).[2] Schließlich gibt es Normen, die (auch) anderen Zielen als der Sicherheit und Leichtigkeit des Verkehrs dienen, beispielsweise Normen, die Gefahren bekämpfen sollen, die vom Straßenverkehr für andere kollektive oder individuelle Rechtsgüter ausgehen (vgl. z.B. § 45 Abs. 1 S. 2 StVO).

5 Zum **Straßenverkehrsrecht im engeren Sinne** zählen das Straßenverkehrsgesetz (StVG) und die auf ihm beruhenden Rechtsverordnungen, insbesondere die Straßenverkehrsordnung (StVO), die Straßenverkehrszulassungsordnung (StVZO), die Fahrzeugzulassungsverordnung (FZV) und die Fahrerlaubnisverordnung (FeV). Daneben gibt es weitere Rechtsverordnungen wie die Fahrzeugteilverordnung (FzTV) oder die Ferienreiseverordnung (FerienreiseV).

---

[1] BGHSt 16, 7 (9); OLG Hamm NZV 2008, 257; Burmann/Heß/Hühnermann/Jahnke/*Heß*, StVO § 1 Rn. 6; VwV zu § 1 Abs. 2 StVO.
[2] BGH NJW 2015, 1174 (1175).

4. Teil: Einführung in das besondere materielle Ordnungswidrigkeitenrecht

Regelungsgegenstand sind insbesondere die Zulassung von Personen zum Straßenverkehr (StVG, FeV), die Anforderungen an Fahrzeuge und Fahrzeugteile (StVG, StVZO, FZV, FzTV) und die im Straßenverkehr geltenden Ge- und Verbote (StVG, StVO, FerienreiseV).

Darüber hinaus gibt es weitere Normen in anderen Gesetzen, die zwar ebenfalls dem Schutz der Verkehrssicherheit, aber auch anderen Zwecken (wie beispielsweise dem Arbeitnehmerschutz) dienen **(Straßenverkehrsrecht im weiteren Sinne)**. Hierzu zählen beispielsweise das Güterkraftverkehrsgesetz (GüKG) sowie die VO 1071/2009 und die VO 1072/2009, das Personenbeförderungsgesetz (PBefG) und das Fahrlehrergesetz (FahrlG). 6

Spezialgesetzlich geregelte straßenverkehrsrechtliche Verwaltungsmaßnahmen sind insbesondere die Erteilung und Entziehung von Zulassungen von Personen und Fahrzeugen (beispielsweise die Entziehung einer Fahrzeugzulassung nach § 17 Abs. 1 StVZO und einer Fahrerlaubnis nach § 46 FeV) sowie die Anordnung von Verkehrszeichen (§ 45 StVO) und die Vorladung zum Verkehrsunterricht (§ 48 StVO). 7

Im Übrigen ist auffällig, dass die StVO zwar wie das sonstige besondere Ordnungsrecht zahlreiche abstrakt-generelle Verbote und Gebote für den einzelnen Verkehrsteilnehmer und Dritte formuliert, die zuständigen Behörden spezialgesetzlich aber nicht zu einem verwaltungsrechtlichen, sondern gemäß § 24 StVG, § 49 StVO nur zu einem bußgeldrechtlichen Einschreiten ermächtigt. Verwaltungsrechtliche Maßnahmen zur Durchsetzung der abstrakt-generellen Handlungsgebote bzw. -verbote nach der StVO beurteilen sich damit nach dem subsidiär anwendbaren allgemeinen Polizei- und Ordnungsrecht.

Vertiefungshinweis: Hierzu näher bei den Halt- und Parkverstößen unter Rn. 84ff.

Für die Durchführung der StVZO und der FZV sind in der Regel die durch Landesrecht bestimmten Kfz-Zulassungsstellen und für die Durchführung der FeV die Fahrerlaubnisbehörden sachlich zuständig. 8

Beispiel: In Baden-Württemberg sind das in den Landkreisen die Landratsämter und in den Stadtkreisen die Gemeinden (vgl. § 1 FGZVO BW, §§ 1 ff. FeFahrlZuVO BW, § 19 Abs. 1 Nr. 1 e LVG BW).

Für die Ausführung der StVO sind abgesehen von der Sonderzuständigkeit des Fernstraßen-Bundesamtes nach § 44a StVO grundsätzlich die durch Landesrecht dazu bestimmten Straßenverkehrsbehörden sachlich zuständig. 9

Beispiel: In Baden-Württemberg sind das nach § 1 StVOZustG BW alle unteren Verwaltungsbehörden i.S.d. § 15 LVG BW (neben den Landratsämtern und Stadtkreisen auch die Großen Kreisstädte und die zur unteren Verwaltungsbehörde ernannten Verwaltungsgemeinschaften) sowie sonstige Gemeinden und Verwaltungsgemeinschaften, die zur örtlichen Straßenverkehrsbehörde erklärt worden sind, nach Maßgabe von §§ 2, 3 StVOZustG BW.

Für die Anordnung von Verkehrszeichen und Verkehrseinrichtungen ergibt sich die Zuständigkeit der Straßenverkehrsbehörden spezialgesetzlich aus § 45 Abs. 1 u. 3 StVO; die Straßenbaubehörden sind nur nach Maßgabe von § 45 Abs. 2 StVO zuständig. Spezialgesetzlich geregelt ist außerdem die sachliche Zuständigkeit der Straßenverkehrsbehörden für die Erteilung von Ausnahmen (§ 46 StVO) sowie für die Anordnung von Verkehrsunterricht (§ 48 StVO). Im Übrigen ergibt sich die generelle Zuständigkeit der Straßenverkehrsbehörde aus § 44 Abs. 1 S. 1 StVO. Sie ist auch dann zuständig, wenn Verstöße gegen die StVO abgewehrt werden sollen, sich die Ermächtigungsgrundlage dafür aber nicht aus der StVO, sondern aus dem allgemeinen Polizei- und Ordnungsrecht wie beispielsweise aus der polizeilichen Generalklausel ergibt.[3]

Die Polizei ist nur nach Maßgabe von § 44 Abs. 2 StVO zuständig.

In der Praxis erfolgen mit gewisser Häufigkeit insbesondere bei der Anordnung von Verkehrszeichen oder Verkehrseinrichtungen Verstöße gegen die sachliche Zuständigkeit, beispielsweise wenn eine sachlich unzuständige kleine Gemeinde ohne Anordnung der sachlich zuständigen Straßenverkehrsbehörde einfach Verkehrszeichen aufstellt. Ein solcher Verstoß soll nach Auffassung der Rechtsprechung allerdings in der Regel nicht gemäß § 44 Abs. 1 VwVfG zur Nichtigkeit, sondern nur zur Rechtswidrigkeit des Verkehrszeichens führen.[4]

Verkehrszeichen, die von Privaten ohne eine entsprechende Anordnung durch die Straßenverkehrsbehörde aufgestellt werden, entfalten keinerlei öffentlich-rechtliche Wirksamkeit. Etwas anderes gilt, wenn der Private zur Aufstellung des Verkehrszeichens von der Straßenverkehrsbehörde verpflichtet wurde (Unternehmen bei Straßenbauarbeiten nach Maßgabe von § 45 Abs. 6 StVO oder private Verfügungsberechtigte über für den öffentlichen Verkehr freigegebene Straßen i.S.d. § 1 Abs. 1 StVO).

2. Straßenrecht

10 Das **Straßenrecht** gehört zum **besonderen öffentlichen Sachenrecht**[5]. Es regelt die Rechtsverhältnisse an den gewidmeten Straßen (**öffentlichen Straßen**), vor allem deren Nutzung (Gemeingebrauch, Anliegergebrauch, Sondernutzung und sonstige Nutzungen), und zwar die Rechtsverhältnisse an den Autobahnen und Bundesstraßen im Bundesfernstraßengesetz (FStrG) und im Bundesfernstraßenmautgesetz (BFStrMG) und die Rechtsverhältnisse an allen anderen öffentlichen Straßen in den Straßengesetzen der Länder (z.B. StrG BW).

11 Nach den Straßengesetzen ist der Gebrauch der öffentlichen Straßen zulassungsfrei, wenn sie im Rahmen der Widmung benutzt wird (Gemeingebrauch). In der Regel ist der Gemeingebrauch auch gebührenfrei (Ausnahme: Mautgebühren für Bundestraßen nach Maßgabe des BFStrGMG). Dahingegen bedarf der Gebrauch der öffentlichen Straße über den Rahmen der Widmung hinaus einer straßenrechtlichen (gebührenpflichtigen) Sondernutzungserlaubnis (vgl. §§ 7 Abs. 1 S. 1, 8 Abs. 1 FStrG, §§ 13 Abs. 1, 16 Abs. 1 StrG BW).

12 Um zu prüfen, ob der Gebrauch im Rahmen der Widmung liegt und damit Gemeingebrauch und nicht Sondernutzung ist, muss der genaue Inhalt der Widmung ermittelt werden.

Zunächst ist zu beachten, dass öffentliche Straßen dem Verkehr dienen. Daher liegt Gemeingebrauch nur vor, wenn die Straße vorwiegend zum Verkehr benutzt wird. Wird vorwiegend ein anderer Zweck verfolgt, liegt Sondernutzung vor (vgl. § 7 Abs. 1 S. 3 FStrG). Zum Verkehr gehören sowohl der Fortbewegungsverkehr bzw. fließende Verkehr (Ortsveränderung durch Gehen, Fahren etc.) als auch der ruhende Verkehr

---
3 BVerwG NVwZ-RR 2016, 178.
4 VG Wiesbaden (7. Kammer), Urteil vom 25.3.2008 – 7 E 687/07, BeckRS 2008, 36672.
5 Eine **öffentliche Sache** (der Begriff der Sache ist losgelöst vom Sachenbegriff des BGB) ist ein Vermögensgegenstand, der zum einen durch einen besonderen hoheitlichen Rechtsakt (Widmung) rechtlich dazu bestimmt wurde, unmittelbar einem genau definierten öffentlichen Zweck zu dienen, und zum anderen auch tatsächlich in Dienst gestellt wurde (vgl. Axer „Öffentliches Sachenrecht" im Staatslexikon, Band 4, 8. Auflage 2020, S. 411).

(gewollte Fahrtunterbrechung wie Halten oder Parken, als Fußgänger halt machen und auf der Bank sitzen etc.). Mit Hinblick auf die grundrechtliche Garantie besondere Kommunikationsformen (z.B. Art. 5, 8, 21 GG) ist vor allem auf innerörtlichen Straßen und Plätzen auch der kommunikative Verkehr erfasst (Flugblätter verteilen, Gespräche führen, Versammlungen abhalten).

Weiter ist bei der Abgrenzung von Gemeingebrauch und Sondernutzung zu beachten, dass durch die Widmung der Gemeingebrauch nicht unbeschränkt für alle Verkehrsarten erfolgen muss, sondern auf bestimmte Benutzungsarten, Benutzungszwecke, Benutzerkreise oder in sonstiger Weise beschränkt sein kann (vgl. § 5 Abs. 3 StrG BW).

Einen gesteigerten Gemeingebrauch haben Eigentümer und Besitzer von Grundstücken, die an einer öffentlichen Straße liegen.

Beispiele: Auf einer innerörtlichen Gemeindestraße mit Gehweg (vgl. § 3 Abs. 1 StrG BW) darf der Gehweg von jedermann erlaubnisfrei genutzt werden, um sich zu Fuß fortzubewegen. Auch besondere Fortbewegungsmittel i.S.d. § 24 StVO dürfen auf dem Gehweg erlaubnisfrei benutzt werden, für das Radfahren von Kindern und deren Aufsichtspersonen greift die Sonderregel des § 2 Abs. 5 StVO: auch diese dürfen erlaubnisfrei fahren. Weiter darf auf dem Gehweg erlaubnisfrei Pause gemacht und/oder ein Gespräch geführt werden. Alle diese Nutzungen sind **Gemeingebrauch.** Sonderrechte haben Anlieger, die beispielsweise auf dem Gehweg die Mülltonne zum Abholen durch die Müllabfuhr aufstellen oder den Gehweg überfahren dürfen, um zu ihrem Grundstück zu gelangen **(Anliegergebrauch).** Sonstige Nutzung des Gehwegs, die keinen Gemein- bzw. Anliegergebrauch darstellen (z.B. Aufstellen eines Verkaufsstands, Befahren des Gehwegs mit dem Pkw oder durch Erwachsene ohne Kinder mit dem Rad), bedürfen grundsätzlich einer straßenrechtlichen **Sondernutzungserlaubnis.** Demonstrationen auf innerörtlichen Straßen sind Gemeingebrauch, auf Autobahnen wären sie Sondernutzung.

13 Überschreitet der Betroffene den Rahmen der Widmung und hat er für diese Benutzung keine Sondernutzungserlaubnis, so ist die zuständige Behörde nach dem Straßenrecht ermächtigt, entsprechende verwaltungsrechtliche Maßnahmen zu ergreifen, um die unerlaubte Sondernutzung zu unterbinden (§ 8 Abs. 7a FStrG, § 16 Abs. 8 StrG BW).

3. Verhältnis von Straßenrecht und Straßenverkehrsrecht

a) Vorbehalt des Straßenrechts und Vorrang des Straßenverkehrsrechts

14 Der Nutzungszweck der öffentlichen Straßen darf nicht durch oder aufgrund von Straßenverkehrsvorschriften erweitert, geändert oder aufgehoben werden. Die Bestimmung, welchen Nutzungszweck eine öffentliche Straße hat, ist nämlich dem Straßenrecht vorbehalten und muss durch straßenrechtliche Widmung, Umstufung oder Einziehung (vgl. §§ 5–7 StrG BW) geregelt werden („**Vorbehalt des Straßenrechts**"); umgekehrt dürfen im Wege des Straßenrechts keine straßenverkehrsrechtlichen Regelungen erlassen werden („**Vorrang des Straßenverkehrsrechts**").[6]

Beispiel: Das Halten und Parken von Fahrzeugen ist straßenrechtlich auf allen Straßen erlaubt, auf denen die entsprechenden Fahrzeuge gefahren werden dürfen, sowie auf den für das Halten und Parken besonders gewidmeten Flächen wie beispielsweise auf Parkplätzen oder Gehwegen, auf denen straßenrechtlich durch Widmung das Parken erlaubt wird. Die Straßenverkehrsbehörde darf das Halten und Parken nicht über die Widmung hinaus zulassen, beispielsweise also nicht auf Gehwegen, bei denen das Parken nicht durch Widmung erlaubt wurde (Vorbehalt des Straßenrechts). Aus Gründen der Gefahrenabwehr darf die Straßenverkehrsbehörde auf bestimmten Straßenabschnitten Halt- und Parkverbote anordnen; solche verkehrsregelnden Maßnahmen können nach dem Straßenrecht nicht getroffen werden (Vorrang des Straßenverkehrsrechts).

---

6 BVerwG NJW 1982, 840.

b) Subsidiarität der straßenrechtlichen Sondernutzungserlaubnis

15 Es gibt Fälle, in denen für die Benutzung einer öffentlichen Straße eigentlich sowohl eine straßenverkehrsrechtliche Erlaubnis für die übermäßige Straßenbenutzung (§ 29 Abs. 2 StVO) bzw. eine straßenverkehrsrechtliche Ausnahmegenehmigung (§ 46 StVO) als auch ein straßenrechtliche Sondernutzungserlaubnis (§ 8 Abs. 1 FStrG, § 16 Abs. 1 StrG BW) erforderlich ist. Bei Bundesstraßen entfällt dann die Erlaubnispflicht nach dem Straßenrecht (§ 8 Abs. 6 S. 1 FStrG); dies kann auch das Landesrecht so vorsehen (vgl. § 16 Abs. 6 S. 1 StrG BW).

Beispiele: Wer auf dem Gehweg einen großen Gegenstand (z.B. Verkaufsstand) aufstellen will, benötigt dafür eigentlich eine straßenrechtliche Sondernutzung, weil das Aufstellen von Gegenständen auf dem Gehweg kein Gemeingebrauch, sondern Sondernutzung ist. Wenn die Fußgänger durch das Aufstellen des Verkaufsstands gezwungen sind, eine viel befahrene Straße zu überqueren, ist aber auch § 32 Abs. 1 S. 1 StVO einschlägig: Grundsätzlich ist es nämlich verboten, Hindernisse auf die Straße zu bringen, wenn dadurch der Verkehr gefährdet oder erschwert sein könnte. Benötigt wird damit auch eine straßenverkehrsrechtliche Ausnahmegenehmigung nach § 46 Abs. 1 Nr. 8 StVO der zuständigen Straßenverkehrsbehörde. Zu beantragen ist dann nur diese (vgl. § 8 Abs. 6 S. 1 FStrG; § 16 Abs. 6 S. 1 StrG BW), die Straßenbaubehörde wird in diesem Verfahren von der Straßenverkehrsbehörde beteiligt.

II. Gesamtüberblick über straßenverkehrsrechtliche und straßenrechtliche Ordnungswidrigkeiten

1. Straßenverkehrsrechtliche Ordnungswidrigkeiten

16 Die straßenverkehrsrechtlichen Bußgeldtatbestände sind insbesondere in § 24 StVG i.V.m. § 49 StVO, § 48 FZV, § 69a StVZO sowie § 75 FeV und in den §§ 23, 24a, 24b und 24c StVG geregelt. Ein weiterer Bußgeldtatbestand ist beispielsweise § 24 StVG i.V.m. § 5 FerienreiseV.

17 Sie haben eine große praktische Bedeutung. Das liegt insbesondere daran, dass das Straßenverkehrsrecht besonders „sanktionslastig" ist: Zum einen sind fast alle Verstöße gegen straßenverkehrsrechtliche Ge- oder Verbote bußgeldbewehrt.[7] Zum anderen sind Verwarnungen und Bußgeldbescheide das wichtigste Handlungsinstrument für die Verwaltung zur effektiven Durchsetzung des Straßenverkehrsrechts. § 24 StVG[8] (i.V.m. § 49 StVO) ist daher der in der Praxis bedeutsamste Bußgeldtatbestand überhaupt.[9]

18 Die meisten straßenverkehrsrechtlichen Bußgeldtatbestände stellen nicht nur die vorsätzliche, sondern auch die fahrlässige Begehung unter Bußgeldbewehrung (vgl. § 10 OWiG). Eine Versuchsahndbarkeit (§ 13 OWiG) besteht nicht, ahndbar sind nur vollendete Straßenverkehrsordnungswidrigkeiten.

19 Zwar sind die meisten Bußgeldtatbestände, wie im Ordnungswidrigkeitenrecht üblich, schlichte Tätigkeitsdelikte in Form abstrakter Gefährdungsdelikte (siehe 1. Teil Rn. 9). Praktische Bedeutung haben aber auch schlichte Tätigkeitsdelikte in Form sogenannter Eignungsdelikte und insbesondere einige wenige Erfolgsdelikte.

Beispiele: § 24c Abs. 1 Var. 1 StVG (als Fahranfänger*in Alkohol im Straßenverkehr trinken) ist ein schlichtes Tätigkeitsdelikt. § 24 StVG i.V.m. §§ 49 Abs. 1 Nr. 28, 32 Abs. 1 S. 1 StVO (Verkehrsbeeinträchtigung durch Hindernis auf der Straße) ist ein schlichtes Tätigkeitsdelikt in

---

[7] Eine Ausnahme ist beispielsweise der Verstoß gegen § 1 Abs. 1 StVO.
[8] Wiederholung: § 24 StVG ist ein Blankettgesetz, weil die Norm erst zusammen mit der ausfüllenden Norm (§ 49 StVO, § 48 FZV, § 69a StVZO, § 75 FeV) den Bußgeldtatbestand ergibt. Siehe auch 1. Teil Rn. 17.
[9] Vgl. Burmann/Heß/Hühnermann/Jahnke/*Hühnermann*, StVG § 24 Rn. 1.

4. Teil: Einführung in das besondere materielle Ordnungswidrigkeitenrecht

Form eines Eignungsdelikts (siehe 1. Teil Rn. 9); § 24 StVG i.V.m. §§ 49 Abs. 1 Nr. 1, 1 Abs. 2 StVO ist ein Erfolgsdelikt (siehe 1. Teil Rn. 10).

20 Täter vieler Straßenverkehrsordnungswidrigkeiten (insbes. der meisten nach § 49 StVO) kann nur sein, wer als Verkehrsteilnehmer die Tathandlung eigenhändig durchführt (eigenhändiges Sonderdelikt).[10] Daneben gibt es einige Sonderdelikte, die fremdhändig begangen werden können (insbesondere Verstöße gegen Halterpflichten) und wenige Allgemeindelikte.

Beispiele: Täter von Geschwindigkeitsverstößen kann nur derjenige sein, der als Fahrer die zulässige Höchstgeschwindigkeit nicht einhält (eigenhändiges Sonderdelikt). Täter nach §§ 49 Abs. 1 Nr. 28, 32 Abs. 1 S. 1 StVO (Verkehrsbeeinträchtigung durch das Verbringen eines Hindernisses auf der Straße) kann jedermann sein (Allgemeindelikt). Täter von Parkverstößen ist zunächst der, der das Fahrzeug verbotswidrig abstellt. Insoweit sind Parkverstöße eigenhändige Sonderdelikte: nur der Fahrer ist Täter, der Beifahrer kann allenfalls Beteiligter nach § 14 Abs. 1 S. 1 OWiG sein. Täter von Parkverstößen ist nach h.M. aber auch derjenige, der verpflichtet ist, den verkehrswidrigen Zustand zu beseitigen. Das ist der Halter. Insoweit sind Parkverstöße auch fremdhändige Sonderdelikte (§ 9 OWiG ist anwendbar).

21 Ergänzt werden die straßenverkehrsrechtlichen Bußgeldtatbestände durch § 25 StVG (Fahrverbot), § 25a StVG (Kostentragungspflicht des Halters bei Halt- und Parkverstößen), § 26 StVG (Zuständige Verwaltungsbehörde; Verjährung), § 26a StVG (Regelung von Verwarnungen, Regelgeldbußen und Fahrverboten durch Bußgeldkatalog in Form einer Rechtsverordnung) und § 27 StVG (Informationsschreiben an Personen ohne ordentlichen Wohnsitz in Deutschland).

22 Bestimmte Verkehrsordnungswidrigkeiten werden in das Fahreignungsregister („Punkte in Flensburg") eingetragen (siehe Anlage 13 zur § 40 FeV). und führen bei einer bestimmten Punktzahl zu verwaltungsrechtlichen Maßnahmen der Fahrerlaubnisbehörde bis hin zur Entziehung der Fahrerlaubnis. Lässt sich der Täter einer erheblichen Zuwiderhandlung gegen eine Verkehrsordnungswidrigkeit nicht ermitteln, besteht die verwaltungsrechtliche Möglichkeit, den Halter zur Führung eines Fahrtenbuchs zu verpflichten, § 31a Abs. 1 StVZO.

23 Große Bedeutung hat die Abgrenzung zum Strafrecht. Denn Verstöße gegen Straßenverkehrsvorschriften, die zu einer tatsächlichen Verletzung der Individualrechtsgüter Leben, Gesundheit und Eigentum führen oder diese Rechtsgüter einer konkreten Gefährdung bzw. hohen abstrakten Gefahr aussetzen, sind nach Maßgabe der § 142 StGB, §§ 211 ff. StGB, § 303 StGB, §§ 315b, 315c, 315d, 316 StGB, § 21 StVG, §§ 1, 6 PflVG strafbar. Stellt dieselbe Handlung zugleich eine Straftat und eine Ordnungswidrigkeit dar, so kommt nur Strafrecht zur Anwendung (vgl. § 21 Abs. 1 S. 1 OWiG, siehe 1. Teil Rn. 199 ff.).

24 Wie bereits oben ausgeführt sind die meisten Straßenverkehrsordnungswidrigkeiten **schlichte Tätigkeitsdelikte**. Hier ist auf die Abgrenzung zu den Straftaten in Form von abstrakten Gefährdungsdelikten nach § 315d Abs. 1 StGB (verbotene Kraftfahrzeugrennen) und § 316 StGB (Trunkenheit im Verkehr) zu achten.

Beispiel: Das Fahren mit 0,5 Promille ist eine Ordnungswidrigkeit (§ 24a StVG) und gegenüber § 316 StGB ein subsidiärer Auffangtatbestand. Steht fest, dass der Fahrer fahruntüchtig war, wird § 24a StVG durch § 316 StGB verdrängt.

25 Wird durch das verkehrswidrige Verhalten zusätzlich ein bestimmter **Erfolg** (Verletzung oder konkrete Gefährdung des geschützten Rechtsguts) zurechenbar verur-

---

10 Vgl. VG Düsseldorf, Urteil vom 18. Mai 2017 – 6 K 6022/16 –, juris: Juristische Personen sind als Halter nicht Adressaten von den fließenden Verkehr regelnden Verkehrszeichen (wie beispielsweise von Durchfahrverboten).

sacht, stellt die Handlung meistens eine Straftat dar. So greift das Strafrecht insbesondere dann, wenn es zum Tod oder zur Verletzung von Menschen kommt (§§ 211 ff. StGB, §§ 223 ff. StGB) oder eine konkrete Gefährdung gegeben ist (§§ 315b, 315c StGB). Ist die Tat ausnahmsweise nicht zugleich eine Straftat, dann steht das schlichte Tätigkeitsdelikt (z.B. die Geschwindigkeitsüberschreitung nach § 24 StVG, § 49 Abs. 1 Nr. 3 StVO) in Tateinheit mit § 24 StVG, § 49 Abs. 1 Nr. 1 i.V.m. § 1 Abs. 2 StVO, wonach ordnungswidrig handelt, wer vorsätzlich oder fahrlässig als Verkehrsteilnehmer durch sein Verhalten einen Anderen schädigt, gefährdet oder mehr, als nach dem Umständen unvermeidbar, behindert oder belästigt.

Beispiele: Das „vorsätzliche oder fahrlässige Überholen von rechts" ist ein schlichtes Tätigkeitsdelikt (§ 24 StVG, § 49 Abs. 1 Nr. 5 i.V.m. § 5 Abs. 1 StVO). Wer entgegen § 5 Abs. 1 StVO rechts überholt und dadurch fahrlässig den Tod eines Menschen verursacht, begeht eine fahrlässige Tötung, § 222 StGB. Die gleichzeitig verwirklichten Bußgeldtatbestände treten im Wege der Gesetzeskonkurrenz zurück. Wer entgegen § 5 Abs. 1 StVO rechts überholt und dadurch fahrlässig eine Sachbeschädigung verursacht, ohne dass ein Fall von § 315c Abs. 1 Nr. 2 b StGB vorliegt, begeht ein nach § 24 StVG, § 49 Abs. 1 Nr. 5 i.V.m. § 5 Abs. 1 StVO bußgeldbewehrtes vorsätzliches Überholen rechts in Tateinheit mit einer fahrlässigen Ordnungswidrigkeit nach § 24 StVG, § 49 Abs. 1 Nr. 1 i.V.m. § 1 Abs. 2 StVO (fahrlässige Schädigung Anderer).

26 Die StVO enthält außer § 49 Abs. 1 Nr. 1 StVO noch **(wenige) weitere Erfolgsdelikte**[11], die in der Regel Anwendungsvorrang vor § 49 Abs. 1 Nr. 1 StVO haben.

Beispiel: So handelt beispielsweise ordnungswidrig, wer zum Überholen ausscheren will und dadurch den nachfolgenden Verkehr gefährdet, § 24 StVG, § 49 Abs. 1 Nr. 5 StVO, § 5 Abs. 4 S. 1 StVO. In diesem Falle tritt § 24 StVG, § 49 Abs. 1 Nr. 1 i.V.m. § 1 Abs. 2 StVO als das allgemeinere Gefährdungsdelikt zurück.[12]

2. Straßenrechtliche Ordnungswidrigkeiten

27 Die straßenrechtlichen Bußgeldtatbestände sind insbesondere in § 23 FStrG, § 10 BFStrMG und in den Bußgeldbestimmungen der Straßengesetze der Länder (z.B. § 54 BWStrG) geregelt.

28 Auch § 10 BFStrMG lässt sich als straßenrechtlicher Bußgeldtatbestand beschreiben, ist zugleich aber vor allem ein abgabenrechtlicher Bußgeldtatbestand (vgl. Rn. 125). So stellt § 10 Abs. 1 Nr. 1 BFStrMG es unter Bußgeldbewehrung, wenn vorsätzlich oder fahrlässig die Maut nicht, nicht vollständig oder nicht rechtzeitig entrichtet wird (vgl. im Steuerrecht § 26a Abs. 1 UStG oder § 380 AO).

29 Wie im Straßenverkehrsrecht gibt es auch im Straßenrecht keine Versuchsahndbarkeit (vgl. § 13 OWiG). Nur vollendete Ordnungswidrigkeiten können geahndet werden. Große praktische Bedeutung hat der bußgeldbewehrte Gebrauch einer Straße ohne die erforderliche Sondernutzungserlaubnis.

3. Konkurrenzverhältnis von straßenrechtlichen und straßenverkehrsrechtlichen Ordnungswidrigkeiten

30 Besonders anspruchsvoll ist das Konkurrenzverhältnis von straßenrechtlichen und straßenverkehrsrechtlichen Ordnungswidrigkeiten.

---

11 Weitere Erfolgsdelikte sind § 49 Abs. 1 StVO i.V.m. § 8 Abs. 2 S. 2 StVO, § 9 Abs. 5 StVO, § 10 StVO, § 14 StVO und § 20 StVO.

12 Ausnahmsweise stehen § 24 StVG, § 49 Abs. 1 Nr. 1 StVO und ein spezialgesetzliches Erfolgsdelikt in Tateinheit, nämlich dann, wenn der Spezialtatbestand bloß die Gefährdung eines Anderen verbietet. Dann kann die vermeidbare Behinderung oder Belästigung nach § 49 Abs. 1 Nr. 1 i.V.m. § 1 Abs. 2 StVO geahndet werden (vgl. OLG Köln NZV 1997, 365; Burmann/Heß/Hühnermann/Hanke/*Heß*, Straßenverkehrsrecht, 26. Auflage 2020, § 1 Rn. 88).

4. Teil: Einführung in das besondere materielle Ordnungswidrigkeitenrecht

Die Benutzung einer öffentlichen Straße im Rahmen ihrer Widmung (Gemeingebrauch) kann nie eine straßenrechtliche Ordnungswidrigkeit darstellen. Eine straßenverkehrsrechtliche Ordnungswidrigkeit ist gegeben, wenn bei der Benutzung der öffentlichen Straße (oder einer für den öffentlichen Verkehr tatsächlich freigegebenen privaten Straße) gegen Straßenverkehrsvorschriften verstoßen wird.

Wird eine öffentliche Straße ohne Sondernutzungserlaubnis außerhalb des Rahmens ihrer Widmung genutzt und durch die Benutzung auch gegen Verkehrsvorschriften verstoßen, besteht Tateinheit zwischen der straßenrechtlichen unerlaubten Sondernutzung und der straßenverkehrsverkehrsrechtlichen Ordnungswidrigkeit. Sehr oft sind für die Verfolgung und Ahndung der Tat dann zwei unterschiedliche Verwaltungsbehörden zuständig beispielsweise die Gemeinde wegen des Verstoßes gegen das Straßenrecht und das Landratsamt als Straßenverkehrsbehörde wegen des Verstoßes gegen das Straßenverkehrsrecht. Hier greift dann § 39 Abs. 1 S. 1 OWiG.[13]

4. Einteilung in Kategorien

Straßenrechtliche und straßenverkehrsrechtliche Ordnungswidrigkeiten lassen sich in die bereits zuvor (s. 1 Teil Rn. 20) gebildeten Kategorien einteilen. **31**

a) Verletzung von gesetzlichen Aufzeichnungs-, Nachweis- bzw. Mitführungs- und Bestellungspflichten

Zu dieser Kategorie gehören alle Bußgeldtatbestände, die Verstöße gegen straßenverkehrsrechtliche oder straßenrechtliche Aufzeichnungs-, Nachweis- und Mitführungspflichten sowie Bestellpflichten unter Bußgeldbewehrung stellen, die durch formelles Gesetz (FStrG bzw. Straßengesetze der Länder; BFStrMG; StVG) bzw. durch eine aufgrund eines formellen Gesetzes erlassene Rechtsverordnung (StVO, StVZO, FZV, FeV) oder Satzung begründet werden. **32**

Beispiel aus dem Straßenverkehrsrecht: Ordnungswidrig handelt, wer vorsätzlich oder fahrlässig als Halter den Untersuchungsbericht nicht mindestens bis zur nächsten Hauptuntersuchung aufbewahrt (§ 24 StVG, § 69a Abs. 2 Nr. 16 StVZO).

Beispiel aus dem Straßenrecht: Ordnungswidrig handelt, wer vorsätzlich oder fahrlässig als Mautschuldner den Beleg über die entrichtete Maut bei der Benutzung einer mautpflichtigen Straße nicht mitführt (§ 10 Abs. 1 Nr. 3 BFStrMG).

b) Verletzung von gesetzlichen Melde-, Anzeige-, Erklärungs- oder Auskunftspflichten

Zu dieser Kategorie gehören alle Bußgeldtatbestände, die Verstöße gegen Melde-, Anzeige-, Erklärungs- oder Auskunftspflichten unter Bußgeldbewehrung stellen, die aufgrund eines formellen Gesetzes, einer Rechtsverordnung oder Satzung bestehen und nicht davon abhängen, dass die zuständige Behörde zuvor eine entsprechende Auskunft verlangt hat. **33**

Beispiel aus dem Straßenverkehrsrecht: Ordnungswidrig handelt, wer vorsätzlich oder fahrlässig als Halter oder Eigentümer eines zulassungspflichtigen Fahrzeugs der zuständigen Zulassungsstelle die Änderung seiner Anschrift unter Vorlage der Zulassungsbescheinigung Teil I gar nicht, nicht richtig, nicht vollständig oder nicht rechtzeitig (also nicht unverzüglich) mitteilt (§ 24 StVG, § 48 Nr. 12 FZV i.V.m. § 13 Abs. 1 S. 1 Nr. 1 FZV).

---

13 Vgl. KK-OWiG/*Lampe*, OWiG § 39 Rn. 3.

c) Verstoß gegen ein präventives Verbot mit Erlaubnisvorbehalt

34 Zu dieser Kategorie gehören alle Bußgeldtatbestände, die den Verstoß gegen ein präventives Verbot mit Erlaubnisvorbehalt unter Bußgeldbewehrung stellen. Bei präventiven Verboten mit Erlaubnisvorbehalt ist die Tätigkeit als solche nicht grundsätzlich verboten. Vorgeschrieben ist lediglich, dass zuvor eine behördliche Erlaubnis eingeholt wird, damit die Behörde prüfen kann, ob alle vorgeschriebenen gesetzlichen Voraussetzungen eingehalten werden. Unter Bußgeldbewehrung steht nicht die Tätigkeit als solche, sondern das Handeln ohne die erforderliche Erlaubnis. Das ist streng zu unterscheiden von den Verstößen gegen repressive Verbote, bei denen bereits die Tätigkeit grundsätzlich verboten ist (siehe unten, Rn. 39).

35 Präventive gesetzliche straßenverkehrsrechtliche Verbote mit Erlaubnisvorbehalt sind § 1 Abs. 1 S. 1 StVG (Zulassungspflicht von Kraftfahrzeugen und Anhängern) und § 2 Abs. 1 S. 1 StVG (Fahrerlaubnispflicht). Die vorsätzliche oder fahrlässige Zuwiderhandlung gegen die Fahrerlaubnispflicht durch den Fahrzeugführer oder den Halter ist allerdings eine Straftat und nicht nur eine Ordnungswidrigkeit, § 22 Abs. 1 u. 2 StVG.

Dahingegen ist der Verstoß gegen die Zulassungspflicht (§ 1 Abs. 1 S. 1 StVG, § 3 Abs. 1 S. 1 FZV) lediglich eine Ordnungswidrigkeit. Sofern gleichzeitig (tateinheitlich) ein vorsätzlicher strafbarer Kennzeichenmissbrauch nach § 22 Abs. 1 oder 2 StVG vorliegt, tritt die Ordnungswidrigkeit gemäß § 21 Abs. 1 S. 1 StVG dahinter zurück.

Verstoß gegen § 1 Abs. 1 S. 1 StVG, § 3 Abs. 1 S. 1 FZV: Ordnungswidrig handelt, wer vorsätzlich oder fahrlässig ein nach § 3 Abs. 1 S. 1 FZV zulassungspflichtiges Fahrzeug ohne die erforderliche Zulassung in Betrieb setzt oder wer dies vorsätzlich oder fahrlässig als Halter anordnet oder zulässt (§ 24 StVG, § 48 Abs. 1 Nr. 1 a) FZV i.V.m. § 3 Abs. 1 S. 1 FZV bzw. § 24 StVG, § 48 Abs. 1 Nr. 2 FZV i.V.m. § 3 Abs. 4 FZV)

36 Präventive straßenrechtliche Verbote mit Erlaubnisvorbehalt sind beispielsweise die Genehmigungspflichten nach § 9 Abs. 5 FStrG oder § 22 Abs. 4 StrG BW. Den Verstoß gegen § 9 Abs. 5 FStrG hat der Bundesgesetzgeber allerdings in § 23 FStrG nicht unter Bußgeldbewehrung gestellt.

Anders die Rechtslage in Baden-Württemberg: Ordnungswidrig handelt, wer vorsätzlich oder fahrlässig für eine bauliche Anlage i.S.d. § 22 Abs. 2 StrG BW, die weder einer Baugenehmigung noch einer Genehmigung nach anderen Vorschriften außerhalb des StrG BW bedarf, keine Genehmigung einholt (§ 54 Abs. 1 Nr. 2 StrG BW)

d) Verletzung sonstiger spezialgesetzlich geregelter Pflichten

37 Zu dieser Kategorie gehören alle Bußgeldbestände, die sonstige Verstöße gegen durch formelles Gesetz, Rechtsverordnung oder Satzung angeordnete straßenverkehrsrechtliche oder straßenrechtliche Handlungspflichten des Einzelnen unter Bußgeldbewehrung stellen.

Beispiele aus dem Straßenverkehrsrecht: Ordnungswidrig handelt, wer vorsätzlich oder fahrlässig gegen ein in der StVO geregeltes Verbot oder Gebot verstößt, beispielsweise also:
– wer die durch § 3 StVO gesetzlich vorgeschriebene Höchstgeschwindigkeit nicht einhält (§ 24 StVG, § 49 Abs. 1 Nr. 3 StVO, § 3 StVO)
– wer gegen die durch § 12 StVO geregelten gesetzlichen Halt- und Parkverbote verstößt (§ 24 StVG, § 49 Abs. 1 Nr. 12 StVO i.V.m. § 12 StVO)
– wer entgegen § 33 Abs. 1 Nr. 2 StVO auf der Straße Waren oder Dienstleistungen anbietet (§ 24 StVG, § 49 Abs. 1 Nr. 28 StVO, § 33 Abs. 1 S. 1 Nr. 2 StVO)

Beispiel aus dem Straßenrecht: Ordnungswidrig handelt, wer vorsätzlich oder fahrlässig eine Straße über den Gemeingebrauch hinaus benutzt, ohne hierfür eine rechtfertigende behördliche straßenrechtliche Sondernutzungserlaubnis zu haben (§ 23 Abs. 1 Nr. 1 FStG; § 54 Abs. 1 S. 1 StrG BW)

aa) Repressive Verbote mit Befreiungsvorbehalt

Besonders zahlreich sind im Straßenverkehrsrecht und Straßenrecht repressive Verbote mit Befreiungsvorbehalt. So stellen sämtliche Ge- oder Verbote nach der StVO repressive gesetzliche Ge- bzw. Verbote dar, von denen entweder nach Maßgabe von § 46 StVO oder aufgrund einer spezialgesetzlichen Regelung nach der StVO befreit werden kann. **38**

Beispiele: § 29 Abs. 2 S. 1 StVO (Erlaubnispflicht für Veranstaltungen, für die Straßen mehr als verkehrsüblich in Anspruch genommen werden, insbesondere Kraftfahrzeugrennen), § 29 Abs. 3 S. 1 StVO (Erlaubnispflicht für den Verkehr mit Fahrzeugen und Zügen, deren Abmessungen, Achslasten oder Gesamtmassen die gesetzlich allgemein zugelassenen Grenzen tatsächlich überschreiten) oder § 45 Abs. 6 S. 1 StVO (Pflicht des Unternehmers, vor Beginn von Arbeiten, die sich auf den Straßenverkehr auswirken, eine straßenverkehrsrechtliche Anordnung einzuholen).

Dasselbe gilt für die Ge- und Verbote nach der StVZO und der FZV, von denen nach Maßgabe von § 70 StVZO bzw. § 47 FZV Ausnahmen erteilt werden können.

Repressive Verbote mit Befreiungsvorbehalt im Straßenrecht sind insbesondere die absoluten Anbauverbote (z.B. § 9 Abs. 1 FStrG; § 22 Abs. 1 S. 1 StrG BW), von denen ausnahmsweise eine Befreiung erteilt werden kann (§ 9 Abs. 8 FStrG[14]; § 22 Abs. 1 S. 2 StrG BW[15]), sowie die Benutzung von öffentlichen Straßen über den Gemeingebrauch hinaus, für die eine Sondernutzungserlaubnis erforderlich ist (§ 8 FStrG, § 16 StrG BW). **39**

Bei allen repressiven Verboten mit Befreiungsvorbehalt ist darauf zu achten, dass nicht der Verstoß gegen die Erlaubnispflicht, sondern der Verstoß gegen das durch die StVO, StVZO oder FZV geregelte Verbot oder Gebot, von dem keine Befreiung erteilt worden ist, unter Bußgeldbewehrung steht. Ob eine wirksame Befreiung vorliegt, wird erst auf der Rechtfertigungsebene geprüft. **40**

Beispiel: Bei § 23 Abs. 1 Nr. 1 FStrG wird im Rahmen des objektiven Tatbestands nur geprüft, ob die Bundesfernstraße über den Gemeingebrauch hinaus benutzt wurde. Ob eine Erlaubnis vorliegt und der Betroffene aufgrund dieser Erlaubnis gehandelt hat, wird erst auf der Ebene der Rechtswidrigkeit geprüft. Das in der Bußgeldnorm ausdrücklich erwähnte Merkmal „ohne Erlaubnis" ist also nicht Tatbestands-, sondern Rechtfertigungsmerkmal.

bb) Repressive Verbote ohne Befreiungsvorbehalt

Neben den straßenverkehrsrechtlichen bzw. straßenrechtlichen repressiven Verboten bzw. Geboten mit Befreiungsvorbehalt gibt es (wie auch sonst im Verwaltungsrecht) zwingende Ge- oder Verbote, für die das Gesetz keine ausdrückliche Befreiungsmöglichkeit vorsieht. Hier stellt sich dann von vornherein auch nicht die Frage, ob das Vorliegen einer etwaigen behördlichen Genehmigung bereits auf Tatbestands- oder erst auf Rechtfertigungsebene zu prüfen ist. **41**

Beispiele: Absolutes Alkoholverbot für Fahranfänger*innen nach § 24c Abs. 1 u. 2 StVG; 0,5-Promille-Grenze nach § 24a StVG

---

14 VG Münster, Urteil vom 23. Februar 2012 – 8 K 1863/10 –, juris.
15 VG Karlsruhe, Urteil vom 12. November 2020 – 10 K 5902/18 –, juris.

e) Verstöße gegen durch behördliche Anordnung auferlegte Ge- oder Verbote

aa) Allgemeines

42 Zu dieser Kategorie gehören alle Bußgeldbestände, die den Verstoß gegen behördliche Anordnungen[16], die aufgrund einer straßenrechtlichen oder straßenverkehrsrechtlichen Rechtsgrundlage erlassen worden sind, unter Bußgeldbewehrung stellen.

Dazu gehören Verstöße gegen Verbote oder Gebote, die durch selbstständigen Verwaltungsakt in Form einer Allgemeinverfügung (§ 35 S. 2 VwVfG) bzw. einer Individualverfügung (§ 35 S. 2 VwVfG) oder als Auflage (§ 36 Abs. 2 Nr. 4 VwVfG) zusammen mit einem begünstigenden Verwaltungsakte angeordnet wurden. Verwaltungsakte i.S.d. § 35 S. 1 VwVfG sind insbesondere auch behördliche Auskunftsverlangen, soweit der Betroffene dadurch rechtlich verbindlich (und vollstreckbar) zur Auskunft verpflichtet wird.

Beispiele aus dem Straßenverkehrsrecht:

Verstoß gegen eine Allgemeinverfügung: Ordnungswidrig handelt, wer vorsätzlich oder fahrlässig die durch ein Verkehrszeichen angeordnete Höchstgeschwindigkeit überschreitet (§ 24 StVG, § 49 Abs. 3 Nr. 4 StVO, § 41 Abs. 1 StVO i.V.m. dem entsprechenden Verkehrszeichen);

Verstoß gegen eine Individualverfügung: Ordnungswidrig handelt, wer vorsätzlich oder fahrlässig gegen die Anordnung der Führung eines Fahrtenbuchs verstößt, also als Halter oder dessen Beauftragter im Fahrtenbuch vorsätzlich oder fahrlässig nicht vor Beginn der betreffenden Fahrt die erforderlichen Angaben einträgt oder nicht unverzüglich nach Beendigung der betreffenden Fahrt Datum und Uhrzeit der Beendigung mit seiner Unterschrift einträgt (§ 24 StVG; § 69a Abs. 5 Nr. 4 StVZO, § 31a StVZO);

Verstoß gegen eine Auflage: Ordnungswidrig handelt, wer als Veranstalter vorsätzlich oder fahrlässig entgegen § 29 Abs. 2 S. 3 StVO nicht dafür sorgt, dass die von der Behörde angeordneten Auflagen befolgt werden (§ 24 StVG, § 49 Abs. 2 Nr. 6 StVO)

Beispiel aus dem Straßenrecht:

Verstoß gegen ein Auskunftsverlangen (Verwaltungsakt): Ordnungswidrig handelt, wer vorsätzlich oder fahrlässig als Fahrzeugführer auf Verlangen nicht, nicht richtig, nicht vollständig oder nicht rechtzeitig Auskunft über alle Tatsachen erteilt, die für die Durchführung der Kontrolle von Bedeutung sind (§ 10 Abs. 1 Nr. 4 BFStrMG)

bb) Der Verstoß gegen Verkehrszeichen (§ 49 Abs. 3 Nr. 4 u. 5 StVO)

43 Zur Regelung des Verkehrs ordnet die zuständige Behörde Verkehrszeichen an. Verkehrszeichen sind Verwaltungsakte in Form der Allgemeinverfügung (vgl. § 35 S. 2 Alt. 3 VwVfG). Es gibt Vorschriften-, Richt- und Gefahrenzeichen (§ 39 Abs. 2 S. 2 StVO), ggf. i.V.m. Zusatzzeichen (§ 39 Abs. 3 S. 1 StVO). Durch Vorschriftenzeichen werden bestimmte Ge- oder Verbote angeordnet (§ 41 Abs. 1 StVO und Anlage 2 Spalte 3). Richtzeichen geben Hinweise zur Erleichterung des Verkehrs, können aber auch bestimmte Ge- oder Verbote enthalten (§ 42 Abs. 1 S. 2 StVO und Anlage 3 Spalte 3). Nach § 24 StVG, § 49 Abs. 3 Nr. 4 bzw. 5 StVO handelt ordnungswidrig, wer vorsätzlich oder fahrlässig ein durch Verkehrszeichen angeordnetes Ge- oder Verbot nicht befolgt.

---

16 Vertiefungshinweis: Nicht bußgeldbewehrt ist es, wenn dem Einzelnen die Handlungspflicht nicht durch Verwaltungsakt einseitig auferlegt wurde, sondern die Handlungspflicht in Form eines öffentlich-rechtlichen Vertrags vereinbart wurde und der Einzelne dann die vertraglich vereinbare Pflicht nicht erfüllt.

(1) Der vorsätzliche Verstoß gegen Verkehrszeichen (§ 49 Abs. 3 Nr. 4 u. 5 StVO)

Tathandlung ist das Nichtbefolgen des durch Vorschriftenzeichen (§ 49 Abs. 3 Nr. 4 StVO) bzw. Richtzeichen (§ 49 Abs. 3 Nr. 5 StVO) angeordneten Ge- bzw. Verbots. Schreibt das Verkehrszeichen ein Verbot vor, besteht die Tathandlung in einem aktiven Tun (Begehungsdelikt). Regelt das Verkehrszeichen ein Gebot, besteht die Tathandlung in einem echten Unterlassen (echtes Unterlassungsdelikt). Zum unechten Unterlassen (§ 8 OWiG) siehe weiter unten Rn. 49 ff. u. 106. **44**

Beispiele: Das Verkehrszeichen 274 „Tempo 100" verbietet dem Fahrzeugführer, schneller als mit der angegeben Höchstgeschwindigkeit von 100 km/h zu fahren (siehe Anlage 2, Spalte 3 zu Zeichen 274). Die Tathandlung besteht in einem aktiven Tun (schneller als 100km/h fahren).

Das Verkehrszeichen 205 „Vorfahrt gewähren" verpflichtet den Fahrzeugführer dazu, Vorfahrt zu gewähren. Die Tathandlung besteht in einem echten Unterlassen (Vorfahrt nicht gewähren), siehe Anlage 2, Spalte 3 zu Zeichen 205.

Täter kann nur der Adressat des Verkehrszeichens sein. **45**

Das sind bei **Verkehrszeichen, die den fließenden Verkehr** regeln, Fahrzeugführer, Radfahrer oder Fußgänger (eigenhändiges Sonderdelikt, siehe 1. Teil Rn. 7).

Beifahrer können durch ihr Tun oder Unterlassen nicht Täter, sondern nur unselbstständige Beteiligte i.S.d. § 14 Abs. 1 S. 1 OWiG an der tatbestandsmäßigen und rechtswidrigen Tat des Fahrers sein. Beteiligte durch Unterlassen sind allerdings nur solche Beifahrer, die eine Garantenpflicht haben, den Fahrer an dem Verstoß gegen das Verkehrszeichen zu hindern. Das sind der Fahrlehrer (vgl. § 6 Abs. 2 S. 1 FahrlG)[17] und der mitfahrende Halter[18], nicht aber die den minderjährigen Fahranfänger begleitende Person (vgl. § 48a Abs. 4 FeV)[19] oder sonstige Mitfahrer.

Auch **Verkehrszeichen, die das Halten oder Parken, also den ruhenden Verkehr** **46** regeln, richten sich zunächst an den Verkehrsteilnehmer, also den Fahrzeugführer. Park- oder Haltverstöße setzen aber nicht zwingend ein eigenhändiges Handeln voraus. Als Täter kommen neben dem Fahrer auch der Halter und Personen, denen die Haltereigenschaft nach § 9 OWiG zugerechnet werden kann, in Betracht (fremdhändige Sonderdelikte, siehe 1. Teil Rn. 7).

Der Täter handelt vorsätzlich, wenn er das Vorschriftenzeichen kennt, wenn er die **47** Umstände kennt bzw. für möglich hält, aus denen sich sein verkehrswidriges Verhalten ergibt, und wenn er den Verstoß billigend in Kauf nimmt. Wer das Verkehrszeichen nicht wahrgenommen hat, handelt nicht vorsätzlich.

(2) Der fahrlässige Verstoß gegen Verkehrszeichen (§ 49 Abs. 3 Nr. 4 u. 5 StVO)

Tathandlung ist das Nichtbefolgen des verbietenden bzw. gebietenden Verkehrszeichens. Täter kann nur der Adressat des Verkehrszeichens sein. **48**

Gegen die objektive Sorgfaltspflicht verstößt, wer diejenige Sorgfalt außer Acht lässt, die ein besonnener und gewissenhafter Durchschnittsmensch aus dem Verkehrskreis des Täters in dessen sozialer Rolle zu erfüllen hat. Zu prüfen ist also, ob ein gewissenhafter Fahrer in der Situation des Täters das Verkehrszeichen hätte erkennen und sein Fahrverhalten darauf hätte einstellen können.

---

17 KK-OWiG/*Rengier* § 88 Rn. 45.
18 Wie hier KK-OWiG/*Rengier* § 8 Rn. 44 m.w.N. auch zur Gegenauffassung.
19 KK-OWiG/*Rengier* § 88 Rn. 45; *Fischinger/Seibl* NJW 2005, 2886 (28889).

(3) Der vorsätzliche oder fahrlässige Verstoß gegen Verkehrszeichen durch unechtes Unterlassen (§ 24 StVG, § 49 Abs. 3 Nr. 4 u. 5 StVO, § 8 OWiG)

49 Auf § 8 OWiG muss nur dann zurückgegriffen werden, wenn die durch den Bußgeldtatbestand geregelte Tathandlung ausschließlich in einem aktiven Tun besteht. Der Verstoß gegen das Verkehrszeichen durch unechtes Unterlassen (§ 8 OWiG) kommt dann in Betracht, wenn das Unterlassen dem aktiven Verstoß gegen das Verbot gleichgestellt werden kann. Das ist bei Haltverboten der Fall.

Beispiel: Das Zeichen 283 (absolutes Haltverbot) verbietet das Halten auf der Fahrbahn. Die Tathandlung besteht also in einem aktiven Tun (Halten auf der Fahrbahn). Dieser Tatbestandsverwirklichung durch ein aktives Tun entspricht es aber, ein im absoluten Haltverbot stehendes Fahrzeug nicht wegzufahren.

50 Als Täter von Park- bzw. Haltverstößen durch unechtes Unterlassen kommt zunächst der Halter in Betracht, der ein von dem Fahrer verbotswidrig abgestelltes Fahrzeug im Haltverbot stehen lässt, anstatt es wegzufahren, oder der ein zunächst ordnungsgemäß abgestelltes Fahrzeug nicht wegfährt, nachdem durch Verkehrszeichen nunmehr ein Haltverbot angeordnet wurde.

51 Der Fahrer, der das Fahrzeug verbotswidrig parkt, verwirklicht bereits durch sein aktives Tun den Bußgeldtatbestand. Solange er das Fahrzeug bei natürlicher Handlungseinheit im Haltverbot stehen lässt, dauert die Tat an. Bei ihm stellt sich die Frage nach einem Begehen durch unechtes Unterlassen nach § 8 OWiG nur in den Fällen, in denen keine natürliche Handlungseinheit mehr gegeben ist, so dass das Nichtwegfahren somit eine neue Handlung darstellt, und wenn der Fahrer das Fahrzeug zunächst ordnungsgemäß abgestellt hat, nachträglich aber ein Haltverbot aufgestellt worden ist. Hier ist dann für den Einzelfall genau herauszuarbeiten, ob neben dem Halter auch der Fahrer weiterhin eine Garantenstellung hat.

III. Ausgewählte straßenrechtliche und straßenverkehrsrechtliche Ordnungswidrigkeiten

1. Der Verstoß gegen § 1 Abs. 2 StVO

52 Gemäß § 1 Abs. 2 StVO hat sich jeder, der am Verkehr teilnimmt, so zu verhalten, dass kein Anderer geschädigt, gefährdet oder mehr, als nach den Umständen unvermeidbar, behindert oder belästigt wird. Sowohl der vorsätzliche als auch der fahrlässige Verstoß gegen § 1 Abs. 2 StVO ist nach § 24 StVG, § 49 Abs. 1 Nr. 1 StVO bußgeldbewehrt.

53 Sehr häufig, wenn auch nicht zwingend, steht die Ordnungswidrigkeit nach § 49 Abs. 1 Nr. 1 StVO in Tateinheit mit anderen Verkehrsordnungswidrigkeiten (siehe dazu bei den Geschwindigkeitsverstößen Rn. 66).

aa) Gemeinsame Prüfungspunkte: Taterfolg, Täter, Tathandlung, Kausalität

54 § 49 Abs. 1 Nr. 1 StVO ist ein **Erfolgsdelikt**. Es muss also im konkreten Einzelfall ein Anderer tatsächlich geschädigt, gefährdet oder mehr, als nach den Umständen unvermeidbar, behindert oder belästigt worden sein. Das prüft man sowohl bei der vorsätzlichen als auch bei der fahrlässigen Begehungsweise an erster Stelle.

Täter kann nur sein, wer i.S.d. § 1 Abs. 2 StVO am Verkehr teilnimmt. Verkehrsteilnehmer i.S.d. § 1 Abs. 2 StVO ist jeder, der sich verkehrserheblich verhält, d.h. körperlich und unmittelbar durch aktives Tun oder Unterlassen auf den Ablauf eines Verkehrsvorgangs einwirkt.[20] Das sind zunächst Fahrzeugführer, Radfahrer und Fußgänger, aber auch der Mitfahrer, sobald er in den Ablauf des Verkehrsvorganges eingreift (z.B. den Fahrer ablenkt) sowie der Fahrlehrer und der Beifahrer beim begleiteten Fahren, soweit er Einfluss nimmt.[21] Auch dieser Prüfungspunkt ist bei Vorsatz- und Fahrlässigkeitstaten gleich.

Tathandlung i.S.d. § 1 Abs. 2 StVO ist jedes Verhalten, das auf den Ablauf eines Verkehrsvorgangs einwirkt. Erfasst werden damit sowohl das aktive Tun als auch das Unterlassen. Damit ist § 49 Abs. 1 Nr. 1 StVO sowohl ein Begehungs- als auch ein echtes Unterlassungsdelikt.

Die Tathandlung muss **ursächlich** für den Erfolg gewesen sein. Auch hier unterscheiden sich Vorsatz- und Fahrlässigkeitstat nicht voneinander.

bb) Weiteres Vorgehen bei der Prüfung von Vorsatztaten

Bei der Prüfung einer vorsätzlichen Ordnungswidrigkeit nach § 24 StVG, § 49 Abs. 1 Nr. 1 StVO i.V.m. § 1 Abs. 2 StVO ist dann auf der Seite des objektiven Tatbestands weiter zu prüfen, ob der tatbestandsmäßige Erfolg dem Täter auch objektiv zurechenbar ist. Das ist der Fall, wenn der Täter ein rechtlich missbilligtes Risiko geschaffen hat (Risikoschaffung) und sich dieses Risiko in einer dem Schutzzweck von § 1 Abs. 2 StVO gemäßen Weise auch im Erfolg niedergeschlagen haben (Risikozusammenhang).

In der Regel besteht die Schaffung des rechtlich missbilligten Risikos darin, dass der Täter gegen eine andere (ebenfalls bußgeldbewehrte) straßenverkehrsrechtliche Ge- bzw. Verbotsnorm verstoßen hat (siehe dazu Rn. 66), auch wenn das nicht zwingend ist. Zwischen diesem Sorgfaltsverstoß und dem Erfolg muss dann der Risikozusammenhang bestehen.

Beispiele: Ein Wildtier überquert die Straße und wird vom Fahrer überfahren. Zurechenbar ist der Sachschaden, wenn der Fahrer mit erhöhter Geschwindigkeit gefahren ist, deshalb nicht mehr rechtzeitig bremsen konnte und so das Wildtier überfahren hat. Nicht zurechenbar ist der Sachschaden, wenn das Wildtier unverhofft die Straße überquert und der Fahrer nichts hätte tun können, um hier und jetzt den Schaden zu vermeiden. Man kann ihm den Erfolg beispielsweise nicht mit der Argumentation zurechnen, dass er, wenn er einige Zeit vorher die zulässige Höchstgeschwindigkeit eingehalten hätte, noch gar nicht an dem Straßenabschnitt eingetroffen wäre, an dem das Tier die Straße querte.

Auf der subjektiven Tatbestandsseite ist zu untersuchen, ob der Täter in Bezug auf sämtliche Tatbestandsmerkmale vorsätzlich, d.h. wissentlich und willentlich gehandelt hat.

cc) Weiteres Vorgehen bei der Prüfung von Fahrlässigkeitstaten

Bei Fahrlässigkeitstaten schließt sich nach der Prüfung der Merkmale „Erfolg, Täter, Tathandlung, Kausalität" die Prüfung der objektiven Fahrlässigkeit an. Objektiv fahr-

---

20 Vgl. BGH NJW 1960, 924 (925).
21 BGH NJW 2018, 3095; Burmann/Heß/Hühnermann/Jahnke/*Heß*, Straßenverkehrsrecht 26. Auflage 2020 StVO § 1 Rn. 17 ff.

lässig handelt, wer bei objektiver Vorhersehbarkeit des Erfolgseintritts die im Verkehr erforderliche Sorgfalt außer Acht lässt. Insoweit entspricht dieser Prüfungspunkt also der Schaffung eines rechtlich missbilligten Risikos bei vorsätzlicher Begehungsweise (Risikoschaffung).

60 Letzter Prüfungspunkt auf Tatbestandsebene ist, ob auch ein Pflichtwidrigkeitszusammenhang besteht. Das ist vergleichbar mit dem Risikozusammenhang bei vorsätzlicher Begehungsweise.

Der Tatbestand wird also nur verwirklicht, wenn die verletzte Sorgfaltsnorm Erfolge der eingetretenen Art verhindern will (Schutzzweckzusammenhang), der Erfolg bei pflichtgemäßem Alternativverhalten vermieden worden wäre und der Erfolg nicht dem Opfer oder einem Dritten zuzurechnen ist.

2. Geschwindigkeitsverstöße

a) Ausgangsfälle

61 **Fall 1:** Raser R fährt auf der Gemeindeverbindungsstraße zwischen den Orten A und B, wo durch Verkehrszeichen wegen mehrerer Gefahrenstellen eine zulässige Höchstgeschwindigkeit von 80 km/h wirksam angeordnet ist. Das Verkehrszeichen hat R nicht gesehen, weil er mehrere Sekunden stolz auf sein Tachometer geschaut und festgestellt hat, dass er 120 km/h fährt, und dann die Musik im Radio noch etwas lauter stellte. Während er vergnügt weiter 120 km/h fährt, wird er wird geblitzt.

Aufgabe: Hat R eine Ordnungswidrigkeit begangen? Lösung s. Rn. 65

Fall 2: A fährt auf der Landstraße zwischen den Dörfern C und D mit 100 km/h, obwohl die Sichtverhältnisse sehr schlecht sind. Eigentlich hätte er, wie ein Sachverständiger später feststellt, bei diesen Sichtverhältnissen nur 60 km/h fahren dürfen. So aber bemerkt A die Kurve erst sehr spät, bremst, kommt von der Fahrbahn ab und fährt in die Leitplanke. Er selbst bleibt unverletzt, die Leitplanke ist zerbeult. Schon wenn er nur 80 km/h gefahren wäre, hätte er die gefährliche Kurve noch rechtzeitig gesehen.

Aufgabe: Hat A eine Ordnungswidrigkeit begangen? Lösung s. Rn. 66

b) Grundlagen

62 Ein Verkehrsteilnehmer darf nicht schneller als mit der zugelassenen Höchstgeschwindigkeit fahren. Geregelt ist die zulässige Höchstgeschwindigkeit entweder abstrakt-generell durch die StVO (§§ 3, 18 Abs. 5 S. 2, 20 Abs. 2 S. 1 u. Abs. 4 S. 1 u. 2 StVO) oder für einen bestimmten Straßenabschnitt durch ein von der Straßenverkehrsbehörde angeordnetes Verkehrszeichen (§ 45 StVO i.V.m. §§ 41, 42 StVO). Wer vorsätzlich oder fahrlässig als Verkehrsteilnehmer die zulässige Höchstgeschwindigkeit überschreitet, begeht einen bußgeldbewehrten Geschwindigkeitsverstoß in Form eines schlichten Tätigkeits- und abstrakten Gefährdungsdelikts („vorsätzliches bzw. fahrlässiges Überschreiten der zulässigen Höchstgeschwindigkeit").

Beispiel: So gilt beispielsweise innerorts gemäß § 3 Abs. 3 Nr. 1 StVO eine Höchstgeschwindigkeit von 50 km/h, wenn durch ein Verkehrszeichen nichts anderes angeordnet ist. Wer vorsätzlich oder fahrlässig innerorts schneller fährt, begeht eine Ordnungswidrigkeit nach § 24 StVG, § 49 Abs. 1 Nr. 3 StVO, § 3 Abs. 3 Nr. 1 StVO.

63 Außerdem darf ein Verkehrsteilnehmer nur so schnell fahren, dass er in der konkreten Verkehrssituation Andere nicht schädigt, gefährdet oder mehr, als nach den Umständen vermeidbar, behindert oder belästigt (§ 1 Abs. 2 StVO).

4. Teil: Einführung in das besondere materielle Ordnungswidrigkeitenrecht

Wer vorsätzlich oder fahrlässig zu schnell fährt und gleichzeitig gegen § 1 Abs. 2 StVO verstößt, begeht eine Verkehrsordnungswidrigkeit nach § 24 StVG, § 49 Abs. 1 Nr. 1 StVO, § 1 Abs. 2 StVO, die in Tateinheit zu dem vorsätzlichen oder fahrlässigen Überschreiten der zulässigen Höchstgeschwindigkeit steht.

Bei erheblichen Geschwindigkeitsverstößen ist als Nebenfolge zur Geldbuße die Anordnung von Fahrverboten vorgesehen (§§ 25, 26a Abs. 1 Nr. 3 StVG, BKatV, Ziffer 11 BKat, Anhang zu Nr. 11 der Anlage). Außerdem werden besonders verkehrssicherheitsbeeinträchtigende Geschwindigkeitsverstöße nach Bestandskraft der Bußgeldentscheidungen nach Maßgabe von § 40 FeV mit 2 Punkten (siehe Ziffer 2.2.3 der Anlage 13 zur FeV) bzw. mit 1 Punkt (siehe Ziffer 3.2.2 ins Fahreignungsregister eingetragen. **64**

c) Lösungsvorschlag

aa) Fall 1

Vorsätzlicher Verstoß gegen die durch Verkehrszeichen festgesetzte Höchstgeschwindigkeit (§ 24 StVG, § 49 Abs. 3 Nr. 4 StVO, § 41 Abs. 1 StVO) **65**

Indem R 120 km/h statt wie zugelassen 80 km/h fuhr, könnte er eine vorsätzliche Verkehrsordnungswidrigkeit nach § 24 StVG, § 49 Abs. 3 Nr. 4 StVO, § 41 Abs. 1 StVO begangen haben.

Objektiv tatbestandsmäßig handelt, wer als Verkehrsteilnehmer ein durch Vorschriftenzeichen angeordnetes Ge- oder Verbot der Anlage 2 Spalte 3 nicht befolgt.

Hier war es durch Verkehrszeichen 274 verboten, schneller als 80 km/h zu fahren. Zweifel an der Wirksamkeit des Verkehrszeichens bestehen nicht. Selbst wenn es noch nicht bestandskräftig wäre, wäre es gemäß § 80 Abs. 2 S. 1 Nr. 2 VwGO analog jedenfalls sofort vollziehbar. Indem R 120 km/h fuhr, hat er als Verkehrsteilnehmer das angeordnete Verbot nicht befolgt und damit den objektiven Tatbestand erfüllt.

R müsste aber auch vorsätzlich gehandelt haben. Wer nicht alle Tatbestandsmerkmale kennt, handelt nicht vorsätzlich, § 11 Abs. 1 S. 1 OWiG. R hat das Vorschriftenzeichen nicht gesehen und damit auch nicht wissentlich das angeordnete Verbot nicht erfüllt.

Er hat keine vorsätzliche Verkehrsordnungswidrigkeit nach § 24 StVG, § 49 Abs. 3 Nr. 4 StVO, § 41 Abs. 1 StVO begangen.

Fahrlässiger Verstoß gegen die durch Verkehrszeichen festgesetzte Höchstgeschwindigkeit (§ 24 StVG, § 49 Abs. 3 Nr. 4 StVO, § 41 Abs. 1 StVO)

Ahndbar nach § 24 StVG, § 49 Abs. 3 Nr. 4 StVO, § 41 Abs. 1 StVO ist aber auch der fahrlässige Verstoß gegen die durch Verkehrszeichen festgesetzte Höchstgeschwindigkeit.

Wie bereits festgestellt hat R als Verkehrsteilnehmer das durch Verkehrszeichen 274 vorgegebene Verbot nicht befolgt, indem er 120 km/h statt 80 km/h fuhr.

Er müsste auch objektiv fahrlässig gehandelt haben. Objektiv fahrlässig handelt, wer die im Verkehr erforderliche Sorgfalt außer Acht lässt. Ein durchschnittlicher Verkehrsteilnehmer in der konkreten Tatsituation des R hätte nur mit einem kurzen Blick den Tachometer geprüft und sich auch nicht durch das Umstellen des Radios ablenken lassen und so auch das Verkehrszeichen draußen wahrgenommen, denn es gibt im Sachverhalt keine Anhaltspunkte dafür, dass das Verkehrszeichen nicht gut sichtbar oder nur für einen kurzen Zeitpunkt wahrnehmbar aufgestellt gewesen wäre. Indem R das Verkehrsgeschehen außerhalb seines Fahrzeugs für mehrere Sekunden nicht beobachte, handelte er objektiv sorgfaltswidrig.

Die Tat ist rechtswidrig. Sie ist vorwerfbar, denn R hat auch individuell sorgfaltswidrig gehandelt.

Damit hat R eine fahrlässige Ordnungswidrigkeit nach § 24 StVG, § 49 Abs. 3 Nr. 4 StVO, § 41 Abs. 1 StVO begangen.

Vorsätzlicher Verstoß gegen die außerhalb von Ortschaften zulässige Höchstgeschwindigkeit von 100 km/h (§ 24 StVG, § 49 Abs. 1 Nr. 3 StVO, § 3 Abs. 3 Nr. 2 c StVO)

Indem R 120 km/h fuhr, könnte er außerdem eine vorsätzliche Verkehrsordnungswidrigkeit nach § 24 StVG, § 49 Abs. 1 Nr. 3 StVO, § 3 Abs. 3 Nr. 2 c StVO begangen haben.

Fraglich ist jedoch, ob diese Bußgeldvorschrift hier überhaupt anwendbar ist oder durch § 24 StVG, § 49 Abs. 3 Nr. 4 StVO, § 41 StVO verdrängt wird, denn straßenverkehrsrechtlich bestimmt sich die zulässige Höchstgeschwindigkeit auf der Gemeindeverbindungsstraße zwischen A und B nicht nach § 3 Abs. 3 Nr. 2 c StVO, sondern ist spezialrechtlich durch das Verkehrszeichen 274 nach § 45 Abs. 1 S. 1 StVO, § 41 Abs. 1 StVO geregelt. Wenn auf die Bußgeldbewehrung von § 3 Abs. 3 Nr. 2 c StVO in solchen Fällen nicht zurückgegriffen werden dürfte, würde das allerdings dazu führen, dass der Betroffene möglicherweise davon profitieren könnte, das Verkehrszeichen nicht wahrgenommen zu haben; in den Fällen, in denen dem Betroffenen (anders als hier) auch ein fahrlässiger Verstoß gegen die durch Verkehrszeichen angeordnete Höchstgeschwindigkeit nicht vorgeworfen könnte, wäre sein Verhalten noch nicht einmal ahndbar. Daher ist es zulässig, die Tat zumindest wegen des in dem Verstoß gegen das Verkehrszeichen enthaltenen Minus einer Überschreitung der außerhalb geschlossener Ortschaften geltenden Höchstgeschwindigkeit von 100 km/h zu ahnden.[22] Die Bußgeldvorschrift ist damit anwendbar.

Objektiv tatbestandsmäßig handelt, wer als Fahrer eines Personenkraftwagens oder eines anderen Kraftfahrzeugs mit einer zulässigen Gesamtmasse bis zu 3,5 t außerhalb geschlossener Ortschaften schneller als 100 km/h fährt.

Den objektiven Tatbestand hat R hier verwirklicht, indem er als Fahrer eines Pkw auf der Gemeindeverbindungsstraße mit Tempo 120 km/h fuhr.

R handelte auch vorsätzlich, rechtswidrig und vorwerfbar.

Damit er auch eine vorsätzliche Verkehrsordnungswidrigkeit nach § 24 StVG, § 49 Abs. 1 Nr. 3 StVO, § 3 Abs. 3 Nr. 2 c StVO begangen.

Konkurrenzen

Der fahrlässige Verstoß gegen die durch Verkehrszeichen angeordnete Höchstgeschwindigkeit von 80 km/h und die vorsätzliche Überschreitung der zulässigen Höchstgeschwindigkeit außerhalb geschlossener Ortschaften von 100 km/h wurden durch dieselbe Tathandlung (das Fahren mit 120 km/h) begangen und stehen daher in Tateinheit, § 19 OWiG.

---

22 Bay. OLG, Beschl. v. 21.2.1996 – 2 ObOWi 126/96 –, juris.

4. Teil: Einführung in das besondere materielle Ordnungswidrigkeitenrecht 175

bb) Fall 2

Vorsätzliche Verkehrsordnungswidrigkeit nach § 24 StVG, § 49 Abs. 1 Nr. 3 StVO i.V.m. § 3 Abs. 1 StVO

66

Indem A das Fahrzeug mit 100 km/h führte, obwohl die Sicht schlecht war, könnte er eine vorsätzliche Ordnungswidrigkeit nach § 24 StVG, § 49 Abs. 1 Nr. 3 StVO i.V.m. § 3 Abs. 1 S. 1, 2 StVO begangen haben.

Objektiv tatbestandsmäßig handelt u.a., wer seine Geschwindigkeit nicht den tatsächlichen Sichtverhältnissen anpasst. A fuhr 100 km/h, obwohl er infolge der Sichtverhältnisse nur mit einer Geschwindigkeit von 60 km/h hätte fahren dürfen.

A müsste vorsätzlich gehandelt haben. Dass A wusste oder es zumindest für möglich hielt, dass er nicht mit 100 km/h fahren durfte, ist nicht ersichtlich. Damit scheidet eine Vorsatztat nach § 11 Abs. 1 S. 1 OWiG aus.

Fahrlässige Verkehrsordnungswidrigkeit nach § 24 StVG, § 49 Abs. 1 Nr. 3 StVO i.V.m. § 3 Abs. 1 StVO

Allerdings hat A eine fahrlässige Ordnungswidrigkeit nach § 24 StVG, § 49 Abs. 1 Nr. 3 StVO i.V.m. § 3 Abs. 1 S. 1 u. 2 StVO begangen, da er hätte erkennen können und müssen, dass er angesichts der Sichtverhältnisse mit 100 km/h deutlich zu schnell war.

Fahrlässige Verkehrsordnungswidrigkeit nach § 24 StVG, § 49 Abs. 1 Nr. 1 StVO

Indem A von der Fahrbahn abkam und in die Leitplanke fuhr, könnte er außerdem eine fahrlässige Ordnungswidrigkeit nach § 24 StVG, § 49 Abs. 1 Nr. 1 StVO begangen haben.

Dann müsste zunächst der tatbestandsmäßige Erfolg, also eine Schädigung, Gefährdung bzw. eine Behinderung oder Belästigung eines Anderen eingetreten sein. Hier ist die Leitplanke und damit eine für A fremde Sache beschädigt worden.

Als Fahrer war A auch Verkehrsteilnehmer i.S.d. § 1 Abs. 2 StVO und damit tauglicher Täter dieses Sonderdelikts.

Tathandlung i.S.d. § 1 Abs. 2 StVO ist jedes Verhalten, das auf den Ablauf eines Verkehrsvorgangs einwirkt. Hier besteht die Tathandlung darin, dass A in die Leitplanke fuhr.

Diese Tathandlung ist auch allein ursächlich für die Beschädigung der Leitplanke.

Weiter müsste A objektiv fahrlässig gehandelt haben, also bei objektiver Vorhersehbarkeit die Sorgfaltspflicht außer Acht gelassen haben, die von einem durchschnittlichen Normadressaten in der konkreten Tatsituation erwartet werden konnte.

Ein normgetreuer Verkehrsteilnehmer hätte, wie nach § 3 Abs. 1 S. 1 u. 2 StVO erforderlich, wegen der schlechten Sichtverhältnisse seine Geschwindigkeit angepasst und wäre langsamer gefahren. Das jedoch hat A nicht getan, obwohl mit einem Unfall in Folge der erhöhten Geschwindigkeit gerechnet werden musste. Damit handelte A objektiv fahrlässig.

Weiter besteht auch ein Pflichtwidrigkeitszusammenhang zwischen der Geschwindigkeitsüberschreitung und dem Sachschaden, denn wenn A nur 20 km/h langsamer gefahren wäre, hätte er den Unfall bereits vermeiden können.

Damit hat A den Tatbestand verwirklicht.

Die Tat war rechtswidrig und vorwerfbar, da A auch individuell sorgfaltswidrig handelte.

A hat eine fahrlässige Ordnungswidrigkeit nach § 24 StVG, § 49 Abs. 1 Nr. 1 StVO begangen.

Konkurrenzen

Die fahrlässige Verkehrsordnungswidrigkeit nach § 24 StVG, § 49 Abs. 1 Nr. 3 StVO und die fahrlässige Verkehrsordnungswidrigkeit nach § 24 StVG, § 49 Abs. 1 Nr. 1 StVO stehen in Tateinheit (§ 19 OWiG), weil das zu schnellen Fahren und das Fahren in die Leitplanke eine natürliche Handlungseinheit darstellen, weil beide auf einem einheitlichen Verstoß gegen die objektive Sorgfaltspflicht beruhen und in einem engen räumlichen und zeitlichen Zusammenhang zueinander stehen.

3. Die unerlaubte Sondernutzung von Straßen

a) Ausgangsfall

67   A fährt am 01.03. von 14.00 Uhr bis 16.00 Uhr mit seinem Eiswagen durch die Dörfer A, B, C, D und E (Baden-Württemberg), hält jeweils in 4 wenig befahrenen und gut überschaubaren innerörtlichen Wohnstraßen (Gemeindestraßen) am Fahrbahnrand für ca. 15 Minuten und verkauft Eis in der Waffel an die dort wohnenden Kinder. Die erforderliche Reisegewerbekarte hat er, nicht aber eine Ausnahmegenehmigung nach § 46 Abs. 1 S. 1 Nr. 9 StVO oder eine straßenrechtliche Sondernutzungserlaubnis (hier § 16 StrG BW).[23]

Frage: Hat A eine Ordnungswidrigkeit begangen? Lösung s. Rn. 70

b) Grundlagen

68   Straßenrechtlich ist es grundsätzlich verboten, eine öffentliche Straße außerhalb des Rahmens ihrer Widmung zu benutzen (repressives Verbot mit Befreiungsvorbehalt). Der Verstoß ist bußgeldbewehrt. So handelt tatbestandsmäßig i.S.d. § 23 Abs. 1 Nr. 1 FStrG, § 54 Abs. 1 Nr. 1 StrG BW, wer eine öffentliche Straße wissentlich und willentlich oder objektiv sorgfaltswidrig außerhalb des Rahmens ihrer Widmung benutzt. Die Tat ist rechtswidrig, wenn der Betroffene für die Sondernutzung der öffentlichen Straße keine wirksame Sondernutzungserlaubnis hat. Wenn der Verstoß über einen längeren Zeitraum andauert und/oder mehrere Straßenabschnitte betroffen sind, stellt sich die Frage, wann man noch von einer natürlichen Handlungseinheit sprechen kann und wann mehrere Handlungen vorliegen.

Beispiele: Soweit dauerhaft an mehreren Tagen für bestimmte Stunden derselbe Straßenabschnitt über den Gemeingebrauch hinaus genutzt wird und der Täter aufgrund eines einheitlichen Tatentschlusses bzw. eines einheitlichen Verstoßes gegen die objektive Sorgfaltspflicht handelt, ist auch eine länger andauernde Sondernutzung nur eine Handlung (natürliche Handlungseinheit).[24]

69   Wenn die Benutzung der öffentlichen Straße darüber hinaus grundsätzlich geeignet ist, den Verkehr zu gefährden, zu beeinträchtigen oder zu erschweren, ist sie auch straßenverkehrsrechtlich verboten. So ist die übermäßige Straßenbenutzung durch Veranstaltungen, durch die die Straßen mehr als verkehrsüblich in Anspruch genommen werden, nach § 29 Abs. 2 S. 1 StVO straßenverkehrsrechtlich verboten. Weiter ist es straßenverkehrsrechtlich verboten, Hindernisse auf die Straße zu bringen, wenn dies den Verkehr gefährden oder erschweren kann, § 32 Abs. 1 S. 1 StVO. Auch der Betrieb von Lautsprechern, das Anbieten von Waren und Dienstleistungen

---

23   Fall in Anlehnung an OLG Stuttgart, Besch. V. 18.11.1983 – 1 Ss 649/83 –, juris.
24   Vgl. Bay. OLG, Beschl. v. 9.6.1988 – 3 Ob OWi 52/88 –, juris.

aller Art auf der Straße oder Werbung und Propaganda außerhalb geschlossener Ortschaften ist straßenverkehrsrechtlich nicht erlaubt, wenn dadurch der Verkehr beeinträchtigt werden kann. Vorsätzliche und fahrlässige Verstöße sind nach § 24 StVG, § 49 StVO bußgeldbewehrt. Es besteht dann Tateinheit (§ 19 OWiG) zu der bußgeldbewehrten straßenrechtlich verbotenen Sondernutzung.

c) Lösungsvorschlag

Unerlaubte Verkehrsbeeinträchtigung (§ 24 StVG, §§ 49 Abs. 1 Nr. 28, § 33 Abs. 1 S. 1 Nr. 2 StVO)

70

Indem A aus dem Eiswagen an insgesamt 20 Stopps auf der Straße Eis verkaufte, könnte er bei jedem Stopp eine vorsätzliche Ordnungswidrigkeit nach § 24 StVG, § 49 Abs. 1 Nr. 28 StVO i.V.m. § 33 Abs. 1 S. 1 Nr. 2 StVO begangen haben.

Danach handelt objektiv tatbestandsmäßig, wer Waren oder Leistungen aller Art auf der Straße anbietet, wenn dadurch am Verkehr Teilnehmende in einer den Verkehr gefährdenden oder erschwerenden Weise abgelenkt oder belästigt werden können. Eine konkrete Gefährdung des Straßenverkehrs ist allerdings nicht erforderlich, vielmehr handelt es sich hier um ein sogenanntes Eignungsdelikt, so dass eine abstrakte Beeinträchtigungsmöglichkeit genügt[25].

A hat aus dem Eiswagen, mit dem er jeweils am Straßenrand anhielt, Waffeleis verkauft und damit Ware auf der Straße angeboten. Fraglich ist, ob sein Verhalten generell geeignet war, am Verkehr Teilnehmende in einer den Verkehr gefährdenden oder erschwerenden Weise abzulenken oder zu belästigen. Dazu sind alle 20 Stopps separat zu betrachten. A hielt zu keiner Zeit an einer viel befahrenen oder engen Straßen, wodurch er den sonstigen Verkehr hätte gefährden oder erschweren können. Er hielt auch nicht an unübersichtlichen Straßenabschnitten, was eine mögliche Gefahr für die querenden Kunden dargestellt hätte. Vielmehr erfolgten alle 20 Stopps in wenig befahrenen und gut überschaubaren innerörtlichen Wohnstraßen (Gemeindestraßen). Damit handelte A nicht tatbestandsmäßig und hat bei keinem der 20 Stopps eine Ordnungswidrigkeit nach § 24 StVG, § 49 Abs. 1 Nr. 28 StVO begangen.

Unerlaubte Sondernutzung (§ 54 Abs. 1 Nr. 1 Var. 1 StrG BW)

A könnte allerdings eine vorsätzliche Ordnungswidrigkeit nach § 54 Abs. 1 Nr. 1 Var. 1 Straßengesetz Baden-Württemberg begangen haben.

<u>Objektiver Tatbestand</u>

Dann müsste A zunächst eine Straße über den Gemeingebrauch hinaus genutzt haben. Kein erlaubnisfreier Gemeingebrauch, sondern eine Sondernutzung liegt vor, wenn die Straße außerhalb des Rahmens ihrer Widmung benutzt wird, § 13 Abs. 1 S. 1 StrG BW.

Öffentliche Straßen dienen dem Verkehr. Soweit durch die Widmung nicht eingeschränkt, dürfen öffentliche Straßen somit von jeder Verkehrsart zur Fortbewegung von Ort zu Ort benutzt werden (fließender Verkehr). Zum Gemeingebrauch gehört auch der ruhende Verkehr, d.h. die gewollte Unterbrechung der Fortbewegung. Neben dem Straßenverkehr ist mit Hinblick auf das Grundgesetz (insbes. Art. 5, 8 GG) auch der kommunikative Verkehr erfasst.

Hier nutzt A die betroffenen öffentlichen Straßen insgesamt zwar auch zum Fortkommen von Ort zu Ort bzw. zur gewollten Fahrtunterbrechung. An den jeweils 4 Halte-

---

25 BVerwG VRS 39, 309; OLG Düsseldorf NZV 1990, 282.

punkten auf den Wohnstraßen in den Dörfern A, B, C, D und E steht allerdings der Verkauf von Eis aus dem Eiswagen, also ein wirtschaftlicher Zweck, im Vordergrund. Das stellt keine verkehrsübliche Nutzung der betroffenen 20 Straßenabschnitte und damit auch keinen Gemeingebrauch mehr dar.

Problematisch ist, ob damit der objektive Tatbestand bereits verwirklicht ist oder ob nur der tatbestandsmäßig handelt, der ohne eine wirksame Sondernutzungserlaubnis nach § 16 StrG BW tätig wird. Nach dem Wortlaut von § 54 Abs. 1 Nr. 1 Var. 1 StrG BW ist offen, ob es sich bei dem Merkmal „ohne Erlaubnis" um ein objektives Tatbestandsmerkmal oder einen Rechtfertigungsgrund handelt. Entscheidend für die Einordnung dieses Merkmals ist daher, ob die Sondernutzungserlaubnis aufgrund eines präventiven Verbots mit Erlaubnisvorbehalt oder aufgrund eines repressiven Verbots mit Befreiungsvorbehalt erteilt wird. Straßenrechtliche Sondernutzungserlaubnisse befreien wie straßenverkehrsrechtliche Ausnahmegenehmigungen nach § 46 StVO von einem grundsätzlichen Verbot. Sie stellen damit lediglich einen Rechtfertigungsgrund dar.

Also handelte A objektiv tatbestandsmäßig.

<u>Subjektiver Tatbestand</u>

Weiter müsste A auch vorsätzlich gehandelt haben. A wusste, dass er auf der Straße Eis verkaufte, und wollte dies auch. Damit handelte er vorsätzlich.

<u>Rechtswidrigkeit</u>

Da A zuvor bei den Gemeinden A, B, C, D und E nicht die erforderlichen Sondernutzungserlaubnisse (5 Stück) eingeholt hatte, handelte er bei allen 20 Stopps auch rechtswidrig.

<u>Vorwerfbarkeit</u>

Die Tat ist vorwerfbar. Selbst wenn er sich über die Erlaubnispflicht geirrt haben sollte, so läge hier nur ein vermeidbarer Verbotsirrtum nach § 11 Abs. 2 OWiG vor, denn er hätte sich zuvor über die Rechtslage erkundigen müssen.

<u>Konkurrenzen</u>

Fraglich ist, ob A durch die jeweils 4 Stopps in 5 Gemeinden an einem Tag nur eine einzige vorsätzliche unerlaubte Sondernutzung (tatbestandliche Bewertungseinheit) begangen hat oder ob A eine tateinheitlich begangene 20-fache vorsätzliche unerlaubte Sondernutzung vorzuwerfen (Tateinheit) ist oder ob A in insgesamt 20 Fällen jeweils eine vorsätzliche unerlaubte Sondernutzung begangen hat (Tatmehrheit).

Gegen die Zusammenfassung der 20 Stopps zu einer tatbestandlichen Bewertungseinheit spricht, dass es sich, wenn man die jeweiligen Straßenabschnitte betrachtet, um insgesamt 20 Tatobjekte handelt, die angegriffen werden. Für eine Zusammenfassung der 20 unerlaubten Nutzungen zu einer Tathandlung im Rahmen der Tateinheit sprechen der einheitliche Tatentschluss und die zeitliche und räumliche Nähe der unerlaubten Nutzungen.

Damit hat A tateinheitlich eine 20-fache vorsätzliche unerlaubte Sondernutzung (§ 54 Abs. 1 Nr. 1 Var. 1 Straßengesetz Baden-Württemberg) begangen.

4. Halt- und Parkverstöße und das unerlaubte Abstellen von Fahrzeugen

a) Ausgangsfälle

aa) Normalfälle (Vorsätzliches und fahrlässiges falsches Parken bzw. Halten)

Fall 1: Täter 1 sucht vor seinem Haus vergeblich einen Parkplatz. Weil er keinen freien Platz findet, stellt er unter Verstoß gegen § 12 Abs. 3 Nr. 1 StVO hinter der Kreuzung sein Fahrzeug so ab, dass nur noch 0,5 Meter von den Schnittpunkten der Fahrbahnkanten frei bleiben.

Fall 2: Täter 2 sucht ebenfalls einen Parkplatz. Er stellt unter Verstoß gegen § 12 Abs. 3 Nr. 1 StVO hinter der Kreuzung sein Fahrzeug so ab, dass nur noch 3,00 Meter von den Schnittpunkten der Fahrbahnkanten frei bleiben. Dabei vertraut er darauf, die 5 Meter eingehalten zu haben.

Frage 1: Haben Täter 1 und Täter 2 eine oder mehrere Ordnungswidrigkeiten begangen? Lösung s. Rn. 96 f.

Frage 2: Welche Rechtsfolge wird die zuständige Stelle für die beiden Taten festsetzen, wenn beide Täter nur eine Stunde falsch geparkt haben und es zu keiner konkreten Behinderung anderer Verkehrsteilnehmer gekommen ist? Lösung s. Rn. 98

Frage 3: Wie wären Fall 1 und 2 zu beurteilen, wenn der 5-Meter-Abstand zusätzlich durch das von der Straßenverkehrsbehörde angeordnete Verkehrszeichen 299 (Grenzmarkierung für Halt- und Parkverbote) gekennzeichnet gewesen wäre und beide Täter die Grenzmarkierung auch gesehen hätten? Lösung s Rn. 99

Frage 4: Wie würde die zuständige Verwaltungsbehörde vorgehen, wenn wegen des Parkverstoßes zuvor gegenüber dem Halter ein Verwarnungsgeld festgesetzt worden wäre, dieser das Verwarnungsgeld aber nicht zahlen, sondern geltend machen würde, das Fahrzeug nicht gefahren zu haben, und sich im Übrigen auf sein Zeugnisverweigerungsrecht berufen würde? Lösung s. Rn. 100

bb) Jetzt wird es komplizierter …

A parkt um 7.10 Uhr sein Fahrzeug auf einem städtischen Parkplatz, auf dem für den Zeitraum von 9.00 Uhr bis 21.00 Uhr das Parken nur für eine Stunde mit Parkscheibe erlaubt ist, was ordnungsgemäß von der Straßenverkehrsbehörde durch das Verkehrszeichen 314 („Parken") mit dem entsprechenden Zusatzzeichen gemäß §§ 45 Abs. 3, 42 StVO, Anlage 3 zu § 42 Abs. 2 StVO angeordnet worden ist. Seine Parkscheibe stellt er auf „den Strich hinter der 7" ein, da er dies für korrekt hält. Um 9.30 Uhr findet die erste morgendliche Kontrolle des Parkplatzes durch den zuständigen Außenmitarbeiter der Stadt statt. Dieser heftet dem A ein „Knöllchen" an die Windschutzschreibe (Verwarnung mit einem Verwarnungsgeld in Höhe 20 €, vgl. Ziffer 63 BKat). A kommt um 9.50 Uhr zurück und verlässt mit seinem Fahrzeug den Parkplatz.[26]

B parkt um 9.35 Uhr sein Fahrzeug. Dabei beobachtet ihn der Außenmitarbeiter der Stadt. Die Parkscheibe stellt B korrekt auf 10.00 Uhr ein. Um 10.50 Uhr kommt er zurück. Da steht der Außendienstmitarbeiter neben seinem Auto und händigt ihm ein Knöllchen aus (Verwarnung mit Verwarnungsgeld in Höhe von 20 €, vgl. Ziffer 63.1 BKat). B versteht die Welt nicht mehr: Seine Parkuhr habe er korrekt auf 10.00 Uhr

---

26   Fall nach BayObLGSt 1977, 92.

eingestellt, nachdem er früher schon einmal eine Verwarnung bekommen habe, weil er die Parkuhr nicht exakt auf den Strich, sondern auf eine Zwischenzeit eingestellt habe. Nun habe er die Parkscheibe korrekt eingestellt, sei vor 11.00 Uhr zum Auto zurückgekehrt und bekomme wieder ein Knöllchen.

C parkt sein Fahrzeug um 10.45 Uhr, stellt die Parkscheibe auf 11.00 Uhr ein und kommt erst um 17.00 Uhr zurück. An seinem Fahrzeug findet er gleich zwei Knöllchen: ein Knöllchen wurde um 13.00 Uhr ausgestellt (Verwarnung mit Verwarnungsgeld in Höhe von 25 € für Parken von 12.00 Uhr bis 13.00 Uhr, vgl. Ziffer 63.2 BKat), ein weiteres um 16.30 Uhr in Höhe von 40 € (für Parken von 13.15 Uhr bis 16.30 Uhr vgl. Ziffer 63.5 BKat).

Sowohl A als auch B und C haben die Verkehrszeichen gesehen, also gewusst, dass für den Parkplatz die Parkscheibe vorgeschrieben ist und dass nur eine Stunde geparkt werden darf.

D parkt auf dem Kundenparkplatz der A-GmbH vor dem Supermarkt, der für jedermann zugänglich ist und für den Parkscheibe und eine maximale Parkdauer von einer Stunde durch ein entsprechendes Zeichen vorgeschrieben sind, das von der A-GmbH entworfen und aufgestellt worden ist.

E, die auswärts studiert und gerade bei ihrem Vater F zu Besuch ist, stellt am Abend des 31.08. den Pkw des F, der sowohl Eigentümer als auch Halter des Fahrzeugs ist, ordnungsgemäß am rechten Fahrbahnrand in einer Wohnstraße in der Nähe des Hauses F zum Parken ab. Dann fährt sie mit der Bahn zurück zu ihrem Studienort. Die nächsten Tage fährt F nur noch Fahrrad. Daher bekommt er nicht mit, dass die Stadt dort, wo seine Tochter sein Fahrzeug geparkt hat, am 04.09. ein absolutes Haltverbot für den 10.09. aufstellt, um an diesem Tag dringende Kanalarbeiten durchzuführen. Am 10.09. stellt der zuständige Mitarbeiter der Stadt fest, dass das Fahrzeug von F im Haltverbot steht.

Frage 1: Hat A eine Ordnungswidrigkeit begangen? Lösung s. Rn. 101

Frage 2: Hat B eine Ordnungswidrigkeit begangen? Lösung s. Rn. 102

Frage 3: Hat C eine oder mehrere Ordnungswidrigkeiten begangen? Lohnt es sich für C, wenn er die Verwarnungsgelder nicht zahlt? Lösung s. Rn. 103

Frage 4: Hat D eine Ordnungswidrigkeit begangen? Lösung s. Rn. 104

Frage 5: Hat E eine Ordnungswidrigkeit begangen? Lösung s. Rn. 105

Frage 6: Hat F eine Ordnungswidrigkeit begangen? Wie wäre der Fall zu beurteilen, wenn F am 31.8. zusammen mit seiner Tochter für 3 Wochen in den Urlaub gefahren wäre? Lösung s. Rn. 106

cc) Kombinationsfall Straßenverkehrsrecht und Straßenrecht

75 Berufskraftfahrer L stellt den Anhänger des Lkws seines Arbeitgebers auf dem nicht bewirtschafteten Rastplatz an der Bundesautobahn 3 (BAB 3) für 3 Stunden ab, um in dieser Zeit mit dem Lkw selbst Selterswasser in den umliegenden kleineren Ortschaften abzuladen, dann zurückzukommen und den nächsten Verteilerort anzusteuern. Zuvor hatte die zuständige Straßenbaubehörde in Umläufen über die Berufsverbände, im Rundfunk und über mehrere Tageszeitungen verbreiten lassen, dass das Abstellen von Anhängern auf Rastplätzen nicht zulässig sei. Der Rastplatz diene dazu, Pause zu machen. Ein entsprechendes Verkehrszeichen (Parkverbot für Anhänger) wurde zwar nicht aufgestellt, das Schreiben ist L jedoch bekannt.

Frage: Hat L eine Ordnungswidrigkeit begangen? Lösung s. Rn. 107

b) Verwaltungsrechtliche Grundlagen

Ohne gute verwaltungsrechtliche Grundlagen zum Halten und Parken sowie zum Abstellen von Fahrzeugen können entsprechende Ordnungswidrigkeiten kaum geprüft werden, zumal die Rechtslage durch das Nebeneinander von Straßenverkehrs- und Straßenrecht kompliziert und einige Punkte auch sehr umstritten sind. Daher soll hier zunächst die Rechtslage nach dem Verwaltungsrecht etwas genauer aufgezeigt werden. **76**

aa) Straßenrechtliche Grundlagen

Straßenrechtlich betrachtet ist das Halten und Parken von Fahrzeugen auf öffentlichen Straßen Gemeingebrauch, soweit die öffentliche Straße im Rahmen ihrer Widmung genutzt wird. Wenn durch die Widmung die Benutzung der öffentlichen Straße durch Fahrzeuge nicht ausgeschlossen worden ist, ist sowohl die Benutzung der öffentlichen Straße zum Zwecke der Fortbewegung (fließender Verkehr) als auch zum Halten und Parken (ruhender Verkehr) Gemeingebrauch, auch das Dauerparken.[27] **77**

Beispiele: Das Parken eines zugelassenen und betriebsbereiten Fahrzeugs am Fahrbahnrand oder auf einem dafür gewidmeten Parkplatz ist Gemeingebrauch. Wenn das Parken auf dem Gehweg durch die straßenrechtliche Widmung zugelassen worden ist, ist auch das Parken auf dem Gehweg Gemeingebrauch.

Kein Gemeingebrauch, sondern eine erlaubnispflichtige Sondernutzung ist das Abstellen von nicht zugelassenen bzw. nicht betriebsbereiten Fahrzeugen auf öffentlichen Straßen, denn dann wird die Straße schon nicht zu Verkehrszwecken genutzt.

Ausnahmsweise stellt das auch das Abstellen eines zugelassenen und betriebsbereiten Fahrzeugs auf der öffentlichen Straße keinen Gemeingebrauch mehr dar, nämlich dann, wenn das Abstellen des Fahrzeugs vorwiegend einem anderen Zweck dient als der gewollten Fahrtunterbrechung.

Beispiel: Wer sein zugelassenes und betriebsbereites Fahrzeug am Fahrbahnrand anhält, um aus dem Fahrzeug heraus etwas zu verkaufen, nutzt die Straße nicht mehr im Rahmen des Gemeingebrauchs. Schwierig zu beurteilen sind die Fälle, in denen ein zugelassenes und betriebsbereites Fahrzeug mit Verkaufsschild am Fahrbahnrand abgestellt wird. Hier ist zu prüfen, ob das Fahrzeug vorrangig nur abgestellt wird, um es zum Verkauf anzubieten (dann kein Gemeingebrauch) oder ob der Fahrer bzw. Halter nur jede Fahrtunterbrechung zusätzlich nutzt, um auf den Verkauf aufmerksam zu machen (dann Gemeingebrauch).

Der Straßenbaulastträger bzw. die für ihn handelnde Behörde ist dafür zuständig, ausreichend Parkmöglichkeiten auf den öffentlichen Straßen zu schaffen. So kann sie beispielsweise Flächen als Parkplätze widmen oder auf den Gehwegen durch entsprechende Widmung auch das Parken zulassen. Die Straßenverkehrsbehörde ordnet dann die erforderlichen Verkehrszeichen wie beispielsweise das Verkehrszeichen 314 „Parken" oder 315 „Parken auf Gehwegen" mit Zusatzzeichen für die Dauer und/oder die Pflicht zur Benutzung einer Parkscheibe nach Maßgabe von § 45 Abs. 1 oder 3 StVO an. **78**

---

27 BVerwG NJW 1970, 962.

bb) Straßenverkehrsrechtliche Grundlagen

(1) Begriff des Haltens und Parkens i.S.d. StVO

79 Halten i.S.d. StVO ist die gewollte Fahrtunterbrechung mit einem zugelassenen und betriebsbereiten Fahrzeug, die nicht durch die Verkehrslage oder eine Anordnung veranlasst ist.[28] Aus dem Halten wird Parken, wenn der Fahrzeugführer das Fahrzeug entweder verlässt oder länger als drei Minuten hält, § 12 Abs. 2 StVO. Das gilt für das Halten und Parken sowohl auf öffentlichen Straßen als auch auf für den öffentlichen Verkehr freigegebenen privaten Straßen (vgl. § 1 Abs. 1 StVO, Rn. 3). Kein Halten bzw. Parken im Sinne der StVO, sondern das Verbringen bzw. Liegenlassen von Gegenständen i.S.d. § 32 Abs. 1 S. 1 StVO ist das Abstellen eines nicht zugelassenen oder nicht betriebsbereiten Fahrzeugs im öffentlichen Verkehrsraum. Gleiches gilt, wenn ein zugelassenes und betriebsbereites Fahrzeug nicht zur gewollten Fahrtunterbrechung, sondern aus anderen Zwecken im öffentlichen Verkehrsraum abgestellt wird und die Straße damit nicht mehr im Rahmen des Gemeingebrauchs genutzt wird.

(2) Halt- und Parkverbote aus Gründen der Gefahrenabwehr

80 Besteht in einer bestimmten Verkehrssituation die konkrete Gefahr, dass durch das Halten oder Parken ein Anderer geschädigt, gefährdet oder mehr, als nach den Umständen unvermeidbar, behindert oder belästigt werden könnte, ist das Halten oder Parken gemäß § 1 Abs. 2 StVO verboten.

81 In einigen Verkehrssituationen ist das Halten und Parken typischer Weise so gefährlich oder aus anderen Gründen unerwünscht, dass der Verordnungsgeber es abstrakt-generell durch § 12 StVO verboten hat, ohne dass es auf eine konkrete Gefahr im Einzelfall ankommt.

82 Im Übrigen hat der Verordnungsgeber durch § 45 Abs. 1 S. 1 StVO die Verwaltung (Straßenverkehrsbehörde) ermächtigt, im öffentlichen Straßenverkehrsraum (siehe Rn. 3) für bestimmte Straßenabschnitte durch Verkehrszeichen in Form einer Allgemeinverfügung Halt- und Parkverbote zur Abwehr einer konkreten Gefahr für die Sicherheit und Ordnung anzuordnen.[29]

(3) Halt- und Parkregelungen zur Bewirtschaftung des knappen Parkraums

83 Um den knappen Parkraum auf öffentlichen Straßen zu bewirtschaften, besteht die Möglichkeit, den Umschlag des Parkraums durch Einrichtungen zur Überwachung der Parkzeit zu lenken wie beispielsweise durch Parkscheinautomaten (§ 13 Abs. 1 StVO) oder in Fällen, in denen die punktgenaue Überprüfung der Parkzeit nicht so wichtig ist, durch Parkscheiben (§ 13 Abs. 2 StVO). Die erforderlichen Verkehrszeichen (beispielsweise das Verkehrszeichen 314 „Parken" oder 315 „Parken auf Gehwegen" mit Zusatzzeichen für die Dauer und/oder die Pflicht zur Benutzung einer Parkscheibe) ordnet die Straßenverkehrsbehörde nach Maßgabe von § 45 Abs. 1 oder 3 StVO an.

Weitere spezielle Rechtsgrundlagen zur Anordnung von Halt- und Parkregelungen zur Bewirtschaftung des knappen Verkehrsraums sind § 45 Abs. 1b S. 1 Nr. 1 StVO (notwendige Anordnungen im Zusammenhang mit der Einrichtung von gebühren-

---

[28] OLG Düsseldorf NZV 2000, 339; OLG Karlsruhe NZV 2003, 493; Burmann/Heß/Hühnermann/Jahnke/*Heß*, StVO § 12 Rn. 3; vgl. auch VwV zu § 12 Abs. 1.
[29] Burmann/Heß/Hühnermann/Jahnke/*Hühnermann*, StVO § 45 Rn. 5.

pflichtigen Parkplätzen für Großveranstaltungen), § 45 Abs. 1b S. 1 Nr. 2 u. 2a StVO (Anordnung von Parkmöglichkeiten für schwerbehinderte Menschen sowie für blinde Menschen und für Bewohner) sowie § 45 Abs. 1g und Abs. 1h StVO (Anordnungen von bevorrechtigten Parkmöglichkeiten für elektrisch betriebene Fahrzeuge sowie Carsharingfahrzeuge). Wenn keine spezielle Rechtsgrundlage greift, ordnet die Straßenverkehrsbehörde Verkehrszeichen nach Maßgabe von § 45 Abs. 3 StVO an.

(4) Verwaltungsrechtliche Durchsetzung von Halt- und Parkverboten

Eine erlaubte und beim Außendienst beliebte verwaltungsrechtliche Methode zur Überwachung von Parkverboten ist die Reifenmarkierung an geparkten Fahrzeugen und auf dem Boden, um zu verhindern, dass bei beschränkter Parkzeit einfach nur regelmäßig die Parkscheibe neu eingestellt wird bzw. ein neuer Parkschein gelöst wird, ohne dass das Auto fortbewegt wurde.[30] **84**

Ist ein Fahrzeug verbotswidrig abgestellt, ist die zuständige Behörde ermächtigt, das Fahrzeug abzuschleppen bzw. abschleppen zu lassen, soweit sie dabei den Verhältnismäßigkeitsgrundsatz wahrt. Eine konkrete Behinderung oder Gefährdung anderer Verkehrsteilnehmer muss nicht gegeben sein, es genügt die Funktionsbeeinträchtigung einer Verkehrseinrichtung (wie z.B. Behindertenparkplatz, Parkplätze mit Parkuhr), nicht ausreichend sind allerdings ausschließlich generalpräventive Erwägung (wie z.B. die Gefahr von Nachahmern).[31] **85**

Umstritten ist allerdings, auf welche Rechtsgrundlage die Maßnahme gestützt werden kann. Nach einer Auffassung soll es sich beim Abschleppen stets um eine Sicherstellung handeln.[32]

Andere unterscheiden danach, ob das Halt- bzw. Parkverbot von Gesetzes wegen besteht (insbes. § 12 StVO) oder durch Verkehrszeichen angeordnet ist.[33]

Im ersten Falle sei das Abschleppen eine zwangsweise Durchsetzung eines auf der polizeilichen Generalklausel beruhenden hypothetischen Verwaltungsakts und je nach Bundesland dann entweder eine unmittelbare Ausführung oder Sofortvollzug ohne Grundverfügung.

Soweit das Halt- bzw. Parkverbot auf einem Verkehrszeichen (Allgemeinverfügung, § 35 S. 2 VwVfG) beruhe, sei das Abschleppen die Vollstreckung dieses Verwaltungsakts im Wege der Ersatzvornahme bzw. des unmittelbaren Zwangs dieses Verwaltungsakts, da das Verkehrszeichen zugleich ein Wegfahrgebot beinhalte, das analog § 80 Abs. 2 S. 1 Nr. 2 VwGO kraft Gesetzes sofort vollziehbar sei.[34] Umstritten wiederum ist dann, ob die Ersatzvornahme bzw. der unmittelbare Zwang dann nur das Versetzen des Fahrzeugs in unmittelbarer Nähe seines Standorts umfasst, so dass beispielsweise der Transport bis zum Betriebsgelände des Abschleppunternehmens keine Vollstreckung des Verkehrszeichens, sondern unmittelbare Ausführung bzw. Sofortvollzug ist.[35]

---

30 Vgl. VG Freiburg NZV 1998, 47.
31 BVerwG NJW 2014, 2888; *Erbguth/Mann/Schubert*, Besonderes Verwaltungsrecht, Rn. 600; *Schenke*, Polizeirecht Rn. 721.
32 BayVGH NVwZ 1990, 180f; *Erbguth/Mann/Schubert*, Besonderes Verwaltungsrecht, , Rn. 602.
33 OVG Schleswig-Holstein, Urteil vom 21. Januar 2021 – 4 LB 9/20 –, juris; VGH Baden-Württemberg VBlBW 2004, 213; *Schenke*, Polizeirecht Rn. 710 ff.
34 *Schenke*, PolizeiR Rn. 714.
35 *Schenke*, PolizeiR Rn. 7145.

Außerdem ist innerhalb der zweiten Auffassung umstritten, wie der Sonderfall zu behandeln ist, in dem das Verkehrszeichen erst aufgestellt wurde, nachdem das Fahrzeug zunächst ordnungsgemäß geparkt wurde, und der Fahrer bzw. Halter keine Kenntnis von dem Verkehrszeichen hat. Nach Teilen der Literatur und Rechtsprechung fehle es hier an der Bekanntgabe des Verkehrszeichens und damit an einem vollstreckbaren Verwaltungsakt gegenüber dem Betroffenen, so dass hier nur eine unmittelbare Ausführung oder ein Sofortvollzug in Betracht komme.[36] Nach der Rechtsprechung des BVerwG, das eine individuelle potenzielle Kenntnis nicht für erforderlich hält, sollen Fahrer und Halter dennoch Adressaten des Verkehrszeichens sein.[37]

Zusammenfassend lässt sich also feststellen, dass es dem Gesetz- bzw. Verordnungsgeber bisher nicht gelungen ist, eine so einfache Lebenslage wie das falsche Parken bzw. Halten bundesweit einheitlich durch eine entsprechende Anpassung von StVG und StVO eindeutig zu regeln. Eine lobenswerte Ausnahme ist hier § 22 Abs. 2 thür. OBG, der eindeutig das Umsetzen bzw. die Sicherstellung von verkehrswidrig abgestellten Fahrzeugen regelt.

c) Bußgeldbewehrte Halt- und Parkverstöße i.S.d. § 25a StVG

86 Zu den bußgeldbewehrten Halt- und Parkverstöße i.S.d. § 25a StVG zählen zunächst die bußgeldbewehrten Verstöße gegen die Vorschriften in der StVO, die das Halten bzw. Parken unmittelbar regeln, also Verstöße gegen § 12 StVO (außer Abs. 5), § 13 StVO, § 17 Abs. 4 StVO und § 18 Abs. 8 StVO sowie gegen § 1 Abs. 2 StVO. Geregelt sind diese Bußgeldtatbestände in § 24 StVG i.V.m. § 49 Abs. 1 Nr. 1, Nr. 12, Nr. 13, Nr. 17 u. Nr. 18 StVO.

87 Weiter gehören dazu alle bußgeldbewehrten Verstöße gegen die aufgrund der StVO durch Verkehrszeichen erlassenen Halt- und Parkregeln, also Verstöße gegen die gemäß § 41 StVO angeordneten Vorschriftenzeichen wie beispielsweise gegen das durch Verkehrszeichen 283 angeordnete absolute Haltverbot oder gegen das Halten oder Parken in Umweltzonen Zeichen 270.1 (Bußgeldtatbestand nach § 24 StVG, § 49 Abs. 3 Nr. 4 StVO) sowie Verstöße gegen die gemäß § 42 StVO angeordneten Richtzeichen wie beispielsweise gegen das Verkehrszeichen Verkehrszeichens 325.1 „Beginn eines verkehrsberuhigten Bereichs" (Bußgeldtatbestand nach § 24 StVG, § 49 Abs. 3 Nr. 5 StVO); kein Halt- oder Parkverstoß i.S.d. § 25a StVG liegt vor, wenn bei Gelegenheit des erlaubten Haltens oder Parkens ein anderer Verstoß gegen Verkehrsvorschriften begangen wird.[38]

88 Nicht anwendbar sind das StVG, die StVO und die entsprechenden Bußgeldtatbestände beim Parken und Halten auf privaten Straßen, die ausschließlich für den privaten Verkehr zur Verfügung stehen, also nicht für den öffentlichen Verkehr vom Verfügungsberechtigten freigegeben wurden. In Baden-Württemberg stellt das verbotswidrige Parken auf solchen Privatparkplätzen allerdings nach Maßgabe von § 12 LOWiG BW eine Ordnungswidrigkeit dar.

89 Ob bzw. inwieweit das Parken und Halten auf privaten Straßen, die für den öffentlichen Verkehr freigegebenen wurden (Beispiel: Kundenparkplätze eines Einkaufszentrums), eine Verkehrsordnungswidrigkeit nach § 24 StVG i.V.m. § 49 StVO darstellen, ist im Einzelfall genau zu prüfen. Grundsätzlich sind das StVG, die StVO und damit

---

36 *Schenke*, PolizeiR Rn. 716.
37 BVerwG NJW 1997, 1021.
38 BeckOK OWiG/*Euler*, 29. Ed. 1.1.2021, StVG § 25a Rn. 2; HK-OWiG/*Sandherr* § 25a StVG zu § 109a.

auch die entsprechenden Bußgeldtatbestände anwendbar, vgl. § 1 Abs. 1 StVO (Rn. 3). So stellen Verstöße gegen § 1 Abs. 2 StVO oder § 12 StVO unproblematisch auch Verkehrsordnungswidrigkeiten dar.

Problematischer ist die Anwendbarkeit von § 13 StVO. In der Praxis richtet meist der private Verfügungsberechtigte den Kundenparkplatz ein und stellt ohne entsprechende Anordnung der Straßenverkehrsbehörde selbst Schilder wie z.B. „Kundenparkplatz, eine Stunde mit Parkscheibe" auf. In diesem Fall ist das ordnungsgemäße Parken mit Parkscheibe dann ausschließlich privatrechtlich (ggf. analog zu § 13 Abs. 2 StVO[39]) und nicht öffentlich-rechtlich durch Verkehrszeichen nach § 45 Abs. 3 StVO i.V.m. § 13 Abs. 2 StVO geregelt. Ein etwaiger Verstoß stellt keine Ordnungswidrigkeit dar[40] und ist ausschließlich nach Maßgabe des Privatrechts zu beurteilen. Dahingegen stellt es eine Ordnungswidrigkeit nach § 24 StVG, § 49 Abs. 1 Nr. 13 StVO, § 13 Abs. 1 StVO dar, wenn der Betroffene auf dem von der öffentlichen Hand gepachteten Gelände einer privaten Parkhausgesellschaft parkt, auf dem das Verkehrszeichen 314 „Parken nur mit Parkschein" von der zuständigen Straßenverkehrsbehörde angeordnet wurde.[41]

Regelsätze zur Höhe etwaiger Verwarnungsgelder bzw. Geldbußen für fahrlässige Halt- und Parkverstöße finden sich in der Anlage BKat zur BKatV Lfd. Nr. 51–62. Bei vorsätzlicher Begehungsweise sind die Verwarnungsgelder bzw. Geldbußen nach Maßgabe von § 17 Abs. 3 OWiG zu bemessen, sofern der Bußgeldkatalog nicht einen höheren Regelsatz als 55 € für die fahrlässige Begehungsweise bestimmt, § 3 Abs. 4a S. 1 BKatV. 90

Eine Besonderheit bei Halt- und Parkverstößen ist, dass nach § 25a Abs. 1 StVG dem Halter des Kraftfahrzeugs oder seinem Beauftragten die Kosten des Verfahrens auferlegt werden, wenn in einem Bußgeldverfahren der Führer des Kraftfahrzeugs, der den Verstoß begangen hat, nicht vor Eintritt der Verfolgungsverjährung ermittelt werden kann oder wenn seine Ermittlung einen unangemessenen Aufwand erfordern würde. Die zuständige Verwaltungsbehörde erhebt i.d.R. dann eine Gebühr von 20 € (§ 107 Abs. 2 OWiG) und die Zustellungsauslage in Höhe von 3,50 € (§ 107 Abs. 3 Nr. 2 OWiG).[42] 91

d) Sonstiges bußgeldbewehrtes Abstellen von Fahrzeugen

Das Abstellen eines nicht zugelassenen bzw. nicht betriebsbereiten Fahrzeug ist kein Halten oder Parken i.S.d. § 12 Abs. 2 StVO. Wer ein nicht zugelassenes bzw. nicht betriebsbereites Fahrzeug in einem Halt- oder Parkverbot abstellt, begeht also keinen Halt- oder Parkverstoß i.S.d. § 25a StVG. 92

Vielmehr begeht derjenige, der ein nicht zugelassenes oder nicht betriebsbereites Fahrzeug auf einer für den öffentlichen Verkehr geöffneten Straßenfläche (§ 1 Abs. 1 StVO, siehe Rn. 3) abgestellt (aktives Tun) oder als für den rechtswidrigen Zustand Verantwortlicher dort stehen lässt (echtes Unterlassen) eine Ordnungswidrigkeit 93

---

39 Vgl. hierzu z.B. AG Brandenburg, Urteil vom 23. Oktober 2020 – 31 C 200/19 –, juris.
40 Auch in Baden-Württemberg nicht, denn § 12 LOWiG gilt gerade nicht auf Privatparkplätzen, die für den öffentlichen Verkehr freigegeben wurden. Hierfür hätte der Landesgesetzgeber mit Hinblick auf die insoweit abschließenden Regelungen nach der StVO auch schon keine Gesetzgebungszuständigkeit.
41 Vgl. OLG Frankfurt am Main NZV 1994, 408, das in der Entscheidung allerdings nicht ausdrücklich dazu Stellung genommen hat, ob das Verkehrszeichen 314 tatsächlich zuvor von der zuständigen Straßenverkehrsbehörde angeordnet worden ist.
42 Zu etwaigen weiteren dem Halter aufzulegenden Kosten siehe HK-OWiG/*Sandherr* § 109a OWiG (dort zu § 25a StVG Rn. 42).

nach § 24 StVG, § 49 Abs. 1 Nr. 27 StVO i.V.m. § 32 Abs. 1 S. 1 StVO, da das Abstellen regelmäßig den Verkehr gefährdet oder jedenfalls erschwert.

94 Gleichzeitig stellt das Abstellen eines nichtzugelassenen bzw. nicht betriebsbreiten Fahrzeugs auf einer öffentlichen Straße (also auf einer für den öffentlichen Verkehr gewidmeten Straße) eine unerlaubte Sondernutzung und damit eine straßenrechtliche Ordnungswidrigkeit dar (§ 23 Abs. 1 Nr. 1 FStrG, § 54 Abs. 1 Nr. 1 StrG).[43]

95 Gleiches gilt dann, wenn ein zugelassenes und betriebsbereites Fahrzeug ausnahmsweise nicht vorrangig zur Fahrtunterbrechung, sondern aus anderen Zwecken abgestellt wird (siehe oben Rn. 77).

e) Lösungsvorschläge

aa) Zu den Normalfällen

96 **Zu Frage 1**

Täter 1 könnte eine vorsätzliche Ordnungswidrigkeit nach § 24 StVG, § 49 Abs. 1 Nr. 12 StVO, § 12 Abs. 3 Nr. 1 Hs. 1 StVO begangen haben, indem er sein Fahrzeug in der Kreuzungsnähe abstellte.

Danach handelt objektiv tatbestandsmäßig, wer vor oder hinter Kreuzungen oder Einmündungen parkt, ohne einen Abstand von mindestens 5 Metern von den Schnittpunkten der Fahrbahnkanten einzuhalten. Nach § 12 Abs. 2 StVO parkt, wer sein Fahrzeug verlässt oder länger als drei Minuten hält. Indem Täter 1 sein Fahrzeug hinter der Kreuzung so abstellte, dass nur noch 0,5 Meter von den Schnittpunkten der Fahrbahnkanten frei blieben, hat er den objektiven Tatbestand verwirklicht.

Er handelte auch vorsätzlich, d.h. wissentlich und willentlich, denn bei lebensnaher Auslegung des Sachverhalts kann Täter 1 unterstellt werden, dass er gesehen hat, dass keine 5 Meter zur Kreuzung mehr frei waren, und dass er dies zumindest billigend in Kauf genommen hat. Die Tat ist außerdem rechtswidrig und vorwerfbar.

Täter 1 hat damit eine vorsätzliche Ordnungswidrigkeit nach § 24 StVG, § 49 Abs. 1 Nr. 12 StVO, § 12 Abs. 3 Nr. 1 Hs. 1 StVO begangen.

97 Auch Täter 2 könnte eine vorsätzliche Ordnungswidrigkeit nach § 24 StVG, § 49 Abs. 1 Nr. 12 StVO, § 12 Abs. 3 Nr. 1 Hs. 1 StVO begangen haben. Indem er nur einen Abstand von 3,00 Metern statt von 5,00 Metern zur Kreuzung einhielt, handelte er objektiv tatbestandsmäßig. Allerdings wusste er nicht, dass der Abstand nur 3,00 Meter betrug, sondern ging davon aus, die 5 Meter eingehalten zu haben. Damit irrte er über ein objektives Tatbestandsmerkmal und handelte nach § 11 Abs. 1 S. 1 OWiG nicht vorsätzlich. Er hat keine vorsätzliche Verkehrsordnungswidrigkeit nach § 24 StVG, § 49 Abs. 1 Nr. 12 StVO, § 12 Abs. 3 Nr. 1 Hs. 1 StVO begangen.

Nach § 24 StVG, § 49 Abs. 1 Nr. 12 StVO, § 12 Abs. 3 Nr. 1 Hs. 1 StVO handelt aber auch ordnungswidrig, wer fahrlässig den geforderten Abstand von 5 Metern zur Kreuzung nicht einhält. Täter 2 könnte eine solche fahrlässige Verkehrsordnungswidrigkeit begangen haben.

Wie bereits geprüft, unterschritt Täter 2 den geforderten Abstand, indem er nur 3,00 Meter Abstand einhielt. Objektiv sorgfaltswidrig handelt, wer die im Verkehr erforderliche Sorgfalt außer Acht lässt (vgl. § 276 Abs. 2 BGB), d.h. wer nicht das tut, was von einem durchschnittlichen Normadressaten in der konkreten Situation des Täters

---

43 BGH NJW 2002, 1280.

erwartet werden kann. Eine zentimetergenaue Einschätzung der richtigen Entfernung kann von keinem Verkehrsteilnehmer verlangt werden. Von einem durchschnittlichen Normadressaten in der Situation des Täters 2 hätte in der konkreten Situation des Täters bei dem Abstand von nur 3 Metern zur Kreuzung aber erwartet werden können, dass er erkannt hätte, dass der Abstand zu knapp sein könnte, und er dann den Abstand zur Kreuzung zumindest noch einmal kurz nach dem Motto „ein Schritt, ein Meter" abgegangen wäre. Das hat Täter 2 hier nicht getan. Damit handelte er objektiv sorgfaltswidrig.

Seine Tat war auch rechtswidrig.

Weiter müsste T auch vorwerfbar gehandelt haben. Subjektiv fahrlässig handelt der Täter, der die ihm individuell mögliche Sorgfalt außer Acht lässt. Das ist zum einen dann der Fall, wenn der Betroffene gar nicht erkennt, dass sein Verhalten objektiv tatbestandsmäßig ist, dies aber bei Einsatz seiner persönlichen Fähigkeiten hätte erkennen können (unbewusste Fahrlässigkeit). Zum anderen lässt auch derjenige Betroffene die individuell mögliche Sorgfalt außer Acht, der die Verwirklichung des objektiven Tatbestands zwar für möglich hält, aber darauf vertraut, dass sie ausbleibt, bei Einsatz seiner persönlichen Fähigkeiten aber hätte erkennen können, dass er auf das Ausbleiben der Tatbestandsverwirklichung nicht hätte vertrauen dürfen (bewusste Fahrlässigkeit).

Täter 2 hat über den Abstand nachgedacht und darauf vertraut, den Abstand von 5 Metern zur Kreuzung eingehalten zu haben. Bei Einsatz seiner persönlichen Fähigkeiten hätte er erkennen können, dass er die Entfernung knapp sein könnte und er diese entweder hätte nachmessen oder von vornherein auf das Parken hätte verzichten müssen.

Damit hat Täter 2 eine fahrlässige Ordnungswidrigkeit nach § 24 StVG, § 49 Abs. 1 Nr. 12 StVO, § 12 Abs. 3 Nr. 1 Hs. 1 StVO begangen.

Zu Frage 2 98

Gegen Täter 2 wird die zuständige Behörde zunächst eine Verwarnung mit Verwarnungsgeld erlassen (vorgeschrieben nach § 26a Abs. 1 Nr. 1 StVG, § 1 Abs. 1 S. 2 BKatV) und zwar in der nach dem Bußgeldkatalog vorgeschriebenen Höhe (siehe § 26a Abs. 1 Nr. 1 u. 2 StVG, § 1 BKatV i.V.m. Ziffer 54 BKat). Denn Täter 2 hat, wie im Bußgeldkatalog für diesen Regelfall vorgesehen, fahrlässig gehandelt und es liegen keine ungewöhnlichen Tatumstände vor.

Täter 1 hat vorsätzlich gehandelt. Damit kommt gegen ihn die Festsetzung des Regelsatzes gemäß Ziffer 54 BKat nicht in Betracht, da dieser nur bei fahrlässiger Begehungsweise anwendbar ist, § 1 Abs. 2 S. 2 BKatV. § 3 Abs. 4a BKatV kommt nur zur Anwendung, wenn der Regelsatz für fahrlässiges Verhalten den Regelsatz von 55 € übersteigt. Umgekehrt wird durch § 3 Abs. 4a BKatV eine Erhöhung des Verwarnungsgeldes bei vorsätzlicher Begehungsweise aber auch nicht ausgeschlossen. Damit ist die Höhe des Verwarnungsgeldes hier nach § 17 Abs. 3 OWiG zu bemessen.

Zu Frage 3 99

Hätte Täter 1 das Fahrzeug auf der Grenzmarkierung geparkt, hätte er eine vorsätzliche Ordnungswidrigkeit nach § 24 StVG, § 49 Abs. 3 Nr. 4 StVO, § 41 StVO (Verstoß gegen Verkehrszeichen 299) und eine vorsätzliche Ordnungswidrigkeit nach § 24 StVG, § 49 Abs. 1 Nr. 12 StVO, § 12 Abs. 3 Nr. 1 StVO begangen. Da die Grenzmarkierung hier lediglich das bereits nach § 12 Abs. 3 Nr. 1 StVO vorgeschriebenes Haltverbot bezeichnet, tritt die vorsätzliche Ordnungswidrigkeit nach § 24 StVG, § 49

Abs. 1 Nr. 12 StVO, § 12 Abs. 3 Nr. 1 StVO hinter die vorsätzliche Ordnungswidrigkeit nach § 24 StVG, § 49 Abs. 3 Nr. 4 StVO, § 41 StVO im Wege der Gesetzeskonkurrenz (Subsidiarität) zurück.

Hätte Täter 2 das Fahrzeug auf der Grenzmarkierung geparkt, hätte er eine vorsätzliche Ordnungswidrigkeit nach § 24 StVG, § 49 Abs. 3 Nr. 4 StVO, § 41 StVO (Verstoß gegen Verkehrszeichen 299) begangen, hinter die die fahrlässige Ordnungswidrigkeit nach § 24 StVG, § 49 Abs. 1 Nr. 12 StVO, § 12 Abs. 3 Nr. 1 StVO im Wege der Gesetzeskonkurrenz (Subsidiarität) zurücktreten würde.

100 **Zu Frage 4**

Das Bußgeldverfahren würde eingestellt werden und gegen den Halter erginge nach § 25a StVG ein Kostenbescheid.

bb) Jetzt wird es komplizierter ...

101 **Zu Frage 1**

A könnte dadurch, dass er die Parkscheibe auf 7.30 Uhr einstellte, eine vorsätzliche Ordnungswidrigkeit nach § 24 StVG, § 49 Abs. 1 Nr. 13 StVO, § 13 Abs. 2 S. 1 StVO begangen haben.

Objektiv tatbestandsmäßig handelt, wer auf einem durch das Zeichen 314 („P") gekennzeichneten Parkplatz, auf dem durch das Zusatzzeichen (Bild 318) die Benutzung einer Parkscheibe vorgeschrieben ist, länger hält oder parkt als für die Zeit, die auf dem Zusatzzeichen angegeben ist (§ 13 Abs. 2 S. 1 Nr. 1 StVO), oder nicht dafür sorgt, dass das Fahrzeug eine von außen gut lesbare Parkscheibe hat und der Zeiger der Scheibe auf den Strich der halben Stunde eingestellt ist, die dem Zeitpunkt des Anhaltens folgt (§ 13 Abs. 2 S. 1 Nr. 2 StVO). Nach § 12 Abs. 2 StVO parkt, wer sein Auto verlässt oder länger als 3 Minuten hält.

A könnte dadurch, dass er die Parkscheibe auf 7.30 Uhr einstellte, gegen § 13 Abs. 2 S. 1 Nr. 2 StVO verstoßen haben. Zu dem Zeitpunkt, zu dem er am Parkplatz ankam, war er nicht verpflichtet, eine Parkscheibe einzustellen und bereitzulegen. Diese Verpflichtung bestand erst ab 9.00 Uhr. Hätte er um 9.00 Uhr geparkt, hätte er die Parkscheibe gemäß § 13 Abs. 2 Nr. 2 StVO auf 9.30 Uhr einstellen müssen. Von einem Fahrer, der vor Beginn der Kurzparkzeit sein Fahrzeug abstellt und von Beginn an beabsichtigt, dort auch noch ab Beginn der Kurzparkzeit für die maximal zulässige Kurzparkzeit zu parken, ist zu verlangen, dass er die Parkscheibe auf den Beginn der Kurzparkzeit, zumindest aber auf den Strich dahinter einstellt,[44] hier also auf 9.00 Uhr oder 9.30 Uhr. Indem A dies nicht tat, handelte er objektiv tatbestandsmäßig.

Weiter müsste A vorsätzlich, also wissentlich und willentlich gehandelt haben. Hier irrte A darüber, wie die Parkscheibe korrekt einzustellen war. Er ging davon aus, die Parkscheibe richtig eingestellt zu haben. Wie ein solcher Irrtum zu behandeln ist, ist umstritten. Teilweise wird vertreten, dass der Vorsatz entfalle, wenn dem Täter das Unrechtsbewusstsein fehle. Nach richtiger Rechtsauffassung gehört das Unrechtsbewusstsein allerdings nicht zum Vorsatz, wie § 11 Abs. 2 OWiG zeigt. Hier irrte A nicht über Tatumstände, sondern über das Gebot aus § 13 Abs. 2 S. 1 Nr. 2 StVO.

---

44 Wie hier BayObLGSt 1977, 92. Wer dieser Auffassung nicht folgt, muss zwingend zu dem Ergebnis kommen, dass A schon nicht tatbestandsmäßig gehandelt hat.

Das stellt lediglich einen Verbots- bzw. Gebotsirrtum dar und lässt den Vorsatz nicht entfallen.

Die Tat war rechtswidrig.

A müsste auch vorwerfbar gehandelt haben. Hier könnte ein unvermeidbarer Ge- bzw. Verbotsirrtum nach § 11 Abs. 2 OWiG vorliegen.

Wie bereits oben erläutert wusste A nicht, dass er die Parkuhr auf 9.00 Uhr bzw. zumindest auf 9.30 Uhr hätte einstellen müssen und irrte damit über die gemäß § 13 Abs. 2 S. 1 Nr. 2 StVO gebotene Handlung.

Vermeidbar ist der Irrtum, wenn von dem Täter nach den Umständen des Falls, seinem Lebens- und Berufskreis und seinen persönlichen Kenntnissen und Fähigkeiten verlangt werden konnte, sich Einsicht in das Unerlaubte seines Tuns bzw. Unterlassens zu verschaffen, notfalls durch das Einholen eines fachkundigen Rats. Insgesamt ist hier entgegen der weit verbreiteten Praxis wegen des geringeren Unrechts zugunsten des Betroffenen großzügiger zu verfahren als bei der Beurteilung der Vermeidbarkeit des Irrtums im Strafrecht.

Hier tat A genau das, was der Wortlaut von § 13 Abs. 2 S. 1 Nr. 2 StVO vorschreibt, wenn man zu einem Zeitpunkt parkt, zu dem die Parkscheibe bereits vorgeschrieben ist. Was gilt, wenn das Fahrzeug schon vorher abgestellt wird, ist nicht ausdrücklich geregelt. Vermutlich werden die meisten Menschen nicht wissen, was in dieser Situation von ihnen verlangt ist (so gibt es beispielsweise bisher zu dieser Thematik auch auf juris nur eine einzige veröffentliche gerichtliche Entscheidung, vgl. BayObLGSt 1977, 92). Er wäre die Aufgabe des Verordnungsgebers, dies klarer zu regeln. Damit ist hier von einem unvermeidbaren Verbotsirrtum auszugehen.[45]

A hat keine Ordnungswidrigkeit nach § 24 StVG, § 49 Abs. 1 Nr. 13 StVO, § 13 Abs. 2 S. 1 StVO begangen.

Zu Frage 2

B könnte dadurch, dass er sein Fahrzeug von 9.35 Uhr bis 10.50 Uhr abstellte, eine vorsätzliche Ordnungswidrigkeit nach § 24 StVG, § 49 Abs. 1 Nr. 13 StVO, § 13 Abs. 2 S. 1 Nr. 1 StVO begangen haben.

Danach handelt objektiv tatbestandsmäßig, wer auf einem durch das Zeichen 314 („P") gekennzeichneten Parkplatz, auf dem durch das Zusatzzeichen (Bild 318) die Benutzung einer Parkscheibe vorgeschrieben ist, länger hält oder parkt als für die Zeit, die auf dem Zusatzzeichen angegeben ist. Auf dem städtischen Parkplatz ist im Zeitraum von 9.00 Uhr bis 21.00 Uhr das Parken für maximal eine Stunde zugelassen. Diese zulässige Parkzeit überschritt B um 15 Minuten, indem er das um 9.35 Uhr geparkte Fahrzeug nicht wie vorgeschrieben um 10.35 Uhr, sondern erst um 10.50 Uhr wegfuhr. Dass die ordnungsgemäß eingestellte Parkscheibe den Eindruck erweckt, er dürfe noch bis 11.00 Uhr parken, ändert daran nichts. § 13 Abs. 2 S. 1 Nr. 2 StVO dient insoweit lediglich der Verfahrensvereinfachung.

B müsste auch vorsätzlich, also wissentlich und willentlich gehandelt haben. B wusste, dass er maximal eine Stunde parken durfte. Allerdings ging er davon aus, dass die Parkzeit erst um 11.00 Uhr abliefe. Dass es bei der Berechnung auf seine tatsächliche Ankunftszeit ankam, wusste er nicht. Fraglich ist, ob dieser Irrtum einen den Vorsatz ausschließenden Tatbestandsirrtum nach § 11 Abs. 1 S. 1 OWiG dar-

---

[45] Wer dieser Auffassung nicht folgt, müsste im Rahmen von § 47 Abs. 1 OWiG überlegen, ob eine Ahndung angesichts der besonderen Tatumstände überhaupt geboten ist.

stellt. Ein solcher läge unproblematisch dann vor, wenn B nicht über die erlaubte Parkzeit, sondern die tatsächliche Uhrzeit geirrt hätte, wenn also beispielsweise seine Uhr stehen geblieben wäre und er daher nicht gewusst hätte, dass es bereits 10.35 Uhr ist und seine Parkzeit somit abläuft. Hier unterlag B allerdings einem Subsumtionsirrtum, indem er vom falschen Beginn der Parkzeit ausging. Das stellt lediglich einen Verbotsirrtum dar. B handelte somit vorsätzlich.

Seine Tat war auch rechtswidrig. Fraglich ist, ob B einem unvermeidbaren Verbotsirrtum unterlag, so dass nach § 11 Abs. 2 OWiG die Vorwerfbarkeit entfällt. B unterlag hier dem Verbotsirrtum, weil zuvor schon einmal geahndet wurde, dass er die Parkscheibe nicht auf den der tatsächlichen Ankunftszeit nachfolgenden Strich eingestellt hatte. Bis zu diesem Zeitpunkt stimmte B's Rechtsgefühl in Bezug auf die Berechnung der erlaubten Parkzeit noch mit der Rechtslage überein. Erst die Verwarnung sorgte bei B dann für Verwirrung. Das aber kann nicht B, sondern nur einer viel zu komplizierten Rechtslage angelastet werden. B handelte folglich nicht vorwerfbar und hat keine Ordnungswidrigkeit begangen.[46]

103 Zu Frage 3

C hat dadurch, dass er sein um 10.45 Uhr abgestelltes Fahrzeug nicht um 11.45 Uhr wegfuhr, obwohl er gesehen hatte, dass durch entsprechendes Verkehrszeichen das Parken nur bis zu einer Stunde erlaubt war, eine vorsätzliche Ordnungswidrigkeit nach § 24 StVG, § 49 Abs. 1 Nr. 13 StVO, § 13 Abs. 2 S. 1 Nr. 1 StVO begangen. Insoweit liegt die Verwaltung also falsch, die hier ausweislich der Höhe der verhängten Verwarnungsgelder (vgl. BKat 63 ff.) anscheinend von einer fahrlässigen Begehungsweise ausgegangen ist.

Fraglich ist, ob C, indem er verbotswidrig bis 17.00 Uhr parkte, einen Parkverstoß oder mehrere Parkverstöße begangen hat. Das hängt davon ab, ob das verbotswidrige Parken von 11.45 Uhr bis 17.00 Uhr als natürliche Handlungseinheit betrachtet werden kann oder ob ein erster Parkverstoß zwischenzeitlich beendet wurde und C zu einem neuen Parkverstoß angesetzt hat. Allein die Tatsache, dass der Betroffene die Möglichkeit hatte, den ordnungswidrigen Zustand zwischenzeitlich zu beenden, führt nicht zur Beendigung eines Parkdelikts;[47] selbst wenn der Betroffene die angebrachte Verwarnung wahrgenommen und in Kenntnis dieser den PKW nicht weggefahren hätte, läge darin nach der Rechtsprechung nicht zwingend ein anderer Tatentschluss.[48] Hier hat C von der zwischenzeitlichen Kontrolle durch die Verwaltung nichts mitbekommen. Er parkte ununterbrochen bis 17.00 Uhr, ohne zu dem Auto zwischenzeitlich zurückzukehren. Damit liegt nur eine Tat vor, die erst um 17.00 Uhr beendet wurde.

Dass die Verwaltung sowohl für das Parken von 12.00 Uhr (laut Parkscheibe) bis 13.00 Uhr (Zeitpunkt der ersten Kontrolle) als auch für das Parken von 13.15 Uhr bis 16.30 Uhr (Zeitpunkt der zweiten Kontrolle) jeweils eine Verwarnung mit Verwarnungsgeld erlassen hat, ist wegen des besonderen Charakters des Verwarnungsverfahrens dennoch zulässig, da § 56 Abs. 4 OWiG aus Gründen der Verfahrensvereinfachung eine sachliche und rechtliche Beschränkung zulässt und das Verwarnungsverfahren auf Freiwilligkeit beruht. Zahlt der Betroffene in diesen Fällen freiwillig bei-

---

46 Wer dieser Auffassung nicht folgt, müsste im Rahmen von § 47 Abs. 1 OWiG überlegen, ob eine Ahndung angesichts der besonderen Tatumstände überhaupt geboten ist.
47 Thüringer OLG, Beschl. v. 3.11. 2005 – 1 Ss 226/05 –, juris.
48 BGH NStZ 1992, 594.

de Verwarnungsgelder, so sind die Verwarnungen wirksam und können auch nicht im Wege des § 62 OWiG erfolgreich angefochten werden.[49]

Wenn C mit den beiden Verwarnungen allerdings nicht einverstanden ist und diese nicht zahlt, darf die zuständige Verwaltungsbehörde nur noch eine Tat im prozessualen Sinne verfolgen und ahnden; würde sie aus beiden Verwarnungsverfahren zwei Bußgeldverfahren machen, so verstieße sie bei dem zweiten Bußgeldverfahren bzw. Bußgeldbescheid gegen den Grundsatz „ne bis in idem".[50] Die Höhe der Bemessung der Geldbuße in einem etwaigen Bußgeldverfahren wegen des vorsätzlichen Parkverstoßes ist durch den Bußgeldkatalog nicht vorgegeben. Für einen fahrlässigen Verstoß sieht der Bußgeldkatalog ein Verwarnungsgeld in Höhe von 40 € vor (Ziffer 63.5 BKat). Eine automatische Verdopplung nach § 3 Abs. 4a BKatV greift nur bei Regelsätzen von mehr als 55 €. Damit ist die Geldbuße gemäß § 17 Abs. 3 OWiG zu bestimmen und wird voraussichtlich zwischen 40 € bis 80 € betragen. Hinzu kommen die Gebühren in Höhe von 25 € und die Zustellungspauschale von 3,50 € (§ 107 OWiG). Damit steht C besser, wenn er beide Verwarnungsgelder (insgesamt 65 €) zahlt.

Zu Frage 4 104

D könnte dadurch, dass er sein Fahrzeug auf dem Kundenparkplatz der A-GmbH länger als eine Stunde abstellte, eine vorsätzliche Ordnungswidrigkeit nach § 24 StVG, § 49 Abs. 1 Nr. 13 StVO, § 13 Abs. 2 S. 1 Nr. 1 StVO begangen haben.

Danach handelt objektiv tatbestandsmäßig, wer im Bereich eines eingeschränkten Haltverbots, einer Parkraumbewirtschaftungszone oder bei den Zeichen 314 oder 315, wo durch Zusatzzeichen die Benutzung einer Parkscheibe und eine bestimmte Parkzeit vorgeschrieben sind, länger parkt als für die Zeit, die auf dem Zusatzzeichen angegeben ist.

D parkt hier zwar auf dem Kundenparkplatz der A-GmbH, der für den öffentlichen Straßenverkehr freigegeben ist, so dass grundsätzliche die StVO anwendbar ist (§ 1 Abs. 1 StVO). Allerdings ist der Kundenparkplatz weder ein Bereich eines eingeschränkten Haltverbots, eine Parkraumbewirtschaftungszone noch ein durch Zeichen 314 oder Zeichen 315 gekennzeichnete Fläche. § 13 StVO ist daher nicht anwendbar.

D hat keine vorsätzliche Ordnungswidrigkeit nach § 24 StVG, § 49 Abs. 1 Nr. 13 StVO, § 13 Abs. 2 S. 1 Nr. 1 StVO begangen.

Läge der Kundenparkplatz in Baden-Württemberg, wäre zwar noch eine Ordnungswidrigkeit nach § 12 Abs. 1 Nr. 1 LOWiG BW zu erwägen, wonach ordnungswidrig handelt, wer vorsätzlich oder fahrlässig außerhalb öffentlicher Verkehrsflächen auf einem Stellplatz unbefugt parkt, obwohl deutlich sichtbar und allgemein verständlich darauf hingewiesen wird, dass die Benutzung durch Unbefugte untersagt ist. Die Norm ist hier aber nicht anwendbar, da der Kundenparkplatz eine private Straße ist, die für den öffentlichen Verkehr freigegeben ist (öffentlicher Verkehrsraum nach § 1 Abs. 1 StVO) und D damit nicht außerhalb einer öffentlichen Verkehrsfläche parkt.

Da hat damit keine Ordnungswidrigkeit begangen. Sein Fehlverhalten beurteilt sich ausschließlich nach Privatrecht.

---

49 Vgl. Bay. OLG, Beschl. v. 9.7.1971 – RReg 2 St 548/71 OWi –, juris; Freymann/Wellner/*Müther,* § 13 StVO Rn. 26.
50 Thüringer OLG, Beschl. v. 3.11. 2005 – 1 Ss 226/05 –, juris.

105 Zu Frage 5

E könnte eine fahrlässige Ordnungswidrigkeit nach § 24 StVG, § 49 Abs. 3 Nr. 4 StVO, § 41 Abs. 1 StVO i.V.m. Anlage 2 Spalte 3 zu Verkehrszeichen 283 begangen haben. Eine vorrangig zu prüfende vorsätzliche Begehungsweise kommt von vornherein nicht in Betracht, weil E keine Kenntnis von dem durch Verkehrszeichen 283 angeordneten Haltverbot hatte (vgl. § 11 Abs. 1 S. 1 OWiG).

Den Tatbestand verwirklicht, wer als Verkehrsteilnehmer objektiv sorgfaltswidrig in einem durch Verkehrszeichen 283 angeordneten absoluten Haltverbot hält.

E nimmt als Fahrerin am Verkehr teil und kommt damit grundsätzlich als Täterin dieses Sonderdelikts in Betracht (vgl. § 41 Abs. 1 StVO).

Tatbestandsmäßig handelt, wer ein Fahrzeug in einem Bereich hält, obwohl das Halten dort durch das Verkehrszeichen 283 absolut verboten ist. Voraussetzung ist, dass das Verkehrszeichen zu dem Tatzeitpunkt bereits durch Aufstellung bekannt gemacht (vgl. § 45 Abs. 4 StVO, § 43 Abs. 1 S. 1 VwVfG) und gültig ist. Wer das Fahrzeug zu einem Zeitpunkt abstellt, zu dem ein aufschiebend befristetes Haltverbot (vgl. § 36 Abs. 2 Nr. 1 VwVfG) noch gar nicht gilt oder noch nicht einmal aufgestellt ist, handelt dadurch nicht tatbestandsmäßig. Hier kommt dann allenfalls die Begehung einer Verkehrsordnungswidrigkeit im ruhenden Verkehr durch Unterlassen in Betracht.

Als E das Fahrzeug abstellte, war noch gar kein Verkehrszeichen aufgestellt. Damit hat sie schon nicht tatbestandsmäßig gehandelt und keine fahrlässige Ordnungswidrigkeit nach § 24 StVG, § 49 Abs. 3 Nr. 4 StVO, § 41 Abs. 1 StVO i.V.m. Anlage 2 Spalte 3 zu Verkehrszeichen 283 begangen.

E könnte aber eine fahrlässige Ordnungswidrigkeit durch Unterlassen nach § 24 StVG, § 49 Abs. 3 Nr. 4 StVO, § 41 Abs. 1 StVO i.V.m. Anlage 2 Spalte 3 zu Verkehrszeichen 283, § 8 OWiG begangen haben, weil sie das Auto nicht rechtzeitig wegfuhr, bevor das Haltverbot in Kraft trat.

a) Täter

Als Fahrerin und damit Verkehrsteilnehmerin i.S.d. § 41 Abs. 1 StVO ist E taugliche Täterin.

b) Eintritt des Erfolgs i.S.d. § 8 OWiG

Weiter kommt eine Ahndbarkeit nach § 8 OWiG nur dann in Betracht, wenn der Erfolg, der zum Tatbestand der zu prüfenden Bußgeldvorschrift gehört, eingetreten ist. Der Begriff des Erfolgs ist umstritten. Nach einer ersten Auffassung ist der Begriff eng auszulegen und mit dem Taterfolg bei den Erfolgsdelikten gleichzusetzen. Danach käme hier eine Begehung durch Unterlassen nicht in Betracht, weil der zu prüfende Haltverstoß lediglich ein schlichtes Tätigkeitsdelikt ist. Nach anderer Auffassung ist der Erfolg i.S.d. § 8 OWiG die von der Tatbestandsverwirklichung ausgehende Wirkung, die durch die Bußgeldnorm vermieden werden soll.[51] Danach können auch schlichte Tätigkeitsdelikte durch unechtes Unterlassen nach Maßgabe von § 8 OWiG begangen werden. Diese Rechtsauffassung ist mit Hinblick auf den Wortlaut von § 8 OWiG überzeugend, da dieser insofern keine Einschränkungen macht. Der Erfolg i.S.d. § 8 OWiG ist dadurch eingetreten, dass der Pkw am 10.9. verbotswidrig im Haltverbot steht, was durch die § 24 StVG, § 49 Abs. 3 Nr. 4 StVO, § 41 Abs. 1 StVO gerade vermieden werden sollte.

---

51 HK-OWiG/*Kleemann* § 8 Rn. 5.

c) Unterlassen der objektiv möglichen und gebotenen Handlung zur Erfolgsabwendung

Indem E es unterließ, das Fahrzeug des F vor dem 10.9. aus dem Parkverbot wegzufahren oder wegfahren zu lassen, hat sie den Erfolgseintritt nicht abgewendet, obwohl dies geboten und ihr auch möglich war.

d) Garantenstellung

E müsste allerdings auch rechtlich dafür einzustehen haben, dass das Fahrzeug nicht verbotswidrig abgestellt ist. Eine derartige Garantenstellung käme hier allenfalls aus einem pflichtwidrigen Vorverhalten in Betracht, da ihr vom Halter F keine sonstigen Überwachungsaufgaben übertragen worden waren. Allerdings hat E sich zu dem Zeitpunkt, zu dem sie das Fahrzeug abstellte, nicht pflichtwidrig verhalten, da zu diesem Zeitpunkt das für den 10.9. gültige Haltverbot noch nicht einmal aufgestellt war.

E hat somit auch keine fahrlässige Ordnungswidrigkeit durch Unterlassen nach § 24 StVG, § 49 Abs. 3 Nr. 4 StVO, § 41 Abs. 1 StVO i.V.m. Anlage 2 Spalte 3 zu Verkehrszeichen 283, § 8 OWiG begangen.

Zu Frage 6   106

F könnte eine fahrlässige Ordnungswidrigkeit durch Unterlassen nach § 24 StVG, § 49 Abs. 3 Nr. 4 StVO, § 41 Abs. 1 StVO (Verkehrszeichen 283), § 8 OWiG begangen haben.

a) Tauglicher Täter

F müsste zunächst grundsätzlich als Täter dieser Verkehrsordnungswidrigkeit in Betracht kommen. Während im fließenden Verkehr als Täter von bußgeldbewehrten Verstößen gegen durch Verkehrszeichen angeordnete Verbote oder Gebote nur der Fahrer in Betracht kommt, weil es sich um eigenhändige Sonderdelikte handelt, und das aktive Tun oder Unterlassen eines Dritten nur im Falle der unselbstständigen Beteiligung nach § 14 Abs. 1 S. 1 OWiG an der vorsätzlichen und rechtswidrigen Haupttat des Fahrers geahndet werden kann, sind Halt- und Parkverstöße fremdhändige Sonderdelikte, die auch vom Halter begangen werden können. Damit ist F tauglicher Täter.

b) Eintritt des Erfolgs i.S.d. § 8 OWiG

Wie bereits geprüft, können auch schlichte Tätigkeitsdelikte durch Unterlassen begangen werden, und der Erfolg i.S.d. § 8 OWiG dadurch eingetreten, dass das Fahrzeug des F am 10.9. im absoluten Haltverbot stand.

c) Unterlassen der objektiv möglichen und gebotenen Handlung zur Erfolgsabwendung

Indem F es unterließ, sein Fahrzeug rechtzeitig vor dem 10.9. aus dem Parkverbot wegzufahren oder wegfahren zu lassen, hat er den Erfolgseintritt nicht abgewendet, obwohl dies geboten und ihm auch möglich gewesen wäre.

d) Garantenstellung

F müsste rechtlich dafür einzustehen haben, dass der tatbestandliche Erfolg i.S.d. § 8 OWiG nicht eintritt. Als Halter des Fahrzeugs und damit als Überwachungsgarant trägt B die rechtliche Verantwortung dafür, dass das Fahrzeug nicht verbotswidrig abgestellt ist (vgl. § 7 PolG BW).

e) Entsprechungsklausel

Weiter ist bei Parkverstößen grundsätzlich anerkannt, dass das Unterlassen („Pkw nicht aus dem Haltverbot wegfahren") der Verwirklichung des gesetzlichen Tatbestandes durch ein aktives Tun („Pkw im Haltverbot parken") entspricht.

f) Objektive Fahrlässigkeit

Schließlich müsste F objektiv fahrlässig gehandelt, also die im Verkehr erforderliche Sorgfalt außer Acht gelassen haben. Von einem durchschnittlichen Normadressaten in der konkreten Tatsituation des F hätte erwartet werden können, dass er regelmäßig alle 1–2 Tage nach dem in der Nähe seines Hauses abgestellten Fahrzeug sieht, da es in Wohnstraßen immer wieder wegen kurzfristig anberaumter Arbeiten oder wegen eines Umzugs zu Sperrungen bzw. Haltverboten kommen kann. Das hat F jedoch nicht getan. Damit handelte er objektiv sorgfaltswidrig und somit tatbestandsmäßig.

g) Rechtswidrigkeit

Ein Rechtfertigungsgrund greift nicht, die Tat war rechtswidrig.

h) Vorwerfbarkeit

F müsste auch vorwerfbar gehandelt haben. Subjektiv fahrlässig handelt der Täter, der die ihm individuell mögliche Sorgfalt außer Acht lässt. Das ist zum einen dann der Fall, wenn der Betroffene gar nicht erkennt, dass sein Verhalten objektiv tatbestandsmäßig ist, dies aber bei Einsatz seiner persönlichen Fähigkeiten hätte erkennen können (unbewusste Fahrlässigkeit). Zum anderen lässt auch derjenige Betroffene die individuell mögliche Sorgfalt außer Acht, der die Verwirklichung des objektiven Tatbestands zwar für möglich hält, aber darauf vertraut, dass sie ausbleibt, bei Einsatz seiner persönlichen Fähigkeiten aber hätte erkennen können, dass er auf das Ausbleiben der Tatbestandsverwirklichung nicht hätte vertrauen dürfen (bewusste Fahrlässigkeit). F hat nicht darüber nachgedacht, dass zwischenzeitlich ein Haltverbot angeordnet werden könnte. Bei Einsatz seiner persönlichen Fähigkeiten hätte er aber erkennen können, dass es immer wieder zu kurzfristig angeordneten Haltverboten kommen kann und er sein Fahrzeug nicht längere Zeit ohne regelmäßige Kontrolle abstellen darf. Damit handelte er auch vorwerfbar.

F hat eine fahrlässige Ordnungswidrigkeit durch Unterlassen nach § 24 StVG, § 49 Abs. 3 Nr. 4 StVO, § 41 Abs. 1 StVO (Verkehrszeichen 283), § 8 OWiG begangen.

Wäre F für drei Wochen in den Urlaub gefahren, hätte er nach hier vertretener Auffassung schon nicht objektiv sorgfaltswidrig gehandelt, weil von einem durchschnittlichen Halter nicht erwartet werden kann, dass er vor dem üblichen Jahresurlaub einen Dritten damit beauftragt, regelmäßig nach dem Fahrzeug zu sehen. Eine andere Auffassung geht von einer solchen objektiven Rechtspflicht eines jeden Halters aus, lässt dann aber, wenn der einzelne Fahrer keinen Dritten hat, der nach dem Fahrzeug sieht, wegen Unzumutbarkeit des normgemäßen Verhaltens je nach Standort dieses Prüfungsmerkmals ebenfalls die Tatbestandsmäßigkeit oder die Vorwerfbarkeit entfallen.[52]

---

52 Vgl. OLG Köln, Beschl.21.5.1993 – Ss 174/93 (Z) –, juris.

cc) Kombinationsfragen zum Straßenverkehrsrecht und zum Straßenrecht

Straßenverkehrsrechtliche Ordnungswidrigkeit nach § 24 StVG, § 49 StVO

107

Indem L den Anhänger für 3 Stunden auf dem Rastplatz abstellte, obwohl das durch das Schreiben der zuständigen Straßenbaubehörde verboten worden war, könnte er eine Straßenverkehrsordnungswidrigkeit nach § 24 StVG i.V.m. § 49 StVO begangen haben.

<u>Bußgeldbewehrter Parkverstoß i.S.d. § 49 Abs. 1 Nr. 12 StVO</u>

L könnte gegen eines der in § 49 Abs. 1 Nr. 12 StVO genannten Parkverbote verstoßen haben. Indem L den Anhänger für mehrere Stunden auf dem Rastplatz zurückließ, parkte der den Anhänger i.S.d. § 12 Abs. 2 StVO. Ein Verstoß gegen ein bußgeldbewehrtes Parkverbot nach § 12 StVO ist jedoch nicht ersichtlich, insbesondere dürfen betriebsbreite Anhänger ohne Zugfahrzeug gemäß § 12 Abs. 3b S. 1 StVO bis zu zwei Wochen geparkt werden. Folglich hat L keinen bußgeldbewehrten Parkverstoß nach § 49 Abs. 1 Nr. 12 StVO begangen.

<u>Bußgeldbewehrter Parkverstoß i.S.d. § 49 Abs. 3 Nr. 7 StVO</u>

Weiter kommt ein bußgeldbewehrter Parkverstoß nach § 49 Abs. 3 Nr. 7 StVO in Betracht. Das setzt voraus, dass L einer der den Verkehr verbietenden oder beschränkenden Anordnung, die nach § 45 Abs. 4 Hs. 2 StVO bekannt gegeben worden ist, zuwidergehandelt hat. Problematisch ist, ob das Schreiben der zuständigen Straßenbaubehörde eine den Verkehr beschränkende Anordnung in Form einer Allgemeinverfügung (vgl. § 35 S. 2 VwVfG) darstellt oder ob das Schreiben nur einen unverbindlichen Charakter hat. Das kann jedoch dahinstehen, denn selbst wenn es eine Allgemeinverfügung darstellen sollte, so wäre diese jedenfalls nichtig und damit unwirksam (vgl. §§ 44 Abs. 1, 43 Abs. 3 VwVfG), denn aufgrund des im Straßenverkehrsrecht geltenden Sichtbarkeitsgrundsatzes müssen die Verkehrsbehörden den Verkehr vorrangig durch Verkehrszeichen und Verkehrseinrichtungen regeln und lenken, was hier auch möglich gewesen wäre (vgl. § 45 Abs. 4 StVO).

Eine Straßenverkehrsordnungswidrigkeit hat L nicht begangen.

Straßenrechtliche Ordnungswidrigkeit nach § 23 FStrG

L könnte jedoch eine bußgeldbewehrte vorsätzliche unerlaubte Sondernutzung i.S.d. § 23 Abs. 1 Nr. 1 FStrG begangen haben, indem er den Anhänger für 3 Stunden auf dem Rastplatz abstellte, obwohl das von der zuständigen Straßenbaubehörde durch Rundschreiben an die Berufsverbände verboten worden war.

Dann müsste L zunächst eine Bundesfernstraße über den Gemeingebrauch hinaus genutzt haben. Über den Gemeingebrauch hinaus wird eine Bundesfernstraße genutzt, wenn jemand die Straße außerhalb des Rahmens ihrer Widmung nutzt (vgl. § 7 Abs. 1 S. 1 FStrG). Allgemein dienen öffentliche Straßen dem fließenden und ruhenden Verkehr. Durch Widmung können Beschränkungen angeordnet werden, beispielsweise bestimmte Nutzungszwecke ausgeschlossen werden. Wenn die Straße zwar auch für Verkehrszwecke, überwiegend aber für andere Zwecke außerhalb der Widmung benutzt wird, stellt das ebenfalls eine Nutzung außerhalb des Gemeingebrauchs dar, § 7 Abs. 1 S. 3 FStrG.

Der unbewirtschaftete Rastplatz ist Zubehör i.S.d. § 1 Abs. 4 Nr. 3 FStrG der BAB 3, Bundesfernstraße nach § 1 Abs. 2 Nr. 1 FStrG, und gilt damit ebenfalls als Bundesfernstraße.

Hier wird der Rastplatz an der Autobahn ausschließlich zum Parken des Anhängers, also für den ruhenden Verkehr und damit für Verkehrszwecke im Rahmen seiner Widmung genutzt. Zwar kann der Gemeingebrauch nach § 7 Abs. 2 S. 1 FStrG u.a. aus Gründen der Verkehrssicherheit beschränkt werden. Eine solche Beschränkung wäre jedoch durch Verkehrszeichen kenntlich zu machen, § 7 Abs. 2 S. 1 FStrG, was hier nicht geschehen ist. Damit hat L den Parkplatz im Rahmen des Gemeingebrauchs genutzt und auch keine straßenrechtliche Ordnungswidrigkeit begangen.

IV. Mehrpersonenverhältnisse bei Straßenverkehrsordnungswidrigkeiten (am Beispiel eines Speditionsunternehmens)

1. Eigenhändige Sonderdelikte

108 Wenn der Täter einer Straßenverkehrsordnungswidrigkeit wie beispielsweise bei den Geschwindigkeitsverstößen nur der Fahrer sein kann (eigenhändiges Sonderdelikt, siehe oben Rn. 61 ff.), kommt der Unternehmer/ Halter, der das Fahrzeug nicht persönlich fährt, nach h.M. nur als Beteiligter (Anstifter oder Gehilfe) nach § 14 Abs. 1 S. 1 OWiG an der vorsätzlichen und rechtswidrigen Tat des Fahrers, nicht aber als Täter in Betracht.

Beispiele: Der Lkw-Fahrer muss von Deutschland nach Spanien fahren. Sein Chef und er vereinbaren, dass er in Deutschland auf der gesamten A 5 und A 6 rund 10 km/h schneller als zulässig fahren soll, in Frankreich und Spanien aber strikt die Geschwindigkeitsbegrenzungen einhält. Der Lkw Fahrer begeht dann eine bzw. mehrere vorsätzliche Geschwindigkeitsverstöße. Der Chef ist Beteiligter (Anstifter) nach § 14 Abs. 1 S. 1 OWiG.

Der Lkw-Fahrer eines zweiten Unternehmens fährt versehentlich 10 km/h zu schnell, weil der Chef gerade mit ihm über die Freisprechanlage telefoniert. An Fahrlässigkeitstaten ist eine Beteiligung gemäß § 14 OWiG nach h.M. nicht möglich (s. 2 Teil Rn. 148). Eine Täterschaft des Chefs ist schon deswegen nicht möglich, weil er nicht mit eigenen Händen als Fahrer den Geschwindigkeitsverstoß begeht. Der Chef hat keine Ordnungswidrigkeit begangen.

In einem dritten Fall begleitet der Chef seinen Lkw-Fahrer während dessen Fahrt auf dem Beifahrersitz. Der Lkw-Fahrer ist durch einen Anruf abgelenkt und bemerkt nicht, dass er versehentlich 10 km/h zu schnell fährt. Sein Chef bemerkt das, schreitet aber nicht ein, weil er schnell das Ziel erreichen möchte. Der Lkw-Fahrer hat eine fahrlässige Geschwindigkeitsüberschreitung begangen. Da der Geschwindigkeitsverstoß ein eigenhändiges Delikt ist, kann der Chef nach richtiger Rechtsauffassung keine vorsätzliche Geschwindigkeitsüberschreitung durch Unterlassen (§ 8 OWiG) begangen haben, indem er gegen die Geschwindigkeitsüberschreitung des Fahrers nicht einschritt (s. 2. Teil Rn. 114). Eine Beteiligung an dem fahrlässigen Geschwindigkeitsverstoß des Fahrers kommt nach h.M. ebenfalls nicht in Betracht. Hier greift dann allerdings § 130 OWiG.

2. Fremdhändige Sonderdelikte

109 Viele Verkehrsordnungswidrigkeiten sind zugleich oder ausschließlich sogenannte „Halterdelikte" und damit „fremdhändige Sonderdelikte". Hier begeht der Unternehmer/Halter eine dementsprechende Verkehrsordnungswidrigkeit, wenn er durch eigenes aktives Tun, echtes Unterlassen oder unechtes Unterlassen (§ 8 OWiG) vorsätzlich oder fahrlässig gegen die **bußgeldbewehrte Halterpflicht** verstößt. Begeht jemand den Verstoß, auf den der Halter die Wahrnehmung seiner Halterpflichten übertragen hat, so kann dieser Person nach Maßgabe von § 9 Abs. 2 OWiG der Sonderstatus „Halter" zugerechnet werden. Entsprechendes gilt, wenn der Halter eine juristische Person oder Personenvereinigung bzw. ein Minderjähriger ist: dann wird dem gesetzlichen Vertreter nach § 9 Abs. 1 OWiG die Haltereigenschaft zugerechnet.

Beispiel: Nach § 5 Abs. 1 Nr. 1 Var. 2 Ferienreiseverordnung handelt ordnungswidrig, wer vorsätzlich oder fahrlässig als Halter zulässt, dass ein Lkw auf Autobahnen und Bundesstraßen geführt wird, obwohl das zu diesem Zeitpunkt und für diese Strecke nach § 1 der Ferienreiseverordnung verboten ist. „Zulassen" umfasst sowohl ein aktives Tun als auch ein Unterlassen, eines Rückgriffs auf § 8 OWiG bedarf es damit nicht. Ist Halter des Fahrzeugs eine juristische Person, so begeht der Geschäftsführer, dem die Haltereigenschaft nach § 9 Abs. 1 Nr. 1 OWiG zugerechnet wird, eine Ordnungswidrigkeit nach § 5 Abs. 1 Nr. 1 Var. 2 FerienreiseV, wenn er die Fahrt vorsätzlich oder fahrlässig zulässt.

3. Abgrenzung zu § 130 OWiG

Soweit der Unternehmer/Halter weder selbst eine vorsätzliche Verkehrsordnungswidrigkeit begangen hat noch sich an der vorsätzlichen und rechtswidrigen Verkehrsordnungswidrigkeit des Fahrers oder eines anderen Dritten beteiligt hat noch selbst eine fahrlässige Verkehrsordnungswidrigkeit begangen hat, bleibt nach § 130 OWiG zu prüfen, ob der Unternehmer/ Halter vorsätzlich oder fahrlässig die erforderlichen Aufsichtsmaßnahmen unterlassen hat und ob bei gehöriger Aufsicht die Zuwiderhandlung verhindert oder wesentlich erschwert worden wäre. **110**

Beispiele: Nach § 5 Abs. 1 Nr. 1 Var. 2 Ferienreiseverordnung handelt ordnungswidrig, wer vorsätzlich oder fahrlässig als Halter zulässt, dass ein Lkw auf Autobahnen und Bundesstraßen geführt wird, obwohl das zu diesem Zeitpunkt und für diesen Streckenabschnitt nach § 1 der Ferienreiseverordnung verboten ist. Vorsätzlich handelt, wer als Halter weiß, dass der Fahrer eines Lkw i.S.d. § 1 FerienreiseV einen durch § 1 FerienreiseV verbotenen Streckenabschnitt nutzen wird, und dies billigend in Kauf nimmt. Fahrlässig handelt der Halter, der aufgrund konkreter Anhaltspunkte hätte wissen müssen, dass der Fahrer entgegen dem Verbot den Streckenabschnitt benutzen würde, und dennoch keine Vorkehrungen getroffen hat, die vorhersehbare verbotswidrige Fahrt zu unterbinden. § 130 OWiG kommt nur dann zur Anwendung, wenn für den Halter/Unternehmer in der konkreten Tatsituation der Verstoß objektiv nicht vorhersehbar war. Ein Beispiel hierfür ist der Strohinhaber, auf dessen Namen das Fahrzeug bzw. das Unternehmen zugelassen sind, der sich aber überhaupt nicht um den Betrieb kümmert.[53] Ein weiteres Beispiel ist der Unternehmer/Halter, der mit dem Tagesgeschäft der Einteilung der Fahrzeuge einen anderen Mitarbeiter beauftragt hat.

B. Steuerordnungswidrigkeiten

Das Steuerrecht wurde für dieses Lehrbuch wegen seiner Nähe zum Strafrecht und als Referenzgebiet für den Bereich des Abgabenrechts ausgewählt. Zugleich dient die Darstellung der Vertiefung der bereits in den ersten drei Teilen vermittelten Grundlagen. **111**

I. Kurzeinführung in das Steuerrecht

Das Steuerrecht ist Teil des öffentlichen Abgabenrechts[54]. Im Steuerrecht tritt der Einzelne dem Staat insbesondere als Steuerschuldner gegenüber. Ihm wird aufgrund eines bestimmten Tatbestands, an den ein Steuergesetz die Leistungspflicht anknüpft, die Zahlung einer Geldleistung ohne Gegenleistung auferlegt, die in einem bestimmten Verfahren festgesetzt und erhoben wird, vgl. §§ 3 Abs. 1, 33, 133 ff, 218 ff. AO. Im Rahmen dieses Verfahrens haben der Steuerschuldner und Andere weitere bestimmte steuerrechtliche Pflichten wie z.B. zur korrekten Buchführung oder zur Abgabe von Steuererklärungen. **112**

Wichtige Steuern sind insbesondere die Einkommensteuer (EStG) und die Umsatzsteuer (UStG). Daneben gibt es zahlreiche weitere Steuern wie beispielsweise die **113**

---

53 OLG Hamm NStZ-RR 1997, 21.
54 Öffentliche Abgaben i.e.S. sind Steuern, Gebühren und Beiträge.

Erbschaftssteuer (ErbStG) oder die Körperschaftssteuer (KStG). Im Folgenden erfolgt ein grober Überblick über das EStG und das UStG.

114 Nach § 1 Abs. 1 S. 1 EStG unterliegen natürliche Personen mit Wohnsitz oder gewöhnlichem Aufenthalt im Inland mit allen Einkünften der Einkommensteuer (Steuerschuldner mit unbeschränkter Einkommensteuerpflicht).

Unterschieden werden nach § 2 Abs. 1 EStG Einkünfte aus Land- und Forstwirtschaft, aus Gewerbebetrieb, aus selbstständiger Arbeit, aus nichtselbstständiger Arbeit, aus Kapitalvermögen, aus Vermietung und Verpachtung und sonstige Einkünfte. Bei Land- und Fortwirtschaft, Gewerbebetrieb und selbstständiger Arbeit sind Einkünfte der Gewinn, bei den übrigen Einkunftsarten der Überschuss der Einnahmen über die Werbungskosten.

Nach § 25 EStG wird die Einkommensteuer nach Ablauf des Kalenderjahres nach dem Einkommen veranlagt, das der Steuerpflichtige in diesem Veranlagungszeitraum bezogen hat. Dazu hat die steuerpflichtige Person (also der Einkommensteuerschuldner nach § 33 AO, sein gesetzlicher Vertreter nach § 34 Abs. 1 AO, sein Vermögensverwalter nach § 34 Abs. 3 AO oder Verfügungsberechtigter nach § 35 AO) fristgerecht eine eigenhändig unterschriebene Einkommensteuererklärung abzugeben, bei Einnahmen aus Land- und Forstwirtschaft, Gewerbebetrieb und selbstständiger Arbeit ist grundsätzlich die Datenfernübertragung nach amtlich vorgeschriebenem Datensatz vorgeschrieben.

115 Nach § 1 Abs. 1 Nr. 1 UStG unterliegen Lieferungen und sonstige Leistungen, die ein Unternehmer im Inland gegen Entgelt im Rahmen seines Unternehmens ausführt, der Umsatzsteuer. Steuerschuldner ist nach § 13a Abs. 1 Nr. 1 UStG der Unternehmer. Die Umsatzsteuer wird in der Regel nach vereinbarten Entgelten berechnet (§ 16 Abs. 1 S. 1 UStG) und entsteht nach § 13 Abs. 1 Nr. 1 a) UStG mit Ablauf des Voranmeldungszeitraums, in dem die Leistungen ausgeführt worden sind.

Der Unternehmer (Steuerschuldner i.S.d. § 33 AO) bzw. für ihn die sonstige steuerpflichtige Person (§§ 34, 35 AO) muss nach § 150 Abs. 1 S. 3 AO i.V.m. § 18 Abs. 1 S. 1 u. Abs. 3 S. 1 UStG im Wege der Selbstveranlagung die angefallene Umsatzsteuer berechnen und mit Umsatzsteuer-Voranmeldung je nach Höhe der Umsätze monatlich oder vierteljährlich an das Finanzamt melden und abführen. Nach § 18 Abs. 3 S. 1 UStG muss der Unternehmer bzw. die sonstige steuerpflichtige Person außerdem für das ganze Jahr eine elektronische Umsatzsteuerjahresanmeldung an das Finanzamt übermitteln.

Die zu entrichtende Umsatzsteuer bzw. der vom Finanzamt an den Unternehmer zu erstattende Überschuss berechnet sich grob gesagt, indem man von der Umsatzsteuer, die der Unternehmer anderen in Rechnung stellen muss, die Umsatzsteuer abzieht, die andere ihm in Rechnung gestellt haben (Vorsteuer, siehe § 15 UStG).

Das System der Umsatzsteuer ist damit gekennzeichnet durch die wirtschaftliche Neutralität in der Unternehmerkette, indem nur der Endverbrauch der Ware oder der Dienstleistung mit der Umsatzsteuer belastet ist. Gleichzeitig ist der Fiskus darauf angewiesen, dass der Unternehmer die von ihm vereinnahmte Umsatzsteuer rechtzeitig entrichtet, damit das Umsatzsteuersystem nicht aus dem Gleichgewicht gerät, weil der Staat anderen Unternehmern bereits die Vorsteuern erstattet hat, ohne die vom Unternehmer vereinnahmte Umsatzsteuer rechtzeitig erhalten zu haben.[55]

---

55 BT-Drs. 19/22850, S. 149.

II. Definition, Zweck und praktische Bedeutung von Steuerordnungswidrigkeiten

Der Begriff der Steuerordnungswidrigkeit ist in § 377 Abs. 1 Abgabenordnung (AO) **116** legaldefiniert. Danach sind Steuerordnungswidrigkeiten Zuwiderhandlungen, die nach der AO oder den Steuergesetzen mit Geldbuße geahndet werden können. Zweck der Bußgeldbewehrung ist die Durchsetzung der Steuerpflichten des Einzelnen und damit die Sicherung der Steuererträge, auf die der Staat zur Erfüllung seiner öffentlichen Aufgaben angewiesen ist,[56] und die Gewährleistung der Steuergerechtigkeit.[57]

In der AO sind die Bußgeldtatbestände in den §§ 378 bis 383b AO normiert. Weitere **117** Bußgeldtatbestände in den Steuergesetzen sind insbesondere:
- Verbrauchsteuerzuwiderhandlungen (z.B. § 30 BierStG, § 36 TabStG)
- Verstöße gegen bestimmte Meldepflichten nach dem EStG (§§ 50e, 50f EStG)
- Verstöße gegen bestimmte umsatzsteuerrechtliche Pflichten (§ 26a UStG)
- Verletzung von Meldepflichten nach dem Finanzkontenaustauschgesetz (§ 28 FKAustG)

Eine Steuerordnungswidrigkeit i.S.d. § 377 AO ist auch die Verletzung der Aufsichtspflicht durch den Unternehmer darüber, wie in seinem Unternehmen seine steuerlichen Pflichten wahrgenommen werden (§ 130 OWiG).

Eigentlich keine Steuerordnungswidrigkeiten sind die Ordnungswidrigkeiten nach **118** dem Steuerberatungsgesetz (§§ 160 bis 163 StBerG), denn die Normen dienen nicht unmittelbar bzw. nicht in erster Linie der Sicherung der Steuererträge.[58] So ist das Bußgeldverfahren nach § 160 StBerG zunächst ein Verfahren zum Schutz des Berufsstandsprivilegs der rechts- und steuerberatenden Berufe und zum Schutz unerfahrener Steuerpflichtiger vor dem Schaden, der durch eine unprofessionelle Steuerberatung droht. Daher werden sie in diesem Lehrbuch zum besseren Verständnis auch den gewerbe- und berufsrechtlichen Ordnungswidrigkeiten zugeordnet und erst dort unter Rn. 197, 262 ff. u. 275 besprochen (Fall zu § 164 StBrG). In der Praxis allerdings werden Zuwiderhandlungen i.S.d. §§ 160 ff. StBrG als Steuerordnungswidrigkeiten bezeichnet, weil sie von den Finanzbehörden nach Maßgabe der AO verfolgt und geahndet werden.

Nach den Statistiken des Bundesfinanzministeriums wurden von den für die Verwaltung der Besitz- und Verkehrssteuern zuständigen Länderfinanzbehörden für den Zeitraum von 2012 bis 2018 jährlich rund 4.700 Bußgeldverfahren abgeschlossen und rund 3.000 Bußgeldbescheide erlassen.[59] Die meisten Bußgeldbescheide bezogen sich dabei auf folgende Bußgeldnormen: **119**
- Leichtfertige Steuerverkürzung (§ 378 AO)
- Steuergefährdung (§ 379 AO)
- Gefährdung der Abzugssteuern (§ 380 AO)
- Schädigung des Umsatzsteueraufkommens (§ 26b UStG a.F., seit 1.7.2021: § 26a Abs. 1 UstG)
- Unbefugte Hilfeleistung in Steuersachen (§ 160 StBerG)

---

56 Vgl. JJR/*Joecks*, Einleitung Rn. 2.
57 *Seer* in: Tipke/Lang, Materielles Steuerstraf- und -ordnungswidrigkeitenrecht, Rn. 23.1.
58 Wie hier Klein/*Rüsken*, AO § 30 Rn. 55; OFD Frankfurt, DStR 2014, 1723; a.A. Klein/*Jäger*, AO § 377 Rn. 2.
59 Monatsberichte des BMF Oktober 2013, November 2015, November 2016, November 2017, September 2018 und November 2019.

- Ordnungswidrigkeiten nach §§ 30, 130 OWiG
- Einziehung des Wertes von Tatererträgen nach § 29a OWiG

2018 wurden mit rechtskräftig gewordenen Bußgeldbescheiden Bußgelder in Höhe von 63,0 Mio. € festgesetzt, davon 49,7 Mio. € für Verstöße nach §§ 30, 130 OWiG, 2,7 Mio. € wegen leichtfertiger Steuerverkürzung (§ 378 AO) und 1,1 Mio. € wegen Schädigung des Umsatzsteueraufkommens (§ 26b UstG a.F., seit 1.7.2021: § 26a Abs. 1 UstG).[60]

III. Systematik; andere Abgabenordnungswidrigkeiten

1. Steuerordnungswidrigkeiten (§§ 377 ff. AO)

120 Im Zentrum des Rechts der Steuerordnungswidrigkeiten steht die leichtfertige Steuerverkürzung nach § 378 AO, die ein Auffangtatbestand zur strafbaren vollendeten vorsätzlichen Steuerhinterziehung nach § 370 Abs. 1 AO bzw. zur versuchten Steuerhinterziehung nach § 370 Abs. 2 AO ist.

Beachte: Vorrangig ist also immer zu prüfen, ob der Betroffene als Alleintäter, Mittäter oder mittelbarer Täter die Steuern vorsätzlich verkürzt hat oder dies versucht hat oder ob er als Anstifter bzw. Gehilfe an der vorsätzlichen Steuerhinterziehung eines anderen teilgenommen hat.

§ 378 AO stellt den Verstoß des Steuerpflichtigen bzw. des sonstigen tauglichen Täters gegen das Verbot, im Erhebungs- und Vollstreckungsverfahren über steuerlich erhebliche Tatsachen falsche oder unvollständige Angaben zu machen, sowie den Verstoß gegen das Gebot, alle Angaben zu machen, zu denen der Täter steuerrechtlich verpflichtet ist, unter Bußgeldbewehrung. Voraussetzung ist, dass der Verstoß zu einer Steuerverkürzung bzw. ungerechtfertigte Erlangung eines Steuervorteils geführt hat (Erfolgsdelikt in Form eines Verletzungsdelikts). Hinter § 378 AO treten die gleichzeitig verwirklichten Gefährdungstatbestände der §§ 379 bis 382 AO im Wege der Subsidiarität zurück.

Beispiel: Der einkommensteuerpflichtige Freiberufler E hat leichtfertig eine Einnahme in Höhe von 5.000 € nicht verbucht. Dieser Fehler setzt sich in der Einkommensteuererklärung fort. Das Finanzamt setzt im Einkommensteuerbescheid daher 1.500 € zu wenig Einkommensteuer fest. Da E nicht vorsätzlich, aber leichtfertig gehandelt hat, hat er keine strafbare Steuerhinterziehung (§ 370 Abs. 1 AO), sondern eine Ordnungswidrigkeit in Form der leichtfertigen Steuerhinterziehung begangen (§ 378 AO). Weil die leichtfertige Nichtbuchung und die auf diesem Fehler beruhende Abgabe der fehlerhaften Steuererklärung eine natürliche Handlungseinheit darstellen und § 378 AO als Erfolgsdelikt spezieller ist als das bloße Gefährdungsdelikt nach § 379 Abs. 1 Nr. 3 AO, tritt letzteres im Wege der Subsidiarität zurück.

121 Grundsätzlich ist das bloße Nichtzahlen bzw. nicht rechtzeitige Zahlen von Steuern nicht bußgeldbewehrt. Wichtige Ausnahmen sind § 26a Abs. 1 UStG und § 380 AO, die subsidiär zu § 378 AO (bzw. § 370 AO) sind und nur dann greifen, wenn nicht gleichzeitig ein Verstoß gegen die Steuererklärungspflichten vorliegt.

Beispiele: Der Umsatzsteuerpflichtige gibt eine ordnungsgemäße Umsatzsteuer-Voranmeldung ab, zahlt die geschuldete Vorauszahlung aber entgegen § 18 Abs. 1 S. 4 UStG nicht, nicht vollständig oder nicht rechtzeitig. Eine Ahndung nach §§ 370, 378 AO kommt nicht in Betracht, da der Umsatzsteuerpflichtige aber nicht gegen Erklärungspflichten verstoßen hat. Wer als Umsatzsteuerpflichtiger aber vorsätzlich (wissentlich und willentlich) die Vorauszahlung, den Unterschiedsbetrags oder die festgesetzte Umsatzsteuer nicht, nicht vollständig oder nicht rechtzeitig bezahlt, begeht eine Ordnungswidrigkeit nach § 26a Abs. 1 UStG (Gefährdung des Umsatz-

---

[60] Monatsbericht des BMF November 2019, S. 34.

steueraufkommens).⁶¹ Wer für den Fiskus Steuerabzugsbeträge einzubehalten und abzuführen hat (insbes. Lohnsteuer oder Kapitalertragsteuer), die Anmeldung zutreffend abgibt (z.B. Lohnsteuer-Anmeldung), aber vorsätzlich oder leichtfertig nicht, nicht vollständig oder nicht rechtzeitig dieser Verpflichtung nachkommt, begeht nach Maßgabe von § 380 AO eine Ordnungswidrigkeit (Gefährdung der Abzugssteuer).

122 Verstöße gegen sonstige steuerrechtliche Pflichten vor Abgabe der Steuererklärung können insbesondere eine Ordnungswidrigkeit nach § 379 AO oder nach den Steuergesetzen (§§ 50e, 50f EStG) darstellen. Auch diese Ordnungswidrigkeiten sind subsidiär zu §§ 370, 378 AO.

Beispiel: Der buchführungspflichtige Steuerpflichtige S verbucht vorsätzlich eine Privatreise als Betriebsausgabe. Das wird noch vor Abgabe der Einkommensteuererklärung entdeckt. Da sich der Steuerpflichtige noch im Vorbereitungsstadium befindet, kommt eine strafbare versuchte Steuerhinterziehung nach § 370 Abs. 2 AO nicht in Betracht. § 378 AO ist ohnehin nicht einschlägig, da noch keine Steuerverkürzung eingetreten ist. Allerdings hat S eine Ordnungswidrigkeit nach § 379 Abs. 1 S. 1 Nr. 3 AO begangen, denn aufgrund der Falschbuchung wird eine Steuerverkürzung ermöglicht.

123 Das Steuerrecht verfügt mit dem Verspätungszuschlag (§ 152 AO), der festgesetzt werden kann, wenn jemand seiner Verpflichtung zur Abgabe einer Steuererklärung nicht oder nicht fristgemäß nachkommt, und dem Säumniszuschlag (§ 240 AO), der erhoben wird, wenn eine Steuer nicht bis zum Ablauf des Fälligkeitstages entrichtet wird, über zwei repressive verwaltungsrechtliche Maßnahmen. Da diese bei normativer Betrachtungsweise nicht wie eine Geldbuße dazu dienen sollen, ein Fehlverhalten zu ahnden, liegt kein Verstoß gegen das Doppelbestrafungsverbot vor, wenn Geldbuße und Verspätungszuschlag bzw. Säumniszuschlag und Geldbuße nebeneinander festgesetzt werden.⁶²

Dennoch stellt sich wegen der im Prinzip ähnlich wirkenden repressiven Zielrichtung beider Geldleistungspflichten bei Steuerordnungswidrigkeiten, die die verspätete Abgabe von Steuererklärungen bzw. die verspätete Zahlung von Steuern unter Bußgeldbewehrung stellen, in jedem Einzelfall im Rahmen von § 47 OWiG die Frage nach der Erforderlichkeit der zusätzlichen Ahndung durch Geldbuße (siehe näher unter Rn. 169).

124 Die Steuerordnungswidrigkeiten und insbesondere § 378 AO gehören wegen ihrer engen Verknüpfung zum Strafrecht und der tatbestandlichen Verknüpfung mit dem sehr komplizierten Steuerrecht zu den am schwierigsten zu handhabenden Bußgeldtatbeständen überhaupt.

2. Andere Abgabenordnungswidrigkeiten

125 Auch Verstöße gegen Verpflichtungen des Einzelnen im sonstigen Abgabenrecht können unter Bußgeldbewehrung stehen (Abgabenordnungswidrigkeiten), wie beispielsweise nach § 10 Bundesfernstraßenmautgesetz (BFStrMG) oder nach § 8 Kommunalabgabengesetz Baden-Württemberg (BWKAG). Zuständige Verwaltungsbehörden sind dann nicht die Finanzbehörden, sondern die in den Abgabengesetzen genannten Behörden (so beispielsweise die Kommunen in Baden-Württemberg für Kommunalabgaben).

---

61 Zur Neufassung der Norm zum 1.7.2021 vgl. BT-Drs. 19/22850, S. 149 ff.
62 Vgl. BFH, Urt. v. 20.2.2019 – X R 32/17 –, BStBl II 2019, 438; BT-Drs. 17/3549, S. 19 zum Präventiv- und Ausgleichszweck von Verspätungsgeldern.

IV. Die leichtfertige Steuerverkürzung (§ 378 AO)

1. Ausgangsfälle

126 Fall 1[63]

A ist Arzt und erzielt als solcher Einkünfte aus selbstständiger Arbeit. Den Gewinn ermittelt er durch Einnahmenüberschussrechnung nach § 4 Abs. 3 EStG. Zugleich ist er an einer Laborgemeinschaft beteiligt. Für diese wird eine gesonderte und einheitliche Feststellung von Besteuerungsgrundlagen durchgeführt. Die Laborgemeinschaft bescheinigt dem A für das Jahr X einen Verlust aus seiner Beteiligung in Höhe 10.000 €. Diese Bescheinigung gibt A an seinen Steuerberater S weiter. Durch ein Versehen des Steuerberaters wird der Verlust dann sowohl in der Steuererklärung in der Anlage GSE eingetragen und zusätzlich bei der Gewinnermittlung als Betriebsausgabe bei den Einkünften aus selbstständiger Arbeit berücksichtigt. S erstellt einen Entwurf der Einkommensteuererklärung. Diesen gibt er an A weiter mit der Bitte um gründliche Vorabprüfung. A fällt der Fehler nicht auf. Daher gibt er die Einkommensteuererklärung frei. S übermittelt die Einkommensteuererklärung für das Jahr X elektronisch im Rahmen der authentifizierten Datenübermittlung an das Finanzamt. Dieses setzt dann die Einkommensteuer wegen des fehlerhaften doppelten Abzugs der Verluste um 4.000 € zu wenig fest.

Frage: Haben A und S eine leichtfertige Steuerverkürzung begangen? Lösung s. Rn. 153

Fall 2

Vater V, der den Geschäftsbetrieb seines in die Insolvenz geratenen Speditionsbetriebs fortsetzen möchte, überredet seine volljährige Tochter T, die Einzelfirma F zu gründen und als deren Inhaberin aufzutreten. Tatsächlich führt V alle Geschäfte, dazu stattet ihn T mit den erforderlichen Vollmachten aus. Für das Jahr X geben weder T noch V bis zum 31.12. des Folgejahres eine Umsatzsteuerjahreserklärung ab. Der mit 19 % zu versteuernde Gesamtumsatz betrug 1.000.000 €. Nach Abzug der anrechenbaren Vorsteuer aus den Angaben der von V eingereichten Umsatzsteuervoranmeldungen für das Jahr X und der in diesem Zusammenhang geleisteten Zahlungen wurde ein Betrag von 20.000 € verkürzt.

T, die sich um den Geschäftsbetrieb nicht kümmerte und lediglich Unterschriften leistete, wenn ihr V das von ihr verlangte, vertraute darauf, dass V das Unternehmen ordnungsgemäß führen werde.

Frage: Kann die zuständige Behörde gegen T wegen leichtfertiger Steuerhinterziehung (§ 378 AO) oder Aufsichtspflichtverletzung (§ 130 OWiG) eine Geldbuße festsetzen? Lösung s. Rn. 154

---

63 Fall nach BFH Urteil v. 29.10.2013 – VIII R 27/10, damals allerdings noch zur Einkommensteuererklärung auf dem Papier mit Unterschrift des Steuerpflichtigen.

2. Bußgeldtatbestand; Rechtsnatur und Normzweck

127

Auszugs aus der Abgabenordnung (AO)
§ 378 Leichtfertige Steuerverkürzung

(1) ¹Ordnungswidrig handelt, wer als Steuerpflichtiger oder bei Wahrnehmung der Angelegenheiten eines Steuerpflichtigen eine der in § 370 Abs. 1 bezeichneten Taten leichtfertig begeht. ² § 370 Abs. 4 bis 7 gilt entsprechend.

(2) Die Ordnungswidrigkeit kann mit einer Geldbuße bis zu fünfzigtausend Euro geahndet werden.

(3) ¹Eine Geldbuße wird nicht festgesetzt, soweit der Täter gegenüber der Finanzbehörde die unrichtigen Angaben berichtigt, die unvollständigen Angaben ergänzt oder die unterlassenen Angaben nachholt, bevor ihm oder seinem Vertreter die Einleitung eines Straf- oder Bußgeldverfahrens wegen der Tat bekannt gegeben worden ist. ²Sind Steuerverkürzungen bereits eingetreten oder Steuervorteile erlangt, so wird eine Geldbuße nicht festgesetzt, wenn der Täter die aus der Tat zu seinen Gunsten verkürzten Steuern innerhalb der ihm bestimmten angemessenen Frist entrichtet. ³§ 371 Absatz 4 gilt entsprechend.

§ 370 Steuerhinterziehung

(1) Mit Freiheitsstrafe bis zu fünf Jahren oder mit Geldstrafe wird bestraft, wer

1. den Finanzbehörden oder anderen Behörden über steuerlich erhebliche Tatsachen unrichtige oder unvollständige Angaben macht,

2. die Finanzbehörden pflichtwidrig über steuerlich erhebliche Tatsachen in Unkenntnis lässt oder

3. pflichtwidrig die Verwendung von Steuerzeichen oder Steuerstemplern unterlässt

und dadurch Steuern verkürzt oder für sich oder einen anderen nicht gerechtfertigte Steuervorteile erlangt.

(2) [...]

(3) [...]

(4) ¹Steuern sind namentlich dann verkürzt, wenn sie nicht, nicht in voller Höhe oder nicht rechtzeitig festgesetzt werden; dies gilt auch dann, wenn die Steuer vorläufig oder unter Vorbehalt der Nachprüfung festgesetzt wird oder eine Steueranmeldung einer Steuerfestsetzung unter Vorbehalt der Nachprüfung gleichsteht. ²Steuervorteile sind auch Steuervergütungen; nicht gerechtfertigte Steuervorteile sind erlangt, soweit sie zu Unrecht gewährt oder belassen werden. ³Die Voraussetzungen der Sätze 1 und 2 sind auch dann erfüllt, wenn die Steuer, auf die sich die Tat bezieht, aus anderen Gründen hätte ermäßigt oder der Steuervorteil aus anderen Gründen hätte beansprucht werden können.

(5) Die Tat kann auch hinsichtlich solcher Waren begangen werden, deren Einfuhr, Ausfuhr oder Durchfuhr verboten ist.

(6) ¹Die Absätze 1 bis 5 gelten auch dann, wenn sich die Tat auf Einfuhr- oder Ausfuhrabgaben bezieht, die von einem anderen Mitgliedstaat der Europä-

ischen Union verwaltet werden oder die einem Mitgliedstaat der Europäischen Freihandelsassoziation oder einem mit dieser assoziierten Staat zustehen. ²Das Gleiche gilt, wenn sich die Tat auf Umsatzsteuern oder auf die in Artikel 1 Absatz 1 der Richtlinie 2008/118/EG des Rates vom 16. Dezember 2008 über das allgemeine Verbrauchsteuersystem und zur Aufhebung der Richtlinie 92/12/EWG (ABl. L 9 vom 14.1.2009, S. 12) genannten harmonisierten Verbrauchsteuern bezieht, die von einem anderen Mitgliedstaat der Europäischen Union verwaltet werden.

(7) Die Absätze 1 bis 6 gelten unabhängig von dem Recht des Tatortes auch für Taten, die außerhalb des Geltungsbereiches dieses Gesetzes begangen werden.

§ 371 Selbstanzeige bei Steuerhinterziehung

(1) [...]

(4) ¹Wird die in § 153 vorgesehene Anzeige rechtzeitig und ordnungsmäßig erstattet, so wird ein Dritter, der die in § 153 bezeichneten Erklärungen abzugeben unterlassen oder unrichtig oder unvollständig abgegeben hat, strafrechtlich nicht verfolgt, es sei denn, dass ihm oder seinem Vertreter vorher die Einleitung eines Straf- oder Bußgeldverfahrens wegen der Tat bekannt gegeben worden ist. ²Hat der Dritte zum eigenen Vorteil gehandelt, so gilt Absatz 3 entsprechend.

Der Bußgeldtatbestand der leichtfertigen Steuerverkürzung in § 378 AO ist Auffangtatbestand zum Straftatbestand der Steuerhinterziehung (§ 370 AO) und kommt nur dann zur Anwendung, wenn die Tat nicht vorsätzlich, sondern nur leichtfertig begangen wurde.⁶⁴ Geschützt wird der auf den jeweiligen Besteuerungsabschnitt bezogene staatliche Anspruch auf den vollen und rechtzeitigen Ertrag der betroffenen Steuer.⁶⁵

§ 378 AO ist ein Erfolgsdelikt im Form eines Verletzungsdelikts, weil eine Steuerverkürzung eingetreten oder ein nicht gerechtfertigter Steuervorteil erlangt sein muss.

3. Aufbau der Ordnungswidrigkeit

a) Tatbestand

aa) Täter

128 § 378 AO ist ein **Sonderdelikt**. Täter kann nach § 378 AO nur sein, wer als Steuerpflichtiger oder bei Wahrnehmung der Angelegenheiten eines Steuerpflichtigen handelt.

129 Wer **Steuerpflichtiger** ist, ergibt sich zunächst aus § 33 AO. Dem Steuerpflichtigen gleichgestellt sind die in §§ 34, 35 AO genannten Personen.

Beispiel: A hat Mieteinkünfte, ist damit Steuerschuldner (vgl. § 1 Abs. 1 S. 1 EStG) und somit Steuerpflichtiger i.S.d. § 33 AO. Ist A minderjährig, wird der Status „Steuerpflichtiger" gemäß § 34 Abs. 1 AO seinen Eltern zugerechnet.

---

64 BGH NStZ 1988, 276; JJR/*Joecks* § 378 Rn. 8.
65 Erbs/Kohlhaas/*Hadamitzky/Senge*, 233. EL Oktober 2020, AO § 370 Rn. 2; JJR/*Joecks* § 378 Rn. 6.

Bei Wahrnehmung der Angelegenheiten eines Steuerpflichtigen handelt, wessen Tun oder Unterlassen mit den steuerrechtlichen Pflichten eines Steuerpflichtigen in Zusammenhang steht.[66] Das sind in erster Linie Bevollmächtigte (§ 80 Abs. 1 AO) und Beistände (§ 80 Abs. 6 AO), aber auch jeder andere, der den Steuerpflichtigen (§§ 33 bis 35 AO) in seinen Steuerangelegenheiten unterstützt.[67] **130**

Beispiele: Im Außenverhältnis bevollmächtigte Steuerberater und Rechtsanwälte, nur im Innenverhältnis für den Steuerpflichtigen tätige Steuerberater und Rechtsanwälte, Angestellte des Steuerpflichtigen

§ 9 OWiG wird durch die Sonderregelungen in § 378 AO vollständig verdrängt: An die Stelle von § 9 Abs. 1 OWiG tritt § 34 AO, an die Stelle von § 9 Abs. 2 OWiG treten § 35 AO bzw. die Ausdehnung des Täterkreises auf jeden, der bei Wahrnehmung der Angelegenheiten des Steuerpflichtigen handelt.[68] **131**

bb) Tathandlungen

Tatbestandsmäßig handelt, **132**
- wer gegenüber Finanzbehörden oder anderen Behörden über steuerlich erhebliche Tatsachen unrichtige oder unvollständige Angaben macht (§§ 378, 370 Abs. 1 Nr. 1 AO): Begehungsdelikt
- wer Finanzbehörden pflichtwidrig über steuerlich erhebliche Tatsachen in Unkenntnis lässt (§§ 378, 370 Abs. 1 Nr. 2 AO): echtes Unterlassungsdelikt
- oder wer pflichtwidrig die Verwendung von Steuerzeichen oder Steuerstemplern unterlässt (§§ 378, 370 Abs. 1 Nr. 3 AO): echtes Unterlassungsdelikt

Die Tathandlung kann sowohl im Erhebungs- als auch im Vollstreckungsverfahren begangen werden. **133**

§ 8 OWiG ist nicht anwendbar, da § 370 Abs. 1 Nr. 2 u. 3 AO das Unterlassen abschließend regeln.[69] So können insbesondere Dritte, die nach den Steuergesetzen keine Offenbarungspflicht haben und daher nicht tatbestandsmäßig nach §§ 378, 370 Abs. 1 Nr. 2 AO handeln können, auch nicht über §§ 378, 370 Abs. 1 Nr. 1 AO, § 8 OWiG als Unterlassungstäter belangt werden. **134**

§ 14 OWiG ist schon deswegen nicht anwendbar, weil eine Beteiligung an einer fahrlässigen Tat nicht möglich ist (s. 2. Teil Rn. 148). **135**

(1) Falsche oder unrichtige Angaben (§§ 378, 370 Abs. 1 Nr. 1 AO)

Die Tathandlung nach §§ 378, 370 Abs. 1 Nr. 1 AO setzt ein aktives Tun voraus (Begehungsdelikt). **136**

Die Tat begeht beispielsweise der Steuerpflichtige (§§ 33 bis 35 AO), der beim Finanzamt schriftlich oder elektronisch seine selbst erstellte oder durch einen Dritten für ihn vorbereitete Steuererklärung mit falschen oder unrichtigen Angaben über für die Besteuerung erhebliche Tatsachen einreicht.

---

66 JJR/*Joecks* § 378 Rn. 15.
67 Erbs/Kohlhaas/*Hadamitzky*/*Senge*, AO § 378 Rn. 4.
68 Wie hier indirekt auch Erbs/Kohlhaas/*Hadamitzky*/*Senge*, AO § 378 Rn. 3–4a, die keine Ausführungen zu § 9 OWiG machen; a.A. Klein/*Jäger*, AO § 378 Rn. 7.
69 Vgl. zum Strafrecht MüKoStGB/Schmitz/Wulf, AO § 370 Rn. 357–360; aA Erbs/Kohlhaas/*Hadamitzky*/ *Senge*, AO § 370 Rn. 15.

Ein Dritter (z.B. Steuerberater oder Rechtsanwalt), der die Steuerklärung mit den falschen oder unrichtigen Angaben anfertigt (und beim Finanzamt einreicht), handelt nur dann tatbestandsmäßig, wenn er die Steuererklärung als bevollmächtigter Vertreter des Steuerpflichtigen abgibt (§ 80 Abs. 1 AO), nicht aber, wenn er ausschließlich nur im Innenverhältnis und/oder als Bote für den Steuerpflichtigen tätig wird.

Beispiel: Der Steuerpflichtige hat den Steuerberater lediglich beauftragt, für ihn die schriftliche Einkommensteuererklärung zu erstellen, nicht aber damit, gegenüber dem Finanzamt als sein Bevollmächtigter aufzutreten. Selbst wenn die vom Steuerpflichtigen unterzeichnete Erklärung dann einen Mitwirkungsvermerk des Steuerberaters enthält, gibt nicht der Steuerberater im Namen des Steuerpflichtigen, sondern weiterhin nur der Steuerpflichtige die Einkommensteuererklärung gegenüber dem Finanzamt ab.[70] Entsprechendes gilt auch im elektronischen Verfahren, wenn der Steuerberater als Bote für den Steuerpflichtigen dessen Steuererklärung an das Finanzamt übermittelt. [71]

137 Hat nicht der Steuerpflichtige (§§ 33 bis 35 AO), sondern ein Dritter gegenüber der Finanzbehörde bzw. sonstigen Behörde im Namen des Steuerpflichtigen die falschen bzw. unvollständigen Angaben über die steuererheblichen Tatsachen gemacht, kommt eine leichtfertige Steuerverkürzung des Steuerpflichtigen nach §§ 378, 370 Abs. 1 AO mangels eines aktiven Tuns nicht in Betracht. Dann ist zu prüfen, ob der Steuerpflichtige dadurch, dass er entgegen § 153 AO keine bzw. verspätete Angaben gemacht hat, um die in seinem Namen gemachten falschen bzw. unvollständigen Angaben zu berichten, eine leichtfertige Steuerverkürzung durch echtes Unterlassen nach §§ 378, 370 Abs. 1 Nr. 2 AO begangen hat.[72]

(2) Keine oder nicht rechtzeitige Angaben (§§ 378, 370 Abs. 1 Nr. 2 AO)

138 Die Tathandlung nach §§ 378, 370 Abs. 1 Nr. 1 AO setzt ein Unterlassen voraus (echtes Unterlassungsdelikt).

Tatbestandsmäßig handelt, wer gar nicht oder nicht rechtzeitig gegenüber der zuständigen (Finanz-)Behörde Angaben über steuerlich erhebliche Tatsachen macht, obwohl er hierzu nach dem Steuerrecht gesetzlich verpflichtet ist.

Beispiele: § 25 EStG, § 56 EStDV regeln, wer verpflichtet ist, für das abgelaufene Kalenderjahr eine Einkommensteuererklärung abzugeben. Nach § 149 Abs. 2 S. 1 AO ist diese grundsätzlich bis zum 31.07. des Folgejahres abzugeben, wenn kein Steuerberater mitwirkt. Verstößt der Erklärungspflichtige hiergegen, handelt er tatbestandsmäßig.

Nach § 153 Abs. 1 Nr. 1 S. 1 AO ist ein Steuerpflichtiger, der vor Ablauf der Festsetzungsfrist erkennt, dass eine von ihm oder für ihn abgegebene Erklärung unrichtig oder unvollständig ist und dass es dadurch zu einer Verkürzung von Steuern kommen kann oder bereits gekommen ist, verpflichtet, dies unverzüglich anzuzeigen und die erforderliche Richtigstellung vorzunehmen. Wer dies als Steuerpflichtiger bzw. nach §§ 34 u. 35 AO gleichgestellte Person (oder dessen Gesamtrechtsnachfolger, siehe § 153 Abs. 1 S. 2 AO) nicht tut, handelt tatbestandsmäßig.

139 Wie bei allen Unterlassungsdelikten muss die Vornahme der unterlassenen Handlung dem Täter tatsächlich möglich gewesen sein (ungeschriebenes Tatbestandsmerkmal).

---

70 BFH DStR 2013, 2694; BayObLG wistra 94, 34; OLG Zweibrücken NStZ-RR 09, 81.
71 Vgl. Klein/*Rätke*, AO § 150 Rn. 14.
72 Vgl. OLG Hamm JZ 1960, 95; Erbs/Kohlhaas/*Hadamitzky/Senge*, AO § 370 Rn. 22.

(3) Unterlassen der Verwendung von Steuerzeichen oder Steuerstemplern (§§ 378, 370 Abs. 1 Nr. 3 AO)

Ein echtes Unterlassungsdelikt ist auch die Tatbegehung nach §§ 378, 370 Abs. 1 Nr. 3 AO. Bedeutung hat die Norm nur bei der leichtfertigen Steuerverkürzung von Tabaksteuer (§ 17 TabStG). Auch hier ist Voraussetzung, dass dem Täter die Verwendung der Steuerzeichen oder Steuerstempler tatsächlich möglich war. **140**

cc) Taterfolg

§ 378 AO ist ein Erfolgsdelikt. Ist der Taterfolg ausgeblieben, hat der Betroffene keine leichtfertige Steuerverkürzung begangen. Der Taterfolg ist eingetreten, wenn Steuern verkürzt wurden oder der Täter für sich oder einen anderen einen nicht gerechtfertigten Steuervorteil erlangt hat. **141**

(1) Steuerverkürzung

Gegenstand können nur Steuern im Sinne von § 3 Abs. 1 AO, nicht aber steuerliche Nebenleistungen (§ 3 Abs. 3 AO) sein.[73] **142**

Nach § 370 Abs. 4 S. 1 Hs. 1 AO sind Steuern insbesondere dann verkürzt, wenn sie nicht, nicht in voller Höhe oder nicht rechtzeitig festgesetzt werden. **143**

In den Fällen der falschen oder unvollständigen Steuererklärung im Erhebungsverfahren (§§ 378, 370 Abs. 1 Nr. 1 AO) liegt eine Steuerverkürzung vor, wenn die Soll-Steuer, also die Steuer, die sich aus dem wahren Sachverhalt ergibt, höher als die aufgrund des falschen bzw. unvollständigen Sachverhalts festgesetzte Ist-Steuer ist.[74] Ob die Steuer, auf die sich die Tat bezieht, aus anderen Gründen hätte ermäßigt werden können, ist irrelevant (Kompensationsverbot nach § 370 Abs. 4 S. 3 AO). **144**

Wird die Steuer vom Finanzamt durch Steuerbescheid festgesetzt (§ 155 Abs. 1 S. 1 AO), ist die Tat mit Bekanntgabe des fehlerhaften Steuerbescheids vollendet (§§ 122, 124 AO). In den Fällen der Steueranmeldung (wie bei der Umsatzsteuer) ist die Tat mit Abgabe der wirksamen Steueranmeldung vollendet (§§ 167, 168 AO).

Beispiele: Werden in der Umsatzsteuer-Voranmeldung (§ 18 Abs. 1 S. 1 UStG) nicht alle umsatzsteuerpflichtigen Einnahmen mitgeteilt, so dass der Unternehmer nach der Umsatzsteuer-Voranmeldung nur eine Vorauszahlung von 2.000 € zu leisten hat, obwohl er tatsächlich 3.000 € zu leisten hätte, ist der Taterfolg mit Abgabe der Umsatzsteuer-Voranmeldung eingetreten. Werden in der Einkommensteuererklärung nicht alle Einnahmen mitgeteilt, ist der Taterfolg eingetreten, sobald das Finanzamt den Einkommensteuerbescheid mit der zu niedrig berechneten Einkommensteuer bekannt gegeben hat.

In den Fällen der unterlassenen oder nicht rechtzeitig eingereichten Steuererklärung bzw. bei unterlassener oder verspäteter Berichtigung (§§ 378, 370 Abs. 1 Nr. 2 AO) ist die Steuerverkürzung zum einen dann eingetreten, wenn die Soll-Steuer nicht rechtzeitig, sondern verspätet festgesetzt wird. Das ist der Zeitpunkt, zu dem der Täter bei fristgerechter Abgabe der Steuererklärung spätestens veranlagt worden wäre.[75] Wie genau das im Einzelfall zu ermitteln ist, ist umstritten.[76] **145**

---

[73] BGH wistra 1998, 180.
[74] vgl BGH NZWiSt 2019, 461.
[75] BGH wistra 99, 385.
[76] Vgl. dazu Klein/Jäger, AO § 370 Rn. 92a.

Beispiel: E gibt seine Steuererklärung 8 Monate zu spät ab. Zu diesem Zeitpunkt hat sein Finanzamt die Bearbeitung aller fristgerecht eingegangenen Steuererklärungen noch nicht abgeschlossen. Damit hat E keine leichtfertige Steuerhinterziehung begangen. Wäre die Veranlagung aller fristgerecht eingegangenen Steuererklärungen bereits einen Tag vor der Abgabe seiner Steuererklärung abgeschlossen gewesen, wäre die Tat vollendet.

Wenn das Finanzamt vor Abschluss der Veranlagung der rechtzeitig eingegangenen Steuererklärungen bereits einen Schätzungsbescheid erlässt, so wird die Steuer nicht verspätet festgesetzt. In diesen Fällen handelt der Täter nur dann ordnungswidrig, wenn die im Schätzungsbescheid festgesetzte Steuer zu niedrig ist; der Taterfolg tritt mit Bekanntgabe der zu niedrigen Steuerfestsetzung ein.[77]

(2) Steuervorteil

146 Steuervorteile sind steuerliche Vergünstigungen, die von einer Finanzbehörde bewilligt oder belassen werden und den staatlichen Steueranspruch beeinträchtigen. Wirtschaftliche Vorteile in Bezug auf steuerliche Nebenleistungen (§ 3 Abs. 3 AO) gehören nicht dazu.[78] Ebenfalls abzugrenzen sind Subventionen (der leichtfertige Subventionsbetrug ist eine Straftat nach § 264 Abs. 5 StGB).

Beispiele: Einen ungerechtfertigten Steuervorteil erlangt beispielsweise, wer im Erhebungsverfahren durch falsche oder unvollständige Angaben eine ungerechtfertigte Stundung einer Steuer oder eine ungerechtfertigte Erstattung von Vorsteuerbeträgen erlangt oder wer im Vollstreckungsverfahren durch falsche oder unvollständige Angaben eine aussichtsreiche Vollstreckungsmaßnahme verzögert oder unmöglich macht. Keinen Steuervorteil erlangt, wer durch falsche Behauptungen einen Verspätungszuschlag oder einen Säumniszuschlag abwehrt.

dd) Kausalität bzw. Quali-Kausalität beim Unterlassen

147 Die Steuerverkürzung bzw. der nicht gerechtfertigte Steuervorteil muss durch die Tathandlung (das aktive Tun bzw. echte Unterlassen) des Täters verursacht worden sein.

ee) Objektive Leichtfertigkeit

148 Weiterhin muss der Täter die Sorgfalt außer Acht gelassen hat, die von einem normgetreuen Steuerpflichtigen in der konkreten Tatsituation erwartet werden konnte, um den Eintritt des sich aufdrängenden Taterfolgs (Steuerverkürzung bzw. ungerechtfertigter Steuervorteil) zu verhindern.

Beispiele: Wer die von einem Dritten für ihn vorbereitete Steuererklärung ungeprüft beim Finanzamt einreicht, handelt leichtfertig, denn einem normgetreuen Steuerpflichtigen wüsste, dass es zu einer Steuerverkürzung kommen kann, wenn er die Steuererklärung vor der Abgabe noch nicht einmal nachliest. Wer die Angabe von hohen Beträgen in der Steuererklärung vergisst, handelt objektiv leichtfertig. Ebenso handelt objektiv leichtfertig, wer die Angabe eines Betrags vergisst, der zwar nicht in der absoluten Summe besonders hoch ist, aber einen hohen Anteil an den Gesamteinnahmen darstellt.

---

77 BGH NStZ 13, 410; Klein/*Jäger*, AO § 370 Rn. 92.
78 Vgl. BHG wistra 1998, 180.

ff) Pflichtwidrigkeitszusammenhang

Der Taterfolg (Steuerverkürzung bzw. ungerechtfertigter Steuervorteil) muss auf dem sorgfaltswidrigen Verhalten des Täters beruhen (Pflichtwidrigkeitszusammenhang). 149

Wäre der Taterfolg auch eingetreten, wenn der Täter die objektive Sorgfaltspflicht beachtet hätte, ist der Tatbestand nicht erfüllt.[79] Nach richtiger Rechtsauffassung scheidet eine Zurechnung des Erfolgs auch dann aus, wenn offen bleibt, ob der Taterfolg bei Beachtung der objektiven Sorgfaltspflicht verhindert worden wäre (in dubio pro reo).[80]

Beispiel: Objektiv leichtfertig handelt, wer die von einem Steuerberater vorbereitete Steuererklärung einfach unterschreibt, ohne diese nochmals auf Richtigkeit zu prüfen. Wenn dem Täter der Fehler aber auch nicht aufgefallen wäre, wenn er die Steuererklärung gründlich gelesen hätte und er sich auf die Zuverlässigkeit des Steuerberaters hätte verlassen dürfen, besteht kein Pflichtwidrigkeitszusammenhang. Der Tatbestand ist dann nicht verwirklicht, eine Ahndbarkeit scheidet aus. Gleiches gilt, wenn offen bleibt, ob der Taterfolg verhindert worden wäre, wenn der Täter die Steuererklärung noch einmal gelesen hätte.

b) Subjektive Leichtfertigkeit (bei Vorwerfbarkeit zu prüfen)

Subjektiv leichtfertig handelt der Täter, wenn er bei seinen persönlichen Fähigkeiten und Kenntnissen in der Lage gewesen wäre, den groben Sorgfaltsverstoß zu vermeiden.[81] 150

c) Bußgeldbefreiende Selbstanzeige (Berichtigung nach § 378 Abs. 3 AO)

Nach § 378 Abs. 3 S. 1 AO darf die Tat nicht geahndet werden, soweit der Täter die unrichtigen Angaben berichtigt, die unvollständigen Angaben ergänzt oder die unterlassenen Angaben nachholt, bevor ihm oder seinem Vertreter die Einleitung eines Straf- oder Bußgeldverfahrens wegen der Tat bekannt gegeben worden ist. Außerdem muss der Steuerpflichtige die verkürzte Steuer innerhalb der ihm vom Finanzamt bestimmten angemessenen Frist entrichtet haben, § 378 Abs. 3 S. 1 AO. 151

Wie sich der Täter verhalten muss, wenn nicht zuerst er, sondern das Finanzamt den Fehler entdeckt und den Täter darauf hinweist, ist umstritten. Teilweise wird vertreten, dass es nicht ausreiche, wenn der Täter der Richtigstellung durch das Finanzamt bloß zustimme und kooperiere, vielmehr müsse es sich in Form einer Selbstanzeige selbst explizit äußern.[82] 152

4. Lösungsvorschlag

Zu Fall 1 153

Ahndbarkeit des A

<u>Vorprüfung nach § 21 Abs. 1 S. 1 OWiG</u>

Eine vorrangig zu prüfende Straftat in Form der Steuerhinterziehung nach § 370 Abs. 1 Nr. 1 AO kommt hier nicht in Betracht, da A nicht wusste, dass der Steuerberater bei der Gewinnermittlung die Verluste aus der Laborgemeinschaft nochmals berücksichtigt hatte, und damit nicht vorsätzlich handelte.

---

79 FG BaWü EFG 2004, 867.
80 BGHSt 11,1.
81 BFH DStR 2014, 1827; BGH wistra 2011, 465.
82 Vgl. OLG Oldenburg wistra 1998, 71; aA OLG Karlsruhe NStZ-RR 1996, 372: Kooperation und vollständige Anerkennung bei einer Außenprüfung genügt.

Leichtfertige Steuerverkürzung (§ 378 AO)

A könnte eine leichtfertige Steuerverkürzung nach § 378 AO i.V.m. § 370 Abs. 1 Nr. 1 AO begangen haben, indem er den S beim Finanzamt seine Einkommensteuererklärung für das Jahr X einreichen ließ, in der die Gewinneinnahmen aus seiner ärztlichen Tätigkeit um 10.000 € zu niedrig angegeben wurden.

Tatbestand

Täter

Als Schuldner der Einkommensteuer und damit als Steuerpflichtiger (§ 33 AO) i.S.d. § 378 AO ist A tauglicher Täter dieses Sonderdelikts.

Tathandlung

Tatbestandsmäßig i.S.d. § 378 S. 1 AO i.V.m. § 370 Abs. 1 Nr. 1 AO handelt u.a., wer einer Finanzbehörde über steuerlich erhebliche Tatsachen unrichtige Angaben macht. Die Verluste aus der Beteiligung an der Laborgemeinschaft wurden zu Unrecht auch bei der Gewinnermittlung der Einkünfte aus der selbstständigen Tätigkeit als Arzt noch einmal berücksichtigt, so dass der in der Steuererklärung angegebene Gewinn aus dieser Tätigkeit unrichtig war. Problematisch ist, ob A die unrichtigen Angaben selbst gemacht hat. Dies setzt ein aktives Tun voraus. Zwar hat zunächst der Steuerberater S und nicht A den Gewinn berechnet und die fehlerhafte Angabe in die Steuererklärung eingetragen. A hat den Entwurf der Steuererklärung allerdings ausdrücklich gebilligt, damit zu seiner eigenen Steuererklärung gemacht und diese über den Steuerberater dem Finanzamt zukommen lassen. Damit liegt ein aktives Tun des A vor.

Taterfolg

Weiter müsste gemäß § 378 S. 1 AO i.V.m. § 370 AO der Erfolg, d.h. eine Steuerverkürzung oder ein ungerechtfertigter Steuervorteil eingetreten sein. Nach § 378 S. 2 AO i.V.m. § 370 Abs. 4 S. 1 Hs. 1 AO sind Steuern namentlich dann verkürzt, wenn sie nicht, nicht in voller Höhe oder nicht rechtzeitig festgesetzt werden. Dabei ist durch einen Soll-Ist-Vergleich zu bestimmen, ob bei richtiger Angabe der steuererheblichen Tatsachen eine höhere Steuer festgesetzt worden wäre. Hier wäre eine um 3.000 € höhere Steuer festgesetzt worden, wenn die Verluste aus der Laborgemeinschaft nicht wie geschehen als Betriebsausgabe bei den Einnahmen aus der selbstständigen Tätigkeit geltend gemacht worden wären. Ob die Ist-Steuer ggf. aus anderen Gründen im Ergebnis doch richtig war, spielt dabei keine Rolle (§ 370 Abs. 4 S. 3 AO). Der Taterfolg ist damit eingetreten.

Kausalität

Ohne dass A die vom Steuerberater vorbereitete Steuererklärung mit der fehlerhaften doppelten Zurechnung der Verluste bei der Ermittlung des Gewinns aus nichtselbstständiger Tätigkeit gebilligt hätte, wäre es zu der Steuerverkürzung nicht gekommen. Damit ist das Handeln des A ursächlich für den Erfolg.

Objektive Leichtfertigkeit

A müsste auch objektiv leichtfertig gehandelt haben, also die Sorgfalt außer Acht gelassen haben, die von einem normgetreuen Steuerpflichtigen in der konkreten Tatsituation erwartet werden konnte, um den Eintritt des sich objektiv aufdrängenden Taterfolgs zu verhindern. Von einem normgetreuen Steuerpflichtigen kann nicht erwartet werden, dass er eine von seinem Steuerberater vorbereitete Steuererklärung vor der Abgabe noch einmal in allen Einzelheiten prüft, wenn er keine Zweifel an der Zuverlässigkeit des Steuerberaters haben muss und zuvor selbst dem Steuerberater alle erforderlichen Unterlagen korrekt zur Verfügung gestellt hat. Es genügt eine allgemeine grobe Nachrprüfung. Dem ist A nachgekommen. Damit handelte A nicht objektiv leichtfertig.

A hat keine Ordnungswidrigkeit nach § 378 AO begangen.

Ahndbarkeit des S

Vorprüfung nach § 21 Abs. 1 S. 1 OWiG

Eine vorrangig zu prüfende Straftat in Form der Steuerhinterziehung nach § 370 Abs. 1 Nr. 1 AO kommt auch bei S nicht in Betracht, da er die Verluste aus der Laborgemeinschaft lediglich versehentlich und nicht wissentlich nochmals bei der Gewinnermittlung aus selbstständiger Tätigkeit berücksichtigte.

Leichtfertige Steuerverkürzung (§ 378 AO)

S könnte eine leichtfertige Steuerverkürzung nach § 378 AO i.V.m. § 370 Abs. 1 Nr. 1 AO begangen haben, indem er die fehlerhafte Einkommensteuererklärung für den A vorbereitete.

Tatbestand

Täter

S nimmt als Steuerberater für den A dessen Steuerangelegenheiten wahr und ist damit grundsätzlich ein tauglicher Täter i.S.d. § 378 AO.

Tathandlung

Problematisch ist aber, ob S gegenüber dem Finanzamt gemäß § 378 S. 1 AO i.V.m. § 370 Abs. 1 Nr. 1 AO unrichtige Angaben über steuererhebliche Tatsachen machte. Zwar bereitete er die fehlerhafte Steuererklärung für den S vor. Allerdings war er nur im Innenverhältnis für den A tätig und nicht nach § 80 Abs. 1 AO von diesem dazu bevollmächtigt worden, ihn im Steuerverfahren gegenüber dem Finanzamt zu vertreten und in seinem Namen die Steuererklärung abzugeben. Die Abgabe der Steuererklärung ist allein dem A zuzurechnen. Damit handelte S nicht tatbestandsmäßig und hat keine leichtfertige Steuerverkürzung nach §§ 378, 370 Abs. 1 Nr. 1 AO begangen.

Eine fahrlässige Beteiligung an einer leichtfertigen Steuerverkürzung nach § 378 AO § 14 OWiG kommt ebenfalls nicht in Betracht. Selbst wenn man entgegen der h.M. auch eine fahrlässige Beteiligung an einer fahrlässig (bzw. hier leichtfertig) begangenen Haupttat für möglich hielte, so läge hier jedenfalls wie oben geprüft keine leichtfertig begangene Haupttat des A vor.

Zu Fall 2 154

Die zuständige Behörde kann eine Geldbuße festsetzen, wenn die Handlung der T keine Straftat nach § 370 AO, sondern nur eine Ordnungswidrigkeit (eine leichtfertige Steuerhinterziehung nach § 378 AO oder eine Aufsichtsverletzung nach § 130 OWiG) darstellt.

T hat dadurch, dass sie als Steuerpflichtige die Umsatzsteuerjahreserklärung nicht abgab, keine Steuerhinterziehung nach § 370 Abs. 1 Nr. 2 AO begangen, weil sie darauf vertraute, dass ihr Vater alle für eine Geschäftsführung erforderlichen Maßnahmen in ihrem Namen ergreifen werde. Damit wusste sie nicht, dass sie es unterließ, die entsprechende Umsatzsteuererklärung abzugeben und handelte folglich nicht vorsätzlich, was für eine Steuerhinterziehung nach § 370 Abs. 1 Nr. 2 AO aber erforderlich wäre.

Indem T die Umsatzsteuerjahreserklärung weder selbst abgab, noch dafür Sorge trug, dass ihr Vater diese abgab, könnte T eine Ordnungswidrigkeit in Form einer leichtfertigen Steuerverkürzung nach § 378 Abs. 1 S. 1 AO verwirklicht haben. Danach handelt ordnungswidrig, wer als Steuerpflichtiger oder bei Wahrnehmung der Angelegenheiten eines Steuerpflichtigen eine der in § 370 Abs. 1 AO bezeichneten Taten leichtfertig begeht.

a) Taterfolg

Zunächst müsste eine Steuerverkürzung eingetreten sein. Eine Steuerverkürzung liegt nach § 378 Abs. 1 S. 2, 370 Abs. 4 S. 1 AO u.a. dann vor, wenn Steuern nicht, nicht in voller Höhe oder nicht rechtzeitig festgesetzt werden. Bei der unterlassenen oder nicht rechtzeitig eingereichten Steuererklärung ist entscheidend, ob die Soll-Steuer nicht rechtzeitig festgesetzt wird. Da die Umsatzsteuerjahresanmeldung einer Steuerfestsetzung gleich steht (§ 168 AO) und nach dieser die noch verbleibende Zahllast bei ordnungsgemäßer Angabe 20.000 € betragen hätte, ist die Steuerverkürzung in Höhe von 20.000 € mit Ablauf des Datums, bis zu dem die Umsatzsteuerjahresanmeldung abzugeben war, eingetreten.

b) Tathandlung

§§ 378, 370 Abs. 1 Nr. 2 AO ist ein echtes Unterlassungsdelikt. Tatbestandsmäßig handelt, wer die Finanzbehörden pflichtwidrig über steuerlich erhebliche Tatsachen in Unkenntnis lässt. Als Unternehmerin ist T zur Abgabe der Umsatzsteuerjahreserklärung nach § 18 Abs. 3 S. 1 UStG verpflichtet. Die Abgabe war ihr auch möglich. Indem T die Steuererklärung nicht abgab bzw. nicht dafür sorgte, dass diese durch ihren Vater abgegeben wird, handelte sie tatbestandsmäßig.

c) Quasi-Kausalität der Tathandlung für den Erfolgseintritt

Die Nichtabgabe der Umsatzsteuerjahreserklärung müsste auch ursächlich für die Steuerverkürzung in Höhe von 20.000 € gewesen sein. Zwar wäre eine Steuerverkürzung auch eingetreten, wenn T zwar dafür Sorge getragen hätte, dass eine Umsatzsteuerjahreserklärung rechtzeitig eingereicht worden wäre, ihr Vater in dieser aber weiterhin durch Nichtangabe umsatzsteuerpflichtiger Einnahmen die ausstehende Zahllast von 20.000 € verschwiegen hätte. Das aber wäre eine reine Spekulation über eine andere Straftat, die in diesem Rahmen unzulässig ist. Die erforderliche Ursächlichkeit ist damit gegeben.

d) Objektive Leichtfertigkeit

T müsste objektive Leichtfertigkeit vorzuwerfen sein.

Objektiv leichtfertig, wer die im Verkehr erforderliche Sorgfalt in besonderem Maße außer Acht lässt (grober Verstoß gegen die Sorgfaltspflicht), obwohl sich ihm hätte aufdrängen müssen, dass dieser Sorgfaltsverstoß zur Steuerverkürzung bzw. zu dem ungerechtfertigten Steuervorteil führt (Vorhersehbarkeit des Taterfolgs).

Ein normgetreuer Steuerpflichtiger in der Tatsituation der T hätte sich entweder selbst um die Abgabe der Umsatzsteuerjahreserklärung gekümmert, sich die Umsatzsteuerjahreserklärung pünktlich zur Unterschrift vorlegen lassen oder zumindest den Dritten, dem er die Verfügungsmacht über das Unternehmensvermögen übertragen hat (vgl. § 35 AO), überwacht, um zu vermeiden, dass es zu einer Steuerverkürzung kommt, dies insbesondere schon allein deswegen, weil der hier verfügungsberechtigte Vater der T bereits einen eigenen Betrieb wegen Insolvenz aufgeben musste.

4. Teil: Einführung in das besondere materielle Ordnungswidrigkeitenrecht

Zwar hat T alles unterschrieben, was der Vater ihr vorlegte. Ob der Vater aber überhaupt für ihr Unternehmen als Verfügungsberechtigter Steuererklärungen abgab, hat sie aus eigener Initiative nicht überprüft. Damit handelte sie objektiv leichtfertig.

e) Pflichtwidrigkeitszusammenhang

Zwischen dem Verstoß gegen die Sorgfaltspflicht (also der fehlenden Kontrolle des Vaters) und dem Taterfolg (Nichtfestsetzung der geschuldeten verbleibenden Soll-Steuer in Höhe von 20.000) bestand auch der erforderliche Pflichtwidrigkeitszusammenhang. Zwar ist der Taterfolg in erster Linie ihrem Vater zuzurechnen, der nach § 370 Abs. 1 Nr. 2 AO als Verfügungsberechtigter (§ 35 AO) und Tatnächster die Tat in Form einer strafbaren Steuerverkürzung vorsätzlich begangen hat. An der daneben weiterhin bestehenden Verantwortlichkeit der T als Betriebsinhaberin ändert das aber nichts.

f) Rechtswidrigkeit und Vorwerfbarkeit

Weiter war die Tat auch rechtswidrig.

Vorzuwerfen ist T die Tat nur dann, wenn T auch subjektiv leichtfertig gehandelt hat. Sie muss also nach ihren individuellen Kenntnissen und Fähigkeiten in der Lage gewesen sein zu erkennen, dass es zu einer Steuerverkürzung kommen kann, wenn sie ihren Vater überhaupt nicht überwacht. T war hier zwar gutgläubig. Der Sachverhalt enthält aber keine Angaben dazu, dass sie nicht in der Lage gewesen wäre, der von ihr verlangten Sorgfaltspflicht nachzukommen. Damit handelte T auch vorwerfbar.

Sie hat eine leichtfertige Steuerverkürzung nach §§ 378, 370 Abs. 1 Nr. 2 AO begangen.[83]

V. Die Steuergefährdung (§ 379 AO)

1. Ausgangsfälle

A ist seit einer Woche neuer Buchhalter in dem als Einzelunternehmen geführten Gewerbebetrieb des Inhabers U. Er ist als Berufsanfänger hoffnungslos überfordert, wurde nicht richtig eingearbeitet und bemerkt daher nicht, dass er bereits in der ersten Woche alle 5 Belege, die er jeweils als eine Betriebsausgabe hätte verbuchen müssen, jeweils zweimal berücksichtigt, weil den 5 Originalbelegen jeweils eine Kopie beigefügt war, die für andere Zwecke benötigt wird.

Noch bevor gegenüber dem Finanzamt irgendwelche Steuererklärungen abgegeben werden, werden die 5 Fehlbuchungen von einem anderen Mitarbeiter festgestellt.

Frage: Hat A eine Ordnungswidrigkeit begangen? Lösung s. Rn. 159

2. Bußgeldnorm; Prüfungspunkte

Nach § 379 Abs. 1 S. 1 AO handelt u.a. ordnungswidrig, wer vorsätzlich oder leichtfertig Belege ausstellt, die in tatsächlicher Hinsicht unrichtig oder falsch sind (Nr. 1) oder nach Gesetz buchungs- oder aufzeichnungspflichtige Geschäftsvorfälle oder Betriebsvorgänge nicht oder in tatsächlicher Hinsicht unrichtig aufzeichnet oder auf-

---

[83] Wer hier die Auffassung vertritt, dass keine Leichtfertigkeit vorliegt, beispielsweise weil auch ein pflichtbewusster Unternehmer mit der Tat des Vaters nicht hätte rechnen müssen, oder weil kein Pflichtwidrigkeitszusammenhang besteht, weil die Tat ausschließlich dem Vater zuzurechnen ist, müsste dann nach Ablehnung der leichtfertigen Steuerverkürzung den § 130 OWiG prüfen und bejahen.

zeichnen lässt, verbucht oder verbuchen lässt, und dadurch ermöglicht, Steuern zu verkürzen oder nicht gerechtfertigte Steuervorteile zu erlangen (Nr. 3).

157 Wenn der Steuerpflichtige i.S.d. §§ 33 bis 35 AO unrichtige oder falsche Belege ausstellt oder Geschäftsvorfälle oder Betriebsvorgänge nicht oder falsch aufzeichnet (bucht) bzw. aufzeichnen (buchen) lässt, diese seiner Steuererklärung zugrunde legt und es dann zu einer Steuerverkürzung bzw. einem ungerechtfertigten Steuervorteil kommt, sind vorrangig §§ 370, 378 AO zu prüfen. § 379 Abs. 1 S. 1 AO tritt als Vorbereitungshandlung im Wege der Gesetzeskonkurrenz zurück.

Beispiel: A begeht eine Steuerhinterziehung (§ 370 Abs. 1 AO), wenn er eine private Reise vorsätzlich als Betriebsausgabe bucht, das dann so in seiner Steuererklärung berücksichtigt und das Finanzamt daraufhin im Einkommensteuerbescheid zu wenig Steuern festsetzt. Entdeckt das Finanzamt den Fehler noch vor dem Erstellen des Einkommensteuerbescheids, hat A eine versuchte Steuerhinterziehung begangen (§ 370 Abs. 2 AO). Hat A die private Reise nur leichtfertig als Betriebsausgabe gebucht, hat er eine leichtfertige Steuerverkürzung begangen, wenn das Finanzamt die Einkommensteuer zu niedrig ansetzt (§ 378 Abs. 1 AO).

Wird die vorsätzliche oder leichtfertige falsche Buchung noch vor Abgabe der Steuererklärung entdeckt oder die leichtfertige falsche Buchung vor Festsetzung der Einkommensteuer, liegt eine Ordnungswidrigkeit nach § 379 Abs. 1 S. 1 Nr. 3 AO vor.

158 Wenn ein anderer als der Steuerpflichtige vorsätzlich unrichtige oder falsche Belege ausstellt oder vorsätzlich Geschäftsvorfälle oder Betriebsvorgänge nicht oder falsch aufzeichnet, ist zunächst zu prüfen, ob sich der Betroffene dadurch wegen Mittäterschaft, mittelbarer Täterschaft, Anstiftung oder Beihilfe an der vorsätzliche Steuerhinterziehung eines Dritten oder wegen einer anderen Straftat strafbar gemacht hat. Praktische Bedeutung hat hier daher vor allem die leichtfertige Verwirklichung von § 379 Abs. 1 AO durch Personen, die nicht der Steuerpflichtige sind.

Beispiel: Gastwirt U und sein angestellter Buchhalter B verabreden, dass B mehrere Einnahmen für Getränke nicht verbucht. Wie geplant werden vom Finanzamt aufgrund der Steuererklärung des U insgesamt 10.000 € Steuern zu wenig angesetzt. Hier haben sich U und B beide bereits strafbar gemacht, die Ordnungswidrigkeiten nach § 379 Abs. 1 AO, § 14 OWiG treten dahinter zurück (§ 21 Abs. 1 S. 1 OWiG).

3. Lösungsvorschlag

159 A könnte, indem er Betriebsausgaben doppelt verbuchte, eine leichtfertige Steuergefährdung nach § 379 Abs. 1 S. 1 Nr. 3 AO begangen haben. Eine vorrangig zu prüfende vorsätzliche Begehungsweise kommt nicht in Betracht, da A die fehlerhaften Buchungen jedenfalls nicht wissentlich vornahm.

Tatbestandsmäßig handelt, wer leichtfertig nach Gesetz buchungs- oder aufzeichnungspflichtige Geschäftsvorfälle oder Betriebsvorgänge nicht oder in tatsächlicher Hinsicht unrichtig aufzeichnet oder aufzeichnen lässt, verbucht oder verbuchen lässt, und dadurch Steuern zu verkürzen oder nicht gerechtfertigte Steuervorteile zu erlangen.

a) Tathandlung

Indem A in 5 Fällen Betriebsausgaben doppelt verbucht, hat er fünf nach dem Gesetz buchungspflichtige Geschäftsvorfälle in tatsächliche Hinsicht unrichtig aufgezeichnet.

b) Täter

Täter dieser Variante der Tathandlung kann jedermann sein. A ist damit tauglicher Täter.

c) Konkrete Gefahr; Kausalität von Tathandlung und Gefahr

Durch die falsche Buchung hat A ermöglicht, dass es möglicherweise im Rahmen einer späteren Steuerfestsetzung dazu kommen kann, dass zu wenig Steuern festgesetzt und somit Steuern verkürzt werden. Dass die Gefahr bereits dadurch beseitig wurde, dass ein anderer Mitarbeiter den Fehler entdeckt hat, steht dem nicht entgegen.

d) Objektive Leichtfertigkeit

Objektiv leichtfertig handelt, wer die im Verkehr erforderliche Sorgfalt außer Acht lässt, obwohl es sich ihm hätte aufdrängen müssen, dass durch den Verstoß gegen die Sorgfaltspflicht eine Steuerverkürzung bzw. ein nicht gerechtfertigter Steuervorteil ermöglicht wird. Abzustellen ist dabei auf die konkrete Tatsituation und einen Normenadressaten aus dem Kreise des Betroffenen. Ein normgetreuer Buchhalter hätte in der Situation des A gewusst, dass es durch unrichtige Doppelabzüge zu einer Steuerverkürzung kommt und einer versehentlichen doppelten Buchung eines Belegs durch geeignete Maßnahmen wie z.B. die Markierung des Belegs als „verbucht" vorgebeugt. Indem A das nicht tat, handelte er objektiv fahrlässig.

e) Pflichtwidrigkeitszusammenhang

Die konkrete Gefahr der möglichen Steuerverkürzung ist dem A auch zuzurechnen.

f) Rechtswidrigkeit und Vorwerfbarkeit

Die Tat war rechtswidrig. Fraglich ist, ob A auch vorwerfbar gehandelt hat. Dann müsste er auch subjektiv leichtfertig gehandelt haben. Subjektiv leichtfertig handelt, wem sich nach seinen persönlichen Fähigkeiten und Kenntnissen hätte aufdrängen müssen, dass durch seinen Verstoß gegen die Sorgfaltspflicht eine Steuerverkürzung ermöglicht wird.

A ist noch Berufsanfänger. Er wurde kaum eingearbeitet und hat gleich in der ersten Woche so viel zu tun, dass er hoffnungslos überfordert ist. Zwar kann von ihm erwartet werden, dass er als Berufsanfänger dem Arbeitgeber mitteilt, dass die Arbeitsaufträge zu viel sind. Insoweit ist A aber nur einfache Fahrlässigkeit und nicht Leichtfertigkeit vorzuwerfen.

A hat keine Ordnungswidrigkeit nach § 379 Abs. 1 S 1 Nr. 3 AO begangen.

VI. Nichtzahlung von Umsatzsteuer (§ 26a Abs. 1 UStG)

1. Ausgangsfall

Der umsatzsteuerpflichtige U hat ordnungsgemäß am 5. Juni für den Vormonat Mai seine monatliche Umsatzsteuer-Voranmeldung gemacht, wonach er umsatzsteuerpflichtige (19 %) Nettoeinnahmen in Höhe von 100.000 € und Vorsteuern in Höhe von 2.000 € und damit eine von ihm geschuldete Vorauszahlung in Höhe von 17.000 € berechnet hatte. Da er sein Konto für eine dringende private Angelegenheit am 6. Juni überziehen muss, kann das Finanzamt trotz erteilter Einzugsermächtigung den Betrag am 14.6. zunächst nicht abbuchen, womit U auch gerechnet hat. U überweist den Betrag einschließlich Säumniszuschlag am 16.6. In den vergangenen 15 Jahren war U noch nie säumig. Die in Rechnung gestellte Umsatzsteuer in Höhe von 19.000 € hat er bisher auch noch nicht erhalten.

Frage 1: Hat U eine Ordnungswidrigkeit begangen?

Frage 2: Darf das Finanzamt die Ordnungswidrigkeit ahnden?

Frage 3: Hätte U auch dann eine Ordnungswidrigkeit begangen, wenn er am 6.6. bei der Abbuchung des höheren Betrags für private Zwecke davon ausgegangen wäre, dass bis zur Abbuchung durch das Finanzamt noch ausreichend Zahlungen eingehen würden, so dass sein Konto wieder gedeckt wäre?
Lösung s. Rn. 169

2. Bußgeldnorm; Zweck,

161

§ 26a Umsatzsteuergesetz

(1) Ordnungswidrig handelt, wer entgegen § 18 Absatz 1 Satz 4, Absatz 4 Satz 1 oder 2, Absatz 4c Satz 2, Absatz 4e Satz 4 oder Absatz 5a Satz 4, § 18i Absatz 3 Satz 3, § 18j Absatz 4 Satz 3 oder § 18k Absatz 4 Satz 3 eine Vorauszahlung, einen Unterschiedsbetrag oder eine festgesetzte Steuer nicht, nicht vollständig oder nicht rechtzeitig entrichtet.

[…]

(3) Die Ordnungswidrigkeit kann in den Fällen des Absatzes 1 mit einer Geldbuße bis zu dreißigtausend Euro […] geahndet werden.

162 Durch § 26a Abs. 1 UStG wird die vorsätzliche Nichtzahlung bzw. nicht vollständige Zahlung der festgesetzten und zu entrichtenden Umsatzsteuer bis zum Ablauf des Fälligkeitstages geahndet.[84] Die Norm dient wie die Vorgängernorm § 26b UStG in der Fassung bis zum 30.6.2021 der Sicherung des Umsatzsteueraufkommens.[85]

163 Zweifel an der Verfassungsmäßigkeit von § 26a Abs. 1 UStG bestehen nicht, da die Ahndung der Ordnungswidrigkeit im Ermessen der zuständigen Finanzbehörde steht und diese somit für jeden Einzelfall zu prüfen hat, ob (insbesondere bei Ersttätern) die Belehrung und Überwachung des Unternehmers über einen bestimmten Zeitraum bzw. die verwaltungsrechtliche Sanktion des Säumniszuschlags (§ 240 AO) ausreichend ist.[86] Allerdings ist das Bußgeldverfahren zwingend einzustellen, wenn der Säumniszuschlag (§ 240 AO) ausreichend ist, um den Steuerpflichtigen zukünftig zur Einhaltung der rechtzeitigen Zahlungspflicht anzuhalten. Denn dann ist die Festsetzung einer zusätzlichen Geldbuße neben dem Säumniszuschlag schon nicht erforderlich.

3. Prüfungspunkte

a) Objektiver Tatbestand

aa) Täter

164 § 26a Abs. 1 UStG ist ein **Sonderdelikt**.[87] Täter kann nur sein, wer durch die § 18 Absatz 1 Satz 4, Absatz 4 Satz 1 oder 2, Absatz 4c Satz 2, Absatz 4e Satz 4 oder Absatz 5a Satz 4, § 18i Absatz 3 Satz 3, § 18j Absatz 4 Satz 3 oder § 18k Absatz 4

---

84 BT-Drs. 19/22850, S. 150.
85 BT-Drs. 19/22850, S. 149.
86 Vgl. BT-Drs. 19/22850, S. 150 f.
87 *Pflaum* in: Wäger, UStG, § 26b UStG Rn. 10; aA Sölch/Ringleb/*Schüler-Täsch*, UStG § 26b Rn. 14.

Satz 3 verpflichtet wird, also der Unternehmer. Anderen Personen kann der Unternehmerstatus nach Maßgabe von § 9 OWiG zugerechnet werden.[88]

bb) Unterlassen der rechtzeitigen und vollständigen Zahlung

§ 26a Abs. 1 UstG ist ein echtes Unterlassungsdelikt: Die Tathandlung besteht darin, dass eine Vorauszahlung, ein Unterschiedsbetrag oder eine festgesetzte Steuer gar nicht bzw. nicht vollständig bis zum Fälligkeitszeitpunkt entrichtet wird. **165**

Zunächst ist also erforderlich, dass der geschuldete Betrag zum Fälligkeitszeitpunkt nicht auf dem vom Finanzamt benannten Konto eingegangen ist bzw. beim Lastschriftverfahren der Betrag vom Finanzamt nicht vom Konto des Umsatzsteuerpflichtigen eingezogen werden konnte. Dann ist zu prüfen, ob dies darauf beruht, dass der Täter es unterlassen hat, dafür Sorge zu tragen, dass der Betrag rechtzeitig und/oder vollständig bei der Staatskasse eingeht.

Beispiele für tatbestandsmäßiges Verhalten: Der Unternehmer überweist die Vorauszahlung erst am Tag der Fälligkeit, obwohl die Überweisung bei seiner Bank gewöhnlich erst am nächsten Werktag sichergestellt ist. Der Unternehmer sorgt nicht für ausreichende Deckung seines Kontos, so dass der Lastschrifteinzug des Finanzamts scheitert. Der Unternehmer bittet seine Frau, die für ihn den Papierkram und auch die Überweisungen macht, die Umsatzsteuer nicht zu zahlen (hier: § 26a UstG, § 14 OWiG).

Gegenbeispiel: Der Unternehmer hat die Überweisung rechtzeitig veranlasst. Durch ein Versehen der Bank geht das Geld aber nicht beim Finanzamt ein. Hier hat der Unternehmer schon objektiv nicht tatbestandsmäßig gehandelt.

cc) Möglichkeit der rechtzeitigen und vollständigen Zahlung

Die rechtzeitige und vollständige Zahlung muss dem Steuerpflichtigen bzw. der gleichgestellten Person tatsächlich möglich gewesen sein.[89] Das ist bei plötzlicher Zahlungsunfähigkeit nicht der Fall. Hat der Umsatzsteuerpflichtige die Zahlungsunfähigkeit jedoch vorsätzlich herbeigeführt, haftet er nach den Grundsätzen der omissio libera in causa.[90] **166**

b) Subjektiver Tatbestand

§ 26a Abs. 1 UStG kann nur vorsätzlich begangen werden. Bedingter Vorsatz ist ausreichend. Der Täter muss es also zumindest für möglich gehalten haben, dass ein Umsatzsteueranspruch besteht, dieser fällig ist, und von ihm im Fälligkeitszeitpunkt nicht beglichen wird, obwohl ihm die rechtzeitige und vollständige Zahlung möglich wäre, und dies billigend in Kauf genommen haben. **167**

c) Sonstiges

Dass die Tat bei anderen Zahlungspflichten ausnahmsweise nach § 16 OWiG oder kollidierender Pflichtenkollision gerechtfertigt ist oder ein Entschuldigungsgrund greift, ist von vornherein nur denkbar, wenn der Steuerpflichtige nicht die Möglich- **168**

---

[88] *Tormöhlen* in: Reiß/Kraeusel/Langer, Schädigung des Umsatzsteueraufkommens UStG, § 26b UStG Rn. 15.
[89] *Tormöhlen* in: Reiß/Kraeusel/Langer, UStG, Schädigung des Umsatzsteueraufkommens UStG, § 26b UStG Rn. 10.
[90] *Pflaum* in: Wäger, UStG, § 26b UStG Rn. 12.

keit hatte, beim Finanzamt rechtzeitig nach § 222 AO einen Antrag auf Stundung zu stellen.[91]

4. Lösungsvorschlag

Zu Frage 1

U könnte eine Ordnungswidrigkeit nach § 26a Abs. 1 UStG begangen haben, indem er nicht dafür Sorge trug, dass sein Konto ausreichend gedeckt war.

1) Objektiver Tatbestand

a) Täter (Sonderdelikt)

Als Unternehmer ist U tauglicher Täter i.S.d. § 26a Abs. 1 UStG.

b) Unterlassen der rechtzeitigen Entrichtung der Umsatzsteuer

§ 26a Abs. 1 UStG ist ein echtes Unterlassungsdelikt. Danach handelt u.a. derjenige tatbestandsmäßig, der entgegen § 18 Abs. 1 S. 4 UStG eine Vorauszahlung nicht rechtzeitig entrichtet. Unter einer Vorauszahlung versteht man die Steuer, die der Unternehmer in der Umsatzsteuer-Voranmeldung für den Voranmeldungszeitraum selbst berechnet hat (§ 18 Abs. 1 S. 1 UStG). Gemäß § 18 Abs. 1 S. 4 UStG ist diese Vorauszahlung am zehnten Tag nach Ablauf des Voranmeldungszeitraums fällig und bis dahin vom Unternehmer zu entrichten. Hier hätte U die Vorauszahlung zwar bis zum 10.6. entrichten müssen. Da mit dem Finanzamt aber der Einzug im Lastschriftverfahren vereinbart war und das Finanzamt den Betrag erst am 14.6. abzubuchen versuchte, ist dieser Tag maßgeblich. U hat somit aufgrund der unzureichenden Deckung seines Kontos am 14.6. die Umsatzsteuer nicht rechtzeitig entrichtet.

c) Möglichkeit der rechtzeitigen Entrichtung der Umsatzsteuer

Zwar war dem U wegen der unzureichenden Deckung seines Kontos die rechtzeitige Entrichtung der Umsatzsteuer am Tage der Abbuchung tatsächlich nicht möglich. Das beruhte allerdings darauf, dass U zuvor am 6.6. sein Konto überzogen und damit nicht für eine ausreichende Deckung seines Kontos am Tage der Abbuchung durch das Finanzamt Sorge getragen hat, obwohl er zur rechtzeitigen Entrichtung der Umsatzsteuer verpflichtet war. An dieses pflichtwidrige Vorverhalten ist hier anzuknüpfen (omissio libera in causa, siehe Rn. 166).

Damit hat U den objektiven Tatbestand verwirklicht.

2) Subjektiver Tatbestand

U müsste auch vorsätzlich gehandelt haben. U wusste, dass das Finanzamt im Lastschriftverfahren bei Fälligkeitseintritt die von ihm geschuldete Vorauszahlung von 17.000 € einziehen würde, und nahm bei der Abbuchung des größeren Betrags am 6.6. billigend in Kauf, dass dies aufgrund der fehlenden Deckung seines Kontos scheitern würde.

3) Rechtswidrigkeit und Vorwerfbarkeit

Das Verhalten von U war auch rechtswidrig und vorwerfbar. Weder ein rechtfertigender Notstand (§ 16 OWiG) noch ein entschuldigender Notstand noch eine Entschuldigung wegen Unzumutbarkeit normgemäßen Verhaltens kommen hier in Betracht. Dem U wäre zumutbar gewesen, am 6.6. nach der Abbuchung kurzfristig das Finanzamt um Stundung zu bitten. Dazu war noch ausreichend Zeit.

---

[91] Tormöhlen in: Reiß/Kraeusel/Langer, UStG, Schädigung des Umsatzsteueraufkommens UStG, § 26b UStG Rn. 13.

Damit hat U eine Ordnungswidrigkeit nach § 26a Abs. 1 UStG begangen.

Zu Frage 2

Das Verfahren könnte hier in Folge einer Ermessensreduzierung auf Null zwingend nach § 47 Abs. 1 S. 2 OWiG einzustellen sein. Das ist der Fall, wenn die Festsetzung einer Geldbuße zusätzlich zum Säumniszuschlag nicht erforderlich ist, um U zukünftig zur Einhaltung seiner Zahlungspflicht anzuhalten. U ist Ersttäter. Er war in der Vergangenheit nie säumig. Die Vorauszahlung einschließlich des Säumniszuschlags hat er umgehend gezahlt. Aus der verspäteten Zahlung schlägt er auch sonst keinen Profit. Insbesondere hatte er die in Rechnung gestellte Umsatzsteuer in Höhe von 19.000 € noch gar nicht erhalten und wirkt auch in keiner Weise an einer Art Umsatzsteuerkarussell mit. Damit ist die Festsetzung des Säumniszuschlags ausreichend, U zukünftig zur Einhaltung seiner Zahlungspflicht anzuhalten. Das Bußgeldverfahren ist zwingend einzustellen.

Zu Frage 3

Hätte U darauf vertraut, dass sein Konto wieder ausreichend Deckung aufweisen wird, wenn das Finanzamt die Vorauszahlung abbucht, hätte er nur bewusst fahrlässig, nicht aber vorsätzlich gehandelt und somit schon keine Ordnungswidrigkeit nach § 26a Abs. 1 UStG begangen.

C. Gewerberecht und Recht der freien Berufe

Das Gewerberecht und das Recht der freien Berufe wurden für dieses Lehrbuch als Referenzgebiete aus dem Ordnungsrecht vor allem ausgewählt, um aufzuzeigen, dass der Bußgeldbescheid nur eines von vielen Handlungsinstrumenten zur Durchsetzung von Verwaltungsrecht ist. Kapitel C führt daher zunächst losgelöst vom Ordnungswidrigkeitenrecht in das Gewerberecht und das Recht der freien Berufe ein, nämlich mit einem Überblick über die verfassungsrechtlichen und unionsrechtlichen Grundlagen (Unterkapitel I), mit den verwaltungsrechtlichen Grundlagen einschließlich der Durchsetzung verwaltungsrechtlicher Pflichten des Gewerbetreibenden bzw. Freiberuflers mit verwaltungsrechtlichen Mitteln (Unterkapitel II und III) und durch Private auf privatrechtlichem Wege (Unterkapitel IV).

Im Anschluss daran werden gewerbe- und berufsrechtliche Ordnungswidrigkeiten bestimmten Kategorien zugeordnet, ausgewählte Bußgeldtatbestände exemplarisch besprochen und die Fallbearbeitung mithilfe kleiner Übungsfälle eingeübt (Unterkapitel V bis IX).

Dabei wurde bei der Bildung der Übungsfälle darauf geachtet, dass nur Grundsatzwissen zum Gewerbe- und Berufsrecht, nicht aber Detailwissen abgefragt wird.

Außerdem sollen wie bereits in den beiden anderen Referenzgebieten zuvor die bereits vermittelten Grundlagen aus den ersten drei Teilen dieses Lehrbuchs ein drittes und letztes Mal abschließend vertieft werden, insbesondere folgende Punkte:
- Die Abgrenzung von Ordnungswidrigkeit zur Straftat
- Die Akzessorietät zum Verwaltungsrecht (Verstoß gegen gesetzliche Melde- und Anzeigepflichten, Verstoß gegen gesetzliche Zulassungspflichten und Verstoß gegen behördlich angeordnete Gebote oder Verbote)
- Vertiefung:
  • Täter: Sonderdelikt, § 9 OWiG, § 14 OWiG, § 130 OWiG
  • Tatbestands- und Verbots- bzw. Gebotsirrtum

- Begehen und echtes Unterlassen
- Konkurrenzen (Handlungseinheit, Gesetzeskonkurrenz, Tateinheit und Tatmehrheit)
- Verjährung
- Aufzeigen dogmatischer Brüche zwischen dem allgemeinen und dem besonderen und innerhalb des besonderen Ordnungswidrigkeitenrechts (wie beispielsweise: keine rechtseinheitliche Entwicklung von Tatbeständen, Beliebigkeit der Bußgeldhöhe)

I. Gewerbe- und Berufsrecht aus der Perspektive des Wirtschaftsverfassungsrechts

1. Nationale Ebene

a) Berufsfreiheit (Art. 12 GG)

172 Auf nationaler Ebene wird das Recht auf Berufsfreiheit durch Art. 12 Abs. 1 GG gewährleistet. Es umfasst die freie Wahl und Ausübung von Beruf, Arbeitsplatz und Ausbildungsstätte. Beruf i.S.d. Art. 12 Abs. 1 GG ist jede auf Dauer angelegte Tätigkeit zur Schaffung und Erhaltung einer Lebensgrundlage.[92]

Eingriffe in die Berufsfreiheit sind sowohl in Form von Rechtsakten als auch durch Realakt möglich. Bei den Rechtsakten ist zwischen berufsbezogenen[93] und sonstigen[94] Regelungen, innerhalb der berufsbezogenen Regelungen zwischen Berufsausübungsregelungen sowie subjektiven und objektiven Berufswahlregelungen zu unterscheiden.[95]

Da gewerbe- und berufsrechtliche Bußgeldtatbestände Verstöße gegen berufsbezogene Regelungen bzw. gegen aufgrund von diesen erlassene Verwaltungsmaßnahmen unter Bußgeldbewehrung stellen, sollen die berufsbezogenen Regelungen hier noch näher betrachtet werden.

173 Berufsausübungsregelungen sind Regelungen, die die Art und Weise der Berufstätigkeit regeln. Hierzu gehören zunächst alle verwaltungsrechtlichen Normen, die Meldepflichten für die Ausübung einer beruflichen Tätigkeit vorschreiben; weitere Beispiele sind z.B. Werbeverbote, Gebührenregelungen für die freien Berufe, Ladenschlusszeiten, Arbeitszeitregelungen oder Rauchverbote.[96]

Subjektive Berufswahlregelungen sind Regelungen, die die berufliche Betätigung von dem Vorliegen bestimmter subjektiver Kriterien in der Person der Berufsausübenden abhängig machen. Hierzu gehören verwaltungsrechtliche Normen, die für die Ausübung eines Berufs i.S.d. Art. 12 Abs. 1 GG das Vorliegen einer bestimmten Eignung verlangen („Eignung", „Zuverlässigkeit", „finanzielle Leistungsfähigkeit", „Bestehen einer Prüfung", „Altersgrenzen" und „Inkompatibilität mit anderen Positionen") bzw. deren Erwerb regeln („Prüfungsrecht").[97]

---

[92] BVerfGE 7, 377 (397); BVerfG NJW 2004, 2363; BeckOK GG/*Ruffert* Art. 12 Rn. 40.
[93] Berufsbezogene Rechtsakte sind Regelungen, die verbindliche Vorgaben für die berufliche Tätigkeit enthalten und den Eingriff in die Berufsfreiheit bezwecken.
[94] Regelungen, die zunächst einem anderen Zweck dienen, daneben aber auch die Berufsfreiheit berühren.
[95] Vgl. BVerfGE 7, 377 (397 ff.).
[96] BeckOK GG/*Ruffert* Art. 12 Rn. 106 ff.
[97] BeckOK GG/*Ruffert* Art. 12 Rn. 120 ff.; Maunz/Dürig/Scholz Art. 12 Rn. 360 ff.

Objektive Berufsauswahlregelungen sind Regelungen, die die Berufsfreiheit anhand von Kriterien beschränken, die nicht in der Person des Betroffenen liegen. Darunter fallen Zulassungsvorbehalte mit zahlenmäßigen Obergrenzen (Kontingente) und Monopole der öffentlichen Hand.[98]

b) Gesetzgebungskompetenzen

Mit Ausnahme des Rechts des Ladenschlusses, der Gaststätten, der Spielhallen, der Schaustellung von Personen, der Messen, der Ausstellungen und der Märkte hat der Bund gemäß Art. 74 Abs. 1 Nr. 11 GG die konkurrierende Gesetzgebungskompetenz für das Gewerberecht. Die konkurrierende Gesetzgebungskompetenz hat der Bund auch für das Recht der Rechtsanwälte, Notare und Steuerberater (Art. 74 Abs. 1 Nr. 1 GG) und der Heilberufe (Art. 74 Abs. 1 Nr. 19 GG). 174

2. Unionsrecht

Primärrechtlich wird die Berufsfreiheit allgemein durch Art. 15 u. Art. 16 GRCh und spezialgesetzlich durch die Grundfreiheiten gewährleistet.[99] Auf der Ebene des Sekundärrechts der EU sind insbesondere die Berufsanerkennungsrichtlinie (RL 2005/36/EG) und die Dienstleistungsrichtlinie (RL 2006/123/EG) von besonderer Relevanz. Zunehmend macht die EU von ihrer Gesetzgebungskompetenz auf dem Gebiet des Gewerbe- und Berufsrechts durch den Erlass von in allen Mitgliedstaaten unmittelbar geltende EU-Verordnungen (z.B. den Güterkraftverkehr durch VO 1071/2009 u. VO 1072/2009) Gebrauch. 175

II. Das Gewerberecht aus verwaltungsrechtlicher Perspektive

1. Gewerberecht; Begriff des Gewerbes; Gewerbebetreibende

Das **Gewerberecht** ist auf **nationaler Ebene** in vielen **Spezialgesetzen** (z.B. im GüKG, GastG, BWLGastG) und auffangweise in der **Gewerbeordnung** (GewO) geregelt. Wie oben bereits ausgeführt sind außerdem teilweise unmittelbar geltende EU-Verordnungen einschlägig (z.B. VO 1071/2009). Abzugrenzen ist das Gewerberecht vom Recht der freien Berufe (z.B. StBrG, BRAO) sowie vom Recht der Urproduzenten, d.h. der Fischerei sowie der Land- und Forstwirtschaft (z.B. §§ 15 ff. BWaldG). 176

Der **Begriff „Gewerbe"** ist ein unbestimmter Rechtsbegriff. Das BVerwG versteht unter dem „Gewerbe i.S.d. GewO" jede nicht sozial unwertige (also nicht generell verbotene), auf Gewinnerzielungsabsicht gerichtete und auf Dauer angelegte selbstständige Tätigkeit, die nicht zur Urproduktion, zu den freien Berufen oder zur bloßen Verwaltung eigenen Vermögens zu rechnen ist.[100] Zu unterscheiden ist zwischen dem **stehenden Gewerbe** und dem **sonstigen Gewerbe** (Reisegewerbe, Messe-Ausstellungs- und Marktwesen). Ein stehendes Gewerbe ist jede gewerbliche Tätigkeit, die innerhalb einer gewerblichen Niederlassung ausgeübt wird oder die außerhalb oder ohne eine solche Niederlassung auf vorhergehende Bestellung ausgeübt wird (Umkehrschluss aus § 55 Abs. 1 GewO).[101] 177

---

[98] BeckOK GG/*Ruffert* Art. 12 Rn. 128 ff.
[99] BeckOK GG/*Ruffert* Art. 12 Rn. 6.
[100] BVerfG GewArch 2008, 301.
[101] Vgl. Landmann/Rohmer GewO/*Marcks*, 84. EL Februar 2020, GewO § 14 Rn. 38.

178 „**Gewerbebetreibender**" ist die Rechtsperson, auf deren Rechnung und in deren Namen das Gewerbe in eigener Verantwortung ausgeübt wird. Nach herkömmlicher Auffassung können Gewerbetreibende i.S.d. GewO nur natürliche Personen (Menschen als Kleingewerbebetreibende oder als in das Handelsregister eingetragener Kaufleute) oder juristische Personen (z.B. AG, GmbH, rechtsfähiger Verein) sein, nicht aber Personenmehrheiten (OHG, KG oder GbR) oder nichtrechtsfähige Vereine.[102] Umstritten in Rechtsprechung und Literatur ist die Frage, ob innerhalb einer Personenmehrheit Gewerbetreibende dann sämtliche Gesellschafter, nur die geschäftsführungsbefugten Gesellschafter[103] oder die geschäftsführungsbefugten Gesellschafter sowie die Gesellschafter mit tatsächlich maßgeblichem Einfluss auf die Geschäftsführung sind.[104] Abweichend davon sind Personenmehrheiten dann Gewerbetreibende, wenn dies spezialgesetzlich so geregelt ist (z.B. für nichtrechtsfähige Vereine in § 2 Abs. 1 S. 2 GastG oder für Personengesellschaften nach § 1 Abs. 1 S. 1 HwO).

2. Gewerbeanzeige

a) Die allgemeine gewerberechtliche Meldepflicht (Gebot der An-, Um- bzw. Abmeldung)

179 In der Regel muss jedes Gewerbe bei der Gemeinde (bzw. bei der sonst nach Landesrecht zuständigen Behörde) **angezeigt werden** (An-, Um- und Abmeldung nach Maßgabe von §§ 14, 55c GewO). In erster Linie soll so die Überwachung der Gewerbeausübung ermöglicht werden; daneben dient die Meldepflicht der Informationsbeschaffung für wirtschaftspolitische Maßnahmen (vgl. § 14 Abs. 13 S. 2 GewO).[105] Mit der gewerberechtlichen Anzeige kommt der Gewerbebetreiber zugleich seiner steuerrechtlichen Anzeigepflicht nach § 138 Abs. 1 S. 1 AO nach.

180 Adressat der Meldepflicht ist der **Gewerbetreibende**. Die Erstattung der Gewerbeanzeige kann der Gewerbetreibende selbst nur vornehmen, wenn er handlungsfähig ist (vgl. § 12 VwVfG[106]), andernfalls handelt für ihn sein gesetzlicher Vertreter. Umstritten ist die Rechtslage bei Gewerbebetrieben Minderjähriger. Nach überwiegender Auffassung sollen minderjährige Gewerbetreibende die Gewerbeanzeige entsprechend § 12 Abs. 1 Nr. 2 VwVfG i.V.m. § 107 BGB ohne Einwilligung des gesetzlichen Vertreters selbst erstatten dürfen.[107] Dem ist entschieden entgegenzutreten. Zu beachten ist nämlich, dass ein Minderjähriger ein Gewerbe höchstpersönlich nur dann betreiben darf, wenn er zuvor gemäß § 112 BGB durch die gesetzlichen Vertreter mit Genehmigung des Vormundschaftsgerichts dazu ermächtigt worden ist. Liegen die Voraussetzungen des § 112 BGB vor, bedarf es aber keines Rückgriffs mehr auf § 107 BGB. Vielmehr ist der Minderjährige in diesen Fällen gemäß § 112 BGB unbeschränkt geschäftsfähig und auch zur Vornahme der Gewerbeanzeige befugt (vgl. Nr. 5.6 GewAnzVwV). Ohne Ermächtigung der gesetzlichen Vertreter und ohne Genehmigung des Vormundschaftsgerichts nach § 112 BGB darf der Minderjährige ein Gewerbe nicht höchstpersönlich, sondern nur durch seinen gesetzlichen Vertreter bzw. einen Stellvertreter (§ 46 Abs. 2 GewO) betreiben. Da dem gesetzlichen Vertre-

---

102 VGH München GewArch 2004, 479 (480); Ennuschat/Wank/Winkler/*Winkler*, GewO § 1 Rn. 77 ff; *Odenthal*, GewArch 1991, 206 f.
103 VGH München GewArch 2004, 479;K VGH Kassel, Urteil v. 14.1.1991 – 8 UE 2648/89, juris.
104 *Odenthal*, GewArch 1991, 206 f.
105 BeckOK GewO/*Leisner*, § 14 Rn. 4; Ennuschat/Wank/Winkler/*Winkler*, GewO § 14 Rn. 2 ff.
106 Keine direkte anwendbar des (L)VwVfG, da der Eintrag im Gewerberegister kein Verwaltungsakt ist (vgl. § 9 VwVfG.
107 Landmann/Rohmer GewO/*Marcks*, GewO § 15 Rn. 11 m.w.N.

ter somit auch die Entscheidungsmacht obliegt, ob überhaupt im Namen des Minderjährigen ein Gewerbe geführt werden soll, ist der Minderjährige dann aber auch nicht zur Gewerbeanzeige berechtigt oder verpflichtet.

Anzumelden ist das Gewerbe gemäß § 14 Abs. 1 S. 1 GewO unverzüglich (also ohne schuldhaftes Zögern) nach Betriebsbeginn.[108] Entsprechendes gilt für die Um- und Abmeldung, § 14 Abs. 1 S. 2 GewO. Die Gewerbeanzeige ist ordnungsgemäß, wenn die Vorgaben der GewAnzV beachtet wurden. **181**

Eine ausdrückliche Ermächtigungsnorm zur Durchsetzung der Anzeigepflicht (An-, Um- oder Abmeldung) enthält die GewO nicht, nach h.M. ist in § 14 Abs. 1 GewO zugleich die Ermächtigung für die Gemeinde (bzw. der sonst nach Landesrecht zuständigen Behörde) zu sehen, den Gewerbetreibenden durch Verwaltungsakt zur Anzeige zu verpflichten.[109] Die Abmeldung eines Gewerbes kann die Gemeinde (bzw. die sonst nach Landesrecht zuständige Behörde) gemäß § 14 Abs. 1 S. 3 GewO auch von Amts wegen vornehmen. **182**

b) Besondere Meldepflichten nach Spezialgesetzen

Bei einigen Gewerbezweigen muss nach Einschätzung des Gesetzgebers sichergestellt werden, dass die für die Überwachung zuständige Behörde zeitnah von der An-, Um- oder Abmeldung erfährt, um Überwachungsmaßnahme einleiten zu können. Daher bestehen für einige Gewerbezweige besondere Meldepflichten nach Spezialgesetz. **183**

Beispiele: Nach § 18 Abs. 1 S. 1 HwO müssen der Beginn und die Beendigung des selbstständigen Betriebs eines stehenden Gewerbes als zulassungsfreies Handwerk oder eines handwerksähnlichen Gewerbes unverzüglich der Handwerkskammer angezeigt werden. Nach § 6 Abs. 1 TKG ist das gewerbliche Betreiben öffentlicher Telekommunikationsnetze oder das gewerbliche Erbringen öffentlich zugänglicher Telekommunikationsdienste der Bundesnetzagentur anzuzeigen. Nach § 11 Abs. 1 S. 1 Wohn-, Teilhabe- und Pflegegesetz Baden-Württemberg (WTPG BW) muss der Betrieb einer stationären Einrichtung bei der zuständigen Heimaufsicht (untere Verwaltungsbehörde) angezeigt werden.

Keine besondere Meldepflichten bestehen für nach § 38 Abs. 1 S. 1 GewO besonders überwachungsbedürftige Gewerbezweige. Hier informiert die Gemeinde die zuständige Gewerbeaufsichtsbehörde über die nach §§ 14, 15, 55c GewO erfolgte Anzeige.

3. Zulassungspflichtige Gewerbe

Manche Gewerbe bedürfen (i.d.R. zusätzlich zur Anzeige) einer **Zulassung**[110]. In der Regel hängt die Erteilung der Zulassung von subjektiven Kriterien ab (subjektive Berufsauswahlregelungen). Nur sehr wenige gewerberechtliche Zulassungen (wie z.B. die Genehmigung nach § 13 PBefG) sind (zusätzlich) auch zahlenmäßig beschränkt und damit von objektiven Kriterien abhängig (objektive Berufsauswahlregelungen). **184**

Auf die meisten gewerbe- bzw. berufsrechtlichen Zulassungen besteht ein Rechtsanspruch, wenn die Zulassungsvoraussetzungen vorliegen. Dann ist das Gesetz, das die Zulassung vorschreibt, i.d.R. als präventives Verbot mit Erlaubnisvorbehalt ausgestaltet (vgl. Rn. 34). **185**

---
108 OLG Düsseldorf GewArch 1998, 242.
109 BVerwG GewAchr 1993, 196 (197) u. NVwZ 1991, 267 (268); OVG NRW GewArch 2012, 209; Ennuschat/Wank/Winkler/*Winkler*, GewO § 14 Rn. 91.
110 Zulassung hier im Sinne des § 15 Abs. 2 S. 1 GewO als Oberbegriff für Erlaubnis, Genehmigung, Zulassung, Bewilligung.

186 Nur wenige Zulassungen stehen im Ermessen der zuständigen Behörde. Hier stellt das Gesetz dann i.d.R. ein repressives Verbot mit Befreiungsvorbehalt dar (vgl. Rn. 38ff.).

a) Zulassungspflichten nach der GewO

187 Zulassungspflichten nach der GewO sind in §§ 30 ff. GewO und in § 55 Abs. 2 GewO geregelt und stellen präventive Verbote mit Erlaubnisvorbehalt dar. Es besteht ein Rechtsanspruch auf ihre Erteilung, wenn die Zulassungsvoraussetzungen vorliegen.

188 Traditionell sind die meisten Zulassungen nach der GewO personenbezogen, d.h. sie werden dem Gewerbetreibenden für den Gewerbebetrieb durch seine Person erteilt. Wie bereits oben ausgeführt werden als Gewerbebetreiber und damit auch als Erlaubnisinhaber nach der GewO bislang nur natürliche Personen und juristische Personen anerkannt. Personalkonzessionen sind an die Person gebunden und gehen i.d.R. nicht im Wege der Einzel- oder Gesamtrechtsnachfolge automatisch auf den Rechtsnachfolger über, sondern müssen vom Rechtsnachfolger für die eigene Person neu beantragt werden.[111] Teilweise sieht das Gesetz gewisse Erleichterungen vor (vgl. § 46 GewO). Keine personenbezogene, sondern eine unternehmensbezogene Zulassung ist die Zulassung für die Bewachung auf Seeschiffen (§ 31 GwO).[112]

Einige Zulassungen nach der GewO sind zusätzlich sachlicher Natur (z.B. §§ 30, 33a, 33i GewO) und damit auch an sachliche Merkmale (wie bestimmter Raum bzw. bestimmte Betriebsart) gebunden. Sie werden bei einer Änderung der für die Erteilung der Zulassung maßgeblichen sachlichen Merkmale (z.B. wesentliche Änderung der Raumsituation) automatisch unwirksam, vgl. § 43 Abs. 2 VwVfG.

b) Zulassungspflichten nach Spezialgesetz

189 Spezialgesetzlich können Zulassungspflichten sich aus dem unmittelbar geltenden **Unionsrecht** (z.B. Gemeinschaftslizenz für den grenzüberschreitenden Güterkraftverkehr nach Art. 3 u. 4 VO 1072/2009), speziellen Bundesgesetzen (§ 1 Abs. 1 S. 1 HwO[113], § 3 Abs. 1 GüKG) oder dem Landesrecht (z.B. § 41 S. 1 LGlüG BW) ergeben. Regelmäßig werden auch spezialgesetzliche Zulassungen personenbezogen erteilt, einige sind zusätzlich sachbezogen (z.B. Gaststättenerlaubnis nach § 3 Abs. 1 S. 1 GastG).

190 Die meisten spezialgesetzlich geregelten Zulassungspflichten sind präventive Verbote mit Erlaubnisvorbehalt und gewähren einen Rechtsanspruch auf die Zulassung, wenn die gesetzlichen Voraussetzungen vorliegen.

Beispiel für eine Ausnahme: Spielbankkonzessionspflicht in Rheinland-Pfalz nach §§ 2, 3, 4 SpielbkG RP (repressives Verbot mit Befreiungsvorbehalt).

c) Betrieb ohne erforderliche Zulassung

191 Der Betrieb ohne die erforderliche Zulassung ist durch die gesetzliche Zulassungspflicht bereits von Gesetzes wegen verboten. Damit dieses gesetzliche Verbot von der zuständigen Behörde notfalls auch zwangsweise durchgesetzt werden kann, er-

---

111 BVerwG, Urteil vom 29. April 2015 – 6 C 39.13 -, BVerwGE 152, 87 = juris, Rn. 17; Ehlers/Pieroth, GewArch 2012, 457 (461).
112 BT-Drs. 17/10960, S. 18; Ennuschat/Wank/Winkler/*Winkler*, GewO,§ 31 Rn. 14.
113 Danach ist der Betrieb eines zulassungspflichtigen Handwerkbetriebs nur den in der Handwerksrolle eingetragenen natürlichen Personen, juristischen Personen, Personenhandelsgesellschaften und Gesellschaften des bürgerlichen Rechts gestattet.

mächtigt § 15 Abs. 2 S. 1 GewO (sofern nicht ein Spezialgesetz greift) die zuständige Behörde, die Fortführung des Gewerbebetriebs ohne die erforderliche Zulassung durch befehlenden und damit vollstreckungsfähigen Verwaltungsakt (vgl. § 6 Abs. 1 VwVG) solange zu untersagen, bis eine wirksame Zulassung vorliegt.

d) Streit über die Zulassungspflicht

Bei einem konkreten Streit mit der zuständigen Behörde über die Zulassungspflicht bzw. über den Umfang der aufgrund einer erteilten Zulassung erlaubten Tätigkeit[114] kann der Gewerbetreibende Feststellungsklage nach § 43 Abs. 1 Var. 1 VwGO erheben, wenn als Reaktion der Behörde ein Bußgeldbescheid zu erwarten ist.[115] **192**

4. Betreiberpflichten und deren verwaltungsrechtliche Durchsetzung

a) Betreiberpflichten

Der Betreiber des Gewerbes hat während der Ausübung seines Gewerbebetriebs zahlreiche verwaltungsgesetzlich geregelte Pflichten („Betreiber- bzw. Unternehmerpflichten"[116]) zu beachten. Einige gelten für alle Gewerbearten (z.B. Steuererklärungspflichten, Arbeitnehmerschutz), einige gelten speziell nur für die jeweilige Gewerbeart (z.B. Pflichten von Seebewachungsunternehmen nach §§ 13, 14 SeeBewachV, Pflichten des Gastwirts nach §§ 6, 18, 20 GastG). **193**

b) Durchsetzung einzelner Betreiberpflichten

Verwaltungsrechtlich durchgesetzt werden die gesetzlich geregelten Pflichten i.d.R. zunächst durch den Erlass eines befehlenden Verwaltungsakts (Ordnungsverfügung) und dessen Vollstreckung (vgl § 6 Abs. 1 VwVG). **194**

5. Verbot der Beschäftigung unzuverlässiger Personen und Verbot des Betriebs eines Gewerbes wegen Unzuverlässigkeit

Wer als Gewerbetreibender unzuverlässige Personen beschäftigt, dem kann die weitere Beschäftigung dieser Personen untersagt werden (z.B. § 21 Abs. 1 GastG). **195**

Wer nach dem Gesamteindruck seines Verhaltens nicht die Gewähr dafür bietet, sein Gewerbe zukünftig ordnungsgemäß, d.h. unter Beachtung der gesetzlichen Vorschriften und unter Beachtung der guten Sitten, auszuüben, ist selbst unzuverlässig.[117] **196**

Im Falle der Unzuverlässigkeit werden stehende Gewerbebetriebe ohne Zulassung nach Maßgabe von § 35 Abs. 1 S. 1 GewO durch vollstreckungsfähigen Verwaltungsakt untersagt.

Bei einem stehenden Gewerbebetrieb mit Zulassung ist zunächst die Zulassung aufzuheben (vgl. § 35 Abs. 8 GewO, §§ 48, 49 VwVfG). Dann kann die Fortführung des stehenden Gewerbebetriebs nach § 15 Abs. 2 S. 1 GewO verboten und dieses Verbot ggf. zwangsweise durchgesetzt werden. Zum Reisegewerbe siehe §§ 55 ff. GewO.

---

114 Beispiele z.B. OVG Rheinland-Pfalz Urteil vom 09. November 2020 – 6 A 10408/20 –, juris (Höchstzahl der Spielgeräte in einer Gaststätte); VG München, Beschluss vom 19. August 2020 – M 26b E 20.3461 –, juris (Abgabe von Speisen und Getränken während der Coronaviruskrise).
115 BVerwGE 16, 92; Schoch/Schneider VwGO/*Pietzcker*, 39. EL Juli 2020, VwGO § 43 Rn. 50.
116 Siehe hierzu näher im nächsten Kapitel „Arbeitnehmerschutz" und unter „Steuerordnungswidrigkeiten".
117 BVerwG GewArch 1999, 72; BeckOK GewO/*Brüning* § 35 Rn. 19.

III. Das Recht der freien Berufe aus verwaltungsrechtlicher Perspektive

197 Dass eine bestimmte selbstständige Tätigkeit die Ausübung eines **freien Berufs** darstellt, ist teilweise ausdrücklich gesetzlich geregelt (z.B. § 1 Abs. 1 BÄO, § 1 Abs. 4 ZahnheilkG, § 1 Abs. 2 BTÄO, § 2 S. 2 BNotO, § 2 BRAO, § 32 Abs. 2 S. 3 u. 4 StBerG, § 1 Abs. 2 WPO). Im Übrigen übt eine selbstständige „freiberufliche Tätigkeit" aus, wer selbstständig eigene schöpferische Leistungen (wissenschaftliche, künstlerische oder schriftstellerische Tätigkeiten) erbringt oder wer Dienstleistungen höherer Art erbringt, die grundsätzlich eine höhere Bildung in Form eines abgeschlossenen Hochschul- oder Fachhochschulstudiums erfordern.[118] Entscheidend sind also eine besondere Qualifikation oder schöpferische Begabung sowie das persönliche Tätigwerden (mit einem häufig höchstpersönlichen Vertrauensverhältnis zum Auftraggeber), oft aber auch die spezifische staatliche, vielfach auch berufsautonome Reglementierung.[119] Eine Hilfestellung bei der Bestimmung der freiberuflichen Tätigkeit bietet außerdem die Legaldefinition der freiberuflichen Tätigkeit in § 1 Abs. 2 S. 1 PartG.

Zum **Recht der freien Berufe** gehören beispielsweise das Recht der Ärzte (BÄO, ZahnheilkG, BTÄO), das Recht der Notare (BNotO) sowie das Recht der Rechtsanwälte (BRAO), Wirtschaftsprüfer (WPO) und Steuerberater (StBerG).

IV. Die Durchsetzung verwaltungsrechtlicher Gewerbe- und Berufsregelungen durch Private

1. Vorbemerkung

198 Wie bereits erörtert (s. 1. Teil Rn. 7) hat ein privater Dritter gegen Hoheitsträger keinen Anspruch darauf, dass dieser ordnungswidrigkeitenrechtlich, also insbesondere durch Erlass von Bußgeldbescheiden gegen denjenigen einschreitet, der ein verwaltungsrechtliches Ge- oder Verbote verletzt hat.

199 Allerdings können private Dritte die Einhaltung von verwaltungsrechtlichen Normen, die zumindest auch dem Schutz ihrer subjektiven öffentlichen Rechte dienen, verwaltungsrechtlich durchsetzen.

Beachte: Verstöße gegen gewerberechtliche oder berufsrechtliche Anmelde- und Zulassungspflichten (formelles Verwaltungsrecht) können private Dritte in der Regel allerdings nicht verwaltungsrechtlich durchsetzen, sondern nur Verstöße gegen das materielle Recht (wie beispielsweise im Rahmen einer Anfechtungsklage mit dem Ziel der Aufhebung einer Zulassung, die unter Verstoß gegen drittschützendes materielles Recht erlassen wurde, oder im Rahmen einer Verpflichtungsklage auf Erlass einer gewerberechtlichen Ordnungsverfügung zur Durchsetzung einer drittschützenden materiellrechtlichen Norm).

200 Daneben haben private Dritte teilweise auch die Möglichkeit, die Verletzung verwaltungsrechtlicher Normen privatrechtlich geltend zu machen. Das wird im Folgenden näher erörtert.

---

118 BVerfG NJW 1977, 772.
119 BVerfG NVwZ 2008, 1102; BeckOK GewO/*Pielow* § 1 GewO Rn. 173.

2. Ansprüche nach dem UWG wegen unlauterer geschäftlicher Handlung

Nach § 3 Abs. 1 UWG i.V.m. § 3a UWG handelt u.a. unlauter, wer einer verwaltungsrechtlichen Vorschrift zuwiderhandelt, die auch dazu bestimmt ist, im Interesse der Marktteilnehmer das Marktverhalten zu regeln, wenn der Verstoß geeignet ist, die Interessen von Verbrauchern, sonstigen Marktteilnehmern oder Mitbewerbern spürbar zu beeinträchtigen. **201**

Wenn ein Gewerbetreiber oder ein Freiberufler einen solchen Rechtsbruch begeht, so haben Mitbewerber und die in § 8 Abs. 3 Nr. 2 bis 4 UWG genannten Einrichtungen gegen ihn einen Anspruch auf Beseitigung und Unterlassung, §§ 8 Abs. 1 S. 1, 3 Abs. 1 UWG. Außerdem haben Mitbewerber unter den Voraussetzungen des § 9 UWG einen Schadensersatzanspruch. Die in § 8 Abs. 3 Nr. 2 bis 4 UWG genannte Einrichtungen können den Gewerbebetreiber bzw. Freiberufler nach Maßgabe von § 10 UWG auf Herausgabe des Gewinns an den Bundeshalt in Anspruch nehmen. **202**

Die entscheidende Frage ist also, welche der oben dargestellten verwaltungsrechtlichen Ge- und Verbote Marktverhaltensregelungen im Interesse der Marktteilnehmer darstellen. **203**

Die allgemeinen gewerberechtliche Anzeigepflichten (§§ 14, 15, 55c GewO) dienen ausschließlich dem öffentlichen Interesse (Gewerbeaufsicht und Statistik) und sind damit bloße verwaltungsrechtliche Ordnungsvorschriften (vgl. § 14 Abs. 5 S. 1 GewO), so dass das Betreiben eines Gewerbes unter Verstoß gegen §§ 14, 15, 55c GewO keinen Rechtsbruch i.s.d. § 3a UWG darstellt.[120]

Zulassungsvorschriften (wie §§ 30 ff. GewO) stellen zunächst nur Marktzutrittsregelungen dar. Als solche fallen sie nicht unter § 3a UWG. **204**

Soweit sie allerdings auch dem Schutz von Marktteilnehmern vor einer Gefährdung ihrer Rechtsgüter durch unzuverlässige Gewerbetreibende bezwecken, handelt es sich zugleich um Marktverhaltensregelungen i.s.d. § 3a UWG. Marktteilnehmer sind nach § 2 Abs. 1 Nr. 2 UWG Mitbewerber, Verbraucher und alle Personen, die als Anbieter oder Nachfrager von Waren oder Dienstleistungen in einem konkreten Wettbewerbsverhältnis stehen.

Beispiel: Eine Marktverhaltensregelung ist beispielsweise die dem Schutz der Patienten (Marktteilnehmer als Verbraucher) dienende Regelung in § 30 Abs. 1 S. 2 Nr. 1a GewO, nicht aber die dem Schutz der Mitbewohner und Nachbarn (keine Marktteilnehmer) dienende Regelung in § 30 Abs. 1 S. 2 Nr. 3 u. 4 GewO.[121]

Inwieweit mit dem Betrieb des Gewerbes bzw. der Ausübung der freiberuflichen Tätigkeit verbundene verwaltungsrechtliche Ge- und Verbote Marktverhaltensregelungen zum Schutze der Marktteilnehmer darstellen, ist wie bei den Zulassungsvorschriften dargestellt jeweils für den Einzelfall genau zu bestimmen. **205**

3. Schadensersatzansprüche nach § 823 Abs. 2 BGB

Nach § 823 Abs. 2 BGB ist schadensersatzpflichtig, wer schuldhaft gegen ein den Schutz eines anderen bezweckendes Gesetzt verstößt. Schutzgesetz i.s.d. § 823 Abs. 2 BGB ist nach der ständigen Rechtsprechung des Bundesgerichtshofs eine Rechtsnorm, die nach Zweck und Inhalt zumindest auch dazu dienen soll, den ein- **206**

---

[120] *Pahlow* in: Teplitzky/Peifer/Leistner/*Pahlow*, UWG, , § 3a Rechtsbruch Rn. 169; vgl. auch BeckOK GewO/*Leisner*, § 14 Rn. 5; Ennuschat/Wank/Winkler/*Winkle*, GewO § 14 Rn. 101.
[121] MüKoUWG/*Schaffert*, UWG § 3a Rn. 197.

zelnen oder einzelne Personenkreise gegen die Verletzung eines bestimmten Rechtsgutes zu schützen.[122]

Auch gewerbe- bzw. berufsrechtliche Regelungen können Schutzgesetze i.S.d. § 823 Abs. 2 BGB sein. Schutzgesetz i.S.d. § 823 Abs. 2 BGB sind insbesondere alle berufs- und gewerberechtlichen Zulassungspflichten, die zumindest auch dazu dienen, Gefahren von Individualrechtsgütern abzuwehren.[123]

V. Kurzüberblick über gewerbe- und berufsrechtliche Ordnungswidrigkeiten

207 Die gewerberechtlichen Ordnungswidrigkeiten sind in vielen Spezialgesetzen (z.B. § 28 GastG; § 3 BWLGastG; § 19 GÜKG) sowie in §§ 144 bis 147c GewO geregelt. Auch viele Verstöße gegen spezialgesetzlich geregelte Betreiber- bzw. Unternehmerpflichten sind bußgeldbewehrt.[124]

Dadurch, dass gewerberechtliche Ordnungswidrigkeiten je nach Bußgeldtatbestand bzw. Höhe des verhängten Bußgeldes in besondere zentral geführte Register eingetragen werden, werden zugleich Informationen gesammelt, die den zuständigen Behörden bei der Beurteilung der Zuverlässigkeit des Gewerbetreibenden helfen. Beispiele für solche Register sind die Datei über abgeschlossene Bußgeldverfahren nach § 16 GüKG und das Gewerbezentralregister, in das gemäß § 149 Abs. 2 Nr. 3 GewO gewerberechtliche Ordnungswidrigkeiten bei einem Bußgeld von mehr als 200 € eingetragen werden.

208 Verstöße eines Freiberuflers gegen seine besonderen berufsrechtlichen Pflichten sind i.d.R. nicht bußgeldbewehrt, sondern werden durch berufsrechtliche Maßnahmen der Kammern oder Berufsgerichte geahndet.

Straf- bzw. bußgeldbewehrt sind aber Verstöße Nichtberechtigter gegen das Berufsprivileg von Freiberuflern (z.B. § 160 StBerG).

209 Sowohl die gewerberechtlichen als auch die berufsrechtlichen Ordnungswidrigkeiten sind Sonderdelikte: Täter ist derjenige, der als Gewerbetreibender oder Freiberufler (bzw. geschäftsmäßig, gewerbsmäßig, selbstständig etc.) tätig ist. Dabei handelt es sich bei dieser Statusbezeichnung grundsätzlich um einen der Stellvertretung zugänglichen Status[125] und damit um ein besonderes persönliches Merkmal i.S.d. § 9 OWiG. Das folgt beispielsweise bei Ordnungswidrigkeiten nach § 160 StBerG rechtssystematisch daraus, dass die Steuerberatung nach §§ 3 Nr. 3, 49 Abs. 1 StBerG nicht höchstpersönlich, sondern auch durch als Steuerberatungsgesellschaften anerkannte juristische Personen, Personenhandelsgesellschaften und Partnerschaftsgesellschaften erbracht werden kann, bei gewerberechtlichen Ordnungswidrigkeiten nach §§ 144 ff. GewO daraus, dass auch juristische Personen Gewerbetreibende sein können.

Beispiel: Übt eine GmbH ihr Gewerbe ohne die nach § 14 Abs. 1 S. 1 GewO erforderliche Gewerbeanzeige aus, so begeht deren Geschäftsführer nach §§ 146 Abs. 2 Nr. 2 b), 9 Abs. 1 Nr. 1 OWiG eine Ordnungswidrigkeit.

---

122 BGH, Urteil vom 18. November 2003 – VI ZR 385/02 –, juris, Rn. 12.
123 OLG Nürnberg NZG 2015, 314 (§ 20 RDG und Registervorbehalt für bestimmte Rechtsdienstleistungen).
124 Siehe hierzu beispielsweise die Kapitel „Arbeitnehmerschutz" und „Steuerordnungswidrigkeiten".
125 Sonderdelikte, die nur von dem Statusinhaber höchstpersönlich begangen werden können, sind eigenhändige Sonderdelikte und schließen den Anwendungsbereich von § 9 OWiG aus.

VI. Bußgeldbewehrte Verstöße gegen gewerbe- bzw. berufsrechtliche Meldepflichten

1. Ausgangsfälle

Fall 1: Keine Anzeige der Betriebsverlegung 210

Bauunternehmer G verlegte vor 5 Jahren seinen ordnungsgemäß angezeigten und als Einzelkaufmann betriebenen Gewerbebetrieb „Holz- und Bautenschutz G e.K." von der Steinstraße 1 in der Gemeinde A-Dorf in die Amselgasse 3 derselben Gemeinde, ohne dies bisher bei der Gemeinde A-Dorf anzuzeigen. Dass er auch eine Betriebsverlegung innerhalb derselben Gemeinde anzeigen muss, wusste er nicht. Als ihm die Gemeinde A-Dorf nunmehr vor einem Monat aufgefordert hat, die Anzeige nachzuholen, ist er dieser Aufforderung umgehend nachgekommen.[126]

Frage 1: Hat G eine Ordnungswidrigkeit begangen? Lösung s. Rn. 233

Frage 2: Kann die Ordnungswidrigkeit einen Monat nach der nachgeholten Anzeige noch verfolgt und geahndet werden oder ist sie bereits verjährt? Lösung s. Rn. 234

Frage 3: Kann statt einer Geldbuße gemäß § 29a Abs. 1 OWiG der Wert dessen, was G in dem Zeitraum erzielte, in dem sein Gewerbe nicht ordnungsgemäß umgemeldet hatte, eingezogen werden? Lösung s. Rn. 235

Frage 4: Was wäre, wenn das Unternehmen als GmbH betrieben würde, G zusammen mit A und B Gesellschafter und C Geschäftsführer der GmbH wären? Lösung s. Rn. 236

Fall 2: Keine Anmeldung der Schülerband 211

Die drei Schüler A, B und D einer 9. Klasse (alle 15 Jahre alt und wohnhaft in der Gemeinde C) haben im letzten Jahr die Musikband „Ab D…" gegründet. Ihre Musik und ihre Texte komponieren und schreiben sie selbst. Über eine von ihnen betriebene Internetseite kann man sie auch für private Feiern buchen. Innerhalb eines Jahres hat jeder von ihnen 3.000 € Gewinn erzielt. Daneben haben sie (abgesehen vom Taschengeld, das ihre Eltern ihnen zahlen) keine weiteren Einkünfte. Die Gründung der Musikband haben sie nirgendwo angezeigt.

Frage 1: Die für Gewerbeanzeigen zuständige Mitarbeiterin der Gemeinde C ist der Überzeugung, dass A, B und D gegen § 14 Abs. 1 S. 1 GewO verstoßen haben und will nunmehr bußgeldrechtlich gegen diese vorgehen. Wie ist die Rechtslage? Lösung s. Rn. 237

Frage 2: A, B und D haben ihre Musikband auch nicht beim Finanzamt angezeigt. Hat das (straf- oder) bußgeldrechtliche Folgen? Steuern hinterziehen sie nicht. Lösung s. Rn. 238

Frage 3: Hätten A, B und D (oder deren Eltern als gesetzliche Vertreter) eine Ordnungswidrigkeit begangen, wenn A, B und D (ohne das Wissen ihrer Eltern) zusätzlich über das Internet gewinnbringend Turnschuhe verkauft, dies aber ebenfalls nirgendwo angezeigt hätten? Lösung s. Rn. 239

---

126 Fall in Anlehnung an OLG Köln, Beschluss v. 5.5.1987 – Ss 570/86 (Z) – 175/87, juris.

2. Allgemeine Einführung

a) Verstöße gegen die allgemeine gewerberechtliche Anzeigepflicht (§§ 14, 55c GewO)

aa) Grunddelikt

212 Vorsätzliche und fahrlässige Verstöße gegen die allgemeine gewerberechtliche Anzeigepflicht (§§ 14, 55 c GewO) sind nach §§ 146 Abs. 2 Nr. 2 u. 3 GewO, 145 Abs. 3 Nr. 1 GewO bußgeldbewehrt.

Zuständig für die Verfolgung und Ahndung sind die nach Landesrecht bestimmten Behörden, beispielsweise in Baden-Württemberg nach § 5 Abs. 1 Nr. 5 OWiZuVO BW, § 8 Abs. 1 Nr. 1 u. 6 GewOZuVO BW die Gemeinden.

bb) Bußgeldbewehrte Schwarzarbeit (Qualifikation)

213 Zugleich ist der Verstoß gegen die Verpflichtung zur Anzeige des Beginns des selbstständigen Betriebes eines stehenden Gewerbes eine bußgeldbewehrte Schwarzarbeit nach § 8 Abs. 1 Nr. 1 d) SchwarzArbG, wenn der Verstoß vorsätzlich erfolgt und außerdem vorsätzlich Dienst- oder Werkleistungen in erheblichem Umfang erbracht werden.

§ 146 Abs. 2 Nr. 2 b) GewO tritt dann im Wege der Gesetzeskonkurrenz als Grunddelikt hinter den Qualifikationstatbestand des § 8 Abs. 1 Nr. 1 d) SchwarzArbG zurück.[127] Zuständig für die Verfolgung und Ahndung bleiben die nach Landesrecht für die Verfolgung und Ahndung von § 146 Abs. 2 Nr. 2b) GewO zuständigen Behörden (vgl. § 2 Abs. 3 SchwarzArbG).

b) Verstöße gegen spezialgesetzliche Meldepflichten

214 Unter Bußgeldbewehrung stehen in der Regel auch die Verstöße gegen spezialgesetzliche Meldepflichten (z.B. nach § 149 Abs. 1 Nr. 2 TKG; § 118 Abs. 1 Nr. 1 HwO i.V.m. § 18 Abs. 1 S. 1 HwO oder § 27 Abs. 1 Nr. 1 Wohn-, Teilhabe- und Pflegegesetz BW).

215 Diese Ordnungswidrigkeiten stehen in der Regel in Tatmehrheit zu Verstößen gegen die gewerberechtliche Anzeigepflicht (vgl. zur Tateinheit bzw. Tatmehrheit beim Zusammentreffen von Unterlassungsdelikten zuvor schon 2. Teil Rn. 196) und werden von den zuständigen Fachbehörden verfolgt und geahndet, beispielsweise Verstöße gegen § 18 Abs. 1 S. 1 HwO in Baden-Württemberg gemäß § 2 OwiZuVO von den unteren Verwaltungsbehörden.

---

127 OLG Düsseldorf GewArch 1991, 198 (199).

3. Die Ordnungswidrigkeit nach § 146 Abs. 2 Nr. 2 b) GewO

a) Bußgeldtatbestand; Deliktsart; Normzweck

216

Gewerbeordnung (GewO)
§ 146 Verletzung sonstiger Vorschriften über die Ausübung eines Gewerbes

(1) [...]

(2) Ordnungswidrig handelt ferner, wer vorsätzlich oder fahrlässig

[...]

2. entgegen

[...]

b) § 14 Absatz 1 Satz 1, auch in Verbindung mit Satz 2, Absatz 2 oder einer Rechtsverordnung

[...]

eine Anzeige nicht, nicht richtig, nicht vollständig oder nicht rechtzeitig erstattet,

(3) Die Ordnungswidrigkeit kann [...] in den übrigen Fällen des Absatzes 2 mit einer Geldbuße bis zu eintausend Euro geahndet werden.

217 § 146 Abs. 2 Nr. 2 b) GewO ist ein schlichtes Tätigkeits- und zugleich ein abstraktes Gefährdungsdelikt.

Die allgemeinen gewerberechtlichen Meldepflichten und damit auch die Bußgeldbewehrung von entsprechenden Verstößen dienen allein der Durchsetzung des öffentlichen Interesses an einer wirksamen Gewerbeaufsicht und statistischen Zwecken (vgl. § 14 Abs. 5 S. 1 GewO). Daher ist das, was der Gewerbetreibende in dem Zeitraum erlangt, in dem er gegen die gewerberechtlichen Meldepflichten verstoßen hat (z.B. sein Gewerbe nicht ordnungsgemäß abgemeldet hat), auch kein dem Werte nach einziehbarer Tatertrag i.S.d. § 29a OWiG.[128] Nach § 29a OWiG eingezogen (bzw. bei der Bestimmung des Bußgeldes gemäß § 17 Abs. 4 OWiG berücksichtigten) werden können nur die ersparten Aufwendungen für die Gewerbeanzeige.[129]

b) Aufbau der Ordnungswidrigkeit

aa) Objektiver Tatbestand

(1) Täter

218 § 146 Abs. 2 Nr. 2 b) GewO ist ein Sonderdelikt. Täter kann nur sein, wer Betreiber des Gewerbes ist.

219 Wird das Gewerbe durch eine bzw. mehrere natürliche Person(en) betrieben[130], ist/sind diese natürliche Person(en) taugliche Täter. Minderjährige kommen nach hier vertretener Rechtsauffassung (siehe Rn. 180) als Täter nur dann in Betracht, wenn

---
[128] Vgl. LG Tübingen NJW 2006, 3447.
[129] Vgl. HK-OWiG/*Louis* § 29a Rn. 20.
[130] Z.B. ein Einzelunternehmen durch eine einzelne natürliche Person oder eine OHG oder eine GbR durch drei natürliche Personen als Gesellschafter.

sie nach § 112 BGB unbeschränkt geschäftsfähig sind und damit den Gewerbebetrieb auch höchstpersönlich führen dürfen. Ansonsten ist der Gewerbebetrieb eines minderjährigen Gewerbeinhabers zwingend von seinen/m gesetzlichen Vertreter/n (bzw. durch einen Stellvertreter) zu führen. Der gesetzliche Vertreter, der das Gewerbe nicht anzeigt, und nicht der Minderjährige ist dann nach Maßgabe von § 9 Abs. 1 Nr. 3 OWiG Täter einer Ordnungswidrigkeit nach § 146 Abs. 2 Nr. 2 b) GewO.

220 Betreibt eine juristische Person (z.B. GmbH) das Gewerbe, kommt diese selbst als Täterin nicht in Betracht, weil nach traditioneller deutscher Rechtsauffassung nur natürliche Personen Täter einer Ordnungswidrigkeit sein können. In diesen Fällen greift § 9 Abs. 1 Nr. 1 OWiG. § 146 Abs. 2 Nr. 2 b) GewO ist dann auf den gesetzlichen Vertreter der juristischen Person anzuwenden (bei einer GmbH nach § 35 Abs. 1 S. 1 GmbHG also auf den Geschäftsführer).

(2) Tathandlung

221 § 146 Abs. 2 Nr. 2 b) GewO ist ein abstraktes Gefährdungsdelikt. Der Tatbestand enthält insgesamt vier Varianten möglicher Tathandlungen. Bußgeldbewehrt ist das Zuwiderhandeln gegen § 14 Abs. 1 S. 1 GewO (bzw. gegen § 14 Abs. 1 S. 2, § 14 Abs. 2 GewO oder die GewerbeanzeigeVO) durch aktives Tun („Anmeldung nicht richtig (Var. 2) oder nicht vollständig (Var. 3) erstatten") oder durch echtes Unterlassen („Anmeldung nicht (Var. 1) bzw. nicht rechtzeitig (Var. 4) erstatten"). Damit ist § 146 Abs. 2 Nr. 2 b) GewO zugleich **Begehungs-** und **echtes Unterlassungsdelikt**.

bb) Vorsatz bzw. Fahrlässigkeit

222 Bußgeldbewehrt ist sowohl die vorsätzliche als auch die fahrlässige Verletzung der Meldepflicht. Wer die gesetzliche Meldepflicht nicht kennt, unterliegt keinem den Vorsatz ausschließenden Tatbestandsirrtum (§ 11 Abs. 1 OWiG), sondern lediglich einem Verbots- bzw. Gebotsirrtum (§ 11 Abs. 2 OWiG).

c) Verjährung

223 Wird eine Gewerbeanmeldung nicht oder nicht rechtzeitig erstattet, behandelt die h.M. das Unterlassen als Dauerdelikt, so dass die Verjährung erst mit der Beendigung des rechtswidrigen Zustands beginnt.[131] Der rechtswidrige Zustand wird beendet, sobald der Gewerbetreibende nicht mehr zur Anzeige verpflichtet ist, also beispielsweise die bisher unterlassene Anzeige nachholt.[132]

224 Nicht abschließend geklärt ist, wann bei einer fehlerhaften oder unvollständigen Abgabe der Gewerbeanzeige die Verjährung beginnt. Nach der Dogmatik im allgemeinen Ordnungswidrigkeitenrecht liegt ein Zustandsdelikt vor (s. Teil 2 Rn. 26), so dass die Verjährung mit der Tatvollendung (Falschanzeige) beginnt.

225 Das führt dann allerdings dazu, dass eine vorsätzlich falsche Gewerbeanzeige innerhalb von 6 Monaten verjährt (§ 33 Abs. 2 Nr. 4 OWiG), während eine fahrlässig unterlassene Gewerbeanzeige grundsätzlich nicht verjährt, solange sie nicht nachgeholt wird oder die Anmeldpflicht aus sonstigen Gründen entfällt (zur Frage, ob bei Fahrlässigkeit die Verjährung nicht erst mit Beendigung des rechtswidrigen Zustandes, sondern schon früher beginnt, s. Teil 3 Rn. 87). Damit wird die Frage aufgeworfen,

---

[131] OLG Stuttgart GewArch 1984, 84.
[132] Ennuschat/Wank/Winkler/*Winkler*, GewO § 14 Rn. 96.

ob für das Ordnungswidrigkeitenrecht nicht in Zukunft eine von Strafrecht losgelöste Verjährungslehre entwickelt werden sollte, da letztere primär auf Erfolgsdelikte zugeschnitten ist.

4. Die Ordnungswidrigkeit nach § 8 Abs. 1 Nr. 2 d) Var. 1 SchwarzArbG

a) Bußgeldtatbestand; Deliktsart; Normzweck

Gesetz zur Bekämpfung der Schwarzarbeit und illegalen Beschäftigung
(Schwarzarbeitsbekämpfungsgesetz – SchwarzArbG)
§ 8 Bußgeldvorschriften

(1) Ordnungswidrig handelt, wer

Nr. 1 d) der Verpflichtung zur Anzeige vom Beginn des selbstständigen Betriebes eines stehenden Gewerbes (§ 14 der Gewerbeordnung) nicht nachgekommen ist oder die erforderliche Reisegewerbekarte (§ 55 der Gewerbeordnung) nicht erworben hat [...] und Dienst- oder Werkleistungen in erheblichem Umfang erbringt [...].

[...]

(6) Die Ordnungswidrigkeit kann [...] in den Fällen des Absatzes 1 Nummer 1 Buchstabe d [...] mit einer Geldbuße bis zu fünfzigtausend Euro [...] geahndet werden.

(7) ¹Absatz 1 findet keine Anwendung für nicht nachhaltig auf Gewinn gerichtete Dienst- oder Werkleistungen, die

1. von Angehörigen im Sinne des § 15 der Abgabenordnung oder Lebenspartnern,

2. aus Gefälligkeit,

3. im Wege der Nachbarschaftshilfe oder

4. im Wege der Selbsthilfe im Sinne des § 36 Abs. 2 und 4 des Zweiten Wohnungsbaugesetzes in der Fassung der Bekanntmachung vom 19. August 1994 (BGBl. I S. 2137) oder als Selbsthilfe im Sinne des § 12 Abs. 1 Satz 2 des Wohnraumförderungsgesetzes vom 13. September 2001 (BGBl. I S. 2376), zuletzt geändert durch Artikel 7 des Gesetzes vom 29. Dezember 2003 (BGBl. I S. 3076),

erbracht werden. ²Als nicht nachhaltig auf Gewinn gerichtet gilt insbesondere eine Tätigkeit, die gegen geringes Entgelt erbracht wird.

(8) Das Bundesministerium der Finanzen wird ermächtigt, durch Rechtsverordnung mit Zustimmung des Bundesrates Vorschriften über Regelsätze für Geldbußen wegen einer Ordnungswidrigkeit nach Absatz 1 oder 2 zu erlassen.

§ 8 Abs. 1 Nr. 1 d) Var. 1 SchwarzArbG ist ein schlichtes Tätigkeits- und zugleich ein abstrakten Gefährdungsdelikt.

Die Norm dient der Durchsetzung der allgemeinen gewerberechtlichen Meldepflichten und damit wie diese allein der Durchsetzung des öffentlichen Interesses an einer wirksamen Gewerbeaufsicht und statistischen Zwecken (vgl. § 14 Abs. 5 S. 1 GewO). Daher ist das, was der Gewerbetreibende in dem Zeitraum erlangt, in dem er gegen die gewerberechtlichen Meldepflichten verstoßen hat (z.B. sein Gewerbe nicht ordnungsgemäß abgemeldet hat), auch kein dem Werte nach einziehbarer Tatertrag i.S.d. § 29a OWiG.[133]

b) Aufbau der Ordnungswidrigkeit

aa) Objektiver Tatbestand

228 § 8 Abs. 1 Nr. 1 d) Var. 1 SchwarzArbG ist ein Sonderdelikt. Täter kann nur der Betreiber eines Gewerbes (oder eine der in § 9 OWiG genannten Personen) sein, denn nur dieser ist zur Anzeige des Gewerbebetriebs nach § 14 GewO auch verpflichtet.

229 Die Tathandlung i.S.d. § 8 Abs. 1 Nr. 1 d) Var. 1 SchwarzArbG begeht, wer Dienst- oder Werkleistungen in erheblichem Umfang erbringt, ohne zuvor der Verpflichtung zur Anzeige des Beginns des selbstständigen Betriebes eines stehenden Gewerbes nachgekommen zu sein.

Nach h.M. umfasst § 8 Abs. 1 Nr. 1 d) Var. 1 SchwarzArbG auch den Verstoß gegen die Pflicht zur Ummeldung bei Wechsel oder Erweiterung des Gegenstands des Gewerbes nach § 14 Abs. 1 S. 2 Nr. 2 GewO.[134] Nicht vom Tatbestand erfasst (auch nicht nach Var. 2) wird der Verstoß gegen die Anzeigepflicht nach § 55c GewO.[135]

Ob die Dienst- oder Werkleistungen einen erheblichen Umfang haben, ist anhand des Einzelfalls zu beurteilen. Maßgebliche Kriterien sind Dauer, Häufigkeit, Regelmäßigkeit, Intensität und Wert der Arbeitsleistung; positiv indiziert ist die Erfüllung des Tatbestands, wenn der Täter ganz oder überwiegend laufende Einnahmen aus der Schwarzarbeit erzielt.[136] Die Grenze der gelegentlichen Tätigkeit ist überschritten, wenn ein Betrag von mehr als 3.000 € erzielt wird oder die Dienst- bzw. Werkleistung über einen Zeitraum von mehr als drei Monaten mit mehr als 15 Stunden pro Woche erbracht wird und das Arbeitsentgelt die Grenze für geringfügig Beschäftigte übersteigt.[137]

Nicht tatbestandsmäßig handelt, wer eine i.S.d. § 8 Abs. 7 SchwarzArbG nicht nachhaltig auf Gewinn gerichtete Dienst- oder Werkleistung (z.B. als Angehöriger i.S.d. § 15 AO, Lebenspartner oder aus Gefälligkeit) erbringt.

bb) Subjektiver Tatbestand

230 Die Ordnungswidrigkeit kann nur vorsätzlich begangen werden.

c) Verjährung

231 Für die Verjährung gelten die Ausführungen unter Rn. 223ff. entsprechend.

---

[133] Etwas anderes gilt bei Verstößen gegen die Eintragungspflicht in die Handwerksordnung (§ 8 Abs. 1 Nr. 1 e) SchwarzArbG i.V.m. § 1 HwO): OLG Stuttgart GewArch 2012, 408 (409); Ennuschat/Wank/Winkler/*Winkler*, GewO § 14 Rn. 102.
[134] OLG Düsseldorf GewA 1991, 198; Erbs/Kohlhaas/*Ambs/Dr. Lutz* SchwarzArbG § 8 Rn. 10.
[135] Erbs/Kohlhaas/*Ambs/Dr. Lutz* SchwarzArbG § 8 Rn. 10.
[136] BeckOK StGB/ *Heintschel-Heinegg*, Arbeitsstrafrecht: L. Schwarzarbeitsgesetz Rn. 108; vgl. auch OLG Düsseldorf GewA 2000, 202.
[137] BeckOK StGB/ *Heintschel-Heinegg*, Arbeitsstrafrecht: L. Schwarzarbeitsgesetz Rn. 108.

d) Bußgeldkatalog

Nach § 8 Abs. 8 SchwarArbG ist das BMF ermächtigt, durch Rechtsverordnung mit Zustimmung des Bundesrates Vorschriften über Regelsätze für Geldbußen wegen einer Ordnungswidrigkeit nach § 8 Abs. 1 Nr. 1 d) SchwarzArbG zu erlassen.

5. Lösungsvorschlag zu den Ausgangsfällen

a) Zu Fall 1 (Keine Anzeige der Betriebsverlegung)

Zu Frage 1

I. Vorsätzliche Ordnungswidrigkeit nach § 146 Abs. 2 Nr. 2 b) GewO

G könnte zunächst eine vorsätzliche Ordnungswidrigkeit nach § 146 Abs. 2 Nr. 2 b) GewO begangen haben, indem er die Betriebsverlegung nicht anzeigte.

1. Tatbestand

a) Objektiver Tatbestand

Indem G seinen Gewerbebetrieb innerhalb von A-Dorf von der Steinstraße 1 in die Amselgasse 3 verlegte, ohne dies nach § 14 Abs. 1 S. 2 Nr. 1 GewO anzuzeigen, obwohl ihm die Anzeige tatsächlich möglich war, hat er den objektiven Tatbestand des § 146 Abs. 2 Nr. 2 b) GewO erfüllt (sogenanntes echtes Unterlassen).

b) Subjektiver Tatbestand

Weiter müsste G vorsätzlich gehandelt haben. Vorsätzlich handelt, wer wissentlich und willentlich den Tatbestand verwirklicht. G war bekannt, dass er Betreiber eines Gewerbes ist und dass das Gewerbe von der Steinstraße 1 in die Amselgasse 3 verlegt wurde. Er ging auch nicht irrtümlich davon aus, die Verlegung des Gewerbes bereits angezeigt zu haben, was seinen Vorsatz nach § 11 Abs. 1 S. 1 OWiG entfallen ließe. Vielmehr kannte er alle seine Handlungspflicht begründenden Umstände. Was er nicht kannte, ist die gesetzliche Anzeigepflicht. Damit liegt ein sogenannter Gebotsirrtum vor, der den Vorsatz unberührt lässt[138]. G handelte vorsätzlich.

2. Rechtswidrigkeit

Die Tat war nicht gerechtfertigt.

3. Vorwerfbarkeit

Aufgrund des Gebotsirrtums könnte die Vorwerfbarkeit nach § 11 Abs. 2 OWiG ausgeschlossen sein. Das setzt voraus, dass G den Irrtum über die nach § 14 Abs. 1 S. 2 Nr. 1 GewO bestehende Pflicht zur Ummeldung nicht vermeiden konnte. Dass auch innerörtliche Betriebsverlegungen gemäß § 14 Abs. 1 S. 2 Nr. 1 GewO anzuzeigen sind, liegt nahe. Dies hätte G auch durch ein kurzes Telefonat bei der zuständigen Behörde oder durch Lektüre der im Internet einfach zu findenden Formblätter zur Gewerbeummeldung feststellen können und müssen. Weil G dies nicht tat, handelte er vorwerfbar.

4. Zwischenergebnis

Damit hat G eine vorsätzliche Ordnungswidrigkeit nach § 146 Abs. 2 Nr. 2 b) GewO begangen.

---

138 OLG Köln, Beschluss v. 5.5.1987 – Ss 570/86 (Z) – 175/87, juris Rn. 8.

II. Bußgeldbewehrte Schwarzarbeit nach § 8 Abs. 1 Nr. 1 d) SchwarzArbG

Weiter könnte G eine Ordnungswidrigkeit nach § 8 Abs. 1 Nr. 1 d) SchwarzArbG begangen haben.

Den objektiven Tatbestand verwirklicht u.a., wer der Verpflichtung zur Anzeige vom Beginn des selbstständigen Betriebes eines stehenden Gewerbes (§ 14 der Gewerbeordnung) nicht nachgekommen ist und Dienst- oder Werkleistungen in erheblichem Umfang erbringt. Dem Beginn gleichgestellt ist eine erhebliche Erweiterung oder Änderung des Gewerbebetriebs. G hat seinen Betrieb weder erweitert noch geändert und nur die Betriebsverlegung entgegen § 14 Abs. 1 S. 2 Nr. 1 GewO nicht angezeigt. Dieser Verstoß ist nach dem Wortlaut der Norm („Beginn") jedoch nicht erfasst. Eine bußgeldbewehrte Schwarzarbeit nach § 8 Abs. 1 Nr. 1 d) SchwarzArbG hat G also nicht begangen.

III. Gesamtergebnis

G hat eine vorsätzliche Ordnungswidrigkeit nach § 146 Abs. 2 Nr. 2 b) GewO begangen.

Zu Frage 2

Die Verfolgung und Ahndung der von G begangenen Ordnungswidrigkeit könnte gemäß § 31 Abs. 1 S. 1 OWiG durch Verjährung ausgeschlossen sein.

Da kein Spezialgesetz greift, richtet sich die Dauer der Verjährungsfrist gemäß § 31 Abs. 2 OWiG nach der Höhe der gesetzlichen Bußgeldandrohung. Die vorsätzliche Ordnungswidrigkeit nach § 146 Abs. 2 Nr. 2 b) GewO kann gemäß § 146 Abs. 3 GewO i.V.m. § 17 Abs. 1 OWiG mit einer Geldbuße von 5 bis 1000 € geahndet werden. Damit beträgt die Verjährungsfrist gemäß § 31 Abs. 2 Nr. 4 OWiG sechs Monate.

Nach § 31 Abs. 3 S. 1 OWiG beginnt die Verjährungsfrist zu dem Zeitpunkt, zu dem die Ordnungswidrigkeit beendet ist, § 31 Abs. 3 S. 1 OWiG. Das ist bei Unterlassungsdelikten der Zeitpunkt, zu dem der rechtswidrige Zustand beendet wird. G hat die seit 5 Jahren unterlassene Gewerbeanzeige vor einem Monat nachgeholt. Erst mit dieser Nachholung der Gewerbeanzeige begann die Verjährungsfrist zu laufen. Damit ist die Tat noch nicht verjährt.

Zu Frage 3

§ 14 Abs. 1 S. 1 Nr. 2 GewO dient nur dem öffentlichen Interesse an einer effektiven Gewerbeaufsicht und der statistischen Erfassung der einzelnen Gewerbe und nicht dazu zu verhindern, dass nicht angemeldete Gewerbebetriebe Einnahmen erzielen. Somit kommt eine Einziehung nach § 29a Abs. 1 OWiG nicht in Betracht.

Zu Frage 4

Wäre die Sitzverlegung eines als GmbH betriebenen Gewerbes entgegen § 14 Abs. 1 S. 2 Nr. 1 GewO nicht angezeigt worden, so hätte der Geschäftsführer C eine vorsätzliche Ordnungswidrigkeit gemäß § 146 Abs. 2 Nr. 2 b) GewO, § 9 Abs. 1 Nr. 1 OWiG begangen. Gegen die GmbH könnte gemäß § 30 Abs. 1 Nr. 1 OWiG als Nebenfolge der Tat des C eine Geldbuße festgesetzt werden.

Die Gesellschafter G, A und B kommen als Alleintäter nicht in Betracht, weil ihnen die Sonderdelikteigenschaft „Gewerbebetreiber" fehlt und auch nicht über § 9 OWiG zugerechnet werden kann. Sie könnten ordnungswidrigkeitenrechtlich nur belangt werden, wenn sie sich an der durch den Geschäftsführer C begangenen vorsätzlichen und rechtswidrigen Tat gemäß § 14 Abs. 1 S. 1 OWiG durch ein aktives Tun oder pflichtwidriges Unterlassen (§ 8 OWiG) beteiligt hätten. Eine solche Beteiligungshandlung ist hier nach dem Sachverhalt allerdings nicht erkennbar.

b) Zu Fall 2 (Keine Anzeige der Schülerband)

Zu Frage 1:
A, B und D könnten jeweils eine vorsätzliche Ordnungswidrigkeit nach § 146 Abs. 2 Nr. 2 b) GewO, § 14 Abs. 1 S. 1 OWiG begangen haben, indem sie als Band auftraten, ohne dies anzuzeigen.

Dann müssten sie zunächst objektiv tatbestandsmäßig gehandelt haben, also als Gewerbetreibende entgegen § 14 Abs. 1 S. 1 GewO das Gewerbe nicht angezeigt haben. Zunächst müsste die Schülerband ein Gewerbe i.S.d. GewO sein. Ein Gewerbe ist jede nicht sozial unwertige (also nicht generell verbotene), auf Gewinnerzielungsabsicht gerichtete und auf Dauer angelegte selbstständige Tätigkeit, die nicht zur Urproduktion, zu den freien Berufen oder zur bloßen Verwaltung eigenen Vermögens zu rechnen ist. Zu den freien Berufen zählen wissenschaftliche, künstlerische und schriftstellerische Tätigkeiten sowie Dienstleistungen höherer Art. Bei künstlerischen Tätigkeiten ist abzugrenzen, ob eine geistig-eigenschöpferische Leistung erbracht wird oder ob es sich um ein Kunstgewerbe oder Kunsthandwerk handelt. A, B und D schreiben eigene Kompositionen, mit denen sie auftreten. Damit erbringen sie geistig-eigenschöpferische Leistungen und werden freiberuflich tätig. Folglich haben sie schon nicht tatbestandsmäßig gehandelt, da eine freiberufliche Tätigkeit nicht von § 14 GewO erfasst ist.

Zu Frage 2: Nach § 138 Abs. 1 S. 3 AO besteht zwar die Pflicht zur Anzeige einer freiberuflichen Erwerbstätigkeit gegenüber dem Finanzamt. Der Verstoß allein gegen die steuerrechtliche Anzeigepflicht beim Finanzamt ist jedoch nicht bußgeldbewehrt.

Zu Frage 3: Würden A, B, und D zusätzlich im Internet regelmäßig Turnschuhe verkaufen, um Einkommen zu erzielen, stellte dies eine gewerbliche Tätigkeit dar. Nach der hier vertretenen Rechtsauffassung kämen sie jedoch wegen ihrer Minderjährigkeit entgegen der h.M. als Täter einer Ordnungswidrigkeit nach § 146 Abs. 2 Nr. 2 b) GewO nicht in Betracht, da sie schon nicht berechtigt sind, ohne Zustimmung des gesetzlichen Vertreters eine Gewerbeanzeige zu erstatten (siehe Rn. 180).

Als Täter kommen dann nur die gesetzlichen Vertreter, hier also die Eltern, von A, B und D in Betracht. Allerdings handelten diese weder vorsätzlich, da sie von dem Turnschuhhandel ihrer Söhne nichts wussten, noch fahrlässig, da der Sachverhalt keine Anhaltspunkte dafür enthält, dass ihnen eine Verletzung der Aufsichtspflicht vorgeworfen werden könnte.

VII. Bußgeldbewehrte Verstöße gegen gewerbe- und berufsrechtliche Zulassungspflichten

1. Ausgangsfälle

Fall 1:
A studiert Jura mit dem Schwerpunkt Steuerrecht und findet es ungerecht, dass das Steuerrecht so kompliziert ist. Für jeden, der ihn darum bittet, erstellt er unentgeltlich dessen Einkommensteuererklärung. So erstellt er in einem Jahr für insgesamt 50 Steuerpflichtige gegenüber dem Finanzamt H deren Steuererklärungen. Dass auch

die unentgeltliche Steuerberatung ohne entsprechende Befugnis verboten ist, wusste A nicht.

Frage 1: Hat A eine Ordnungswidrigkeit begangen?

Frage 2: Hat der Steuerpflichtige S, der A beauftragt hat, obwohl er wusste, dass dieser kein Steuerberater ist, eine Ordnungswidrigkeit begangen?

Lösungen s. Rn. 275

241 Fall 2

B betreibt in Mannheim ein Sportgeschäft mit einer Theke, an der sowohl alkoholfreie als auch alkoholhaltige Getränke angeboten werden. Weil er schon sehr häufig Alkohol an erkennbar Betrunkene ausgeschenkt hat (Verstoß gegen § 20 Nr. 2 GastG) und sich auch durch zahlreiche Bußgeldbescheide (vgl. § 28 Abs. 1 Nr. 9 GastG) bisher nicht hat beeindrucken lassen, sieht die Stadt Mannheim keine andere Möglichkeit mehr und widerruft unter Anordnung der sofortigen Vollziehung gemäß § 15 Abs. 2 GastG die ihm erteilte Gaststättenerlaubnis. In ihrem Bescheid belehrt die Stadt Mannheim den B ausführlich darüber, dass er wegen der Anordnung der sofortigen Vollziehung den Gaststättenbetrieb auch dann sofort einstellen müsse, wenn er einen entsprechenden Antrag auf Wiederherstellung der aufschiebenden Wirkung beim zuständigen Verwaltungsgericht Karlsruhe stellen sollte, und er bei Zuwiderhandlung eine Ordnungswidrigkeit nach § 28 Abs. 1 Nr. 1 GastG begehe.

B erhebt gegen den Widerruf der Gaststättenerlaubnis Widerspruch (§ 68 Abs. 1 S. 1 VwGO) und stellt beim zuständigen Verwaltungsgericht Karlsruhe einen Antrag auf Wiederherstellung der aufschiebenden Wirkung seines Widerspruchs (§ 80 Abs. 5 S. 1 Hs. 2 VwGO). Zwei Wochen später kommt der zuständige Sachbearbeiter zur Kontrolle und stellt fest, dass der Alkoholausschank weiterhin betrieben wird. Einen erneuten Verstoß gegen § 20 Nr. 2 GastG stellt er allerdings nicht fest. B ist der Auffassung, dass die Behörde irre und dass er aufgrund seines beim Verwaltungsgericht gestellten Antrags auf Wiederherstellung der aufschiebenden Wirkung sein Gaststättengewerbe zunächst weiter betreiben dürfe, bis das Verwaltungsgericht über seinen Antrag entschieden habe.

Frage 1: Hat B eine Ordnungswidrigkeit nach § 28 Abs. 1 Nr. 1 GastG begangen? Die Rechtmäßigkeit des Widerrufs und der Anordnung der sofortigen Vollziehung sind zu unterstellen.

Frage 2: Wie wäre die Rechtslage zu beurteilen, wenn die behördliche Anordnung der sofortigen Vollziehung formell rechtswidrig wäre, weil die Stadt Mannheim entgegen § 80 Abs. 3 S. 1 VwGO das besondere öffentliche Interesse an der sofortigen Vollziehung nicht ausreichend schriftlich begründet hat?

Frage 3: Wie wäre die Rechtslage zu beurteilen, wenn keine Gefahr bestanden hätte, dass B auch während des laufenden Rechtsbehelfsverfahrens Alkohol an Betrunkene ausschenken würde, und damit auch kein überwiegendes öffentliches Interesse an der Anordnung der sofortigen Vollziehung bestanden hätte?

Frage 4: Wie wäre die Rechtslage zu beurteilen, wenn der Widerruf der Gaststättenerlaubnis materiell rechtswidrig wäre, weil nicht B regelmäßig Alkohol an Betrunkene ausgeschenkt hatte, sondern ein inzwischen wegen dieses Verhaltens nach entsprechender Abmahnung gekündigter Angestellter des B?

Lösungen s. Rn. 276

2. Allgemeine Einführung

a) Gewerbebetrieb ohne erforderliche Zulassung

aa) GewO

Nach der Konzeption der GewO stellt der vorsätzliche oder fahrlässige Verstoß gegen die Zulassungspflicht i.d.R. zunächst „nur" eine Ordnungswidrigkeit dar (vgl. § 144 Abs. 1 Nr. 1 u. Nr. 2, § 145 Abs. 1 Nr. 1 GewO, zu den Ausnahmen siehe § 148 Nr. 2 GewO[139]). Eine Straftat ist das vorsätzliche Betreiben eines Gewerbebetrieb ohne erforderliche Zulassung dann, wenn die Zuwiderhandlung beharrlich wiederholt wird (§ 148 Nr. 1 GewO). „Beharrlich" ist ein Merkmal des objektiven Tatbestands.[140] Beharrlich handelt, wer durch einen andauernden oder erneuten Verstoß seine rechtsfeindliche Einstellung gegenüber den Vorschriften, gegen die er verstößt, erkennen lässt, also an seiner Einstellung trotz einer etwaigen Ahndung, Abmahnung oder einer sonst hemmend wirkenden Erfahrung oder Erkenntnis festhält.[141] Ein neuer Tatentschluss ist nicht erforderlich; wird also beispielsweise ein zulassungspflichtiges Gewerbe von Anfang an ohne Zulassung betrieben und dann trotz eines behördlichen Vorgehens nach § 15 Abs. 2 S. 1 GewO weiter ausgeübt, kann dies eine Straftat und nicht nur eine Ordnungswidrigkeit darstellen.[142]

242

bb) Betrieb eines Handwerks ohne Eintrag in die Handwerksrolle

Ordnungswidrig nach § 117 Abs. 1 Nr. 1 HwO handelt, wer vorsätzlich ein zulassungspflichtiges Handwerk als stehendes Gewerbe selbstständig betreibt, ohne in die Handwerksrolle eingetragen zu sein. Wer außerdem vorsätzlich Dienst- oder Werkleistungen in erheblichem Umfang erbringt, begeht eine bußgeldbewehrte Schwarzarbeit nach § 8 Abs. 1 Nr. 1 e) SchwarzArbG. § 117 Abs. 1 Nr. 1 HwO tritt dann im Wege der Gesetzeskonkurrenz zurück.

243

Ordnungswidrigkeiten nach § 8 Abs. 1 Nr. 1 d) und e) SchwarzArbG stehen wegen der Klammerwirkung von § 8 SchwarzArbG in Tateinheit, während zwischen den bloßen Ordnungswidrigkeiten nach § 117 Abs. 1 Nr. 1 HwO und § 146 Abs. 2 Nr. 2 d) GewO Tatmehrheit besteht.[143]

244

cc) Sonstige Spezialgesetze

Auch der Betrieb der meisten sonstigen spezialgesetzlich geregelten Gewerbebetriebe ohne die erforderliche Zulassung stellt „nur" eine Ordnungswidrigkeit dar (vgl. § 19 Abs. 1 Nr. 1 lit. b u. Abs. 2 Nr. 1 GüKG; § 28 Abs. 1 Nr. 1 GastG). Bei besonders bedeutsamen (und abschließend spezialgesetzlich geregelten) Gewerbebetrieben steht der Betrieb ohne erforderliche Zulassung unter Strafe (z.B. § 23 Apothekengesetz, § 331 Abs. 1 Versicherungsaufsichtsgesetz).

245

---

139 Nach § 148 Nr. 2 GewO ist das vorsätzliche Betreiben einer Privatkrankenanstalt ohne Erlaubnis strafbar, wenn dadurch das Leben oder die Gesundheit anderer oder fremde Sachen von bedeutendem Wert gefährdet werden.
140 *Mitsch*, § 7 Rn. 2.
141 BT-Drs. 7/264, 14; BeckOK GewO/*Scharlach* GewO § 148 Rn. 4; vgl. auch MüKo StGB/*Gericke* StGB § 238 Rn. 44.
142 Vgl. BGH NStZ 1992, 594.
143 OLG Düsseldorf GewArch 2001, 346; GewArch 1991, 198); Erbs/Kohlhaas/*Ambs/Dr. Lutz*, 233. EL Oktober 2020, SchwarzArbG § 8 Rn. 20.

b) Das Erbringen von Dienstleistungen unter Verstoß gegen ein Berufsprivileg

246 Das Erbringen von grundsätzlich den freien Berufen vorbehaltenen Dienstleistungen ohne die erforderliche Befugnis stellt oft ebenfalls „nur" eine Ordnungswidrigkeit dar (vgl. § 160 StBerG, § 20 RDG). Eine Straftat begeht allerdings, wer (Zahn-)Heilkunde ohne die entsprechende Befugnis (§ 5 HPG bzw. § 18 Nr. 1 ZahnheilkG) bzw. trotz vollziehbarer Anordnung des Ruhens der Approbation (§ 13 BÄO) ausübt.[144]

c) Tätigwerden ohne die vorgeschriebene gewerbe- oder berufsrechtliche Zulassung

aa) Verstoß gegen ein präventives gesetzliches Verbot mit Erlaubnisvorbehalt

247 Die meisten gewerbe- bzw. berufsrechtlichen Zulassungen ergehen aufgrund eines **präventiven Verbots mit Erlaubnisvorbehalt**. Die gewerbliche bzw. freiberufliche Tätigkeit wird also an sich von der Berufs- bzw. Gewerbefreiheit gedeckt, weil sie sozialadäquat, wertneutral oder nicht unerwünscht ist, und die formelle Erlaubnispflicht hat nur den Zweck, eine Kontrolle über potenzielle Gefahren für Gemeinschafts- und Individualrechtsgüter zu ermöglichen.[145]

248 Objektiv tatbestandsmäßig handelt dann nur, wer ohne die erforderliche gewerbe- oder berufsrechtliche Zulassung tätig wird, also
- wer zum Tatzeitpunkt die vorgeschriebene Zulassung gar nicht hat;
  Beachte: Eine aufschiebend befristete oder bedingte Zulassung wird erst mit Eintritt des bestimmten Zeitpunkts bzw. der Bedingung wirksam (vgl. § 36 Abs. 2 Nr. 1 u. 2 VwVfG). Wer eine fingierte Zulassung (vgl. § 42a VwVfG, § 6a GewO) hat, wird nicht ohne die vorgeschriebene Zulassung tätig. Auch wenn die zuständige Behörde das Tätigwerden ohne die vorgeschriebene gewerbe- oder berufsrechtliche Zulassung eine längere Zeit geduldet hat, begeht derjenige, der ohne erforderliche Zulassung tätig wird, dennoch eine Ordnungswidrigkeit. Etwas anderes gilt nur dann, wenn die Behörde den Verstoß ausnahmsweise für einen bestimmten Zeitraum in Form einer Zusicherung (§ 38 VwVfG) oder eines öffentlich-rechtlichen Vertrags wirksam erlaubt hat (sogenannte aktive Duldung).[146]
- wer zum Tatzeitpunkt nur eine nichtige Zulassung hat (vgl. §§ 43 Abs. 3, 44 Abs. 2 oder 1 VwVfG);
  Beachte: Die auf unlauterem Wege erlangte rechtswidrige Zulassung ist in der Regel wirksam (Umkehrschluss aus § 48 Abs. 2 S. 3 Nr. 1 VwVfG).[147] Ausnahmsweise nichtig ist die Zulassung beispielsweise dann, wenn die Zulassung nicht hätte erteilt werden dürfen, der Sachbearbeiter sich hat bestechen lassen und für jeden verständigen Dritten offensichtlich ist, dass die Voraussetzungen für die Erteilung der Zulassung nicht vorlagen (vgl. § 44 Abs. 1 VwVfG).
  In der Literatur zum Ordnungswidrigkeitenrecht umstritten ist, ob der Betroffene, der aufgrund einer unlauter erlangten, verwaltungsrechtlich aber wirksamen Zulassung handelt, dennoch tatbestandsmäßig handelt. Nach richtiger Rechtsauffassung ist das mit Hinblick auf Art. 103 Abs. 2 GG abzulehnen, solange der Gesetzgeber dies nicht ausdrücklich wie beispielsweise in § 330d Abs. 1 Nr. 5 StGB oder § 18 Abs. 9 AWG regelt.[148]
- wer zum Tatzeitpunkt außerhalb der Zulassung handelt (vgl. § 37 Abs. 1 VwVfG);
  Beachte: Außerhalb der Zulassung handelt, wer gegen die Inhaltsbestimmungen verstößt, also den Erlaubnisrahmen überschreitet.
- wessen Zulassung zum Tatzeitpunkt wegen Zeitablaufs (vgl. § 36 Abs. 2 Nr. 1 VwVfG) oder aus sonstigen Gründen (z.B. § 36 Abs. 2 Nr. 2 VwVfG) automatisch erloschen ist (vgl. § 43 Abs. 2 Var. 4 u. 5 VwVfG);
  Beachte: Das automatische Erlöschen einer Zulassung ist insbesondere bei raumbezogenen Erlaubnissen zu beachten. So können beispielsweise Änderungen der Räume einer Pri-

---

144 Außerdem sind entsprechende Eingriffe dann Körperverletzungsdelikte nach §§ 223 ff. StGB.
145 OLG Düsseldorf, Beschluss vom 20. Januar 1998 – 5 Ss (OWi) 341/97 – (OWi) 176/97 I –, juris Rn. 16.
146 Vgl. *Klesczewski*, Rn. 136 ff.
147 BVerwG NJW 1985 (2659); BeckOK VwVfG/*Schemmer* § 44 Rn. 33.
148 *Mitsch*, § 7 Rn. 39; *Klesczewski*, Rn. 135 u. 145–149; a.A. *Krenberger/Krumm* OWiG § 15 Rn. 38.

vatkrankenanstalt (§ 30 GewO) oder einer Gaststätte (§ 3 Abs. 1 GastG) dazu führen, dass die ursprüngliche Erlaubnis sich auf sonstige Weise erledigt.
- wessen Zulassung zum Tatzeitpunkt bestandskräftig aufgehoben wurde (vgl. § 43 Abs. 2 Var. 1 – 3 VwVfG, §§ 48, 49 VwVfG);
Beachte: Die behördliche Aufhebung einer Zulassung (Rücknahme, Widerruf oder Aufhebung im Widerspruchsverfahren) wird bestandskräftig, sobald kein ordentlicher Rechtsbehelf (Widerspruch, Klage, Berufung, Revision) mehr gegeben ist.
- wessen Zulassung zum Tatzeitpunkt zwar noch nicht bestandskräftig, aber sofort vollziehbar (vgl. § 80 Abs. 2 VwGO) aufgehoben wurde.[149]
Beachte: Zwar entfällt nach § 43 Abs. 2 Var. 1 u. 2 VwVfG die Wirksamkeit einer Zulassung bereits mit dem Wirksamwerden ihrer Rücknahme (ggf. sogar rückwirkend) bzw. ihres Widerrufs, wenn kein späteres Datum genannt wird (vgl. § 49 Abs. 4 VwVfG). Dennoch handelt der Betroffene in diesen Fällen nicht ordnungswidrig. Ordnungswidrig handelt nur der Betroffene, der die Rücknahme bzw. den Widerruf ohne die Möglichkeit eines hemmenden Rechtsbehelfs hinnehmen muss, denn nur dann stellt sich die Zuwiderhandlung als Ungehorsam gegen die Rücknahme bzw. den Widerruf dar.[150]
- gegen wessen Zulassung ein Dritter mit aufschiebender Wirkung Widerspruch bzw. Klage erhoben hat (vgl. § 80 Abs. 1 VwGO).

Was nach der Vollendung der Tat mit der Zulassung passiert, ist nach richtiger, aber umstrittener Rechtsauffassung grundsätzlich irrelevant. So führt eine mit Wirkung für die Vergangenheit rückwirkend erteilte Erlaubnis nicht dazu, den Verstoß gegen die Erlaubnispflicht nachträglich zu legitimieren, denn jedes Handeln ohne Abwarten der erforderlichen Erlaubnis stellt einen Angriff auf die institutionelle Gefahrenvorsorge dar.[151] Umgekehrt führt aber auch die rückwirkende Rücknahme einer rechtswidrigen Erlaubnis nicht dazu, dass der Betroffene eine Ordnungswidrigkeit begangen hat, wenn die Erlaubnis zum Tatzeitpunkt vorlag (Art. 103 Abs. 2 GG).[152]

Umstritten ist, was gilt, wenn die behördliche Aufhebung der Zulassung und/oder die behördliche Anordnung der sofortigen Vollziehung rechtswidrig gewesen sind, der Rechtsverstoß aber nicht so schlimm ist, dass er zur Nichtigkeit und damit zur Unwirksamkeit der Aufhebung bzw. Anordnung der sofortigen Vollziehung führt.

Nach der hier vertretenen Rechtsauffassung ändert der Rechtsverstoß der Behörde zunächst nichts daran, dass der Betroffene eine Ordnungswidrigkeit begangen hat, denn sofort vollziehbare bzw. bestandskräftige behördliche Anordnungen sind zunächst einmal im öffentlichen Interesse grundsätzlich zu befolgen.[153] Ausnahmsweise ist das Bußgeldverfahren aber dann zwingend nach § 47 Abs. 1 S. 2 OWiG einzustellen, wenn es um einen so schwerwiegenden Eingriff und/oder so hochrangige Rechtsgüter des Betroffenen geht, dass es unverhältnismäßig wäre, den Betroffenen bußgeldrechtlich für seine Zuwiderhandlung zu belangen.

bb) Verstoß gegen ein repressives Verbot mit Befreiungsvorbehalt

Es gibt auch (wenige) Zulassungen, die von einem repressiven Verbot befreien. Hier stellt das Fehlen der Zulassung kein Tatbestandsmerkmal dar. Vielmehr ist das Vorliegen einer Zulassung dann ein Rechtfertigungsgrund.
Beispiel: Zulassung für Spielbanken in Rheinland-Pfalz nach §§ 2, 3, 4 SpielbkG RP.

---

149 BGH NJW 1969, 2023 (2025); Erbs/Kohlhaas/*Ambs*/*Lutz*, 232. EL August 2020, GastG § 28 Rn. 4.
150 BGH NJW 1969, 2023 (2025); Erbs/Kohlhaas/*Ambs*/*Lutz*, 232. EL August 2020, GastG § 28 Rn. 4.
151 HK-OWiG/*Gassner* Einleitung Rn. 16; *Klesczewski* Rn. 125, 128 u. 151.
152 HK-OWiG/*Gassner* Einleitung Rn. 16; *Klesczewski* Rn. 150.
153 So wohl auch die hM, vgl. BGH NJW 1969, 2023; *Mitsch* § 7 Rn. 39; grundsätzlich auch *Klesczewski* Rn. 125 ff (m.w.N. auch zur Gegenauffassung in Rn. 120 ff.).

d) Irrtümer über die gewerbe- oder berufsrechtliche Zulassung

aa) Beim Verstoß gegen ein präventives Verbot mit Erlaubnisvorbehalt

252 Bei präventiven Verboten mit Erlaubnisvorbehalt verstößt nur derjenige gegen die Zulassungspflicht, der weiß, dass er ohne Zulassung tätig wird. Bei solchen normativen Tatbestandsmerkmalen gehört zum Vorsatz auch eine gewisse rechtliche Bewertung („Parallelbewertung in Laiensphäre").[154] Das macht die Abgrenzung von Tatbestandsirrtum (§ 11 Abs. 1 S. 1 OWiG) und Rechtsirrtum (§ 11 Abs. 2 OWiG) besonders schwierig.

Beispiele: Übt jemand ein zulassungspflichtiges Gewerbe aus, obwohl die Zulassung unter Anordnung der sofortigen Vollziehung bereits wirksam widerrufen wurde, handelt der Betroffene nur dann vorsätzlich, wenn er Kenntnis von der sofortigen Vollziehbarkeit des Widerrufs hat.[155] Hat der Betroffene die behördliche Anordnung der sofortigen Vollziehung im Bescheid überlesen, handelt er nach allgemeiner Auffassung nicht vorsätzlich. Umstritten ist aber, ob auch derjenige einem vorsatzausschließenden Tatbestandsirrtum unterliegt, der meint, die Anordnung der sofortigen Vollziehung sei nicht zu beachten, solange er beim Verwaltungsgericht einen Antrag auf Aussetzung der sofortigen Vollziehung oder Wiederherstellung der aufschiebenden Wirkung gestellt hat und über diesen noch nicht entschieden ist.[156] Nach hier vertretener Rechtsauffassung liegt lediglich ein Verbotsirrtum vor. Auch wer nicht weiß, dass die Ausübung des Gewerbes erlaubnispflichtig ist oder über die Reichweite der ihm erteilten Erlaubnis irrt, unterliegt nach hier vertretener Rechtsauffassung lediglich einem Verbotsirrtum.

bb) Beim Verstoß gegen ein repressives Verbot mit Befreiungsvorbehalt

253 Bei repressiven Verboten mit Befreiungsvorbehalt ist das Nichtvorliegen der Zulassung schon nicht Tatbestandsmerkmal. Wer ohne die erforderliche Zulassung tätig wird, handelt auch rechtswidrig. Etwaige Irrtümer sind dann erst auf der Ebene der Vorwerfbarkeit zu prüfen. Hier gelten die oben gemachten Ausführungen zur Unterscheidung von Tatbestands- und Rechtsirrtum dann entsprechend für die Abgrenzung von Erlaubnistatbestandsirrtum und Erlaubnisirrtum (s. 2. Teil Rn. 61 zum Erlaubnistatbestandsirrtum).

3. Der Betrieb eines Gewerbes ohne erforderliche Zulassung (Beispiel Gaststättenerlaubnis)

a) Bußgeldtatbestand; Deliktsart; Normzweck

254

Gaststättengesetz
§ 28 Ordnungswidrigkeiten

(1) Ordnungswidrig handelt, wer vorsätzlich oder fahrlässig

1. ohne die nach § 2 Abs. 1 erforderliche Erlaubnis ein Gaststättengewerbe betreibt,

[…]

(3) Die Ordnungswidrigkeit kann mit einer Geldbuße bis zu fünftausend Euro geahndet werden.

---

154 KK-OWiG/*Rengier* § 11 Rn. 15.
155 Vgl. BGH NStZ 1989, 475.
156 Einen Tatbestandsirrtum befürwortend KK-OWiG/*Rengier* § 11 Rn. 18; ablehnend OLG Düsseldorf VerkMitt. 1967, 26.

§ 28 Abs. 1 Nr. 1 GastG ist ein schlichtes Tätigkeitsdelikt und zugleich ein abstraktes Gefährdungsdelikt.

§ 28 Abs. 1 Nr. 1 GastG dient zum einen der Durchsetzung der in § 2 Abs. 1 GastG normierten **formellen Zulassungspflicht**, wonach jeder, der alkoholische Getränke abgibt, einer Erlaubnis bedarf (vgl. § 2 Abs. 2 GastG).[157] § 2 Abs. 1 GastG ist ein präventives gesetzliches Verbot mit Erlaubnisvorbehalt.

Gleichzeitig dient § 28 Abs. 1 Nr. 1 GastG auch der Durchsetzung des **materiellen Gaststätten- und Gewerberechts** wie z.B. der Bekämpfung des Alkoholmissbrauchs, des verbotenen Glücksspiels und des Jugendschutzes (vgl. § 4 Abs. 1 Nr. 1 GastG), dem Schutz der Gesundheit der Gäste und Beschäftigen (vgl. § 4 Abs. 1 Nr. 1, Nr. 2 u. Nr. 4 GastG), der Durchsetzung des Rechts auf Barrierefreiheit behinderter Menschen (vgl. § 4 Abs. 1 Nr. 2a GastG) sowie dem Schutz der Nachbarn vor schädlichen Umwelteinwirkungen § 4 Abs. 1 Nr. 3 GastG).

Verstößt der Täter lediglich gegen die formelle Zulassungspflicht (z.B. um die Gebühr für die Gaststättenerlaubnis zu sparen) und ist sein Gaststättengewerbe materiellrechtlich zulässig, kann nach § 29a OWiG nur der durch die Nichtdurchführung des Genehmigungsverfahrens erwachsene Sondervorteil (also beispielsweise die Gebühr und die sonstigen ersparten Aufwendungen für das Genehmigungsverfahren) abgeschöpft (bzw. bei der Ermittlung der Geldbuße nach § 17 Abs. 4 OWiG berücksichtigt) werden.[158]

Ist das erlaubnispflichtige Gaststättengewerbe nicht nur formell, sondern auch materiellrechtlich unzulässig, kann nach § 29a OWiG der gesamte aus dem verbotenen Gewerbe erlangte Erlös eingezogen werden.[159]

b) Aufbau der Ordnungswidrigkeit

aa) Objektiver Tatbestand

§ 28 Abs. 1 Nr. 1 GastG ist ein **Sonderdelikt**: **Täter** ist der Betreiber des Gaststättengewerbes. § 9 OWiG ist anwendbar.

Tathandlung ist das Betreiben eines Gaststättengewerbes ohne die nach § 2 Abs. 1 GastG erforderliche Gaststättenerlaubnis.

Ein Gaststättengewerbe betreibt nach § 1 GastG, wer im stehenden Gewerbe oder im Reisegewerbe Getränke und/oder zubereitete Speisen zum Verzehr an Ort und Stelle verabreicht, wenn der Betrieb für jedermann oder bestimmte Personenkreise zugänglich ist. Der Tatbestand ist nicht erst dann erfüllt, wenn mit dem Ausschank der Getränke bzw. der Ausgabe der zubereiteten Speisen begonnen wird; maßgeblich ist, dass eine Tätigkeit entfaltet wird, die als Ausübung einer der in § 1 GastG beschriebenen Form des Gaststättengewerbes zu bewerten ist.[160]

Keiner Gaststättenerlaubnis nach § 2 Abs. 1 GastG bedarf der Betrieb des Gaststättengewerbes, wenn keine alkoholischen Getränke ausgeschenkt werden oder solche in Verbindung mit einem Beherbergungsbetrieb nur an Gäste ausgegeben werden, oder wenn das Gaststättengewerbe im Rahmen einer Zulassung nach §§ 10, 11, 12 GastG bzw. aufgrund von § 14 GastG ausgeübt wird.

---

[157] Vgl. *Schönleiter*, GastG, Einleitung Rn. 5 ff.
[158] Vgl. HK-OWiG/*Louis* § 29a Rn. 23.
[159] Vgl. HK-OWiG/*Louis* § 29a Rn. 23.
[160] Erbs/Kohlhaas/Ambs/Lutz, 232. EL August 2020, GastG § 28 Rn. 3.

Ohne die erforderliche Gaststättenerlaubnis wird tätig (vgl. Rn. 248),
- wer die nach § 2 Abs. 1 GastG erforderliche Zulassung nicht hat;
- wessen Gaststättenerlaubnis nichtig ist;
- wer außerhalb seiner wirksamen Zulassung tätig wird (vgl. § 3 Abs. 1 GastG[161]);
- wessen Gaststättenerlaubnis durch Zeitablauf (vgl. § 8 GastG) oder auf sonstige Weise automatisch erloschen ist;
- wessen Gaststättenerlaubnis unanfechtbar bzw. sofort vollziehbar aufgehoben worden ist (vgl. § 15 GastG) oder
- gegen wessen Gaststättenerlaubnis ein Dritter mit aufschiebender Wirkung Widerspruch oder Klage erhoben hat (vgl. § 80 Abs. 1 VwGO).

bb) Vorsatz oder Fahrlässigkeit

260 Bußgeldbewehrt sind sowohl der vorsätzliche als auch der fahrlässige Verstoß gegen die Erlaubnispflicht.

Der Täter handelt vorsätzlich, wenn er die Umstände kennt, die den objektiven Tatbestand begründen. Er muss also die Umstände kennen, die seine Eigenschaft als Gewerbetreibender begründen, er muss wissen, dass er auf Dauer und mit Gewinnerzielungsabsicht eine Schank- oder Speisewirtschaft mit Alkoholausschank betreibt und er muss wissen, dass er dafür keine Gaststättenerlaubnis hat.

Weiß er nicht, dass seine Tätigkeit erlaubnispflichtig ist, stellt dieser Irrtum lediglich ein Verbotsirrtum i.S.d. § 11 Abs. 2 OWiG dar, der den Vorsatz nicht ausschließt. Geht der Täter irrtümlich davon aus, dass eine Erlaubnis vorläge, die seine Tätigkeit als Gastwirt legalisiere, liegt nach § 11 Abs. 1 S. 1 OWiG ein den Vorsatz ausschließender Tatbestandsirrtum vor. Vertiefend zum Irrtum siehe bereits oben unter Rn. 252 ff.

c) Verjährung

261 Zur Verjährung siehe bereits 3. Teil Rn. 55 ff. Nach richtiger Rechtsauffassung handelt es sich bei § 28 Abs. 1 Nr. 1 GastG nicht um ein Dauerdelikt, sondern um ein Zustandsdelikt (siehe 2. Teil Rn. 26 ff.). Für die Verjährung ist damit zunächst zu unterscheiden, für welchen Zeitraum der Verstoß gegen die Erlaubnispflicht als natürliche Handlungseinheit betrachtet werden kann und wann im Falle eines anhaltenden Verstoßes gegen die Erlaubnispflicht eine neue Tat beginnt (Tatmehrheit). Bei natürlicher Handlungseinheit beginnt die Verjährung an dem Tag, an dem die illegale Tätigkeit eingestellt bzw. die Erlaubnis erteilt wird.

4. Die unbefugte Hilfeleistung in Steuersachen (§ 160 StBerG)

a) Bußgeldtatbestand; Deliktsart; Normzweck; Rechtsvergleichung

262

> **§ 160 Unbefugte Hilfeleistung in Steuersachen**
>
> (1) Ordnungswidrig handelt, wer entgegen § 5 Abs. 1 oder entgegen einer vollziehbaren Untersagung nach § 7 geschäftsmäßig Hilfe in Steuersachen leistet.

---

[161] Nach § 3 Abs. 1 GastG wird die Gaststättenerlaubnis nur für bestimmte Räume und eine bestimmte Betriebsart erteilt. Wer das Gaststättengewerbe in von der Erlaubnis nicht erfassten Räumen oder außerhalb der erlaubten Betriebszeit ausübt, handelt außerhalb der Gaststättenerlaubnis.

(2) Die Ordnungswidrigkeit kann mit einer Geldbuße bis zu fünftausend Euro geahndet werden.

§ 160 StBerG ist ein schlichtes Tätigkeitsdelikt und zugleich ein abstraktes Gefährdungsdelikt. **263**

Normzweck ist die Rechtsdurchsetzung des Berufsprivilegs in § 2 StBrG und damit der Schutz des Steueraufkommens, die Sicherstellung der Steuermoral und der Schutz der Individualrechtsgüter aller Steuerpflichtigen, die durch eine Falschberatung schwere Nachteile bis hin zur strafrechtlichen Verfolgung erleiden können.[162] **264**

Eng verwandt mit § 160 StBerG ist § 20 Rechtsdienstleistungsgesetz (RDG), soweit dieser das unbefugte Erbringen von Rechtsdienstleistungen unter Bußgeldbewehrung stellt (§ 20 Abs. 1 Nr. 1 bis Nr. 3 u. Abs. 2 Nr. 3 RDG). Anders als nach § 160 StBerG ist nach § 20 RDG aber nicht bereits das geschäftsmäßige, sondern nur das entgeltliche Erbringen von unbefugten Dienstleistungen vom Tatbestand erfasst. Das wirft mit Hinblick auf Art. 2 Abs. 1 GG und Art. 3 Abs. 1 GG die Frage nach der Verfassungsmäßigkeit des § 160 StBerG bei unentgeltlicher Hilfeleistung auf.[163] **265**

Wer gegen das Berufsprivileg verstößt, verstößt gegen materielles Recht. Daher kann das durch die Tat Erlangte nach § 29a OWiG abgeschöpft werden. **266**

Beachte: Insoweit besteht ein entscheidender Unterschied zum Gewerberecht, wo die meisten Zulassungspflichten präventive Verbote mit Erlaubnisvorbehalt sind und nur formellen Charakter haben.

b) Aufbau der Ordnungswidrigkeit

aa) Objektiver Tatbestand

(1) Täter

§ 160 StBerG ist ein **Sonderdelikt: Täter** kann nur sein, wer die Hilfe in Steuersachen gegenüber einer um Rat suchenden Person **geschäftsmäßig** erbringt. Insoweit ist das Tatbestandsmerkmal „geschäftsmäßig", was die allgA bisher verkennt, nicht nur ein besonderes subjektives Tatbestandsmerkmal,[164] sondern hat bereits für den objektiven Tatbestand Relevanz, indem es den Täterkreis eingrenzt: Täter kann nur sein, wer die Hilfeleistung in Steuersachen als **Selbstständiger** erbringt; Arbeitnehmer der um Rat suchenden Person und Arbeitnehmer der den Rat anbietenden Person können schon aus objektiven Gründen nicht Täter sein.[165] Das folgt rechtssystematisch aus dem in § 2 StRBerG normierten gesetzlichen Gebot, geschäftsmäßig Hilfeleistungen in Steuersachen nur mit der entsprechenden Befugnis (§§ 3 ff. StBerG) zu erbringen. Selbstständig handelt, wer sich nach eigenem Willen und in eigener Verantwortung, unabhängig von den Weisungen einer übergeordneten Person betätigt.[166] **267**

---

162 BVerfG NJW 1981, 33 (33 f.); BGH NJW 1971, 40.
163 Von einer Verfassungswidrigkeit geht beispielsweise *Piekenbrock* in: Gaier/Wolf/Göcken, § 6 RDG Rn. 32 aus, wenn ein pensionierter Finanzrichter unentgeltliche Hilfeleistung in Steuersachen erbringen will. Vgl. zur Problematik auch: Niedersächsisches Finanzgericht, Urteil vom 25. Juli 2019 – 6 K 298/18 –, juris.
164 Zur Qualifizierung des Merkmals ausschließlich auf der subjektiven Tatbestandsseite vgl. FG BW, Urt. v. 30.10.2019 – 4 K 1715/81, juris; Erbs/Kohlhaas/*Senge/von Galen* StBerG § 160 Rn. 10.
165 Vgl. RGSt 72, 313; BGH NJW 1963, 441; BFH StB 1984, 188; BayObLG NStZ 1983, 512; BayObLG NStZ 1985, 224; OLG Stuttgart DStR 1997, 264; Erbs/Kohlhaas/*Senge/von Galen* StBerG § 2 Rn. 3.
166 BFH, BStBl II 1996, 488 u. BStBl II 2017, 973.

268 Bei der Statusbezeichnung „geschäftsmäßig" bzw. „als Selbstständiger" handelt es sich um einen der Stellvertretung zugänglichen Status und damit um ein besonderes persönliches Merkmal i.S.d. § 9 OWiG.

(2) Tathandlung

269 **Tathandlung** ist die Hilfeleistung in Steuersachen unter Verstoß gegen § 5 Abs. 1 StBerG oder entgegen einer sofort vollziehbaren Untersagung nach § 7 StBerG.

270 Die Hilfeleistung in Steuersachen ist einzelfallbezogen zu betrachten. So begeht jemand, der mehreren Steuerpflichtigen in ihrer jeweiligen Steuersache unbefugt Hilfe leistet, mehrere selbstständige Taten (§ 20 OWiG).[167]

Beachte: Hier besteht ein entscheidender Unterschied zum Gewerbetreibenden, der über einen längeren Zeitraum ohne Erlaubnis tätig wird, denn dieser begeht, wenn sein Verhalten eine natürliche Handlungseinheit darstellt, nur eine Tat.

271 Gegen § 5 Abs. 1 StBerG verstößt, wer ohne eine Befugnis nach §§ 3, 3a und 4 StBerG (Satz 1) bzw. außerhalb des Rahmens der Befugnis nach § 4 StBerG (Satz 2) Hilfe in Steuersachen leistet, ohne dass eine Ausnahme nach § 6 StBerG vorliegt.

Entgegen einer sofort vollziehbaren Untersagung nach § 7 StBerG handelt, wer Hilfe in Steuersachen leistet, obwohl ihm die Hilfeleistung in Steuersachen vom Finanzamt bestandskräftig (vgl. § 355 Abs. 1 S. 1 AO) bzw. unter Anordnung der sofortigen Vollziehung (§ 364 Abs. 4 S. 2 AO) untersagt worden ist.

c) Subjektiver Tatbestand

aa) Vorsatz

272 Der Täter muss vorsätzlich gehandelt haben. Die fahrlässige Begehung stellt keine Ordnungswidrigkeit dar, § 10 OWiG.

Vorsätzlich handelt der Täter, wenn er wissentlich Dienstleistungen erbringt, die als selbstständige Hilfeleistung in Steuersachen zu qualifizieren sind, und die Umstände kennt, die seine fehlende Befugnis nach §§ 3 ff. StBrG begründen, bzw. die gegen ihn erlassene vollziehbare Untersagungsverfügung kennt.

Der Irrtum über die Verbote nach §§ 5, 7, über die Tragweite des § 6 oder darüber, dass die ausgeübte Tätigkeit Hilfe in Steuersachen ist, lässt den Vorsatz nicht entfallen und ist ein bloßer Verbotsirrtum.[168]

bb) Besonderes subjektives Tatbestandsmerkmal: Geschäftsmäßigkeit

273 Außerdem muss der Täter **geschäftsmäßig** gehandelt haben. Die Geschäftsmäßigkeit ist nach allgA ein **besonderes subjektives Tatbestandsmerkmal**.[169] Geschäftsmäßig handelt, wer beabsichtigt, die Tätigkeit in gleicher Art zu wiederholen und dadurch zu einem wiederkehrenden oder dauernden Bestandteil seiner Beschäftigung zu machen.[170]

---

[167] Erbs/Kohlhaas/*Senge/von Galen*, 233. EL Oktober 2020, StBerG § 160 Rn. 16.
[168] Erbs/Kohlhaas/*Senge/von Galen*, 233. EL Oktober 2020, StBerG § 160 Rn. 9.
[169] Vgl. BayObLG NStZ 1981, 29; Mitsch, § 8 Rn. 6. Nach hier vertretener Auffassung ist die Geschäftsmäßigkeit i.S.v. Selbstständigkeit außerdem auf objektiver Tatbestandsebene zu prüfen, siehe Rn. 267.
[170] BayObLG NStZ 1981, 29 u. NStZ 1985, 33.

d) Besondere Verfahrensvorschrift nach § 164 StBerG

Zuständig für die Verfolgung und Ahndung einer unerlaubten Steuerberatung ist nach § 164 S. 1 StBerG in der Regel die Finanzbehörde, die die betroffene Steuer verwaltet. Für das Bußgeldverfahren gelten § 410 Abs. 1 Nr. 1, 2, 6 bis 11 und Abs. 2 sowie § 412 der Abgabenordnung entsprechend (§ 164 S. 2 StBerG). **274**

5. Lösung der Ausgangsfälle

Lösungsvorschlag zu Fall 1: **275**

Zu Frage 1: A könnte eine unbefugte Hilfeleistung in Steuersachen nach § 160 Abs. 1 StBerG begangen haben, indem er 50 Steuerpflichtigen bei deren Steuererklärungen half.

Objektiv tatbestandsmäßig handelt u.a., wer entgegen § 5 Abs. 1 S. 1 StBerG geschäftsmäßig, d.h. selbstständig nach eigenem Willen und in eigener Verantwortung Hilfe in Steuersachen leistet, ohne dazu gemäß §§ 3, 3a oder 4 StBerG befugt zu sein und ohne dass eine Ausnahme nach § 6 StBerG vorliegt. Unbefugt Hilfe leistet auch, wer unentgeltlich tätig wird. Anders als bei § 20 RDG kommt es auf die Entgeltlichkeit nicht an.

A hat im letzten Jahr 50 Steuererklärungen erstellt, ohne eine Befugnis zur Steuerberatung nach § 3 StBerG oder §§ 3a, 4 StBerG zu haben. Er hat die Hilfeleistung auch nicht nur für Angehörige erbracht, sondern für jeden, der ihn fragte, so dass auch keine Ausnahme nach § 6 Nr. 2 StBerG greift. Damit hat A in 50 Fällen den objektiven Tatbestand von § 160 StBerG verwirklicht.

Weiter müsste er vorsätzlich, also mit Wissen und Wollen gehandelt haben. A wusste in allen 50 Fällen, dass er Hilfe in Steuersachen leistete. Allerdings wusste er nicht, dass auch die unentgeltliche geschäftsmäßige Steuerberatung verboten ist und er damit zur Hilfeleistung in Steuersachen nicht befugt war. Problematisch ist, ob dieser Irrtum ein den Vorsatz ausschließender Tatbestandsirrtum (§ 11 Abs. 1 S. 1 OWiG) oder lediglich ein Verbotsirrtum (§ 11 Abs. 2 OWiG) ist. Die h.M. im Steuerrecht ordnet diesen Irrtum zu Recht als Verbotsirrtum ein, denn der Betroffene irrt über das Berufsprivileg für Steuerberater und nicht über tatsächliche Umstände.

A handelte also vorsätzlich und im Übrigen auch rechtswidrig.

Er müsste auch vorwerfbar gehandelt haben. Hier könnte ein unvermeidbarer Verbotsirrtum vorliegen, § 11 Abs. 2 OWiG. A ging davon aus, dass die unentgeltliche geschäftsmäßige Hilfeleistung in Steuersachen nicht verboten sei. Allerdings hätte sich ihm die Frage nach der Befugnis zur Steuerberatung aufdrängen müssen und er diesen Irrtum vermeiden können, indem er beispielsweise beim Finanzamt nachgefragt oder einen Kommentar zur Abgabenordnung gelesen hätte. Damit kann ihm die Vorsatztat auch vorgeworfen werden.

A hat in 50 Fällen (Tatmehrheit) eine unbefugte Hilfeleistung in Steuersachen nach § 160 Abs. 1 StBerG, § 20 OWiG begangen.

Zu Frage 2: Der Steuerpflichtige S, einer von den 50 Steuerpflichtigen, die den A beauftragt haben, hat sich an einer der von A begangenen vorsätzlichen und rechtswidrigen Hilfeleistung in Steuersachen nach § 160 Abs. 1 StBerG, § 14 Abs. 1 S. 1 OWiG beteiligt, indem er den A beauftragt hat, obwohl er wusste, dass A zur Steuerberatung nicht befugt war.

276 **Lösungsvorschlag zu Frage 1:**

B könnte eine vorsätzliche Ordnungswidrigkeit gemäß § 28 Abs. 1 Nr. 1 GastG begangen haben, indem er trotz Widerrufs seiner Gaststättenerlaubnis weiterhin seine Theke öffnete.

1. Tatbestand

a) Objektiver Tatbestand

Dann müsste er zunächst Betreiber eines erlaubnispflichtigen Gaststättengewerbes sein. Indem B an der Theke in seinem Sportgeschäft gewerbsmäßig Getränke zum Verzehr an Ort und Stelle anbietet, betreibt er ein Gaststättengewerbe i.S.d. § 1 Abs. 1 Nr. 1 GastG.

Da er auch alkoholhaltige Getränke anbietet, bedarf der Betrieb außerdem einer Gaststättenerlaubnis, vgl. § 2 Abs. 2 Nr. 1 GastG.

Da es sich bei § 2 Abs. 1 GastG um ein sogenanntes präventives gesetzliches Verbot mit Erlaubnisvorbehalt handelt und das Fehlen der erforderlichen behördlichen Erlaubnis somit zum objektiven Tatbestand von § 28 Abs. 1 Nr. 1 GastG gehört, müsste T seine Schankwirtschaft außerdem ohne die nach § 2 Abs. 1 GastG erforderliche Gaststättenerlaubnis betreiben. Die dem B ursprünglich erteilte Gaststättenerlaubnis wurde von der Stadt Mannheim unter Anordnung der sofortigen Vollziehung gemäß § 15 Abs. 2 GastG zwischenzeitlich widerrufen. Damit hat sein gegen den Widerruf erhobener Widerspruch keine aufschiebende Wirkung, § 80 Abs. 2 S. 1 Nr. 4 VwGO. Zum Zeitpunkt der Vorortkontrolle durch die Stadt Mannheim hat das zuständige Verwaltungsgericht Karlsruhe auch weder die aufschiebende Wirkung seines Widerspruchs wiederhergestellt noch die Anordnung der sofortigen Vollziehung aufgehoben. Damit betrieb B das Gaststättengewerbe zum Zeitpunkt der Vorortkontrolle ohne die erforderliche Erlaubnis.

b) Subjektiver Tatbestand

B müsste vorsätzlich, also mit Wissen und Wollen gehandelt haben. Er wusste, dass er alkoholhaltige Getränke zum Verzehr an Ort und Stelle ausschenkte und dass seine frühere Erlaubnis von der Stadt Mannheim widerrufen worden war. B müsste jedoch auch gewusst haben, dass er wegen der Anordnung der sofortigen Vollziehung sein Gaststättengewerbe umgehend einzustellen hatte. Das ist in einer Parallelbewertung aus der Laiensphäre festzustellen. Ein durchschnittlicher Bürger kann zwar nicht wissen, dass eine Anordnung der sofortigen Vollziehung selbst dann zu beachten ist, wenn bereits ein entsprechender Antrag auf vorläufigen Rechtsschutz bei Gericht gestellt worden ist. Hier allerdings wurde B von der Stadt Mannheim umfassend über die Rechtslage aufgeklärt. Davon, dass er das Schreiben nicht gelesen hat, ist nicht auszugehen. Dass er davon ausging, dass die Behörde sich irre, ist irrelevant. Damit kannte B alle Tatbestandsmerkmale und übte dennoch willentlich das Gaststättengewerbe aus. Er handelte vorsätzlich.

2. Rechtswidrigkeit und Vorwerfbarkeit

B handelte rechtswidrig. Er müsste auch vorwerfbar gehandelt haben. Hier könnte ein unvermeidbarer Verbotsirrtum vorliegen, § 11 Abs. 2 OWiG. B ging davon aus, dass er sein Gaststättengewerbe jedenfalls solange weiterbetreiben könne, bis zumindest das Verwaltungsgericht Karlsruhe über seinen Antrag auf Wiederherstellung der aufschiebenden Wirkung abschließend entschieden habe. Damit fehlte B die Einsicht, etwas Unerlaubtes zu tun. Jedoch war der Irrtum nicht unvermeidbar. Bereits die Stadt Mannheim hatte B über die Rechtslage ausreichend aufgeklärt. Da er dennoch an deren Auskunft zweifelte, hätte er einen Rechtsanwalt zu Rate ziehen müssen, der ihm dieselbe Auskunft erteilt hätte. Somit war der Irrtum vermeidbar. B handelte auch vorwerfbar.

Damit hat B eine vorsätzliche Ordnungswidrigkeit nach § 28 Abs. 1 Nr. 1 GastG begangen.

Lösungsvorschlag zu Frage 2:
B handelt nur dann objektiv tatbestandsmäßig, wenn die Anordnung der sofortigen Vollziehung des Widerrufs der Gaststättenerlaubnis wirksam ist. Hier ist problematisch, dass die Stadt Mannheim die Anordnung der sofortigen Vollziehung nicht ausreichend gemäß § 80 Abs. 3 VwGO begründet hat.

Im Verwaltungsrecht ist umstritten, ob Verstöße gegen die formelle Begründungspflicht (§ 80 Abs. 3 VwGO) die Wirksamkeit der Anordnung der sofortigen Vollziehung berühren. Teilweise wird vertreten, dass jeder Begründungsfehler zur Unwirksamkeit der Anordnung führt.[171] Eine zweite Auffassung hält besonders schwerwiegende und offensichtliche Verstöße gegen die Begründungspflicht unter Berufung auf den Rechtsgedanken aus § 44 Abs. 1 VwVfG für unwirksam.[172] Nach wohl h.M. hingegen berührt der Verstoß gegen § 80 Abs. 3 VwGO die Wirksamkeit der Anordnung der sofortigen Vollziehung nicht.[173]

Damit ist ein Streitentscheid erforderlich. Für die erste Auffassung spricht zwar, dass die Anordnung der sofortigen Vollziehung kein Verwaltungsakt ist und Verstöße damit auch nicht unmittelbar nach §§ 44 ff. VwVfG zu behandeln sind. Dennoch führen auch bei anderen Handlungsformen der Verwaltung Rechtsverstöße nicht automatisch zu ihrer Nichtigkeit bzw. Unwirksamkeit. Dies widerspräche dem öffentlichen Interesse an einer effektiven Rechtsdurchsetzung. Der Betroffene ist in verwaltungsrechtlicher Hinsicht durch die Möglichkeit des Rechtsschutzes nach § 80 Abs. 5 VwGO ausreichend geschützt. Daher ist der h.M. zu folgen.

Damit handelt tatbestandsmäßig, rechtswidrig und vorwerfbar, wer einer wirksamen Anordnung der sofortigen Vollziehung zuwider die erlaubnispflichtige Tätigkeit ohne Erlaubnis fortsetzt.

Auch ist das Bußgeldverfahren hier nicht nach § 47 Abs. 1 S. 2 OWiG nur wegen des Formfehlers der Behörde zwingend einzustellen.

Frage 3: Wenn keine Gefahr bestanden hätte, dass B auch während des laufenden Rechtsbehelfsverfahrens Alkohol an Betrunkene ausschenken würde, und damit auch kein überwiegendes öffentliches Interesse an der Anordnung der sofortigen Vollziehung bestanden hätte, wäre die Anordnung der sofortigen Vollziehung materiell rechtswidrig gewesen. Die Stadt Mannheim hätte in diesem Fall von vornherein die sofortige Vollziehung nicht anordnen dürfen und B hätte seine Tätigkeit bis zum Eintritt des Endes der aufschiebenden Wirkung seines Widerspruchs (vgl. § 80b VwGO) weiter ausüben dürfen.

Dennoch hätte B nach hier vertretener Rechtsauffassung (genauer siehe bereits oben) eine Ordnungswidrigkeit begangen, wenn er das Gaststättengewerbe weiterhin trotz sofort vollziehbaren Widerrufs ausgeübt hätte.

---

171 OVG NW OVGE 17, 45; VGH BW ESVGH 11, 18 (22); Renck BayVBl 1994, 161 (165); Eyermann/Schmidt § 80 Rn. 45; BeckOK VwGO/*Gersdorf* VwGO § 80 Rn. 96.
172 *Gassner*, Kompendium Verwaltungsrecht, Rn. 927; Schoch/Schneider/*Schoch* VwGO § 80 Rn. 252.
173 Kopp/Schenke/*W.-R. Schenke* m.w.N.

Allerdings ist in diesem Falle das Bußgeldverfahren gemäß § 47 Abs. 1 S. 2 OWiG zwingend einzustellen, da das Interesse des A, vor dem rechtswidrigen Eingriff in seine Berufsfreiheit verschont zu bleiben (Art. 12 Abs. 1 GG), hier das öffentliche Interesse an der Befolgung sofort vollziehbarer staatlicher Anordnungen deutlich überwiegt.

Frage 4: Wenn der Widerruf der Gaststättenerlaubnis materiell rechtswidrig wäre, weil nicht A regelmäßig Alkohol an Betrunkene ausgeschenkt hatte, sondern ein inzwischen wegen dieses Verhaltens nach entsprechender Abmahnung gekündigter Angestellter des A, müsste das Bußgeldverfahren ebenfalls nach § 47 Abs. 1 S. 2 OWiG zwingend eingestellt werden.

VIII. Bußgeldbewehrte Verstöße gegen Unternehmer- und Betreibervorschriften sowie gegen gewerberechtliche Ordnungsverfügungen

277 Bußgeldbewehrt sind auch zahlreiche Verstöße gegen durch EU-Rechtsverordnung, formelles Gesetz oder Rechtsverordnung geregelte spezifische Pflichten bestimmter Gewerbetreibender und allgemeine Pflichten, die für jeden Unternehmer gelten.

Beispiele: Nach § 28 Abs. 1 Nr. 6 GastG handelt ordnungswidrig, wer vorsätzlich oder fahrlässig als Betreiber einer Gastwirtschaft duldet, dass ein Gast nach Beginn der Sperrzeit in den Betriebsräumen verweilt. Nach § 19 Abs. 2 Nr. 2 GüKG handelt ordnungswidrig, wer als Verkehrsunternehmer die Fahrerbescheinigung entgegen Art. 5 Abs. 6 S. 1 Verordnung (EG) 1072/2009 nicht oder nicht rechtzeitig zur Verfügung stellt.

278 Ebenso stehen viele Verstöße gegen behördlich als Auflage zu einer Zulassung (§ 36 Abs. 2 Nr. 4 VwVfG) oder durch selbstständige Ordnungsverfügung angeordnete Ver- oder Gebote unter Bußgeldbewehrung.

Beispiele: So handelt ordnungswidrig, wer ein Gewerbe weiterbetreibt, obwohl der Betrieb bestandskräftig oder sofort vollziehbar nach § 35 Abs. 1 S. 1 o. S. 2 GewO untersagt worden ist (vgl. § 146 Abs. 1 Nr. 1 lit. a). Ordnungswidrig handelt auch ein Gastwirt, der vorsätzlich oder fahrlässig einem ihm gegenüber gemäß § 5 Abs. 1 GastG durch Auflage oder nachträgliche Anordnung angeordneten sofort vollziehbaren oder bereits bestandskräftigen Gebot nicht, nicht vollständig oder nicht rechtzeitig nachkommt.

IX. §§ 9, 14 und 130 OWiG im Gewerberecht

279 Ist der Gewerbetreibende eine juristische Person, werden bußgeldbewehrte Verstöße gegen gewerberechtliche Pflichten der juristischen Person gemäß § 9 Abs. 1 Nr. 1 OWiG dem vertretungsberechtigten Organ zugerechnet. Wird gegen bußgeldbewehrte Unternehmer- bzw. Betreiberpflichten verstoßen, die eine Personengesellschaft zu erfüllen hätte, wird die Ordnungswidrigkeit gemäß § 9 Abs. 1 Nr. 2 OWiG dem vertretungsberechtigten Gesellschafter der Personengesellschaft zugerechnet. Den Eltern als gesetzlichen Vertretern eines Minderjährigen werden bußgeldbewehrte Verstöße gegen Unternehmer- bzw. Betreiberpflichten nach § 9 Abs. 1 Nr. 3 OWiG zugerechnet, wenn das Unternehmen von ihnen im Namen des Minderjährigen geführt wird, d.h. wenn der Minderjährige das Unternehmen nicht gemäß § 112 BGB höchstpersönlich und im eigenen Namen führt.

Beispiel: Der Minderjährige hat von seinem Vater ein Verkehrsunternehmen geerbt, das seine Mutter in seinem Namen mit einer ordnungsgemäßen Gemeinschaftslizenz bis zu seiner Volljährigkeit weiterführt. Hat die Mutter vorsätzlich oder fahrlässig die Fahrerbescheinigung entge-

4. Teil: Einführung in das besondere materielle Ordnungswidrigkeitenrecht 251

gen Art. 5 Abs. 6 S. 1 Verordnung (EG) 1072/2009 nicht oder nicht rechtzeitig dem Fahrer zur Verfügung gestellt, begeht sie eine Ordnungswidrigkeit nach § 19 Abs. 2 Nr. 2 GüKG, § 9 Abs. 1 Nr. 3 OWiG. Die Statusbezeichnung „Verkehrsunternehmer" wird ihr über § 9 OWiG zugerechnet.

Neben Organen bzw. gesetzlichen Stellvertretern können Verstöße gegen Unternehmer- und Betreiberpflichten gemäß § 9 Abs. 2 OWiG auch Betriebsleitern und ausdrücklich mit der Wahrnehmung der Unternehmer- bzw. Betreiberpflichten in eigener Verantwortung Beauftragten zugerechnet werden.

Beispiele: Hat der Inhaber einer großen Gastronomie einen Oberkellner ausdrücklich damit beauftragt, in eigener Verantwortung darauf zu achten, dass kein Alkohol an erkennbar Betrunkene verabreicht wird, und schenkt der Oberkellner dennoch vorsätzlich oder fahrlässig an erkennbar Betrunkene weiterhin Alkohol aus, begeht der Oberkellner eine Ordnungswidrigkeit nach § 28 Abs. 1 Nr. 9 GastG, § 9 Abs. 2 S. 1 Nr. 2 OWiG. Keine Ordnungswidrigkeit nach § 28 Abs. 1 Nr. 9 GastG, § 9 Abs. 2 S. 1 Nr. 2 OWiG hingegen begeht die Kellnerin, die, als der Oberkellner kurz nicht aufpasst, einem erkennbar Betrunkenen Alkohol ausschenkt. Sie ist weder Inhaberin des Gaststättengewerbes noch kann ihr nach § 9 OWiG die Ordnungswidrigkeit zugerechnet werden, da sie keine Unternehmer- bzw. Betreiberpflichten in eigener Verantwortung als Beauftragte wahrnimmt.

Wenn der Inhaber eines Betriebes oder Unternehmens und einer seiner Mitarbeiter **280** gemeinsam vorsätzlich gegen bußgeldbewehrte Betreiber- bzw. Unternehmerpflichten verstoßen, begehen beide als Beteiligte die Ordnungswidrigkeit. Dann wird dem Mitarbeiter über § 14 Abs. 1 S. 2 OWiG der Verstoß gegen die Betreiber- bzw. Unternehmerpflicht zugerechnet.

Beispiel: Gastwirt G und sein Lieblingskellner K haben vereinbart, auch an erkennbar Betrunkene Alkohol auszuschenken, um möglichst viel Umsatz zu machen. G begeht bereits als Gewerbetreibender eine Ordnungswidrigkeit nach § 28 Abs. 1 Nr. 9 GastG. K ist nach § 14 Abs. 1 S. 2 OWiG Beteiligter, auch wenn er selbst nicht durch § 20 Nr. 2 GastG verpflichtet wird.

Wer als Inhaber eines Betriebes oder Unternehmens vorsätzlich oder fahrlässig die **281** Aufsichtsmaßnahmen unterlässt, die erforderlich sind, um Zuwiderhandlungen gegen bußgeldbewehrte Unternehmer- bzw. Betreiberpflichten zu verhindern, handelt ordnungswidrig, wenn eine solche Zuwiderhandlung begangen wird, die durch gehörige Aufsicht verhindert oder wesentlich erschwert worden wäre, § 130 Abs. 1 S. 1 OWiG.

Beispiel: Gastwirt G begeht eine Ordnungswidrigkeit nach § 130 Abs. 1 S. 1 OWiG, wenn er nicht regelmäßig die Einhaltung von § 20 Nr. 2 GastG überprüft und es wegen dieser fehlenden Überwachung der Kellnerin C möglich war, über einen Zeitraum von einem Jahr dem Stammkunden Q Alkohol nachzuschenken, auch wenn dieser schon sturzbetrunken war.

Auch Ordnungswidrigkeiten nach § 130 OWiG können gemäß § 9 OWiG Organen **282** und gesetzlichen Stellvertretern bzw. Betriebsleitern und besonders Beauftragten zugerechnet werden.

5. Teil: Wichtige Prüfungsschemata

A. Der 3-stufige Deliktaufbau

1 I. Tatbestand
II. Rechtswidrigkeit
III. Vorwerfbarkeit

B. Deliktsarten

I. Begehungs- und echte Unterlassungsdelikte

1. Vorsatzdelikte

2 I. Tatbestand
1. Objektiver Tatbestand
a) ggf. besondere Tätermerkmale (bei Sonderdelikten)
b) Tathandlung

bei Begehungsdelikten: das im Tatbestand beschriebene aktive Tun (Verstoß gegen die bußgeldbewehrte Verbotsnorm)

bei echten Unterlassungsdelikten: das im Tatbestand beschriebene Unterlassen (Verstoß gegen die bußgeldbewehrte Gebotsnorm) trotz Möglichkeit, die gebotene Handlung vorzunehmen

c) bei Erfolgsdelikten: Eintritt des Taterfolgs; Ursächlichkeit der Tathandlung für den Erfolgseintritt; objektive Zurechenbarkeit der Erfolgseintritts

2. Subjektiver Tatbestand
a) Vorsatz
b) ggf. besondere subjektive Tatbestandsmerkmale
3. ggf. objektive Bedingungen der Ahndbarkeit

II. Rechtswidrigkeit

Kein Rechtfertigungsgrund (bei Unterlassen zusätzlicher Rechtfertigungsgrund: rechtfertigende Pflichtenkollision)

III. Vorwerfbarkeit

1. Verantwortlichkeit
2. Kein Erlaubnistatbestandsirrtum (Einordnung auf der Ebene der Vorwerfbarkeit ist umstritten)
3. Unrechtsbewusstsein; kein unvermeidbarer Verbotsirrtum (bei Unterlassen: kein unvermeidbarer Gebotsirrtum)
4. kein Entschuldigungsgrund; bei Unterlassen außerdem: Zumutbarkeit normgemäßen Verhaltens (a.A. Zumutbarkeit bereits auf Tatbestandsebene prüfen)

2. Fahrlässigkeitsdelikte

I. Tatbestand   3

a) ggf. besondere Tätermerkmale (bei Sonderdelikten)

b) Tathandlung

bei Begehungsdelikten: das im Tatbestand beschriebene aktive Tun (Verstoß gegen die bußgeldbewehrte Verbotsnorm)

bei echten Unterlassungsdelikten: das im Tatbestand beschriebene Unterlassen (Verstoß gegen die bußgeldbewehrte Gebotsnorm) trotz Möglichkeit, die gebotene Handlung vorzunehmen

c) Objektive Fahrlässigkeit (objektive Sorgfaltswidrigkeit bei objektiver Erkennbarkeit der Tatbestandsverwirklichung; bei Erfolgsdelikten: objektive Sorgfaltswidrigkeit bei Vorhersehbarkeit des Erfolgseintritts)

d) bei Erfolgsdelikten: Eintritt des Taterfolgs; Ursächlichkeit der Tathandlung für den Erfolgseintritt; Pflichtwidrigkeitszusammenhang zwischen dem Verstoß gegen die Sorgfaltspflicht und dem Erfolgseintritt

e) ggf. objektive Bedingungen der Ahndbarkeit

II. Rechtswidrigkeit

Kein Rechtfertigungsgrund (bei Unterlassen zusätzlicher Rechtfertigungsgrund: rechtfertigende Pflichtenkollision)

III. Vorwerfbarkeit

1. Verantwortlichkeit
2. Subjektive Fahrlässigkeit
3. potenzielles Unrechtsbewusstsein (nur bei bewusster Fahrlässigkeit relevant)
4. kein Entschuldigungsgrund; Zumutbarkeit normgemäßen Verhaltens (a.A. Zumutbarkeit bereits auf Tatbestandsebene prüfen)

II. Unechte Unterlassungsdelikte (Begehungsdelikt i.V.m. § 8 OWiG)

1. Das vorsätzliche Begehungsdelikt i.V.m. § 8 OWiG

I. Tatbestand   4

1. Objektiver Tatbestand

a) ggf. besondere Tätermerkmale (bei Sonderdelikten)

b) Eintritt des Erfolgs i.S.d. § 8 OWiG

c) Unterlassen der gebotenen und dem Täter auch möglichen Handlung

d) Unterlassen entspricht dem aktiven Tun (Entsprechungsgrundsatz)

e) Garantenstellung

f) bei Erfolgsdelikten: Eintritt des Taterfolgs; Ursächlichkeit des Unterlassens für den Erfolgseintritt; Pflichtwidrigkeitszusammenhang zwischen Unterlassen und Erfolgseintritt

2. Subjektiver Tatbestand

a) Vorsatz

b) ggf. besondere subjektive Tatbestandsmerkmale

3. ggf. objektive Bedingungen der Ahndbarkeit

II. Rechtswidrigkeit

Kein Rechtfertigungsgrund; insbesondere: keine rechtfertigende Pflichtenkollision

III. Vorwerfbarkeit

1. Verantwortlichkeit

2. Kein Erlaubnistatbestandsirrtum (Einordnung auf der Ebene der Vorwerfbarkeit ist umstritten)

3. Unrechtsbewusstsein; kein unvermeidbarer Gebotsirrtum

4. kein Entschuldigungsgrund; Zumutbarkeit normgemäßen Verhaltens (a.A. Zumutbarkeit bereits auf Tatbestandsebene prüfen)

2. Das fahrlässige Begehungsdelikt i.V.m. § 8 OWiG

I. Tatbestand

a) ggf. besondere Tätermerkmale (bei Sonderdelikten)

b) Eintritt des Erfolgs i.S.d. § 8 OWiG

c) Unterlassen der gebotenen und dem Täter auch möglichen Handlung

d) Unterlassen entspricht dem aktiven Tun (Entsprechungsgrundsatz)

e) Garantenstellung

f) Objektive Fahrlässigkeit in Bezug auf die unterlassene Handlung (objektive Sorgfaltswidrigkeit bei objektiver Erkennbarkeit der Tatbestandsverwirklichung; bei Erfolgsdelikten: objektive Sorgfaltswidrigkeit bei Vorhersehbarkeit des Erfolgseintritts)

g) bei Erfolgsdelikten: Eintritt des Taterfolgs; Ursächlichkeit des Unterlassens für den Erfolgseintritt; Pflichtwidrigkeitszusammenhang zwischen Unterlassen und Erfolgseintritt

h) ggf. objektive Bedingungen der Ahndbarkeit

II. Rechtswidrigkeit

Kein Rechtfertigungsgrund; insbesondere keine rechtfertigende Pflichtenkollision

III. Vorwerfbarkeit

1. Verantwortlichkeit

2. Subjektive Fahrlässigkeit

3. potenzielles Unrechtsbewusstsein

4. kein Entschuldigungsgrund; Zumutbarkeit normgemäßen Verhaltens

C. Rechtfertigungsgründe

§ 1 Rechtfertigung kraft konkret-individueller bzw. konkret-genereller Erlaubnis des Rechtsgutsträgers bzw. Verfügungsberechtigten

I. Behördliche Ausnahme bzw. Befreiung (Dispens) von einem repressiven Verbot mit Befreiungsvorbehalt

Prüfungsschema 6

1. Vorliegen einer wirksamen behördlichen Ausnahme bzw. Befreiung (Verwaltungsakt, öffentlich-rechtlicher Vertrag, sonstige Einzelfallregelung)

Nach h.M. stellen auch wirksame, aber rechtswidrige Ausnahmen bzw. Befreiungen einen Rechtfertigungsgrund dar. Nach der Gegenauffassung muss die Ausnahme bzw. Befreiung auch rechtmäßig sein.[1]

2. Das tatbestandliche Verhalten (Verstoß gegen ein repressives Verbot) wird durch die Ausnahme bzw. Befreiung erlaubt (erforderlich ist hierfür eine genaue Inhaltsbestimmung der Ausnahme bzw. Befreiung)

3. Der Betroffene handelt mit Rechtfertigungswillen (bei fehlendem Rechtfertigungswillen: nach h.M. dennoch regelmäßig keine Ahndbarkeit, weil dann nur eine versuchte Ordnungswidrigkeit vorliegt und diese in der Regel nicht ahndbar ist (vgl. § 13 OWiG); a.A. Rechtsprechung: Vollendung)

II. Rechtfertigende Einwilligung eines Dritten (kaum praktische Bedeutung)

Prüfungsschema 7

1. Zulässigkeit der Einwilligung

2. Wirksamkeit der Einwilligung

Die Einwilligung muss vor der Tat erteilt worden sein und noch wirksam sein. Eine nachträgliche Zustimmung beseitigt die einmal gegebene Ahndbarkeit nicht. Umgekehrt führt die rückwirkende Aufhebung einer Einwilligung nicht zum Entfall des Rechtfertigungsgrundes (Simultanitätsprinzip im Straf- bzw. Ordnungswidrigkeitenrecht)

3. Subjektive Rechtfertigung

a) Kenntnis der Einwilligung

b) Handeln motiviert durch Einwilligung

§ 2 Rechtsfertigung kraft Spezialgesetz (abstrakt-generelle Regelung)

Spezialgesetzlich geregelte Notstandsrechte und notstandsähnliche Rechtfertigungsgründe haben Vorrang vor § 16 OWiG. 8

Im öffentlichen Recht sind solche Notstandsrechte beispielsweise in § 35 StVO oder § 25 Abs. 2 Luftverkehrsgesetz geregelt.

Privatrechtlich geregelte Notstandsrechte sind §§ 228, 904 BGB. §§ 228, 904 BGB sind zu prüfen, wenn die Verwirklichung des Bußgeldtatbestands zugleich eine Beschädigung oder Zerstörung einer fremden Sache bzw. eine Verletzung oder Tötung

---

[1] So z.B. *Mitsch* § 9 Rn. 26.

eines fremden Tieres darstellt. Stehen Tier bzw. Sache im Alleineigentum des Täters, kommt § 16 OWiG zur Anwendung.

9 Prüfungsschema von § 228 BGB

1. Vorliegen einer drohenden Gefahr für Rechtsgüter des Täters (Betroffenen) oder eines Dritten

2. Handeln richtet sich gegen eine Sache bzw. ein Tier (§ 90a BGB)

3. Gefahr geht von dieser Sache/ diesem Tier aus

4. Erforderlichkeit der Notstandshandlung

5. Angemessenheit der Notstandshandlung: der durch die Notstandshandlung herbeigeführte Schaden (also die Beschädigung bzw. Zerstörung der Sache/ des Tiers) darf nicht außer Verhältnis stehen

6. Subjektive Rechtfertigung: Täter muss Notstandslage kennen und handeln, um die Gefahr abzuwenden

10 Prüfungsschema von § 904 BGB (Aggressivnotstand)

1. Vorliegen einer gegenwärtigen Gefahr für Rechtsgüter des Täters (Betroffenen) oder eines Dritten

2. Handeln richtet sich gegen eine Sache bzw. ein Tier (§ 90a BGB)

3. Gefahr geht nicht von der betroffenen Sache bzw. dem Tier aus

4. Erforderlichkeit der Notstandshandlung

5. Wesentliches Überwiegen des durch die Notstandshandlung geschützten Interesses

6. Subjektive Rechtfertigung: Täter muss Notstandslage kennen und handeln, um die Gefahr abzuwenden

11 Spezialgesetzlich gerechtfertigt sein kann das Handeln eines Amtsträgers auch durch öffentlich-rechtliche Eingriffsbefugnisse und das Handeln Privater durch das Festnahmerecht nach § 127 Abs. 1 StPO, das im Ordnungswidrigkeitenrecht aber kaum eine praktische Bedeutung hat.

§ 3 Notwehr bzw. Nothilfe (§ 15 OWiG)

12 § 15 Notwehr

(1) Wer eine Handlung begeht, die durch Notwehr geboten ist, handelt nicht rechtswidrig.

(2) Notwehr ist die Verteidigung, die erforderlich ist, um einen gegenwärtigen rechtswidrigen Angriff von sich oder einem anderen abzuwenden.

13 Kaum praktische Bedeutung hat die Notwehr bzw. Nothilfe nach § 15 OWiG: Zum einen erlaubt § 15 OWiG nämlich nur Verteidigungshandlungen gegen den Angreifer, nicht aber gegen unbeteiligte Dritte. In den meisten Fällen stellt die Verwirklichung eines Bußgeldtatbestands aber zumindest auch einen Angriff gegen das Allgemeininteresse dar und der Staat ist unbeteiligter Dritter. In den Fällen, in denen ein Angriff durch den Staat erfolgt (rechtswidrige Untersagungsverfügung oder rechtswidrige Ablehnung bzw. Nichtbescheidung eines Antrags), fehlt es entweder an der Erforderlichkeit der Verteidigung (wenn Rechtsbehelfe zur Verfügung stehen) oder an der Gebotenheit der Verteidigung (wenn alle Rechtsbehelfe ausgeschöpft sind bzw. die

5. Teil: Wichtige Prüfungsschemata

Fristen nicht eingehalten wurden, aus Gründen der Rechtssicherheit die Entscheidung aber zu akzeptieren ist).

Prüfungsschema 14

1. Gegenwärtiger und rechtswidriger Angriff durch einen anderen Menschen (Angreifer) auf ein Rechtsgut des Täters (Betroffenen) oder eines Dritten (dann „Nothilfe")

Handlungen, die nur Bußgeldtatbestände zum Schutz der Allgemeinheit verletzen, stellen keinen nothilfefähigen Angriff dar, denn die Gewährleistung des Schutzes der Allgemeinheit ist allein die Aufgabe staatlicher Organe

Werden Individualrechtsgüter des Staats angegriffen, ist Nothilfe möglich

2. Verteidigung gegen den Angreifer (bzw. dessen Rechtsgüter)

problematisch ist die „Drittwirkung der Notwehr": Darf auch in Allgemeinrechtsgüter eingegriffen werden?

Rechtsprechung bejaht das, wenn der Eingriff untrennbar mit der Verteidigungshandlung verbunden ist

h.L. lehnt die Drittwirkung der Notwehr ab und prüft rechtfertigenden oder entschuldigenden Notstand

3. Erforderlichkeit der Verteidigung

a) in tatsächlicher Hinsicht geeignet, den Angriff sofort und nachhaltig abzuwehren

b) mildestes Mittel, wenn es mehrere gleichermaßen geeignete Mittel gibt

Kein Zwang zum Ausweichen (Prinzip: Das Recht muss dem Unrecht nicht weichen)

4. Gebotenheit der Verteidigung: Verteidigung darf nicht rechtsmissbräuchlich sein

5. Subjektive Rechtfertigung

a) Kenntnis der Notwehrlage

b) Handeln, um sich zu verteidigen (umstritten)

§ 4 Rechtfertigender Notstand nach § 16 OWiG

Prüfungsschema siehe bereits 2. Teil Rn. 63 15

§ 5 Pflichtenkollision und Sonderfall der verbindlichen dienstlichen Anordnung

Zur rechtfertigend Pflichtenkollision[2] siehe bereits 2. Teil Rn. 49 u. 126 f. 16

Soldaten bzw. Vollzugsbeamte können auch durch verbindlichen Befehl gerechtfertigt sein (§ 11 Abs. 2 S. 1 SG, § 7 Abs. 2 S. 1 UZwG, § 97 Abs. 2 S. 1 StVollZG). 17

---

2 Umstritten ist, ob und inwieweit die hier dargestellte Pflichtenkollision auf der Ebene der Rechtswidrigkeit oder auf anderer Ebene im Deliktsaufbau zu prüfen ist. Außerdem ist umstritten, ob die rechtfertigende Pflichtenkollision auch dann greift, wenn nicht ausschließlich Handlungspflichten (Gebote), sondern Unterlassungspflichten (Verbote) bzw. Handlungspflichten und Unterlassungspflichten kollidieren. Vgl. *Eisele/Heinrich*, Strafrecht AT, Rn. 347 ff.; *Klesczewski*, Ordnungswidrigkeitenrecht, Rn. 301 ff.

Prüfungsschema

1. Verbindliche Anordnung
(Umfasst die Anordnung das Risiko einer Straftat, ist sie nicht verbindlich)
2. Keine Verletzung der Remonstrationspflicht
3. Subjektive Rechtfertigung

D. Beteiligung (§ 14 OWiG)

18 Prüfungsschemata siehe bereits 2. Teil Rn. 156 (Beteiligung an der vorsätzlichen und rechtswidrigen Haupttat eines anderen) sowie Rn. 157 (arbeitsteiliges Zusammenwirkung als Mittäter)

E. Konkurrenzen

19 Prüfungsschemata siehe bereits 2. Teil Rn. 184 u. 185

Verzeichnis der abgekürzten Literatur

Stand: 30.06.2021

BeckOK Datenschutzrecht/*Bearbeiter*	Wolf/Brink (Hrsg.), Beck'scher Online-Kommentar Datenschutzrecht, 36. Edition, Stand: 01.05.2021
BeckOK GewO/*Bearbeiter*	Pielow (Hrsg.), Beck'scher Online-Kommentar GewO, 53. Edition, Stand: 01.03.2021
BeckOK GG/*Bearbeiter*	Epping/Hillgruber (Hrsg.), Beck'scher Online-Kommentar GG, 47. Edition, Stand: 15.05.2021
BeckOK OWiG/*Bearbeiter*	Graf (Hrsg.), Beck'scher Online-Kommentar OWiG, 30. Edition, Stand: 01.04.2021
BeckOK StGB/*Bearbeiter*	v. Heintschel-Heinegg (Hrsg.), Beck'scher Online-Kommentar StGB, 50. Edition, Stand: 01.05.2021
BeckOK VwGO/*Bearbeiter*	Posser/Wolff (Hrsg.), Beck'scher Online-Kommentar VwGO, 57. Edition, Stand: 01.04.2021
BeckOK VwVfG/*Bearbeiter*	Bader/ Ronellenfitsch (Hrsg.), Beck'scher Online-Kommentar VwVfG, 51. Edition Stand: 01.04.2021
Burmann/Heß/Hühnermann/Jahnke/*Bearbeiter*	Burmann/Heß/Hühnermann/Jahnke, Straßenverkehrsrecht, 26. Aufl. 2020
Bülte	Bülte, Ordnungswidrigkeitenrecht, 6. Auf. 2020
Eisele/Heinrich, Strafrecht AT	Eisele/Heinrich, Strafrecht Allgemeiner Teil, 2. Aufl. 2020
Ennuschat/Wank/Winkler/*Bearbeiter*	Ennuschat/Wank/Winkler, Gewerbordnung, Kommentar, 9. Aufl. 2020
Erbguth/Mann/Schubert, Besonderes Verwaltungsrecht	Erbguth/Mann/Schubert, Besonderes Verwaltungsrecht, 13. Aufl. 2019
Erbs/Kohlhaas/*Bearbeiter*	Erbs/Kohlhaas, Strafrechtliche Nebengesetze, Kommentar, 234. Ergänzungslieferung, Januar 2021
Eyermann/*Bearbeiter*	Eyermann, Verwaltungsgerichtsordnung, Kommentar, 15. Aufl. 2019
Freymann/Wellner/Bearbeiter	Freymann/Wellner, jurisPK-Straßenverkehrsrecht, 1. Aufl. 2016
Gaier/Wolf/Göcken	Gaier/Wolf/Göcken, Anwaltliches Berufsrecht, 3. Aufl. 2020
Gassner, Kompendium Verwaltungsrecht	Gassner, Kompendium Verwaltungsrecht, 2. Aufl. 2019
Göhler/*Bearbeiter*	Göhler, Gesetz über Ordnungswidrigkeiten, 18. Aufl. 2021
HK-OWiG/*Bearbeiter*	Gassner/Seith (Hrsg.), Ordnungswidrigkeitengesetz, Kommentar, 2. Aufl. 2020
Hornung/Möller/*Bearbeiter*	Hornung/Möller, Passgesetz – Personalausweisgesetz, 1. Aufl. 2011
JJR/*Bearbeiter*	Joecks/Jäger/Randt (Hrsg.), Steuerstrafrecht, 8. Aufl. 2015
KK-OWiG/*Bearbeiter*	Mitsch (Hrsg.), Karlsruher Kommentar zum Ordnungswidrigkeitengesetz, 5. Aufl. 2018
Klein AO/*Bearbeiter*	Gersch u.a., Abgabenordnung, 15. Aufl. 2020
Klesczewski	Klesczewski, Ordnungswidrigkeitenrecht, 2. Aufl. 2016
Kopp/Schenke	Kopp/Schenke, Verwaltungsgerichtsordnung, 26. Aufl. 2020
Kraatz	Kraatz, Ordnungswidrigkeitenrecht, 1. Aufl. 2020
Krenberger/Krumm	Krenberger/Krumm, Ordnungswidrigkeitengesetz, Kommentar, 6. Aufl. 2020
Kühling/Buchner/*Bearbeiter*	Kühling/Buchner, Datenschutzgrundverordnung, BDSG, Kommentar, 3. Aufl. 2020
Landmann/Rohmer/Bearbeiter	Marcks u.a., Gewerbordnung und ergänzender Vorschriften, Kommentar, Band 1, 85. Ergänzungslieferung, Stand: September 2020
Maunz/Dürig/*Bearbeiter*	Herdegen/Scholz/Klein (Hrsg.), Grundgesetz, Kommentar, 93. Ergänzungslieferung 2020
Mitsch	Mitsch, Recht der Ordnungswidrigkeiten, 2. Aufl. 2005

Mitsch, Fallsammlung zum Ordnungswidrigkeitenrecht	Mitsch, Fallsammlung zum Ordnungswidrigkeitenrecht, 1. Aufl. 2011
MüKoStGB/*Bearbeiter*	Joecks/Miebach (Hrsg.), Münchner Kommentar zum Strafgesetzbuch, Band 2 (4. Aufl. 2020), Band 4 (4. Aufl. 2021) und Band 7 (3. Aufl. 2019)
MüKoUWG/*Bearbeiter*	Heermann/Schlingloff (Hrsg.), Münchner Kommentar zum Lauterkeitsrecht, 1. Band (3. Aufl. 2020)
Reiß/Kraeusel/Langer, UStG	Reiß/Kraeusel/Langer, Umsatzsteuergesetz, Kommentar, 167. EL, Stand: 01.04.2021
Rosenkötter/Louis	Rosenkötter/Louis, Das Recht der Ordnungswidrigkeiten, 7. Aufl. 2011
Schenke, Polizeirecht	Schenke, Polizei- und Ordnungsrecht, 11. Aufl. 2021
Schönleiter, GastG	Gaststättengesetz
Sölch/Ringleb	Wagner (Hrsg.), Umsatzsteuergesetz, Kommentar, 91. EL, Stand: Mai 2021
Stelkens/Bonk/Sachs/Bearbeiter	Stelkens/Bonk/Sachs, Verwaltungsverfahrensgesetz, 9. Aufl. 2018
Teplitzky/Peifer/Leistner	Teplitzky/Peifer/Leistner UWG, 3. Aufl. 2020
Tipke/Lang	Tipke/Lang, Steuerrecht, 24. Aufl. 2020
Wäger, UStG	Wäger, UStG, 1. Aufl. 2020
Wieser	Wieser, Praxis des Bußgeldverfahrens, 8. Aufl. 2019

Stichwortverzeichnis

Die Angaben verweisen auf die Teile des Buches (**fette Zahlen**) sowie die Randnummern innerhalb der einzelnen Teile (magere Zahlen).
Beispiel: Teil 4 Rn. 10 = **4** 10

Abgabenordnungswidrigkeiten **4** 120, 125
Abgabenrecht **4** 111
Abgeordnete **3** 53
Ablaufhemmung (Verjährung) **3** 74
Ablehnung d. Akteneinsicht **3** 193
Abmeldung
– Gewerbe **4** 179
Abschleppen von Fahrzeugen **4** 84 ff.
Absehen von der Verfolgung **3** 161 ff.
Absicht **2** 38
Absolute Verjährung **3** 71
Absprache im Bußgeldverfahren **3** 143
Actio libera in causa **2** 65
Aggressivnotstand **5** 8
Akteneinsicht **3** 149 ff.
– Rechtsschutz gegen Ablehnung **3** 33, 193
– Unterbrechung der Verjährung **3** 77
Alleintäter, mittelbarer **2** 146
Alleintäter, unmittelbarer **2** 145
Allgemeindelikt **2** 4
Amtsgericht **1** 47, **3** 30 ff. 148, 195
Amtshilfe
– Unterbrechung der Verjährung **3** 78
Analogieverbot **1** 51
Anfangsverdacht **3** 117
Anhängigkeit, anderweitige **3** 88
Anhörung
– d. Betroffenen **3** 154
– Muster **3** 215 f.
– Unterbrechung der Verjährung **3** 77
Anhörung im Verwaltungsverfahren
– keine Unterbrechung der Verjährung **3** 75
Anliegergebrauch **4** 12
Anmeldung
– Gewerbe **4** 179
Anstifter **2** 147
– Straßenverkehrsordnungswidrigkeit **4** 108
Antrag **3** 51

Antrag auf gerichtliche Entscheidung **1** 47, **3** 187, 190 ff.
– Verwarnung **3** 127
– Verwerfung des Einspruchs als unzulässig **3** 180
– Vollstreckungsverfahren **3** 170
Antragsdelikt **3** 51
Anwendungsvorrang **2** 188 ff.
Anwendungsvorrang, EU-Recht **1** 56
Anzeige **3** 133
Anzeigepflicht **4** 33
– Gewerbe **4** 212
Aufbau, Ordnungswidrigkeit **1** 21
Auffangtatbestand **2** 188 ff.
Aufsicht
– über Kinder **2** 120
Aufsichtspflichtverletzung
– Gewerbe **4** 279
Aufsichtspflichtverletzung (§ 130 OWiG) **2** 165 ff., **4** 110
Aufzeichnungspflichten **4** 32
Augenschein **3** 138
Auskunftspflichten **4** 33
Auslegung **1** 57

Beauftragte **1** 13, **4** 109, 279
Beendigung **3** 59
Befehl
– Rechtfertigungsgrund **2** 50, **5** 17
Befreiung **2** 31
Befreiungsvorbehalt **2** 31, **4** 38 ff. 253, **5** 6
Begehungsdelikt **2** 12
Beginn der Verjährung **3** 59
Beginn des Bußgeldverfahrens **3** 133
Begleittat **2** 192
Begriff
– Blankettgesetz **1** 17
– Bußgeldnorm **1** 15
– Bußgeldtatbestand **1** 15
– Erkenntnisverfahren **1** 45
– Ordnungswidrigkeit **1** 13
– Ordnungswidrigkeitenrecht **1** 6

- Vollstreckungsverfahren **1** 45
- Volltatbestand **1** 17

Behörde des Polizeidienstes **3** 18

Behördliche Anordnung **4** 42

Behördliche Erlaubnis **2** 30

Beihilfe **2** 147

Berichtigungspflicht
- Bei Steuererklärungen **4** 138

Berufsausübungsregelungen **4** 173

Berufsfreiheit **4** 172 ff.

Berufswahlregelungen **4** 173

Beschlagnahme **3** 135
- d. Polizei **3** 23
- Rechtsschutz **3** 33
- Unterbrechung der Verjährung **3** 78

Beschützergarant **2** 117

Beschwerde (Rechtsbeschwerde) **3** 32

Besondere persönliche Merkmale **2** 5, 154, **4** 209, 268

Besondere subjektive Tatbestandsmerkmale **2** 45

Bestellungspflichten **4** 32

Bestimmtheitsgrundsatz **1** 51

Beteiligter **2** 147
- Straßenverkehrsordnungswidrigkeit **4** 108

Beteiligung **2** 6, 147 ff.
- Eigenhändige Sonderdelikte **4** 108
- Gewerberechtliche Ordnungswidrigkeiten **4** 279

Betriebsbezogenheit **2** 175

Betriebsinhaber
- Verletzung der Aufsichtspflicht (§ 130 OWiG) **2** 165 ff.

Beweismittel **3** 138

Beweissicherung **3** 135

Bewertungseinheit, tatbestandlich **2** 187

Bewusste Fahrlässigkeit **2** 44, 90

Billigkeitstheorie **2** 37

Blankettgesetz
- Begriff **1** 17

Blutabnahme
- Rechtsschutz **3** 33

Bußgeld
- Höhe **1** 28 ff.
- Juristische Personen und Personenvereinigungen **1** 39

Bußgeldbescheid **3** 165 ff.
- Muster **3** 218
- Unwirksamkeit **3** 170
- Zustellung **3** 173

Bußgeldkatalog **1** 30

Bußgeldnorm
- Begriff **1** 15

Bußgeldtatbestand
- Begriff **1** 15

Bußgeldverfahren **3** 1 ff. 132 ff.

Conditio sine qua non **2** 34

Datenschutz **3** 152

Datenverarbeitung **3** 152

Dauerdelikt **2** 26
- Verjährung **3** 62

Dauerparken **4** 77 ff.

Defensivnotstand **5** 8

Definition
- Blankettgesetz **1** 17
- Bußgeldnorm **1** 15
- Bußgeldtatbestand **1** 15
- Erkenntnisverfahren **1** 45
- Ordnungswidrigkeit **1** 13
- Ordnungswidrigkeitenrecht **1** 6
- Vollstreckungsverfahren **1** 45
- Volltatbestand **1** 17

Deliktsarten **2** 1 ff. 26

Dienstliche Anordnung
- Rechtfertigungsgrund **2** 50

Diplomat **3** 52

Dispens **2** 31, **4** 253

dolus directus **2** 38

Doppelbestrafungsverbot
- Nebeneinander von Steuerordnungswidrigkeit und Säumnis- bzw. Verspätungszuschlag **4** 123

Durchsuchung **3** 135
- d. Polizei **3** 23
- Rechtsschutz **3** 33
- Unterbrechung der Verjährung **3** 78

echtes Unterlassungsdelikt **2** 13

eigenhändig **2** 6, 28

Eigenhändiges Sonderdelikt **4** 108

Eignungsdelikt **2** 9

Eingeschränkte Schuldtheorie **2** 60

Eingriffsbefugnis
- Rechtfertigungsgrund **2** 50

Einheitstäter **2** 150
Einkommensteuer **4** 114
Einspruch **1** 47, **3** 177 ff.
Einstellung
– bei Abwesenheit des Betroffenen **3** 159
Einstellung Bußgeldverfahren
– zwingend **4** 163
Einstellung d. Verfahrens
– nach Ermessen **3** 162
– zwingend **3** 161
Einverständnis (tatbestandsausschließend) **2** 29
Einwilligung (rechtfertigend) **2** 48, **5** 7
Einzeltätigkeit **2** 25
Einziehung
– Gegenstände **1** 32 ff.
– Taterträge **1** 36 ff.
Entschuldigender Notstand **2** 69
Entschuldigungsgrund **2** 68, 94
Erfolg
– als Tatbestandsmerkmal bei Erfolgsdelikten **2** 10
– i.S.d. § 8 OWiG **2** 15, 110
Erfolgsdelikt **2** 9 ff.
– Leichtfertige Steuerverkürzung **4** 120
– Verjährung **3** 64
Erkärungspflichten **4** 33
Erkenntnisverfahren **1** 45 ff.
Erlaubnis **2** 30
– Gewerbe **4** 242
Erlaubnisirrtum **2** 60
Erlaubnistatbestandsirrtum **2** 61, 66
Erlaubnisvorbehalt **2** 30, **4** 34, 248
Ermächtigungsdelikt **3** 51
Ermessen **1** 27, **3** 112
Ermessensreduzierung auf Null
– Einstellung Bußgeldverfahren **4** 163
Ermittlung des Sachverhalts **3** 135
Ermittlungsgrundsatz **3** 134
Ermittlungsmaßnahmen **3** 139
– Polizei **3** 22
– Richter **3** 34
Ermittlungsorgan **3** 17 ff.
Ermittlungsrichter **3** 34
Ermittlungsverfahren **1** 47
Ernstnahmetheorie **2** 37
Erster Zugriff **3** 22

Erzwingungshaft **3** 209
Europäisches Bußgeldrecht **1** 10 ff.
Fahreignungsregister **4** 22
Fahrlässigkeit, bewusste **2** 44, 90
Fahrlässigkeit, objektive **2** 78
Fahrlässigkeit, subjektive **2** 90
Fahrlässigkeit, unbewusste **2** 90
Fahrlässigkeitsdelikt **1** 22, **2** 3, 72 ff.
Fahrverbot **1** 6, 31
Falsches Buchen von Belegen **4** 122
Festnahmerecht **5** 11
fremdhändig **2** 6, 28
Fristsäumnis **3** 197
Garantenpflicht **2** 15
Garantenstellung **2** 116 ff.
Gaststättenerlaubnis **4** 255
Gebotsirrtum **2** 42, 67
Gefährdung Anderer
– Straßenverkehrsrecht **4** 52
Gefährdung der Abzugssteuer **4** 121
Gefährdung des Umsatzsteueraufkommens **4** 121
Gefährdungsdelikt, abstrakt **2** 9
Gefährdungsdelikt, konkret **2** 10
Gefährungsdelikt, potenziell **2** 9
Gehilfe **2** 147
– Straßenverkehrsordnungswidrigkeit **4** 108
Geldbuße
– Höhe **1** 28 ff.
– Juristische Personen und Personenvereinigungen **1** 39
Geltungsbereich d. OWiG **1** 52 ff.
Gemeingebrauch **4** 12
– Halten und Parken **4** 77 ff.
Genehmigung **2** 30
– Gewerbe **4** 242
Gericht **3** 30 ff.
Geschwindigkeitsverstöße **4** 61
Gesetzeskonkurrenz **2** 188
Gewerbe **4** 177
– zulassungspflichtig **4** 184 ff.
Gewerbeanzeige **4** 179 ff.
Gewerbebetreibender **4** 178
Gewerbefreiheit **4** 172 ff.

Gewinnabschöpfung
- durch Geldbuße **1** 28 ff.
- Einziehung **1** 36

Gewohnheitsrecht **1** 51
Gleichgültigkeitstheorie **2** 37

Halt- und Parkverstöße **4** 71 ff.
Handeln für andere **4** 279
Handlung **2** 19
Handlung, natürliche **2** 25
Handlungseinheit, juristisch **2** 26
Handlungseinheit, natürlich **2** 27
Handlungseinheit, tatbestandlich **2** 26
Handwerksrolle **4** 243
Hauptverfahren **1** 47
Hintermann **2** 158
Höhe, Bußgeld **1** 28 ff.

Idealkonkurrenz **2** 193
Immunität (Abgeordnete) **3** 53
Inaugenscheinnahme **3** 138
In dubio pro reo **1** 55
Ingerenz **2** 117
Irrtum **2** 41 ff.

Jedermannsdelikt **2** 4
Jugendliche **2** 65
Juristische Handlungseinheit **2** 26
Juristische Person
- Geldbuße **1** 39

Kartellordnungswidrigkeiten **1** 11
Kartellsenat **3** 30
Kausalität **2** 11, 34
- bei Unterlassungsdelikten **2** 115

Kinder **2** 65, **3** 52
Kommunaler Ordnungsdienst **3** 21
Kompensationsverbot (Steuerrecht) **4** 144
Konkurrenz **2** 182 ff.
- Echte Konkurrenz **2** 186
- Gesetzeskonkurrenz **2** 188
- Idealkonkurrenz **2** 193
- Realkonkurrenz **2** 198
- Straftat und Ordnungswidrigkeit **2** 199 ff.
- Straßenverkehrsrechtliche und straßenrechtliche Ordnungswidrigkeiten **4** 30

Konsumtion **2** 192
Konzession
- Gewerbe **4** 242

Kostenansatz **3** 167
Kostengrundentscheidung **3** 167

Legalitätsprinzip **3** 134
Leichtfertige Steuerverkürzung **4** 120
Leichtfertigkeit **2** 78
- Steuerverkürzung **4** 148

Mehrere Delikte (Zusammentreffen)
2 182 ff.
Meldepflicht **4** 33
- Gewerbe **4** 179
Menschliches Werkzeug **2** 158
Mischtatbestand
- echt **2** 201
- unecht **2** 202
Mitführungspflichten **4** 32
Mittäter **2** 147
Mittelbarer Alleintäter **2** 146
Mittelbare Täterschaft **2** 146, 158
Möglichkeitstheorie **2** 37
Muster
- Anhörung **3** 215
- Bußgeldbescheid **3** 218
- Verwarnung mit Verwarnungsgeld **3** 217

Nachtat **2** 192
Nachweispflichten **4** 32
NATO-Truppenstatut **3** 52
Natürliche Handlungseinheit **2** 27
Nebenbeteiligter **3** 174
Nebenfolgen **1** 31 ff.
- Selbstständiger Bescheid **3** 174 f.
Nebentäter **2** 163
Ne bis in idem **3** 90 ff.
- Nebeneinander von Steuerordnungswidrigkeit und Säumnis- bzw. Verspätungszuschlag **4** 123
Nemo tenetur **3** 156
Nothilfe **5** 12
Notstand, Aggressivnotstand **5** 8
Notstand, Defensivnotstand **5** 8
Notstand, entschuldigender **2** 69
Notstand, rechtfertigender **2** 62, **5** 15
Notstandsrechte (spezielle) **5** 8 ff.
Notwehr **5** 12
Nulla poena **1** 51

Obhutsgarant **2** 117

Stichwortverzeichnis

Objektive Bedingung der Ahndbarkeit **2** 46
Objektiver Tatbestand **2** 20
Objektive Zurechnung **2** 11, 35
Öffentliches Sachenrecht **4** 10
Omissio libera in causa **2** 112, **4** 166
Opportunitätsprinzip **1** 27, 55, **3** 112, 134
Ordnungsgeld **1** 14
Ordnungswidrigkeit
- Aufbau **1** 21
- Begriff **1** 13
- Nebenfolgen **1** 31 ff.

Ordnungswidrigkeiten
- Gewerbe- und Berufsrecht **4** 207
- Steuerrecht **4** 111
- Straßenrecht **4** 27 ff.
- Straßenverkehrsrecht **4** 16 ff.

Ordnungswidrigkeitenrecht, formelles **1** 6
Ordnungswidrigkeitenrecht, materielles **1** 6
Organhaftung **1** 39, **2** 8, 165, 172, **4** 109

Parkverstöße **4** 71 ff.
Personenvereinigung
- Geldbuße **1** 39

Persönliche Merkmale **2** 5, 154, **4** 209, 268
Pflichtenkollision **2** 127
Polizei
- als Ermittlungsorgan **3** 17 ff.
- als Verwaltungsbehörde **3** 14
- Kommunale Polizei **3** 21

Präventives Verbot **2** 30, **4** 34, 248
Prinzipien, wichtige **1** 51
Private
- Durchsetzung verwaltungsrechtlicher Pflichten **4** 198 ff.

Prüfungsschema
- Aufsichtspflichtverletzung (§ 130 OWiG) **2** 165
- Begehungsdelikt (fahrlässig) **2** 75
- Begehungsdelikt (vorsätzlich) **2** 18
- Beteiligung (Mittäterschaft, Anstiftung, Beihilfe) **2** 156 f.
- Fahrlässigkeit (Begehen und echtes Unterlassen) **5** 3
- Mittelbare Täterschaft **2** 162
- Unechtes Unterlassen (Fahrlässigkeit) **2** 131, **5** 5
- Unechtes Unterlassen (Vorsatz) **2** 109, **5** 4
- Unterlassungsdelikt (echtes) **2** 103
- Versuch **2** 134

- Vorsatzdelikt (Begehen und echtes Unterlassen) **5** 2
- Zulässigkeit eines Einspruchs **3** 177
- Zulässigkeitsvoraussetzungen **3** 44
- Zusammentreffen mehrerer Delikte **2** 184
- Zusammentreffen von Straftat und Ordnungswidrigkeit **2** 185

Realkonkurrenz **2** 198
Recht auf informationelle Selbstbestimmung **3** 152
Rechtfertigende Pflichtenkollision **2** 127
Rechtfertigender Notstand **2** 62
Rechtfertigungsgrund **2** 49 ff.
- Befehl **5** 17
- Befreiung (bzw. Dispens bzw. behördliche Genehmigung) **5** 6
- Dienstliche Anordnung bzw. Befehl **2** 50
- Eingriffsbefugnis **2** 50
- Einwilligung **5** 7
- Festnahmerecht **5** 11
- Notstand (§ 16 OWiG) **5** 15
- Notstandsrecht (speziell) **5** 8 ff.
- Notwehr u. Nothilfe **5** 12

Rechtsbehelfe **3** 177 ff.
Rechtsbehelfsbelehrung **3** 168, 197
Rechtsbeschwerde **3** 32
Rechtshängigkeit des Verfahrens **3** 88
Rechtskraft **3** 93, 212
Rechtswidrigkeit **1** 21, **2** 47 ff.
Reflexbewegung **2** 19
Reformatio in peius **3** 184
Repressives Verbot **2** 31, **4** 38 ff. 253, **5** 6
Richter **3** 30 ff.
Richterliche Vernehmung
- Unterbrechung der Verjährung **3** 78

Richtervorbehalt **3** 34
Risikotheorie **2** 37
Rücktritt **2** 139
Rückwirkung **1** 54
Rückwirkungsverbot **1** 51
Ruhen der Verjährung **3** 72 f.

Sachenrecht (öffentliches) **4** 10
Sachverhaltsermittlung **3** 135
Sachverständiger **3** 138
Säumniszuschlag **4** 123
Schlaf **2** 19
Schuld **1** 21, **2** 64

Schuldtheorie **2** 42, 58 ff.
Schwarzarbeit **4** 226
Selbstanzeige **4** 151
Selbstständiges Verfahren **3** 174
Sicherheitsleistung **3** 145
Sicherstellung **3** 135
Sicherungsmaßnahmen für die Vollstreckung **3** 144 ff.
Sonderdelikt **2** 4 f.
Sondernutzung **4** 12
– Halten und Parken **4** 77 ff.
Sondernutzungserlaubnis **4** 15
Sonderstatus **2** 5
Sorgfaltspflicht **2** 78
Sperrwirkung
– Behördliche Einstellung **3** 101
– Bußgeldbescheid **3** 96
– Entscheidung der Staatsanwaltschaft **3** 102 ff.
– Gerichtliche Sachentscheidung **3** 93
– Gerichtliche Verfahrensentscheidung **3** 95
– Verwarnung **3** 98
Spezialität **2** 190
Staatsanwaltschaft **3** 25 ff.
– als Verwaltungsbehörde **3** 15
Steueranmeldung (Umsatzsteuer) **4** 144
Steuerberater **4** 262 ff.
Steuergefährdung **4** 155
Steuerhinterziehung **4** 120
Steuerordnungswidrigkeiten **4** 111 ff.
Steuerrecht **4** 111 ff.
Steuerverkürzung
– Definition **4** 142 ff.
Steuerverkürzung (leichtfertig) **4** 120
Steuervorteil
– Definition **4** 146
Straße
– für den öffentlichen Verkehr freigegeben **4** 4
– Öffentliche Straße **4** 10
Straßenrecht **4** 10
Straßenverkehrsordnungswidrigkeiten **4** 16
Straßenverkehrsrecht **4** 2 ff.
Strenge Schuldtheorie **2** 59
Subjektiver Tatbestand **2** 36
Subjektive Theorie **2** 152

Subsidiarität **2** 191, 203
supranationale Geldbußen **1** 10 ff.
Tatbestand **1** 21
Tatbestand, objektiv **2** 20
Tatbestand, subjektiv **2** 36
Tatbestandliche Bewertungseinheit **2** 187
Tatbestandsirrtum **2** 41
Tatbestandsliche Handlungseinheit **2** 26
Tateinheit **2** 193
Tatentschluss **2** 137
Tatherrschaftslehre **2** 152
Tätigkeitsdelikt **2** 9 ff.
Tatmehrheit **2** 198
Tod des Betroffenen **3** 44, 212
Tote **3** 52
Überwachungsgarant **2** 117
Ummeldung
– Gewerbe **4** 179
Umsatzsteuer **4** 115
– Nichtzahlung **4** 160
Unbefugte Hilfeleistung in Steuersachen **4** 262 ff.
Unbewusste Fahrlässigkeit **2** 90
Unerlaubtes Abstellen von Fahrzeugen **4** 71 ff.
Unerlaubte Sondernutzung **4** 67
Unionsrecht **1** 10 ff.
– Anwendungsvorrang **1** 56
Unlauterer Wettbewerb **4** 201
Unmittelbarer Alleintäter **2** 145
Unmittelbares Ansetzen **2** 138
Unmöglichkeit der Erfolgsabwendung **2** 112 f.
Unrechtsbewusstsein **2** 67
Unrechtsbewusstsein, potentielles **2** 91
Unschuldsvermutung **1** 55
Untauglicher Versuch **2** 140
Unterbrechung der Verjährung **3** 74 ff.
Unterlassen (echtes) **2** 14, 98
– Leichtfertige Steuerverkürzung **4** 138 ff.
Unterlassen (unechtes) **2** 15, 105 ff.
Unterlassungsdelikt **2** 13 ff.
– Verjährung **3** 63

Unternehmer
- Verletzung der Aufsichtspflicht (§ 130 OWiG) **2** 165 ff.

Untersuchung
- d. Polizei **3** 23

Unzumutbarkeit normgemäßen Verhaltens **2** 68, 94

Urkundenbeweis **3** 138

UWG **4** 201

Verantwortlichkeit **2** 65

Verbot der doppelten Ahndung **3** 90 ff.

Verbotsirrtum **2** 42, 67

Verfahren, selbstständiges **3** 174

Verfahrensbeginn **3** 133

Verfahrenseinstellung **3** 161 ff.

Verfahrenshindernisse **3** 43 ff.

Verfahrensvoraussetzungen **3** 43 ff.

Verfolgungsverjährung **3** 55

Verhaltensgebundenes Delikt **2** 23

Verhaltensneutrales Delikt **2** 23

Verhandlungsunfähigkeit **3** 52

Verjährung
- Ruhen **3** 72
- Unterbrechung **3** 74 ff.
- Verfolgungsverjährung **3** 55 ff.
- Zusammentreffen von Straftat und Ordnungswidrigkeit **3** 83 f.

Verjährungsbeginn **3** 59

Verjährungsfrist **3** 65 ff.

Verkehrsordnungswidrigkeiten **4** 16

Verkehrszeichen **4** 43 ff.

Verletzung der Aufsichtspflicht **4** 110

Verletzungsdelikt **2** 10

Vernehmung (richterlich)
- Unterbrechung der Verjährung **3** 78

Vernehmung des Betroffenen **3** 154

Verspätungszuschlag **4** 123

Verständigung im Bußgeldverfahren **3** 143

Verstoß gegen
- Aufsichtspflicht (§ 130 OWiG) **4** 110
- Aufsichtspflicht im Gewerbe **4** 279
- Aufzeichnungs-, Nachweis-, Mitführungs- oder Bestllungspflichten **4** 32
- Behördliche Anordnung **4** 42
- Gaststättenerlaubnispflicht **4** 255
- Gewerberechtliche Anzeigepflicht **4** 212
- Halt- bzw. Parkverbot **4** 71 ff.
- Höchstgeschwindigkeit **4** 61
- Melde-, Anzeige-, Erklärungs- oder Auskunftspflichten **4** 33
- Präventives Verbot **4** 34
- Repressives Verbot **4** 38
- Schwarzarbeitsbekämpfungsgesetz **4** 226
- Sondernutzungserlaubnispflicht **4** 67
- Steuerberaterberufsprivileg **4** 262 ff.
- Verkehrszeichen **4** 43

Versuch **2** 133 ff.

Versuch, untauglich **2** 140

Vertreterhaftung **1** 39, **2** 8, 119 ff. 165, 172, **4** 109

Verwaltungsakt
- Ablehnung der Akteneinsicht **3** 193

Verwaltungsbehörde **3** 9 ff.

Verwarnung **3** 114 ff.
- Erteilung durch Polizei **3** 24
- Muster **3** 217
- Rechtsnatur **3** 117 ff.
- Voraussetzungen **3** 120
- Wirksamkeit **3** 126 ff.

Verwerfung eines Einspruchs als unzulässig **3** 180

Vollendung **3** 59

Vollstreckung **3** 202 ff.
- Sicherungsmaßnahmen **3** 144 ff.

Vollstreckungsbehörde **3** 207

Vollstreckungsverfahren **1** 45

Volltatbestand
- Begriff **1** 17

Vorbehalt des Straßenrechts **4** 14

Vordermann **2** 158

Vorrang des Straßenverkehrsrechts **4** 14

Vorsatz **2** 37

Vorsatzdelikt **1** 22, **2** 3

Vorsatztheorie **2** 42, 57

Vorsteuer **4** 115

Vortat **2** 192

Vorwerfbarkeit **1** 21, **2** 64

Wahrscheinlichkeitstheorie **2** 37

Werkzeug, menschliches **2** 158

Wiederaufnahme **3** 94 ff. 201

Wiedereinsetzung **3** 197 ff.

Willenstheorien **2** 37

Wissen **2** 38

Wissenstheorien **2** 37

Zeuge **3** 138

Zulassung
- Gewerbe **4** 242

Zulassungspflicht
- Gewerbe **4** 184 ff.

Zumutbarkeit normgemäßen Verhaltens **2** 68, 94

Zurechnung, objektive **2** 11, 35

Zurechnungsfähigkeit **2** 65

Zuständigkeit **3** 8 ff.
- Fehlerfolgen **3** 46

Zustandsdelikt **2** 26
- Verjährung **3** 61

Zustellung **3** 173

Zwangsmaßnahmen **3** 139

Zwischenverfahren **1** 47